大学体育与健康

主　编：尹雨嘉

文化课

北京师范大学出版集团
BEIJING NORMAL UNIVERSITY PUBLISHING GROUP
北京师范大学出版社

图书在版编目(CIP)数据

大学体育与健康/尹雨嘉主编. —北京：北京师范大学出版社，2020.9（2021.8重印）
ISBN 978-7-303-26389-9

Ⅰ. ①大… Ⅱ. ①尹… Ⅲ. ①体育—高等学校—教材②健康教育—高等学校—教材 Ⅳ. ①G807.4②G647.9

中国版本图书馆 CIP 数据核字(2020)第 187429 号

营销中心电话 010-58802181 58805532
北师大出版社职业教育教材网 http://zjfs.bnup.com
电子信箱 zhijiao@bnupg.com

出版发行：北京师范大学出版社 www.bnup.com
北京市西城区新街口外大街 12-3 号
邮政编码：100088
印　刷：天津旭非印刷有限公司
经　销：全国新华书店
开　本：787 mm×1092 mm 1/16
印　张：26.25
字　数：560 千字
版　次：2020 年 9 月第 1 版
印　次：2021 年 8 月第 2 次印刷
定　价：55.00 元

策划编辑：陈 俊 林 子　　责任编辑：林 子 陈 俊
美术编辑：焦 丽　　装帧设计：焦 丽
责任校对：陈 民　　责任印制：陈 涛

前 言

21世纪是一个挑战与机遇并存的世纪，经济领域、科技领域的竞争日益激烈，人才(尤其是青年人才)的竞争是一切竞争的根本，国民素质的高低决定了一个国家的实力和进步。参与运动、加强锻炼、增强体质，不仅对于提高国民素质具有重大而深远的意义，而且也是现代人的一种生活方式、一种意志品质和文明行为的养成，在促进人的全面发展方面有着不可低估的作用。

大学体育是学校课程体系的重要组成部分，是高等学校体育工作的中心环节。《中共中央国务院关于深化教育改革全面推进素质教育的决定》明确指出，学校教育要树立健康第一的指导思想，切实加强体育工作……教育部也强调要把学校体育工作的重心切实放到面向全体学生、全面提高学生的身心健康水平上来。基于上述要求，我们确定了大学体育是学校体育教育的终点，同时又是大学生接受终身体育教育的编写方针，在编写过程中切实将增进大学生的身心健康放在首位。我们根据教育部颁布的《全国普通高等学校体育课程教学指导纲要》的精神，依照体育课程的基本思想，针对目前我国高校公共体育教学的实际情况，牢牢把握“素质教育、健康第一、以人为本”的指导思想组织编写了本书，旨在不断增强大学生的体育参与意识，提高他们的体育技能和健康行为方式，培养他们进行终身锻炼的好习惯。

本教材力求成为大学生体育学习，课外阅读、查询的指导性用书。在追求面向全体学生的同时，以发展学生的个性、培养学生的终身体育锻炼习惯和终身体育能力为核心，注重理论联系实际，努力使学生能学以致用。

本教材在编写时借鉴了部分相关著作中的资料，在此谨向原作者表示衷心的感谢。

由于我们的水平与能力有限，难免有诸多不足与疏漏之处，敬请同行专家与读者斧正，以便我们今后对教材进行修订，并逐步加以完善和提高。

目录

第一章

体育概述

第一节 体育的起源

一、体育的概念

“体育”一词是由国外传来的，是一个国际通用的、流传范围很广的词。这个词最早出现的时间大约是 19 世纪，我国是在 19 世纪末 20 世纪初从日本引进该词的。

在古代，我国并无“体育”一词，而是使用“养生”“导引”“武术”等名词。1894 年左右，随着德国体操和瑞典体操传入我国，我国便用“体操”作为体育的总概念。1903 年，清朝政府批准执行的学堂章程，就明文规定各级各类学校要开设体操课(即体育课)。从 1906 年开始，“体操”和“体育”两词并用。直到 1923 年，北洋政府新学制课程标准起草委员会公布的《中小学课程纲要草案》这一官方文件，才正式把“体操”一词改为“体育”，把“体操课”改为“体育课”。

我国对体育含义的认识有一个过程，解释也不尽相同。中华人民共和国成立后，经过多次学术讨论，对体育概念有了比较统一的解释。《中国百科全书》将体育定义为，体育亦称体育运动，是人们根据社会生产和生活的需要，遵循人体生长发育和机能活动规律，以运动动作作为基本手段，为增强人民体质、提高运动技术水平、丰富文化生活而进行的一种有意识、有组织的身体运动和社会活动。体育属于社会文化教育范畴，受一定社会、政治和经济的影响与制约，也为一定社会的政治和经济服务。

从体育的内涵看，体育包括两个基本部分，具有两种属性：一是作为体育方式、手段和方法的人体运动部分，具有继承、交流、借鉴、吸收的自然属性；二是运用这种手段和方法，达到社会所规定的体育目的、践行法令和制度部分，具有历史性和阶段性，即社会属性。体育的本质就是这两种属性相结合的产物。体育既作用于人体，使人身心俱健，又作用于社会，促进社会主义的物质文明和精神文明的发展，这是体育的自然属性和社会属性两者统一和作用的结果。

从体育的外延来看，体育包括三个组成部分，即学校体育、群众体育、竞技体育。

学校体育，是现代体育教育的基础，也是现代教育的重要组成部分，是全面发展人的身体，增强体质，传授体育知识、技术和技能，提高运动技术水平，培养良好的意志品德的一种有目的、有计划、有组织的教育过程。它与德育、智育、美育、劳动技能等相互配合，培养全面发展的人，从而为造就一代新人打好基础，为人们终身进行体育锻炼提供前提条件。

群众体育，是一种以健身、健美、医疗、娱乐为目的的，内容丰富、形式多样、因人而异的群众性健身活动。这种活动一般是自愿参加的，其组织形式有集体的和个人的，尤其追求自我教育、精神和情绪的放松以及锻炼效果。因此，体育锻炼是现代人必需的，也是提高生活质量必不可少的内容。

竞技体育，是为了最大限度发掘和提高个人和集体在体格与身体能力等方面的潜力，以取得优异成绩为目的而进行的科学、系统的训练和竞赛。这种竞赛具有激烈的对抗性、竞争性和高度的技艺性，必须按照一定的规则进行，竞赛成绩应为社会所承认。竞技运动是整个体育中最活跃、最积极的因素，也是促进各类体育发展的重要条件。

二、体育的起源

体育是人类社会特有的一种文化现象，它与人类社会的产生与发展相适应。关于体育的起源问题，传统的观点认为劳动是体育产生的唯一源泉。随着体育科学研究的深入，各门学科的相互渗透和借鉴，体育学术界的视野和思路更加开阔，人们对“劳动产生体育说”进行了补充论述。如有人认为体育产生不是单源而是多源的，生产劳动是产生体育的主要源泉，但不是唯一源泉。有人认为体育产生于人类社会生产的两种需要，一种是社会生产活动的需要，另一种是人类生理心理活动的需要。原始人的身体活动大致可分为三种：一是与生产直接相关的活动，如捕鱼、狩猎、农耕等；二是原始体力劳动所必需的技能，如走、跑、跳、攀、爬等；三是既不与生产、攻防直接有关，又非生活必需的技能，而是仅仅为了满足人的某种需要的活动，如游戏、杂技、舞蹈、娱乐等。原始人类不仅需要劳动，而且需要生活。他们有喜、怒、哀、乐，也有交往的需求，因而集群而居。仅就体育产生的动因而言，除了劳动的需要外，还有适应环境的需要、对付同类袭扰的防卫需要、同疾病斗争的生存需要、表达和抒发内心各种感情的需要。这些归纳起来就是，要具有健康的身体，必须进行强健自身的活动。

(一)原始体育在生活和劳动过程中萌生

人类的祖先古猿由于生活环境的改变和受生活方式的影响，完成了从猿到人的具有决定意义的转变——直立行走。原始人的生活条件非常严酷，他们只能通过采集、狩猎、捕鱼等方式来收集各种食物，维持生存。原始人的思维还很不发达，生产工具非常简陋，只有一些简单的石器，他们的劳动主要靠身体的活动。他们靠快跑或长途跋涉追捕能跑善跳的野牛、野鹿；用刺杀来对付虎、豹、熊等凶猛野兽；靠攀登和爬越采集野果；靠游泳或投掷矛器去捕鱼。人们当时的奔跑、跳跃、投掷、攀登、爬越，根本目的是为了生存，而不是有意识地锻炼身体、增强体质。因此，严格来说，这些只能称为生活和劳动。然而，这些又是我们现代体育运动的雏形，现代体育运动正是从这些活动中“脱胎”出来。

(二)体育是原始社会教育活动的主要内容和手段

原始人在长期的生产和生活实践中，对自然和社会的认识不断深化，生产工具不断改进，生产力不断提高，劳动工具日趋多样化、复杂化。这一方面对人类提出了更高的社会要求，必须通过学习和培养才能学会使用和制造较为有效的劳动工具，并提高劳动技能；另一方面由于劳动产品有了一些剩余，这就有可能由专人对年青一代实施教育、传授劳动技能以及进行身体培训。同时，人的大脑思维也有了发展，这从主、客观上为教育的产生提供了可能性。原始社会的教育主要是一些生产技能的传授，而原始社会的生产技能又多是极笨重的体力劳动。因此，在原始教育中，对身体的培训占相当大的比重。体育是原始社会教育的主要内容。

(三)原始体育的产生与军事、医疗卫生、娱乐活动和宗教祭祀的关系

1. 原始体育与军事

原始社会末期，开始出现由复仇发展到掠夺财产和奴隶的战争，战争推动了武器的演进，增加了人们为了掌握这些武器，提高战斗技能，进行军事训练和身体训练的积极性。比如，我国的武术就是在军事技能——武艺的基础上演化而来的。

2. 原始体育与医疗卫生

原始人的生活条件非常严酷。自然灾害及人类间的相互袭扰，使人们的健康和生命都缺少保障，寿命很短。饮食习惯的不科学，刺激了原始医疗保健活动的产生和发展。如康阴氏的消肿舞等，是为了治疗由于环境、气候所造成的身体疾病而进行的身体活动。这既是医疗手段，又是健身活动，从目的上看，比那些为了生存、防卫、教育进行的身体活动更接近于体育。以后又逐渐发展出了各种成套的保健体操，健身的目的更明确，体育的因素也进一步增加。

3. 原始体育与娱乐活动、宗教祭祀的交融

原始娱乐的主要形式是舞蹈。舞蹈与体育有很多共同特点，它们都有健身的作用，某些健身性的舞蹈(非表演性的)本身就是体育的内容。原始人为了表达狩猎成功的喜悦、对自然的崇拜和对祖先的祭祀，往往在酋长的率领下，进行集体舞蹈。这种舞蹈既是对身体的锻炼，又是娱乐。在原始社会末期，已经有了专门的球类游戏，而且出现了观赏优秀球员竞赛的娱乐活动。随着宗教活动的产生，人们逐渐用舞蹈、竞技和角力来进行祈祷。为了表示对寺院的尊敬，进行步行巡礼(赶庙会)、步行化缘等，其中有包含着许多体育因素的古代奥林匹克运动会，就是从这种祭祀活动中的竞技活动发展成定期举行的节日竞技运动会。

综上所述，体育是由于人类生产和生活、个体和社会、生理和心理等方面的需要而产生的一种社会活动，它主要产生于劳动过程中。原始社会的体育和教育、军事、医疗

卫生、娱乐以及宗教祭祀等活动，互相联系、互相促进、互相推动，有的甚至在同一个过程中进行。因此，它们共同进化和发展，宛如孪生兄弟，在原始社会的母体中，共同孕育萌生。

第二节 体育的功能

体育的功能产生于体育的本质和社会的需要，并从促进社会物质文明和精神文明中表现出来。体育的功能可归纳为七种：健身、娱乐、促进个体社会化、社会情感、教育、政治和经济。

一、健身功能

体育是以身体的直接参与来实现的，这是体育最本质的特点，它决定了体育的以下健身功能。

一是改善大脑的供血和供氧，提高中枢神经系统的适应能力，能使人心情舒畅，调节社会、生活和工作的压力。

二是促进人体的生长发育，加速新陈代谢。

三是对人体内脏器官构造的改善有积极的作用。

四是刺激骺软骨的增生，促进骨骼的生长。

五是提高肌肉的工作能力和运动能力。

六是提高人体的免疫力、抗疾病能力和心理承受能力。

七是提高人体对自然环境和社会环境的适应能力，预防疾病，延缓衰老。

二、娱乐功能

体育运动既可以改善身体状况，又可以陶冶情操，愉悦身心，增进交往，使人们在繁忙的工作和学习后，获得休息。体育的娱乐功能通过参观和参与两个途径来实现。由于体育运动的观赏性，特别是竞技体育的高水平展现，身体运动可以达到健与美、力量与速度的完美统一，让观众获得美的享受。人们通过参加体育活动，在与同伴的默契配合、与对手的斗智斗勇的过程中获得不同的情感体验，达到娱乐身心的目的。

三、促进个体社会化

个体社会化是指人的社会化，也就是指由生物的人转变为社会的人的过程。体育运动在这一转化过程中起着重要的作用。体育运动能够教导人基本的生活技能，从初生婴儿的被动体操，到儿童游戏中的跑、跳、攀、爬，以至学会适应社会生活，这些都是后天通过体育活动获得的。人们在体育运动中，要遵循运动的规则，要在教师、教练、裁判的教育监督下有组织地进行，这就逐渐培养了人们遵守社会规范的习惯。体育运动是一种社会性行为，人们在活动和比赛中互相交往、相互交流，使人际交往能力得到提高。人类社会要健康发展，就要使青少年在生长发育过程中，中年人在健康保健过程中，老年人在延年益寿过程中，获取身体健康和体育运动方面的知识，通过这些知识，指导自己进行健康的体育活动，培养良好的生活习惯。体育时刻发挥着促进个体社会化的作用。

四、社会情感

体育的社会情感主要是指由于体育竞赛的对抗性和竞赛结果的不确定性，引起社会的极大关注，从而使人们产生各种情绪活动。例如，历届的奥运会、中国女排的五连冠、北京两次争办奥运会以及中国男足向世界杯决赛圈的冲击等，这些使人们体验各种情感波动，使人的情绪得到宣泄。其他社会活动都无法产生体育运动那样强烈的社会情感。体育就像一块巨大的磁铁，将人们吸引到一起，共同欢乐，共同宣泄情感，共同振奋精神。

五、教育功能

体育是教育的一部分，教育是体育的基本功能。人们参与体育活动的过程，就是受教育的过程，从学校、俱乐部、健身中心到训练场和各种活动场所，我们在锻炼中都要接受教师、教练和同伴的知识传授和技能指导。特别是在学校，由于学生正处于生长发育和世界观的形成时期，体育不仅要指导和教育学生进行身体锻炼，而且可以对受教育者进行思想政治、意志品质和道德规范的教育。体育是传播价值观的理想载体，这是由它的技艺性、群体性、国际性、礼仪性、竞技性特点决定的。它可以激发群众的爱国热情，振奋民族精神，教育人们奋发向上。人们在参与、观看体育比赛的过程中会受到深刻的社会影响，这些影响对个体产生不可低估的社会教育作用。

六、政治功能

客观上讲，体育和政治是相互联系、不可分割的，在任何国家，体育都要满足政治的需要，为政治服务。体育主要在两个方面对政治起着重要的作用：一是国际比赛和国际交流所起的作用；二是群众体育所起的作用。国际体育比赛是反映一个国家国体强弱的窗口，国家的政治、经济、文化、科技往往决定了竞技体育水平的高低。体育是一种文化交流的工具，它为本国的外交政策服务，通过国际比赛可以沟通国与国之间的关系，促进国家间的友好往来。

七、经济功能

经济是一个国家的物质基础，体育的发展依赖于经济，受经济的制约。一个国家的体育运动，尤其是竞技运动开展得好坏，反映了这个国家的经济水平；但是体育运动又反作用于经济，且和商品经济的关系日益密切。在发达国家，体育的经济功能、经济效益已得到充分的挖掘，我国现在正处于起步阶段。体育运动的经济收益来自两个途径：一是大型运动会，通过出售电视转播权、门票、广告和发售纪念币、邮票、体育彩票来获得；二是日常体育活动，体育设施的利用，热门项目的组织和比赛，娱乐体育活动的开展，体育服装、设施、器械的买卖，体育知识咨询和旅游都是获取体育经济效益的有效途径。

第三节 大学体育的目的和任务

高校体育是高校教育的重要组成部分，《全国普通高等学校体育课程教学指导纲要》(后文简称《纲要》)中明确规定：高校体育课程是大学生以身体锻炼为主要手段，通过合理的体育教育和科学的体育锻炼过程，达到增强体质、增进健康和提高体育素养为主要目标的公共必修课程。它是学校课程体系的重要组成部分，也是高校体育工作的中心环节；是寓促进身心和谐发展、思想品德教育、文化科学教育、生活与体育技能教育于身体活动并有机结合的教育过程，也是实施素质教育和培养全面发展的人才的重要途径。《纲要》还根据课程的不同类型、学生的运动能力，确定了课程的基本目标和发展目标。

一、基本目标

基本目标是根据大多数学生的基本要求而确定的，分为五个领域目标。

(一)运动参与目标

积极参与各种体育活动并基本形成自觉锻炼的习惯，基本形成进行终身体育的意识，能够编制可行的个人锻炼计划，具有一定的体育文化欣赏能力。

(二)运动技能目标

熟练掌握两项以上健身运动的基本方法和技能；能科学地进行体育锻炼，提高自己的运动能力，掌握常见运动创伤的处置方法。

(三)身体健康目标

能测试和评价体质健康状况，掌握有效提高身体素质、全面发展体能的知识与方法；能合理选择人体需要的健康营养食品，养成良好的行为习惯，形成健康的生活方式，具有健康的体魄。

(四)心理健康目标

根据自己的能力设置体育学习目标；自觉通过体育活动改善心理状态，克服心理障碍，养成积极乐观的生活态度；运用适宜的方法调节自己的情绪；在运动中体验运动的乐趣和成功的感觉。

(五)社会适应目标

表现出良好的体育道德和合作精神，正确处理竞争与合作的关系。

二、发展目标

发展目标是针对部分学有所长和学有余力的学生确定的，也可作为大多数学生的努力目标，分为五个领域目标。

(一)运动参与目标

形成良好的体育锻炼习惯，能独立制定适合自身需要的健身运动处方，具有较高的体育文化素养和观赏水平。

(二)运动技能目标

积极提高运动技术水平，发展自己的运动才能，在某个运动项目上达到或相当于国家级运动员水平；能参加有挑战性的野外活动和运动竞赛。

(三)身体健康目标

能选择良好的运动环境，全面发展体能，提高自身科学锻炼的能力，练就强健的体魄。

(四)心理健康目标

在具有挑战性的运动环境中表现出勇敢顽强的意志品质。

(五)社会适应目标

形成良好的行为习惯，主动关心、积极参加社区体育事务。

为了完成上述目标，《纲要》规定，普通高等学校的一、二年级必须开设体育课程(四学期共计144学时)，修满规定学分、达到基本要求是学生毕业、获得学位的必要条件之一，三年级及以上学生(包括研究生)开设体育选修课。课堂教学应与课外、校外的体育活动有机结合，学校与社会紧密联系。要把有目的、有计划、有组织的课外体育锻炼、校外(社会、野外)活动、运动训练等纳入体育课程，形成课内外、校内外有机联系的课程结构。

基本目标和发展目标虽然在层次上有所区别，但在执行过程中应该相辅相成，紧密结合。

三、高校体育的组织实施

《学校体育工作条例》(后文简称《条例》)规定，学校体育工作指体育课程教学、课外体育活动、课余体育训练和竞赛，并规定了体育课是学生毕业、升学考试科目。上述规定的学校体育工作是我国高校体育的基本组织形式。不同的形式都有各自的特点和完成的首要任务，既有各自独特的作用，又有相互补充促进共同完成的高校体育的任务。

(一)体育课程

体育课程是完成高校体育工作任务的主要组织形式。我国高校体育课程是以教育部下发的《纲要》为依据组织实施的。《纲要》是编写大学生体育教学大纲，进行体育课程教学、评估和管理的依据。根据学校教育的总目标和体育学科的教学规律，可有针对性地开设以下几种类型的体育课。

1. 基础课

基础课是大学体育承前启后打好基础的课程，是使学生通过体育基础知识、技术、技能的学习和全面身体训练，在学习和训练的过程中逐步加深对体育的认识，提高身体素质和运动能力，改善身体形态、机能，促进身体健康，树立正确的体育观，为以后的学习奠定良好基础的课程。

2. 选项课

选项课是在全面身体训练的基础上，根据学生的爱好和特长，以某一类身体练习项目为主的教学活动，可使学生掌握该项目科学的基础知识和技能，培养学生锻炼的兴趣和习惯，以及对体质和健康的自我评价能力。

3. 选修课

选修课是在前两年体育教学的基础上，根据学校条件和学生的个性爱好分班组进行的教学活动，目的是进一步提高学生的体育理论水平和体育实践能力，培养学生独立锻炼的能力，为终身体育打好基础。

4. 保健课

保健课是对个别身体异常和病、弱学生开设的必修或选修课，是有针对性地进行组织康复、保健体育教学的一门课程。

体育课是实现高校体育目标的主要组织形式。体育课除了给学生传授体育理论知识，更重要的是学生可以进行各种身体锻炼的活动。根据体育课的任务、内容和性质，其主要组织形式可分为理论课和实践课。

理论课是在室内组织的教学活动，可通过讲授和录像、幻灯、投影等多媒体教学手段向学生传授高校体育学习的目的任务、体育理论知识、科学锻炼身体的方法。对体育实践具有普遍指导意义的科学理论知识，可帮助大学生深入理解体育的本质，并且对培养学生独立进行科学锻炼的能力和树立科学体育观具有重要作用。因此，《纲要》规定各类体育课理论部分不得少于教学时数的10%。这一规定比较符合大学生体育学习的基本规律。

实践课是指在室外进行的身体练习课，是根据体育教学大纲和教学计划规定的任务和内容，有步骤进行的系统教学活动，目的是在锻炼身体的过程中，向学生传授提高身体素质和基本活动能力的方法，以及不同运动项目的技术和战术等专门知识，提高大学生的基本活动能力和运动技能，最终达到增强学生体质、促进健康的目的。这也是体育课区别于其他课程所具有的独特教学组织形式。认真总结高校体育实践课的教学特点和规律，不断改进教学方法手段，提高教学效果，才能更好地实现高校体育课程的目标。

(二)课外体育活动

课外体育活动是高校体育工作的重要组成部分。《纲要》规定：中等专业学校、普通高等学校除安排体育课、劳动课外，还应当组织学生开展各种体育活动。《纲要》对高等学校开展课外体育活动提出了严格的时间要求，在形式、内容等方面又提供了充分的选择余地，使之能够根据本校的实际情况，开展多种多样的课外体育活动，与体育课相互促进，巩固和增强学习和练习效果，增强体质，促进健康，丰富学生的课余生活，培养和发展学生体育锻炼的兴趣和独立锻炼的能力，这对学生形成终身体育观有重要的促进作用。只有对课外体育活动进行科学安排和合理组织，有计划、有步骤地进行，才能形成一个有序运转的完整体系，发挥出更大的效益。课外体育活动在我国高等学校中具有良好的传统，一般有以下几种形式。

1. 早操和课间活动

早操是学生清晨起床后进行的体育锻炼，是我国大学生作息制度的一项内容。早操可以使处于睡眠抑制的各组织器官逐步过渡进入唤醒状态。清晨的身体活动，能提高大脑皮层的兴奋性，加快血液循环，促进新陈代谢，为大脑工作的能量供应做好准备，使学生能以良好的身心状态开始一天的学习生活，有利于提高学习效率。

早操是一天中进行各种活动的身心准备时段，由于人体各组织器官尚处于抑制状态，所以活动时间不宜过长，活动量和强度应根据学生的个体差异而定，不要过大，防止造成身体疲劳影响学习，活动内容可根据学生的兴趣和需要的多样化，有计划、有组织地长期坚持。长期坚持早操，养成晨练的习惯，是形成科学生活和作息观念的重要途径。这不仅有利于大学生的身心健康，对培养其独立、科学的生活习惯和能力，以及走向社会以后能继续保持良好的生活作息规律具有深远的影响。课间活动是每节理论课下课后，学生在休息时间进行的体育活动。课间，学生在教室周围或附近的运动场上进行轻微的身体活动，可呼吸室外新鲜空气，消除维持坐姿时局部肌肉、视听等感觉器官和大脑皮层的疲劳，调节精神状态，是脑力劳动后一种有效的积极性休息。课间活动时间短，可采用广播操、眼保健操、散步、韵律操等活动身体，使身心充分放松，从而以充沛的精力进入下节课的学习。

2. 课余体育锻炼

课余体育锻炼是高等学校根据《学校体育工作条例》的规定，在学生一天的课程学习结束后，有计划、有组织地进行的体育活动。大学生在完成每天的学业后，下午时间相对集中，充分利用这段时间，组织学生进行科学的体育锻炼，对增强体质，促进健康，丰富校园文化生活，促进个性的全面发展十分重要。

课余体育锻炼是高等学校统一组织安排的活动，时间集中，参加人数多，是一项复杂的系统工程。根据本校的具体情况，课余体育锻炼的组织形式要灵活，内容要丰富多样，措施要得当，要适应大学生的个性发展需要，这样才能使学生体验到体育活动的乐趣，他们才能长期进行体育锻炼。在组织形式上可以以班为单位，分组、分项目进行锻炼，也可以根据学生的爱好，以运动项目成立兴趣小组为单位进行活动，还可组织多种多样的校内比赛等。在内容上，课余体育锻炼要和体育课相联系，巩固和提高课堂学习的技术，推行大学生体质健康标准测试和达标内容，安排大学生喜爱和需要的各种运动项目。在组织措施上，要充分发挥学生体育骨干的作用，建立必要的规章制度，重视安全教育，防止运动伤害事故的发生，合理安排体育场地器材等。课余体育锻炼也是培养学生独立进行体育锻炼能力的重要途径，特别是在三年级不开体育必修课的学校，学生主要通过课余时间进行体育锻炼。逐步掌握锻炼计划的制订，活动内容、练习方法的选择和自我进行体育锻炼等技能，为终身体育锻炼奠定基础。

3. 体育节

体育节是在课外集中一段时间组织全校学生进行的体育活动。体育节时间比较灵活，可在一周或几天内有目的、有计划地组织这一活动。体育节活动内容应丰富多彩，适应大学生的兴趣爱好，既要生动活泼，富有趣味性；又要兼顾知识性和教育性。在举办体育节前要做好充分的准备和宣传工作，调动全体学生的积极性，在相对集中的一段时间内在校园创造体育活动的热烈气氛。这对吸引更多大学生自觉参与体育活动会产生良好的影响，也有利于活跃校园文化生活。

(三)运动训练和竞赛

运动训练是高校生课余体育的重要组成部分，也是我国发展体育事业、提高竞技运动水平的需要。从《中华人民共和国体育法》第二十八条规定中可以看出：国家对优秀运动员在就业和升学方面给予照顾，这便为高校引进优秀体育人才创造了条件。对具有体育才能的大学生，进行课余运动训练和竞赛，不断提高其竞技水平，使其在国内外的比赛中取得优异成绩，既可以为学校和国家争得荣誉，又可扩大和提高学校的影响和知名度，同时也培养了体育骨干，推动学校体育教育的普及和开展，为国家竞技运动培养了后备人才。运动训练要根据学校的实际情况，在人、财、物可能的范围内，选择具有群众基础的体育活动或一些形成传统的项目组建运动队。训练工作要根据高校的特点，合理安排训练时间，处理好训练与学习的关系，使学生在顺利完成学业的同时，通过运动训练，提高运动水平。要充分发挥大学生体能和智能的优势，制订科学的训练计划，进行系统训练，注重科学研究，不断总结大学生训练的规律，增强训练效果。

《条例》中规定：学校体育竞赛应贯彻小型多样、单项分散、基层为主、勤俭节约的原则。每年至少举行一次以田径项目为主的运动会。根据《条例》的规定，高校举办运动竞赛应以校内为主。在校内可经常性地举办班级、年级之间的单项比赛，每年要组织全校性的运动竞赛活动。运动会可采用教学赛、友谊赛、邀请赛、表演赛、对抗赛等多种形式，根据实际需要也可组织校际的比赛和观赏高水平运动队的比赛。运动竞赛对检查教学训练效果，促进运动技能水平的提高，推进学校体育活动的开展，丰富大学生课余文化生活都有重要的意义，同时有助于培养学生勇敢顽强、拼搏进取、团结友爱、遵纪守法等优良品质，增强学生的体育意识和提高学生的体育素质。

第四节 当代大学生活与体育

一、大学生的体育意识

在和谐校园的理念下，以人为本，健康第一，培养大学生热爱体育的生活方式，长远关注每一个个体的健康，为我国社会主义的可持续发展提供强大的人力资源，是学校体育教育追寻的终极目标。要贯彻落实好这一目标，使之收到预期的效果，需要各方面的条件和环境。不同的文化氛围及背景促使人们的生活方式发生千姿百态的变化。大学时期是大学生步入社会的过渡时期，也是大学生良好的体育生活方式形成的关键时期，如何利用高校体育来促进大学生这一特殊群体的成长与健康，培养其健康体育生活方式的观念与意识，促进其身体力行地进行体育生活方式的实践也是现代体育教育事业的目的。

大学阶段是青年学生系统接受体育教育的最后阶段。现今，大部分大学生因受他们文化修养、道德规范、体育基础、自身素质和认知能力等因素的及家庭、学校、社会等外部环境的制约和影响，体育意识淡薄，重智轻体的观念占主导地位。总体说来，大学生的参与意识弱，体育自主意识更令人担忧。所以我们认为高校体育工作要注重大学生的体育意识的培养。如此，才能从根本上来扭转这种现状，以达到全民健身的目标。一部分大学生认为，体育课对身体健康的作用不明显，而且体育锻炼效率较低，形式单一，学校的体育设施也限制了学生进行课外体育活动。

造成当今的大学生群体缺乏体育锻炼意识的原因是多种多样的，概括来说，可以分为内因和外因两大类。内因，即从大学生自身找原因，是大学生没有认识到体育锻炼的重要性，这是最根本的原因。外因包括学校、家庭和社会等，是影响大学生自主体育锻炼的重要因素。为此，我们应当及时地增强大学生的自主体育锻炼意识。大学生要养成科学运动习惯，持之以恒，建立良好的生活方式，饮食要规律，结构要合理，尤其是要吃好早餐，睡眠要充分，学会通过运动、娱乐、倾诉等方式，宣泄与排解不良情绪。

体育是一种促进人类社会向前发展和加速现代化进程的积极健康的力量。积极生活就是人在日常生活中进行身体运动，是将体育活动融入日常活动的一种生活方式。所以，要让以“阳光体育、健康体育”为主题的活动成为大学生活的重要内容。

体育意识是在漫长的体育实践中逐步形成的，培养学生形成良好的体育意识是一项非常艰巨而漫长的系统教育过程。只有树立起自我体育意识，才能实现终身体育的目标。培养和发展学生从事体育活动的能力和学习的主体积极性，是让学生在学生时代学会掌握“一技之长”，养成终身进行体育锻炼的习惯和意识，让学生认识到体育的价值，生活中离不开体育，并通过体育获得无穷的乐趣。所以，高校体育教育是培养终身体育意识的关键，是潜移默化的，它不仅能为学生终生体育打好体质基础，更重要的是能培养学生终身体育的意识、习惯和能力。新一代的大学生应该迈开双腿，选择健康的生活方式，参与适量的体育运动，为丰富大学生活、实现人生理想打下坚实的基础。

二、大学生树立正确的体育意识

体育意识是看不见、摸不着的，那么，怎样判别人们有无体育意识呢？由于体育意识主要由态度状态和体育素质构成，因而可以从以下几个方面来判别人们是否具有体育意识。

第一，是否具有一定的体育科学知识、体育活动方法和技能；第二，是否认识到体育和体育活动的功效和作用，特别是评价性认知；第三，是否具有对体育和体育活动的正向积极的情感体验，如依赖感、必要感、认同感等；第四，是否具有体育需要和体育行为倾向。

我们在判别时，首先要看学生是否具备一定的关于体育和体育活动的知识、方法、技能和评论，因为这是基础。如果已经具备，还要看是否具有积极进行体育锻炼的意向，因为如果仅仅是对体育和体育活动有一定的认识，包括评价性认识(如体育十分重要)，而没有在思想和情感上接近它、接受它，没有为之付出努力的意向，那么这种认识也是孤立的，还不能形成体育意识。因此，只有学生同时具有对体育和体育活动的认识、情感体验和体育需要，才能说其有体育意识。

体育意识具有以下特点。一是内在性。尽管体育意识可以导致一系列的体育行为，但它本身是看不见摸不着的。体育意识不等于体育行为，体育意识是内隐的，是一种内在的结构。二是客观性。这是因为体育意识一方面是由自然物质构成的人脑的机能和属性，另一方面体育意识的来源是客观存在的。三是社会性。任何人的体育意识都不是与生俱来的，而是在长期的社会生活中，通过与他人的交往和相互作用，通过社会环境持续不断的影响，通过大量的体育实践活动而逐步形成的。四是能动性。体育意识能够支配和调节人们对体育和体育活动的意志和情感体验，以及其他体育心理过程；能够限制或推动人们的体育活动；能在体育活动中对自己和活动提出要求。五是稳定性。体育意识形成后，将持续较长时间而不轻易改变。但应该指出的是，在体育意识发展的初期，其态度系统还没固定(即认知、情感和意志三种状态未形成稳固的融合形式)时，它容易因新经验、新知识和新情况而改变。六是对象性。任何体育意识都针对体育和体育活动中的某一对象，因而它具有主体与客体的对应关系。七是系统性。体育意识是一种态度控制系统，各态度之间彼此相连，紧密相关，形成有机联系，我们可以通过其中的一种态度推知另外一种态度。八是历史制约性。这是由于体育意识的反映对象(体育和体育活动)是在一定的历史条件、社会体育需求和社会体育能力下产生和进行的。

培养和增强大学生的体育意识有两条途径：一是改变大学生对体育的态度，使之具有积极的体验和态度；二是努力提高大学生的体育素质，使人们能够更好地了解体育和参与体育活动。鼓励学生参与体育活动主要包括以下三个方面。

首先，要开展并加强宣传教育，形成并增强体育认知。体育宣传主要是制造积极的舆论和气氛，使人们对体育和体育活动及其效能和作用产生感性认识和良好的情感体验，还可以鼓励人们产生暂时的体育行为。体育宣传的渠道和方式有很多种，如通过广播、电视、报刊、报告会等在进行体育宣传时，一定要针对不同的对象，采用不同的方法，循序渐进，做到与对象的心理状态和接受能力相符合。

其次，要大力组织开展大学体育活动，培养学生的体育情感。体育情感以能满足人们需要的体育活动为中介。那些能满足学生需要的体育活动，就会引起人们各种正向的态度和体验，在多次感受后，人们就会产生对体育的赞同、支持、喜爱等情感。

最后，要加大投入，加强体育设施设备等硬件的建设，激励和强化学生的体育意向。学校应该大力支持和鼓励体育事业的发展。

第五节 体育对未来人生的影响

体育是一种多维开发的文化，为培养 21 世纪具备较强身体素质的人才，我们应充分认识到体育在这一过程中所起的作用，让体育在培养全面发展的人的教育过程中发挥其特殊作用。

一、学校体育能促使学生社会化

体育可促进个体的社会化。体育本身是一种既具有生物特性，又有社会特性的文化产物。其生物性在于，体育活动必须以人的基本活动为构成材料，没有人的肢体活动便永远不存在体育；其社会性在于，体育活动总是由特定的情节构成的，情节是体育内容的表述方式，这种情节不是偶然孤立的。因此，学校体育可以使学生的发展不脱离社会。

(一)培养学生的社会适应能力

“适者生存”是事物发展的基本规律。由于社会发展迅速，学生在学校里学到的某些知识有可能还没有走出校园就已经用不上了。解决方法就是拓宽学生的知识面，培养学生的社会适应能力和再学习能力，使他们走入社会后有能力接受和学习新的知识，不被社会淘汰。学校体育为了全面提高学生的身体素质，在教学内容安排上必须充分体现全面性和多样性。这些有助于学生逐渐形成乐于接受新知识和敢于采用新的思维方式与新的科学知识来获取成功的良好心态。

(二)培养学生的人际交往能力

人际交往能力是主体运用知识和智力成功地进行人际交往的能力，是帮助人类合群的一种基本方法，它是衡量一个现代人能否适应当今社会的重要标准之一。学校体育的开放性、集体性和竞赛性特点，为学生营造了一个近似社会的锻炼环境。学校体育活动内容丰富、形式多样，且大多数在室外进行，这不仅使师生之间、同学之间交往频繁，而且提供了个人与集体、集体与集体之间的交往方式，因此，学生不仅要接受来自教师的情感信息，还要不断接受同学之间或个人与集体之间的情感交流，而且后一种情感交流更为重要。

(三)培养学生的思维能力和实践能力

现在大部分高校，都有许多开展体育运动项目的社团组织，学生在参与社团活动的过程中，不仅让自己掌握了较好的运动技能，有了一技之长，更使自身的素质得到全方位的锻炼与发展。社团活动中，各个担负职责的学生，既要独当一面，又要沟通协作，从创意构思、企划到执行，整个过程会让学生的思维能力、实践能力得到提升。因此，社团组织是大学生素质教育的重要组成部分，是学生提升综合素质的良好平台，对学生的成长有积极作用。学生只是社会的个体，他们的发展离不开社会，融入社会的一个方法就是人际交往，体育可以培养一种积极健康、乐观向上的心态，而且对改善人际关系有很重要的作用。

二、培养学生的创新能力

创新改变未来，未来需要创新。创新是知识经济时代人类最重要的活动。大学体育为学生提供了独有的、开阔的学习和活动环境以及充分的观察、思维、操作、实践的表现机会，对于促进学生创新能力的开发和提高，具有其他学科无法比拟的优势。近年来，大学体育在培养创新性人才上具有独特价值，已被越来越多的人认识到。例如，体育教师通过改革教学方法、更新教学内容、采用多样化的教学组织形式、研究创新性的教学模式等，使学生在民主、活跃的课堂气氛中积极思考、积极发表自己的见解、踊跃展示自己创编的节目，既让学生获得了一定的体育保健知识和运动技能，又让学生懂得了学习的方法和过程，使学生的创新意识以及创新和独立学习的能力极大地增强和提高。

创新是决定一个国家国际竞争力和世界地位的重要因素，是知识经济时代企业生存和发展的根本，也是决定一个人成功与否的关键。以500亿身价连续12年高居世界富豪榜首的美国微软公司总裁比尔·盖茨也是靠“创新”发家的。他曾这样总结他成功的经验：“我们的成功取决于创新、技术、研究和聆听用户的意见。”

国家进步、社会繁荣和企业发展，需要的是有创新能力的人才。然而，人才的成长又依靠教育。体育对学生的个性、主体精神和创造能力的关注和发展，将对他们的事业和人生产生深远的影响。

三、培养学生终身体育的兴趣、习惯和能力

体育是随着人类社会的发展而发展起来的，没有哪一门学科像体育那样与人类生存的关系如此直接和紧密。我们的祖先在生存斗争中，发展了走、跑、跳、投掷、攀登、游泳等基本生存技能。在物竞天择的法则下，具有优良运动能力和雄健的体魄，成为种群或民族兴旺发达的象征。如今，现代体育中许多技能、技巧仍在为人们的生存斗争做贡献，提高或改善人类的生存质量是社会发展的首要课题。在物质文明和科学技术发展的现代社会，随着物质生活越来越丰富，人们必然要求有更多、更好的精神文明生活。为迎合这种需求，展现人们意志、智慧与自信的各种体育运动正逐渐走进人们的生活中，成为我国现代化进程中一道亮丽的风景线。大学体育的主要任务就是使学生掌握科学锻炼身体的知识和技能，养成终身进行体育锻炼的习惯。著名的钱伟长院士，被称为“迷上体育的科学大师”，他在大学时期培养的体育兴趣，为他一生对体育运动和体育教育事业的激情奠定了基础。

培养学生终身的体育意识、习惯和能力体现了大学体育对学生未来人生的关注。过去，大学体育的时空观大多比较狭窄，只重视学生在校期间的身体锻炼及其效果。随着生存教育和终身教育理念的提出，学校体育的时空大大地延伸了，学校体育被放在教育的、体育的、社会的、生物的、心理的多维空间中加以考察，从而充分开发了大学体育的功能，最大限度地发挥了大学体育的作用。许多学者认为，使学生爱好体育、养成体育锻炼的习惯，才能最终培养出身心健康的人才，这是国家与社会发展的需要。

第六节　体育与社会发展的关系

一、社会发展决定体育的发展

(一)不同社会形态下的体育

原始社会是人类社会的初级阶段，也是体育的萌芽时期。原始人在生产力水平很低的情况下，不可能有明确的社会分工，许多社会活动之间还没有清晰的界限。人们当时的跑、跳、投掷、攀登、爬越等，既是劳动活动，也是生活技能。这些活动是现代体育的前身，现代体育正是从这些活动发展而来的。

奴隶制的产生给社会带来的一个重大变化是学校出现了，这为教育的产生提供了可能性。教育作为一种独立现象，从生产劳动和社会生活的其他领域中分离出来，并逐步形成专门的体系。在古希腊斯巴达教育体系中，体育被列为主要内容。公元前6世纪到公元前4世纪的亚丁教育体系规定，十二三岁的少年进体操学校学习“五项竞技”(赛跑、角力、跳跃、掷铁饼、投标枪)和游泳、跳舞。随着教育的发展，对体育教育的内容和组织方法的要求也在不断提高，促进了体育的发展。体育在其发展过程中，不仅与教育的发展紧密联系在一起，同时还与军事、医学、艺术、宗教、休闲娱乐等活动的发展有密切关系。体育正是在与这些活动互相影响和互相作用的过程中，才成为具有自身体系的独立形态。

工业革命后，在英国，人们的生活水平得到了提高，工作时间的缩短使得闲暇时间增多；英国气候温和，人们有条件和兴趣更多地参加丰富多彩的户外体育活动，如射箭、羽毛球、板球、保龄球、曲棍球、足球、游泳、网球、划船、登山、滑雪和滑冰等。随着英国殖民主义的扩张，其户外运动、娱乐和竞技运动，逐渐在美国、欧洲的国家以及其他许多国家传播开来。与此同时，19世纪西欧由于资本主义发展的不平衡和民族主义的倾向，各国之间接连发生战争。战争刺激各国重视军备，同时也认识到士兵体能训练的重要性。这一时期相继出现的德国体操和瑞典体操，不仅受到本民族的欢迎，而且流传到世界各国。

第二次世界大战后，奥运会一度成为“冷战”时期社会主义和资本主义两大阵营力量对比的重要舞台。20世纪80年代以来，随着体育商业化和职业化步伐的进一步加快，奥运会允许商业赞助，允许职业运动员参加。政治的介入和体育的商业化、职业化，极大地促进了竞技运动水平的提高。与此同时，现代科学技术的迅速发展和广泛应用，大大提高了劳动生产率，生产和生活实现了机械化、自动化，人们的劳动时间逐渐减少。但是，经济发展也给人类健康带来了诸多不利影响，伴随经济发展而出现的运动不足、营养过剩、人际交往减少、精神压力加大等问题以及由此诱发的文明病、精神疾患等，严重地威胁着人类健康，20世纪六七十年代以来，世界各国纷纷重视发展大众体育。为了促进民众参加体育活动，许多国家致力于完善进行体育活动所需要的条件，如建设体育设施、培养社会体育指导员、扶持体育俱乐部、组织开展各项体育活动等，使体育活动逐渐在民众中普及起来。20世纪70年代后，席卷全球的终身学习浪潮对体育活动的普及起到了推动的作用。终身学习的思想使人们认识到在一生中保持健康的必要性，站在终身学习这一高度看待自身的健康问题，这是前所未有的。终身学习的思想极大地增强了人们的健康意识，进而促使了体育活动的普及。终身体育使学校体育与社会体育有机地衔接起来，学校体育开始重视培养学生终身体育的意识和能力。

(二) 体育发展有赖于社会发展

经济发展不仅能为体育发展提供财力、物力、人力上的支持，而且还能决定社会成员的体育需求状况。1896年，在雅典举行的首届现代奥运会上，比赛仅设有9大项，参赛的只有13个国家和地区的311名运动员。到了2008年北京奥运会，比赛设28个大项，38个分项，302个小项，参赛的有204个国家和地区的11438名运动员。1949年，中华人民共和国刚刚成立时，由于经济落后，我国体育事业的发展规模较小，1953年全国体育事业经费不足1000万元，专业体育队伍不到2000人。改革开放后，随着经济的迅速发展，体育事业也发生了翻天覆地的变化。

体育发展离不开国家的支持。当今社会，世界各国都在不同程度上对体育的发展给予扶持。

教育、科技和大众传媒等也与体育的发展密切相关，对体育的发展起到了积极的推动作用。在体育发展的过程中，学校教育功不可没。体育的发展，不论是体育活动的普及还是竞技水平的提高，都与学校体育密切相关。首先，学校教育促进了体育活动的普及。由于世界各国普遍实行义务教育，体育又是学校教育的重要组成部分，所以人人都有在学校长期接受系统的体育教育的机会，这为学生走向社会后继续参加体育活动奠定了基础。许多研究表明，大学生在学校期间接受良好的体育教育，养成喜爱运动习惯，有助于其走向社会后继续参加体育活动。一个国家的体育运动水平与体育活动的普及程度密切相关，体育教育较好的国家，大众体育普遍也比较好。其次，学校为竞技体育输送了大批优秀运动员。国外学者在对几届奥运会奖牌分布及获奖国家状况的比较研究中发现，96%的奖牌是由经济发展水平较高、扫盲率较高和人均寿命较长的国家获得的。在奥运会的历史上，由于过去长期限制职业运动员参加，所以在奥运会参赛运动员中，许多是在校的学生。在美国，学校被称作培养竞技体育人才的摇篮，NBA的球员大多来自大学，有的甚至来自高中，像我国球迷所熟知的洛杉矶湖人队的科比·布莱恩特、克里弗兰骑士队的勒布朗·詹姆斯等球员，都是直接从高中进入NBA的。

随着竞技运动水平的不断提高，运动成绩的提高越来越依靠现代科学技术。例如，撑竿跳高3.30米的成绩是用沉重、没有弹性、容易折断的木杆跳出来的；1930年，出现了较为坚固的金属杆，运动员的最好成绩达到4.80米；1948年，出现了更轻、弹性更好的玻璃纤维杆，最好成绩突破了6米大关。再比如，2004年美国推出一种类似鲨鱼皮材质的游泳衣，可以比其他游泳衣减少4%的阻力，提高运动员在水中的速度。我国运动员刘翔以12秒88的成绩打破了男子110米栏世界纪录时用的跑鞋只有8克。根据生物力学专家测定的数据，跑鞋的重量每增加100克，消耗的体能增加1%。

大众传媒对体育的发展也起到了推动作用。在大众传媒工具中，电视所起的作用更加明显。随着竞技运动水平的不断提高，高水平的体育比赛越来越富有竞争性、戏剧性、艺术性和娱乐性，更加吸引人的关注。电视转播使得人们不出家门就可以欣赏到在世界上任何地方进行的比赛。像奥运会、世界杯男子足球赛这样的大型国际体育比赛往往可以吸引几亿乃至十几亿观众。另外，高水平的职业足球联赛、NBA等也极具号召力，一场重要的比赛也能吸引数以亿计的电视观众。正是由于有了电视转播，商业资本才大量注入，这为竞技运动水平的提高提供了财力上的支持。可以说，大众传媒在一定程度上加快了体育发展的进程。

二、体育是推动社会经济发展的重要力量

人是社会活动的主体，是社会发展的规划者和实践者，是一切物质财富和精神财富

的创造者。从人类社会的发展史来看，社会的发展程度受人类整体素质的制约。体育可以促进健康，增强体质，提高人类的整体素质。大量有关改善健康与经济发展关系的研究证明，健康就是生产力，保护健康就是保护生产力。世界银行的研究结果显示，近40年来，世界经济增长8%～10%是依靠提高人类健康水平实现的。

体育对经济发展有着巨大的推动作用。体育活动是一种消费活动，与生产和服务密切相关。随着体育的发展，体育在经济活动中扮演着越来越重要的角色。20世纪六七十年代以来，体育活动在民众中的普及，刺激了大众的体育消费。在1970年的英国，350万钓鱼爱好者的钓鱼用具的消费支出约为2 800万英镑，加上饵料支出共约9 000万英镑，再加上交通费、租借船只的费用等，共约为2.5亿万英镑。240万野营爱好者在这一年的支出约为2 000万英镑。另外，足球、板球、网球、高尔夫球等的爱好者都在百万人以上，相关体育器材和用品的消费也相当可观。在日本，伴随体育活动的普及，大众体育消费水平迅速提高。1965年，日本余暇消费中的体育消费仅为1 067亿日元，到1975年，这一数字增加到5 184亿日元，10年间增长了近4倍。体育活动的普及带来的体育消费增长，使体育发展成为一种新兴的产业。

目前，体育产业在欧美、日本等发达国家发展迅速，已经成为其国民经济中的支柱产业，年产值跻身于国内十大产业之列。有关资料显示，20世纪80年代，美国体育产业的产值约占GDP的1%，在国民经济各行业中排第22位。1999年，美国体育产业的产值达2 130亿美元，年增长6.3%，约占GDP的2.4%，在国民经济各行业中排第6位，仅次于地产业、零售贸易业、健康福利业、银行业和交通业。奥运会的电视转播权在1968年墨西哥城奥运会时仅为450万美元，2012年，我国体育产业的产值达到GDP的0.6%。发达国家的这一比例已达到1%～3%。因此，我国的体育产业有着巨大的发展空间。

体育还可以带动相关产业的发展。举办一次奥运会或者世界杯足球赛这样的大型体育赛事，可使举办城市的基础设施水平提高20～50年。1998年，法国世界杯组委会主席普拉蒂尼曾说，主办这届世界杯使法国争取到了20年的发展时间。主办第25届奥运会的巴塞罗那，1989—1992年，道路设施增加15%，绿化带和海滨旅游区面积增加了78%，人工湖和喷泉的数量增加了268%。为了办好2008年奥运会，北京在环保和基础设施等方面实施140多个项目，总投资2 500多亿元人民币。举办大型体育赛事对旅游的拉动作用也是非常明显的，汉城奥运会曾吸引国外旅游者24万人，收入14亿美元。在北京奥运会开幕前的几年时间里，我国新增国外旅游者400万人次，收入40亿美元。

第七节　体育锻炼对身体健康的促进作用

科学合理的体育锻炼对人的机体功能有全面的促进作用，本节着重从神经系统、心血管系统和呼吸系统三个方面说明体育锻炼对机体功能的良性效应。

一、体育锻炼对于神经系统功能的促进作用

神经系统在机体中的作用是控制、支配和调节，也就是使身体中执行各项功能的不

同器官协调起来，成为一个统一的整体，以适应身体内外环境的变化。合理的体育锻炼对于神经系统的功能起着全面的促进作用。

(一)提高中枢神经系统的整合功能

体育锻炼能改善中枢神经系统的整合功能，使其反应灵活迅速、准确协调。体育锻炼要求身体完成一些比日常活动复杂得多的动作，所以中枢神经必须迅速产生应急性，尽快地动员和发挥各器官、系统的功能潜力，并使之相互协调，以适应机体运动时的各项需求，特别是对能量的需求。在体育锻炼中，各反射中枢之间和反射弧的各环节之间的联系得以建立，并不断强化、巩固，神经系统的网络化过程加速形成。所有这些都增强了中枢神经系统，包括提高大脑皮层的功能，从而增强了人的整体反应性、协调性和适应性。

(二)改善脑组织的血液循环，提高大脑工作效率

大学生总是长时间地伏案学习，平时四肢活动幅度很小，肌肉收缩强度不够，因此不利于把全身，特别是下肢静脉中的血液泵回到心脏中去。心脏得不到足够的回流血量，也就不能正常地向大脑供血。大脑重量虽只占全身体重的2%，但其耗氧量却占全身的25%，所以脑细胞必须不断地从血液中获取氧。如果供氧不足，大脑就会立即处于“氧饥饿”状态。一般来说，如果大脑连续工作1小时以上，就容易产生“氧饥饿”，具体表现为接受能力、理解能力和记忆能力的下降，思维过程中出现干扰信息，或出现间断性空白，以及注意力不能集中，甚至头昏脑涨。大脑的血液供应占全身20%，脑血流图研究表明，进行一般智力活动时，脑血流量的需求增加8%，进行逻辑推理活动时增加10%；进行数学计算、记忆搜索和抽象思维时，脑血流量增加12%。所以，为了保持智力活动的效率，必须用体育锻炼来增强四肢肌肉的收缩，挤压静脉，加速外周的血液回流，维持或增加心输出量，以保证对大脑足够的供血量。因此，对大学生来说，加强体育锻炼是提高大脑工作效率的良好途径，即使是课间短时间的四肢活动，也能有助于缓解大脑的“氧饥饿”，从而保证头脑的清醒和思维的敏捷。

(三)加强对脑细胞的良性刺激，延缓脑组织的衰老

大脑是人体中的信息器官，信息器官需要不断的信息刺激，如果大脑长期处于“信息饥饿”状态，则必然会出现大脑早衰。生理学家们认为，防止大脑早衰的有效手段之一是给大脑以良性刺激，良性刺激的来源有两种，一是智力良性刺激，二是运动性良性刺激。合理的体育锻炼就是最好的运动性良性刺激。在进行体育锻炼时，骨骼肌肉可以将外周的效应器上的信息，作为输入信号反馈给中枢，反过来刺激中枢神经系统，从而维持中枢神经系统处于一定程度的激活状态，维护甚至提高其应激能力，这样就增强了大脑的活力，能有效地推迟脑细胞的衰老。有人曾调查运动员和非运动员，把他们的神经细胞功能进行了对比，发现同一年龄组，运动员的大脑神经细胞衰老趋向不大明显。

二、体育锻炼对心血管系统的影响

(一)增强心脏的泵血功能

经常参加有规律的体育锻炼可以使心肌壁增厚，心肌力增强，心脏重量和体积增加，心脏容量和直径增大，从而大大增加心脏的功能储备力，有利于更大程度地发挥心脏的泵血功能。表 1-1 的数据表示的是经常参加体育锻炼的人与不经常参加体育锻炼的人相比，其心功能相关指标的改善情况。

表 1-1 经常锻炼者与不经常锻炼者心功能指标的比较

指标	不经常参加锻炼者	经常参加锻炼者
心脏重量/克	300	400～450
心脏内容/毫升	765～785	1 005～1 027
心肌横断/厘米	11～12	13～15
安静心搏率/(次/分)	70～80	50～65
每搏输出量(运动时)/毫升	80～100	90～160

(二)增加血液红细胞及血液免疫细胞的数量和活性

体育锻炼可以使总血量增加 25%。一般成年男子每立方毫米血液中含有红细胞 450 万～550 万个，女子 380 万～460 万个。经常参加体育锻炼的人，血液中红细胞会增多，可达每立方毫米 600 万～700 万个，这是因为运动能够改善红骨髓的造血机能。体育锻炼对血液中白细胞的影响较大，白细胞是具有多种免疫功能的细胞类群，包括淋巴细胞、单核细胞和自然杀灭细胞(NK 细胞)等。在体育锻炼后，白细胞数量明显增加。短时间、低强度和长时间、高强度的运动者都可以使淋巴细胞数量增多。体育锻炼后，单核细胞有轻度增加。中低强度的运动对提高 NK 细胞的活性是一种良性刺激，NK 细胞是对肿瘤有免疫效果的细胞，但长时间的剧烈运动则可能抑制其活动。

(三)增强血管功能，改善局部微循环及防治心血管疾病

经常进行体育锻炼可使动脉血管壁弹性提高，管径增大，有利于血液畅流。由于毛细血管的开放和增生，能有效改善微循环功能。锻炼可促进新陈代谢，增加对脂肪的利用，减少积存，增强纤溶酶的活性，防止冠状动脉硬化和血栓的形成。因此，经常锻炼的人比高血压发病率低，这是因为肌肉活动对大脑皮层的影响，使调节血管收缩和舒张的神经中枢活动趋于正常，血压下降，有助于预防心血管疾病。

三、运动锻炼对呼吸系统的影响

(一)增强呼吸肌的力量，增大肺活量

体育锻炼对呼吸肌力量的增强，是十分明显的。由于体育锻炼要大量耗氧和排出二氧化碳，使呼吸运动加快，导致肋间肌和膈肌等呼吸肌，以及胸、腹和背部其他肌肉体积增大，力量增强，从而促使胸围和呼吸差增大。调查资料表明，15～16 岁的运动员比

同龄人的胸围约大 5 cm～6 cm。可见，经常从事体育锻炼能使胸廓活动幅度加大，增加肺通气量和肺活量。测试显示，13～16 岁少年的肺活量平均为 2 600 mL～3 600 mL。经过 4 个月有计划的锻炼的同年龄段少年的肺活量可增加 130 mL 左右，而同期没有参加体育锻炼的对照组的少年的肺活量的增加值平均只有 20 mL。

(二)改善呼吸方式，提高呼吸效率

经常参加体育锻炼的人，在呼吸的深浅和频率上也有所不同。一般人的呼吸浅而快，每分钟约 12～18 次。经常参加体育运动后，呼吸深度加大，而频率降低，比安静时每分钟呼吸次数减少 8～12 次。这种深而慢的呼吸，既可以提高肺换气的效率，又能使呼吸器官得到较充分的休息，从而节省了用于呼吸的能量。研究表明，女性在 15 岁，男性在 25 岁时，肺通气达到峰值，以后如果不加强锻炼，肺通气能力会逐渐下降。所以在大学阶段，经常参加体育锻炼，对今后成人期的呼吸功能的维持甚至增强有着极为重要的意义。

第八节 体育锻炼应注意的问题

在计划实施一项锻炼方案前，关注以下三个问题对于端正锻炼动机，坚持不懈地锻炼以取得良好的锻炼效果具有重要作用。

一、知晓自己的体能和健康状况

在开始体育锻炼前，有必要了解自己的体能水平，这有助于通过一定的方法和手段改善功能方面的不足之处，体现锻炼带来的益处，从而增强坚持锻炼的信心。

在准备参与体育锻炼前也很有必要了解自己的健康状况。如伴有疾病(高血压、心脏病等)在身，则需要在医生或保健专家的指导下，进行科学的锻炼。否则，体育锻炼不仅无益于健康，还有可能对身体造成损害。

二、了解自己的锻炼动机强度

检查自己参与锻炼的动机强度很有必要。动机是坚持锻炼的内部驱动力。当然，每个人参与锻炼的动机不尽相同。一些人参与锻炼是为了增强体能，促进健康；另一些人参与锻炼是为了交友；还有一些人参与锻炼是为了缓解心理压力。

要强化锻炼动机，就需要设置锻炼目标，这可促使自己通过努力一步一步地去实现目标。例如减肥，如果设置的目标是一个月后体重减轻 3 千克(短期目标)和半年后体重减轻 8 千克(长期目标)，你的动机就会加强，你就会通过努力和科学有效的锻炼方式去实现这样的目标。当然，选择的活动项目要有助于强化锻炼的动机。如果目标是增强耐力，选择慢跑和游泳最佳；如果目标是减肥，则应选择能消耗热量的活动；想要增加自己的上肢力量，应选择举重一类的练习等。

三、坚持体育锻炼

提高自己的体能水平非一日之功，需要时间、努力和耐性。俗话说，贵在坚持。只要有规律地坚持体育锻炼，体育和健康水平一定能提高，但要注意以下几点。

一，锻炼很少的人在偶尔一次运动后会因肌肉酸痛而放弃锻炼，但这种酸痛感属正常反应，数日后就会自行消失。

二，最初锻炼几周时，你的力量、心肺耐力和柔韧性会迅速提高，两三周后，这些方面的进步会变缓慢。只有坚持下去，锻炼的效果才会显现出来。

三，锻炼几周后，由于某种原因难以在某一特定的时间内进行锻炼，可以选择适合自己的锻炼时间、地点和同伴。

四，如果因其他重要的事情使正常锻炼的内容受到影响，可以选择其他的活动内容。

五，与有锻炼习惯的人一起锻炼身体，他会鼓励你坚持下去。

六，从事有助于达到目标的多种锻炼方法，单一的活动内容会让人产生厌烦情绪。

七，如果体育锻炼的益处不明显，请别丧气，因为体能水平的提高是一个渐进的过程。

八，锻炼的计划应适合于自己的兴趣和生活风格，应将锻炼看成生活中必不可少的重要部分。

总之，增强体能无捷径，不能指望体能水平的提高在数小时或数日内就实现，有规律地锻炼，能体验到体能水平的提高，只要坚持下去，就会达到体能水平的“高原期”。这时虽不能体验到体能的增强，但体能也不会减弱，这是正常现象。如果毫不气馁，继续锻炼，一段时间后，你的体能将会有新的飞跃。一旦具备了良好的体能，你会有好的感受，也会精力充沛地从事学习和工作。如果半途而废，放弃锻炼，体能会降到原来的水平，也易产生疲劳感和疾病，健康水平会明显下降。常言道“体强人欺病，体弱病欺人”，是有一定道理的。

第九节 体育锻炼后应了解的事宜

一、运动后肌肉酸痛

不少同学有过这样的体会，在一次活动量较大的锻炼后，或是隔了较长时间未锻炼，又开始锻炼之后，常常会出现肌肉酸痛。这种酸痛一般发生在运动结束后。从事不同的体育运动项目，在不同个体身上表现的酸痛症状的差异也很大。

(一)肌肉酸痛产生的原因

肌肉酸痛是由于机体能量物质(ATP、CP和糖原)消耗过多，或是隔了较长时间未锻炼而刚恢复锻炼时，肌肉对负荷及收缩放松活动未完全适应，会造成局部肌纤维及结缔组织的细微损伤，以及部分肌纤维产生痉挛。由于这种肌纤维细微损伤及痉挛是局部的，因而就整块肌肉而言，仍能完成运动功能，但会存在肌肉酸痛感。酸痛后，经过肌肉内局部细微结构的修复，肌肉组织会变得较以前强壮，以后再经历同样的负荷就不易出现酸痛现象了。

(二)怎样预防和消除肌肉酸痛

预防肌肉酸痛的发生应注意以下几点。

第一，根据不同体质、不同健康状况科学地安排锻炼的负荷量，负荷量不要过大，也不宜增加过猛。

第二，锻炼时，尽量避免长时间集中练习身体某一部位，以免局部肌肉负担过重。

第三，在准备活动中，注意把在稍后的练习中负荷大的局部肌肉活动得更充分些，可有效地预防损伤。

第四，整理活动除进行一般性放松练习外，还应注意肌肉的伸展牵拉练习，可预防局部肌肉痉挛，从而避免酸痛的发生。

二、消除疲劳的措施

疲劳是一种生理现象，只要不是因疾病造成的疲劳，都不影响身体健康，对参加锻炼的人来说，到一定程度的时候，人体就会产生工作能力暂时下降的现象，也就是说感觉疲劳。运动生理学认为，疲劳对人体来讲是一种保护性机制，同时，疲劳又是一种量的标志，所以“没有疲劳就没有锻炼”的说法是有道理的。但是，如果在锻炼中过早疲劳，就会影响运动能力。人如果经常处在疲劳状态，前一次疲劳还没有消除，而新的疲劳又产生了，这样疲劳就可能产生积累，久而久之会造成过度疲劳。那可能就是一种病理状态，对人体健康不利。因此，在锻炼后应采取一些积极措施，尽快消除疲劳，使机体能够超量恢复，从而不断提高锻炼能力，促进身体健康。

(一)疲劳的自觉症状

疲劳后出现各种症状，但在不同个体身上表现出来的疲劳症状差异很大。有的头部沉重、头晕眼花、眩晕、全身乏力；有的动作迟钝、注意力和精力不集中、呼吸困难、心情不好、脚步沉重；有的口舌发干、发黏、出冷汗、心悸、恶心，甚至呕吐；有的出现肌肉痉挛或疼痛、眼睛疲劳、视线模糊等。

(二)疲劳的客观体征

动作僵硬，不协调，运动积极性下降，步法紊乱，判断力和反应速度下降，运动单调化，动作失误增多，在运动过程中发生肌肉痉挛，力量不足，斗志下降等情况。

(三)消除疲劳的措施

消除疲劳的措施多种多样，现介绍常用的医学恢复手段和心理学恢复手段。

1. 睡眠

保证充足的睡眠是消除运动性疲劳最好的方法之一。休息是消除疲劳的必要手段。休息方式，除了睡眠以外，还可采用一些积极的休息手段，如散步、听音乐等，亦可转换一种方式进行体力活动，较之单纯的安静休息，更有积极意义。

2. 按摩

按摩是消除疲劳的重要手段之一。按摩能加速血液和淋巴循环，消除疲劳，提高身体机能水平，还有防治运动损伤的作用。常用的按摩手法是手按摩，当然，有条件的还可以借用机械进行按摩等。

3. 物理疗法

主要采用沐浴和局部热敷的方法。沐浴能促进血液循环，放松肌肉，加快代谢产物，有助于消除疲劳。最简单的方法是温水浴，水温以 40℃左右为宜。局部热敷能减少肌肉中酸性代谢产物的堆积，消除肌肉僵硬、紧张以及酸痛，热敷的水温以 47℃～48℃为宜。

4. 心理恢复法

心理恢复手段包括心理调整、自我暗示和放松练习等手段。心理恢复法能减轻压力，达到放松肌肉、消除疲劳的目的。

5. 营养与药物

营养是恢复过程的物质基础，合理地营养补充，有助于加速消除疲劳和恢复体力。应补充足够的蛋白质、维生素、无机盐和水。药物恢复可采用氨基酸，维生素 C、维生素 B_2、维生素 B_6 等。

第十节　不同职业适宜的体育锻炼项目

高职学生专业性较强，专业特点各有不同，因此，在体育教学过程中要有针对性，要适应不同职业特点，结合将来工作的实际，对不同专业特点有所侧重地进行教学和训练。

一、以体姿划分的职业类型及其适宜的锻炼项目

(一)以坐为主的职业

如公务员、办公室职员、家电维修人员等。

1. 职业工作特点

这类职业以脑力劳动为主，以长时间“伏案型”为主要工作方式，工作责任心要求相当高，工作环节要求细致严密，注意力的集中度高。该类职业从业人员必须精神饱满、情绪稳定，有较强的自我控制能力和排除干扰的能力，有比较强的应变能力，反应速度快，并且有较强的适应能力和抗疲劳能力。

长期“伏案型”工作容易造成血液循环不畅，腿脚不灵，体力不支，代谢水平降低，眼睛、颈部、背部酸疼，反应迟钝，肠胃功能降低，同时也会导致心肺机能下降等不良身体反应。久坐不动还是痔疮、颈椎病、腰痛病和坐骨神经痛等职业病的祸根。

2. 适宜的锻炼项目

针对这类职业的工作特点，可有针对性地选择如隔网球类项目、健美运动、健身走和跑步等练习手段。

①隔网球类项目：可以发展腰背肌肉力量、心肺机能和一般耐力素质，对于培养协作精神与意志力、抗挫能力和创新能力有积极作用。

②健美运动：可以塑造形体的健美形象，发展身体腰背肌肉力量和颈部肌肉力量。

③健身走和跑步：促进新陈代谢，保持良好的情绪与工作状态。

④综合性练习：颈部旋转运动、手臂旋转运动、双臂背后拉伸、耸肩运动、扩胸运动、体侧运动、体转运动、扭髋运动、手指伸展运动、跳跃运动、俯卧撑、对墙倒立、仰卧举腿等。

(二)以站为主的职业

如交通警察、教师、厨师、餐厅服务员、礼仪小姐、纺织工人等。

1. 职业工作特点

这类职业以站立或行走为主要身体姿势，对工作责任心的要求相当高，工作环节要求细致严密，服务敏感性强，职业人员必须精神饱满、情绪稳定，有较强的自我控制能力和排除干扰的能力、应变和应急能力、以及适应能力和抗疲劳能力。

长时间从事该类职业易患静脉曲张、关节炎、髌骨劳损和腰肌劳损、腰椎间盘突出症，甚至出现驼背、塌腰、曲膝等职业病。

2. 适宜的锻炼项目

针对这类职业的工作特点，可有针对性地选择如野外生存、体能训练与保健按摩、轮滑、防身防卫、慢跑等练习手段。

①野外生存：培养一般性耐力素质、抗疲劳能力与应急能力，发展上下肢力量、平衡能力和灵敏素质。

②体能训练与保健按摩：可以培养一般性耐力素质、抗疲劳能力、身体平衡能力、肢体反应敏捷性与应急能力；了解职业工作疲劳状态下积极性休息的基本保健按摩技术与应急状态下的急救常识。

③轮滑：发展下肢力量，改善身体平衡能力。

④防身防卫：培养一般性灵敏素质，发展腰背肌肉力量，培养竞争意识、迅速反应能力、应急能力、随机应变能力和吃苦耐劳精神。

⑤慢跑：可积极地促进新陈代谢，保持良好的情绪与工作状态。

⑥综合性练习：一是定位运动，包括伸展运动、体前曲运动、抱膝运动、旋转运动、捶击双臂、拍打双腿运动、合脚掌压膝；二是活动性练习，包括长跑、仰卧起坐、站立提踵、向后行走、倒退跑等。

二、以体力划分的职业类型及其适宜的锻炼项目

(一)以力量为主的职业

如机械操作人员、钢铁工人、机械制造工人、建筑工人等。

1. 职业工作特点

这类职业对耐力与力量有一定的要求，从业人员经常从事一些耗费体力的工作。因此，该类职业的从业人员必须精神饱满、情绪稳定，具有较强的自我控制能力和应变、应急能力，以及适应能力和抗疲劳能力。

2. 适宜的锻炼项目

针对这类职业的工作特征，可有针对性地选择如定向越野、游泳、网球、踏板操、

跳绳等练习手段。

①定向越野：培养一般耐力素质、抗疲劳能力与应急能力，发展下肢力量，培养生存能力、环境适应能力及吃苦耐劳精神。

②游泳：游泳运动是一项运用身体大肌肉的有氧运动。运动时的最大心率控制在每分钟150～160次，对提升体能很有帮助。游泳运动可以培养一般耐力素质，发展腰背肌肉力量和躯干肌力量，增强上下肢动作的协调性和准确性。

③网球：可以发展上肢力量、心肺机能和一般耐力素质，对于培养抗挫能力、意志力、创新能力有积极作用。

④跳绳：跳绳能增强人体心血管系统、呼吸系统和神经系统的功能，对预防糖尿病、关节炎、肥胖症、骨质疏松、高血压、肌肉萎缩、高血脂、失眠症、抑郁症、更年期综合征等多种病症有积极作用。

⑤踏板操：踏板操是一种有氧运动。经常参加踏板操锻炼，可以发展下肢力量和躯干肌力量，提高上下肢动作的协调性和准确性。

⑥综合性练习：包括各种方式的走，左脚和右脚交换跳跃，体操棒、体操环、实心球、哑铃练习、爬绳、滚翻、头手倒立、重物投掷目标、装配和摆放物件、肋木练习、负重和对抗练习等。

(二)以灵巧为主的职业

如护士、无线电安装员、各类修理工、电工等。

1. 职业工作特点

这类职业对身体各部位的协调性和灵活性要求较高，从业人员必须精神饱满、情绪稳定，有较强的自我控制能力，注意力集中，且持续时间较长，有强大的适应能力和抗疲劳能力。因为长时间工作对身体的影响是多方面的，其疲劳多为全身性的。

2. 适宜的锻炼项目

针对这类职业的工作特征，可有针对性地选择如篮球、乒乓球、健美运动、柔道等练习手段。

①篮球：培养一般耐力素质，培养手指灵巧性，上肢动、静力耐力，躯干肌力量。

②乒乓球：重点培养手腕灵巧性和手腕力量，提高注意力的集中与分散能力，发展抗挫能力和顽强的意志力。

③健美运动：可以塑造形体健美形象，发展身体腰背肌肉力量、颈部肌肉力量，增强身体的协调性与柔软性。

④柔道：提高身体的灵敏素质，发展腰背肌肉力量，培养迅速反应能力、应急能力和吃苦耐劳精神。

⑤综合性练习：哑铃、实心球、橡皮减震器、体操凳和肋木练习，杠铃、壶铃练习，举重和搬运重物，投掷小球，运动准确性和灵活性练习，集中注意力游戏的练习等。

(三)以耐久为主的职业

如司机、船员、流水线装配工等。

1. 职业工作特点

这类职业要求从业人员长久地保持同一姿势，处于同一工作状态下，要求该职业人员必须精神饱满、情绪稳定，有较强的自我控制能力，有强大的适应能力和抗疲劳能力。长时间、高强度的工作，容易使人产生疲劳、焦躁、神经衰弱、精神疲惫，没有心情进行日常活动，无法集中精神做事等症状。

2. 适宜的锻炼项目

针对这类职业的工作特征，可有针对性地选择如拓展训练、防身防卫、游泳、非隔网球类项目等练习手段。

①拓展训练：培养竞争能力，开拓创新能力、协作精神、吃苦耐劳的精神以及意志力、注意力和抗挫能力等非智力核心能力。

②防身防卫：发展腰背肌肉力量，培养竞争意识、随机应变能力和吃苦耐劳精神。

③游泳：重点发展心肺机能、身体协调素质、腰背肌肉力量与一般耐力素质。

④非隔网球类项目：通过非隔网球类项目(如篮球、足球等)练习，在充分发展灵敏性、一般耐力的同时，培养团结协作精神，增强竞争意识和顽强的意志力与忍耐力。

⑤综合性练习：各种跑跳练习，各种跳绳，各种距离定时定速跑，各种越野障碍跑、跳、钻等活动，越野跑等。

第十一节 健康与心理健康

大学生作为中国社会中文化层次较高的群体，一向被认为是最活跃、最健康的群体之一。然而，随着现代社会生活的节奏越来越快，社会竞争的日益激烈，有些大学生开始感到不知所措、无所适从，产生了心理上的不适应感。据统计，大学生中因心理健康问题退学的人数占退学总人数的30%左右，而且这一数字每年都有所递增。由此可见，大学生的心理健康状况面临严重威胁，心理健康状况已直接关系到大学生能否全面发展和早日成才，所以有必要让大学生们掌握心理健康知识，且懂得如何去锻炼，使自己的心理保持健康状态。

一、健康与心理健康

健康是人类的基本需求之一，是每个人都渴望拥有的，长期以来，人们对健康的认识一直是“没有查出病就是健康”。后来，有人把健康定义为人体器官系统发育良好、功能正常，体格健壮，精力充沛并具备劳动效能的状态。这个定义虽然正确指出了健康的若干特征，但不够全面，因为人除了身体健康之外，还有与之密切联系的心理健康。现在医学研究表明：心理的、社会的和文化的因素同生物学因素一样，与人的健康、疾病有非常密切的关系。因此，1948年世界卫生组织在其宣言中指出，健康应包括生理、心理和社会适应等方面。1989年，该组织又在健康的定义中增加了道德健康的内容以使其更全面。但实质上，社会适应和道德健康的内容都可归于心理健康。因此，我们将健康归结为生理健康和心理健康两方面内容。一个健康的人，既要有健康的身体，又要有健康的心理。只有当一个人身体、心理都处于良好的状态时，才是真正的健康。

一个人怎样才算是心理健康呢？有关心理健康的含义，目前尚无定论。有人认为心理健康是指人们对环境能高效而快乐地适应；有人认为心理健康应是一种积极、丰富而持续的心理状态，在这种状态下人的适应性良好，能充分发展自身身心潜能而绝非仅仅让自身免于心理疾病；还有人认为心理健康表现为积极性、创造性和人格统一，有行动热情和良好的社会适应能力。目前，较为普遍的观点认为心理健康是指能充分发挥个人的最大潜能以及能妥善处理和适应人与人之间、人与社会之间的相互关系。具体而言，它包括两层含义：其一是无心理疾病；其二是能积极调节自己的心态，顺应环境并有效地、富有创造性地发展和完善个人生活。"无心理疾病"是心理健康的最基本条件，心理疾病包括各种心理及行为异常情形。但正常与异常并无明显的界限，只是量的方面的差别。积极发展的心理状态是从积极的、预防的角度，消除一切不良的心理倾向，在适应的同时努力改进环境，不断完善自我，以促进心理健康，使心理处于一种最佳状态。

二、心理健康标准

人的心理怎样才算是健康，以什么作为健康的标志。因为心理健康和不健康之间不像躯体的生理活动，如脉搏、血压等有明确的界限。美国著名的人本主义心理学家马斯洛的研究揭示了理想的健康人即个体的潜能和价值得到最有效挖掘和使用的自我实现者的心理特征。马斯洛认为，自我实现者的心理特征可以概括为以下 14 个方面。

1. 对现实的良好知觉

心理健康者对世界的知觉是客观的，他们如实地看待世界，并非按自己的主观方式去感知世界。

2. 接纳自然、他人和自己

心理健康者能接受别人、自己及自然的不足与缺憾，而不会为这些缺憾所困扰。他们可依照事物的自然规律去接受那些不足，在人性的所有方面都不存在排斥情绪，即使面对个人的不足或失败，也不感到羞耻或内疚。

3. 自发、坦率、真实

心理健康者有足够的自信心和完全感，能够真实、坦率地表达自己，除非这样一种直率的表现会伤害别人。

4. 以自身热爱的工作为中心

心理健康者热爱自己从事的工作，对工作刻苦、专注，并从工作中获得快乐。

5. 有自立和独处的需要

心理健康者不依靠别人来求得安全感和满足，他们依靠的是自己。他们喜欢安静独处，这并不是因为害怕别人或逃避现实，而是为了减少干扰，更好地沉思，以寻求更合理的解决问题的方案。

6. 在自然与社会环境中能保持相对独立性

心理健康者在任何环境中，都能独立自主地发挥思考的功能，并具有自制的能力。

7. 欣赏力常新

心理健康者对于某些经验、特别是审美体验，有着奇特而经久的欣赏力。

8. 具有难以形容的高峰体验

心理健康者即使从平凡的活动中，也能感受到强烈的醉心狂喜，生活无限美好。

9. 对社会道德予以关注

心理健康者具有与他人同甘共苦的强烈意识，能够为他人的利益着想，能把自己从满足自身狭隘需求的牢笼中解放出来。

10. 人际关系融洽

心理健康者注重友谊和爱心。他们的友谊感强，交友数目多。就对爱的理解来说，他们认为爱应当是全然无私的，他们能够像关心自己一样，关心所爱者的成长与发展。

11. 具备民主的性格结构

心理健康者能够谦虚待人，尊重别人的权利和个性，善于倾听不同的意见，并能向一切能够教给自己知识的人学习。

12. 富有创造性

心理健康者具有独创、发明和追求革新的特点。

13. 做事幽默、风趣

心理健康者善于观察人世间的荒诞和不协调现象，并能够以一种诙谐、风趣的方式将其恰当地表现出来。

14. 反对盲从

心理健康者具有自立、自强的人格，他们不随意迎合他人的观点、行为。他们认为人必须有主见，认定的事情就应坚持去做，不应顾忌传统的力量和舆论的压力。

在此基础上，马斯洛和米特尔曼又提出了10条正常人的健康标准，受到人们的普遍重视，被广泛引用，并被认为是心理健康的标准。它包括：有足够的自我安全感；能充分地了解自己，并能对自己的能力做出适当的评价；生活理想切合实际；不脱离周围现实环境；能保持人格的完整和谐；具有从经验中学习的能力；能保持良好的人际关系；能适度地发泄情绪和控制情绪；在符合集体要求的前提下，能较好地发挥个性；在不违背社会规范的前提下，能恰当地满足个人的基本要求。

三、大学生心理健康标准

参考上述心理健康的一般标准，结合我国大学生的心理特征及特定的社会角色，我们认为大学生的心理健康的标准可概括如下。

1. 能够在心理上正确认识自己，接纳自己

一个心理健康的大学生，应能够体验到自己存在的价值，既能了解自己又能正视自己，对自己的能力、性格和优点能做出恰当、客观的评价，不对自己提出苛刻、非分的期望与要求。同时，努力发展自身的潜能，即使对自己无法补救的缺陷，也能安然处之。一个心理不健康的人则缺乏自知之明，由于目标定的不切实际，容易过高或过低地估计自己，总是将自己陷于自傲或自卑的旋涡中，心理无法平衡。

2. 能较好地适应现实环境

心理健康的大学生能面对现实、接受现实，能主动地适应现实、改造现实；对周围

事物和环境能做出客观的认识和评价，并能与现实环境保持良好的接触；能妥善处理生活学习和工作中的各种困难和挑战。心理不健康的大学生往往以幻想代替现实，不敢面对现实，没有足够的勇气接受现实的挑战，总是抱怨自己“生不逢时”或责备社会环境对自己不公而怨天尤人，因而无法适应现实生活。

3. 具有和谐的人际关系

心理健康的大学生乐于与人交往，能认可别人存在的重要性和作用，能融于集体，在与人相处时，积极的态度(如友善、同情、信任)总是多于消极的态度(如猜疑、嫉妒、敌视)，因而在社会生活中有较强的适应能力和较充分的安全感。一个心理不健康的大学生，总是与周围的人格格不入，远离集体。

4. 具有较强的自我调节能力

能较好地协调与控制情绪。心理健康的学生情绪稳定，他们的愉快、乐观、开朗、满意等积极情绪总是占有优势，身心处于积极向上，充满希望的乐观状态；能适度地表达和控制自己的情绪，合理地宣泄不良的情绪。如果经常笼罩于消极的情绪中，则是心理不健康的表现。

5. 具有合理的行为

心理健康的大学生，其行为方式与年龄特征和社会角色相一致，他们具备独立的生活能力和独立的思考判断能力；心理健康的大学生，其行为具有理智性和一贯性，他们能合理地控制自己的情绪，行为始终受意识的控制。

6. 具有完整统一的人格品质

人格即人的整体精神面貌，人格完整是指人格的构成要素——气质、能力、性格和理想、人生观等各方面的平衡发展。心理健康的大学生具有积极进取的人生观，并能把自己的需要、愿望、目标和行为统一起来。

四、心理健康与心理卫生

说起心理卫生，人们就会想到“心理不健康”“心理疾病”“神经病”，认为有关心理卫生是涉及心理不健康的人的问题。这种看法不正确。那么什么是心理卫生呢？心理卫生又称精神卫生。心理卫生以促进人们的心理健康为目的，它包括两方面内容：一是预防和治疗心理疾病；二是提高人们的心理健康水平。从人的发展角度来看，如何防止不良行为的产生，如何促进心理健康，这涉及每个人生活的各个方面，与个体能否更愉快、更卓有成效地生活密切相关，这是每个健康的人都十分关心的。从中我们可以看出，维护人的心理健康是心理卫生的最终目的，心理卫生的任务就是探讨人类如何维护和保持心理健康的原则和措施。

我们已经知道，一个心理健康的人应具备积极调节的心理状态，顺应环境，并能有效发展和完善个性的生活能力。而现代社会，科学技术突飞猛进，人与自然的关系、人与人的关系经历了全面而深刻的变革。这种变革与人类传统的生活习惯和行为方式发生了冲突，从而给人类造成巨大的心理压力。例如，机器大工业在某种程度上扩大了人与人之间心灵的距离，精神上的各种疾病应运而生，越来越严重地影响人类的日常生活。

如何预防和治疗各种心理疾病，提高人类的心理素质，成为迫切需要解决的问题。大学生心理健康还处于未成熟期，而他们面对的却是生活环境的巨大变化：新的学习环境、学习任务；理想和现实的冲突；依赖和独立的矛盾；人际关系；恋爱、职业的选择等。以这种尚未成熟的心态来面对环境的巨大变化，其心理问题会更复杂、更多变、更具独特性。若处理不好这些问题，就会对他们的心理健康造成不良后果。因此，帮助大学生自觉讲究心理卫生，培养健康良好的心理素质，顺利度过大学时代，使他们不仅具有较高的专业知识水平，而且具有完善的人格，是我们面临的一项艰巨而紧迫的任务。

第十二节 体育锻炼对个体心理健康的影响和作用

对众多有心理问题患者来说，保持积极的情绪状态，正确对待生活中不可避免的困难和挫折，充分发挥自己的潜能，是十分重要的。但如何保持良好的心理健康状态呢？本节提供了诸多应对措施，如主动参与社会交往，建立良好的人际关系；增进自我了解，正确地评价自己，培养健全的人格等。另外，参加体育锻炼也是调节个体的情绪状态，促进心理健康水平的重要手段之一。

一、体育锻炼有助于发展智力

智力是个体圆满完成工作和学习任务的基本条件。经常参加体育锻炼可以使个体的注意、记忆、观察、思维和想象等能力得到充分发展，提高活动效率，还可以使个体获得良好的情绪体验，乐观自信、精神振奋，精力更加充沛，从而对人的智力产生促进作用。

研究表明，体育锻炼能有效地促进血液循环，增强心肺功能，使大脑获取更多氧气，给大脑的记忆和思维能力提供必要的物质保障，能够提高脑力劳动的效率。体育锻炼不仅能使神经系统的兴奋和抑制过程更加有效，使其对各种刺激的反应更加迅速和准确，为智力的发展奠定物质基础，而且还可以增强人的视觉、听觉、本体感觉、神经传导速度、神经过程的均衡性和灵活性，促进神经系统功能的增强。

人们在学习的过程中，大脑皮层的相关区域处于高度兴奋的状态，并随着学习时间的延长而产生疲劳感，导致学习效率下降。体育锻炼，有助于大脑皮层的相关区域形成兴奋与抑制合理交替的机制，降低疲劳感，提高学习效率。此外，个体的体质增强，身体机能水平的提高有助于充分地挖掘与开发学习的潜力。

二、体育锻炼有助于获得良好的情绪体验

情绪状态的调控能力是衡量体育锻炼对心理健康影响的最主要的指标。个体在复杂多变的社会环境中，常常会产生紧张、压抑、忧虑等不良情绪反应，体育锻炼可以使个体从烦恼和痛苦中摆脱出来，降低应激水平，使处理应激情境的能力增强。麦克曼等人的研究表明，经常参加身体锻炼者的状态——焦虑、抑郁、紧张和心理紊乱等消极的心理变量水平明显低于不参加身体锻炼者，愉快等积极的心理变量水平则明显要高一些。

体育锻炼之所以能够调节情绪，是因为体育锻炼的参与者能体会到运动带来的愉快感觉，即个体参加体育锻炼后能产生满足、愉悦、舒畅等感觉，更为自信。心理学家认为，负荷量适度的体育锻炼能够促进人体释放一种多肽物质——内啡肽，它能使人们获得愉快、兴奋的情绪体验。因此参加体育锻炼，尤其是参加那些自己喜爱和擅长的体育锻炼，可以使人从中得到乐趣，振奋精神，从而产生良好的情绪状态。

三、体育锻炼有助于形成良好的意志品质

意志品质指一个人的自觉性、果断性、坚韧性和自制力，以及勇敢顽强和独立主动的精神，是一个人行为特点的稳定因素的总和。意志品质需要在克服困难的实践过程中培养。体育锻炼本身就是要不断克服客观环境的困难(气候条件的变化、动作的难度或外部障碍等)和主观心理的困难(如胆怯和畏惧心理等)，才能取得成功。体育锻炼的参与者努力克服主、客观方面的困难，获得意志锻炼的直接经验，培养自身良好的意志品质。任务越困难，对个体的意志锻炼的作用越大。良好的意志品质对于人的活动(尤其是体育锻炼)效果具有重要的意义。

四、体育锻炼使自我概念更为清晰

自我概念是个体主观上对自己的身体、思想和情感等的整体评价，它是由许许多多的自我认识组成的。例如，我是什么人、我主张什么、我喜欢什么和我不喜欢什么等。它包括社会方面的自我概念和身体方面的自我概念，等等。其中，身体方面的自我概念包括身体表象和身体自尊。身体表象是指头脑中形成的身体图像。身体自尊则主要包括一个人对自己运动能力的评价，对自己身体外貌(吸引力)的评价，以及对自己身体的抵抗能力和健康状况的评价。

身体表象和身体自尊障碍在正常人群中是普遍存在的。据统计，54%的大学生对自己的体重不甚满意。与男性相比，女性倾向于高估身高和低估体重，而且身体肥胖的个体更可能有身体表象和身体自尊方面的障碍。身体表象和身体自尊与整体自我概念有关，无论是男性还是女性，对身体表象的不满意会使其身体自尊水平变低，并产生不安全感和抑郁症状。

坚持体育锻炼可使体格强壮、精力充沛，因而，体育锻炼对于改善人的身体表象和身体自尊至关重要。研究表明，锻炼者比非锻炼者具有更积极的总体自我概念；体能强的人比体能弱的人倾向于具有更高水平的自我概念和身体概念；肌肉力量与身体自尊、情绪稳定性、外向性格和自信心呈正相关，并且加强力量训练会使个体的自我概念显著增强。因此，更积极的自尊心，更高水平的身体概念和自我概念与高水平的体能状况相关。

五、体育锻炼有助于形成和谐的人际关系

现代社会生活节奏的加快使人们越来越趋向封闭的状态，从而造成人与人之间缺乏感情交流，人际关系疏远。体育锻炼则打破了这种封闭状态，让不同职业、年龄、性别、

文化素质的人相聚在运动场上，增加了互动的机会，使平等、友好、和谐的交往成为可能，人们互相产生信任感，能有效地进行情感和信息的交流，互相之间产生一种默契和交融。研究表明，增强与社会的联系，会给个体带来心理上的益处。1971 年，马塞等人的调查发现，外向性格者比内向性格者的社会需要更强烈，这种社会需要可以通过跳舞、球类、做操等集体性活动来得到满足。

由此可见，人们可以通过体育锻炼来认识更多的朋友，大家和睦相处、友爱互助，这种良好的人际关系将令人心情舒畅、精神振奋。

六、体育锻炼有助于消除心理疾患

社会竞争的日趋激烈和生活压力的增加可能会使许多人产生悲观、失望的情绪，进而导致忧郁、孤独、焦虑等各种心理障碍的产生。人们参加某个项目运动并坚持锻炼，他们的生理技能、身体素质将会得到改善，也会相应掌握并发展一些运动的技能和技巧。由此，个体会以自我反馈的方式传递其成就信息到大脑，从而获得自我成就的认知和情感体验，产生愉快、振奋和幸福感。因此，适宜的体育锻炼能使有心理障碍的个体获得心理满足，产生成就感，从而增强自信心，摆脱压抑、悲观等消极情绪，并消除心理障碍。

许多国家已将体育锻炼作为心理治疗的手段之一，美国的一项调查显示，在 1750 名心理医生中，80％的心理医生认为体育锻炼是治疗抑郁症的有效手段之一，60％的心理医生认为应将体育锻炼作为一种治疗手段来消除焦虑症。临床研究表明，慢跑、散步、徒手操等身体练习能有效地减轻焦虑和抑郁症状，增强自信心。除此之外，有关体育锻炼的心理治疗效应还反映在对精神分裂症、滥用酒精和药物、体表体形症状的研究等方面。

就目前而言，这些心理疾病的病因以及体育锻炼有助于治疗心理疾病的基本机制尚未完全清楚，但体育锻炼作为一种心理治疗手段在国外已开始流行起来。体育锻炼可以减缓或消除由于学习和其他方面的挫折引起的焦虑和抑郁等症状，为不良情绪的宣泄提供一种合理有效的手段，防止心理障碍或疾病的产生。

总之，体育锻炼不仅能有效地促进智力的发展，调节情绪，培养良好的意志品质，增强自我概念，改善人际关系，而且还能消除心理障碍，治疗心理疾病，从而促进心理健康，使个体发挥出最优的心理效能。

第十三节　促进心理健康的体育锻炼方法

健康的心理是大学生接受教育、学习科学文化知识的前提，是大学生在大学期间正常学习和生活的保证。随着中国加入世界贸易组织，国际化进程加速，人们的生活节奏也在不断加快，竞争愈加激烈，大学生面临的就业形式更加严峻，学生间的竞争更加激烈，这就必然增加学生心理的负担，导致大学生心理健康问题的不断涌现。因此，采取必要的措施，使学生掌握正确的方法及时进行自我心理调节是非常重要的。体育锻炼是大学生保持健康心理、适应社会的一种简便而有效的方法。下面介绍几种调节过度焦虑、孤独、自卑、抑郁、恐惧、暴躁等不良心理状态的体育锻炼方法。

一、身体活动调节法

它是通过人的大脑与肌肉之间的信息双向传导，选择不同强度、幅度、节奏的身体练习来调节人的情绪的一种体育锻炼方法。当情绪低沉时，采用一些连续性健身操、健身舞、快步走等节奏快、幅度小、强度处于中等偏上的身体练习，来提高大脑的兴奋性水平，使情绪逐渐活跃起来。对于大学生来讲，每次活动时间不少于20～30分钟，心率控制在平均每分钟130～150次中等强度的有氧活动是适宜的，包括快步走、慢跑、游泳、骑行等。

二、肌肉放松法

肌肉放松法是一种通过一定方式(呼吸、暗示、表象、音乐等)使肌肉一步步放松，使大脑逐渐平静，从而调节中枢神经系统的兴奋水平，缓解紧张情绪，提高大脑对全身的控制和支配能力的训练方法。具体方法是：选择适宜的姿势，以舒适轻松、全身都不费力为准，通常采用靠背坐姿势，轻轻闭合双眼，想象自己正处在一个非常舒适宁静的环境中，变正常的呼吸为慢速、加深、均匀而自然的腹式呼吸，在语言的诱导下，体验身体各部位温暖的感觉和前额清凉、内心平静，全身心进入放松安静的状态，肌肉放松、心情愉快。这时你可以慢慢睁开眼睛，感觉眼前一切更加清晰，恢复正常状态即结束放松训练。这种锻炼方法每天可运用1～2次，每次10～15分钟。

三、呼吸调节法

呼吸调节法是通过慢而深的呼吸方法，来消除紧张，降低兴奋性水平，使波动的情绪逐渐稳定下来的一种方法。具体方法是：站直或坐直，微闭双眼，排除杂念，尽力用鼻吸气，轻轻屏住呼吸，慢数一、二、三，缓慢地呼出，同时数一、二、三，把气吐尽为止，暂停，数一、二、三。重复以上步骤三次以上。大学生可以根据自己的情绪状况随时进行，特别是在体育比赛或考试前进行。

四、身体沉思

身体沉思是一种包括力量、耐力、平衡及注意力集中在内的静静地、有节奏地运动，使人平息激动的心情并放松的方法。具体方法是：成站立姿势，整个身体保持在一条直线上，双肘和前肩与地面平行，将右脚放至左脚的前面，以身体感到平衡和舒适为宜，同时集中全力注视你的正前方某一点，然后左脚慢慢移到右脚前面，同时呼气，慢慢地将前臂推离身体(掌心朝下)，当左脚又返回到原来位置时，吸气，掌心转至朝上，将手臂拉向自己的身体。重复这一动作，并注意动作的节奏。该方法运用了太极拳的动作。每天进行20分钟的沉思练习，对消除焦虑情绪，使身体和心理放松具有显著作用。

五、其他方法

通过弈棋、钓鱼等活动，怡情、凝神、静气来调节情绪，减少抑郁、失眠等不良状态的干扰，提高自己的心理健康水平。

提高心理健康水平的锻炼方法还有很多，大学生可以根据自己的心理和身体状况选择适宜的方法进行练习，使自己每天能心情愉快地学习。

第二章

《国家学生体质健康标准》测量与评价

第一节 实施《国家学生体质健康标准》的意义

一、《国家学生体质健康标准》的由来

《国家学生体质健康标准》包括大学、高中、初中、小学各级学校学生体质健康标准，大学生体质健康标准是其重要的组成部分。《国家学生体质健康标准》是在继承《劳动卫国体育标准》《国家体育锻炼标准》《大学生体育合格标准》《中学生体育合格标准》《小学生体育合格标准》的成功经验，认真总结《学生体质健康标准》试行工作的基础上，根据当前学校体育工作中的有关问题，特别是调研发现学生的肺活量继续呈下降趋势，速度、爆发力、力量、耐力素质水平进一步下降，肥胖检出率继续上升等问题，参考国际上相关研究的成功经验和先进做法，对《学生体质健康标准》进行了修改与完善，定名为《国家学生体质健康标准》，并由教育部、国家体育总局于 2007 年 4 月 4 日正式颁布实施。

二、研制《国家学生体质健康标准》的基本原则

《国家学生体质健康标准》的贯彻实施，强调促进学生身体的正常生长和发育，促进形态机能的全面协调发展，促进身体健康素质的全面提高和激励学生主动自觉地参加体育锻炼。在研制过程中，始终把握了以下几个基本原则。第一，有利于促进学生、家长乃至全社会对健康概念的重新认识，建立符合现代社会发展趋势的体质健康的新理念，认识到身体成分、身体形态、身体机能、身体素质和运动能力是影响人体健康水平的重要因素。第二，有利于明确地帮助和督促学生实现健康目标。第三，有利于引导学生选择简便易行、实效性强的项目进行锻炼，并促进学生运动技能水平的提高。第四，有利于科学、综合地评价学生个体的体质健康状况，对每一名学生的体质健康状况进行监控

和及时反馈，激发学生自觉参加体育锻炼，培养终身追求健康生活方式的行为和习惯。第五，有利于减轻学生的负担（包括心理负担）。第六，有利于促进学校在“健康第一”思想指导下将体育课程与《国家学生体质健康标准》既各有侧重，又相互配合，促进体育课程内容的改革，激励学生主动上好体育课，积极参与体育锻炼，全面实现体育与健康课程的目标。第七，有利于行政部门和学校的管理。

三、实施《国家学生体质健康标准》的意义

（一）贯彻落实《中华人民共和国体育法》

《中华人民共和国体育法》明确规定，学校必须实施国家体育锻炼标准，对学生在校期间每天用于体育活动的时间给予保证。在学校具体实施《国家学生体质健康标准》正是贯彻落实《中华人民共和国体育法》的精神，其目的在于激励广大儿童、青少年自觉从事体育锻炼，促进身体全面发展，有效增强体质、增进健康，为培养德、智、体、美全面发展的建设人才服务。同时，也是依法办学、依法执教的重要内容。

（二）贯彻落实健康第一的指导思想和全国学校体育工作会议精神

学校体育直接肩负着增强学生体质和促进学生健康的使命。《国家学生体质健康标准》是积极贯彻落实《中共中央国务院关于深化教育改革全面推进素质教育的决定》所提出的健康体魄是青少年为祖国和人民服务的基本前提，是中华民族旺盛生命力的体现，学校教育要树立健康第一的指导思想、切实加强体育工作这一思想的重要举措，也是继续深化学校体育教学改革、推进素质教育的重要步骤。《国家学生体质健康标准》是学生体质健康的个体评价标准和学生积极参加体育锻炼、促进体质健康发展的一种教育手段，引导广大学生努力拥有健康体魄和健全人格，将“健康第一”的指导思想落到实处，充分发挥学校体育在素质教育中的作用。

（三）满足社会发展对人体健康的需要

随着科学技术的进步和经济的快速发展，我国综合国力不断增强，人们生活水平日益提高，开始享受科学技术与现代文明带来的现代化生活方式。现代文明在带给人们物质享受的同时，也给人类健康带来了新的威胁。由于精神紧张、营养过剩、运动不足、环境污染等多种因素所引发的非传染性疾病在全球不断蔓延，处于亚健康状态的人群日益增加。关爱生命、追求健康是现代人渴望的目标。的确，人只能活一次，身体是学习和工作的本钱，健康的价值不言而喻。实施《国家学生体质健康标准》对于唤起学生的健康意识，改变学生不良生活习惯和生活方式，促进学生健康成长必将起到积极作用。因此《国家学生体质健康标准》的颁布和实施既是个体健康的需要，又是社会发展的需要，还是全面提高国民素质、振兴中华的需要。

（四）发展和完善我国学生的体质健康体系

学生体质健康评价是学校体育工作中的重要环节，也是学校教育评价体系的重要组成部分。科学、合理地对学生进行体质健康评价，对于促进学校体育和教育工作有着重要意义。《国家学生体质健康标准》从建立和完善我国教育评价体系的目的出发，体现了

学校体育的价值，回答了学校体育为什么要以体质健康为本和怎样以体质健康为本的问题，明确了“体质健康”不仅仅是学校教育和学校体育追求的目标，而且还是学校体育课程存在的根本理由。《国家学生体质健康标准》的实施对我国深化学校体育改革，完善体质健康评价体系，促进全体学生综合素质的提高，都具有深刻的影响和深远的历史意义。

第二节 《国家学生体质健康标准》具体内容

一、《国家学生体质健康标准》解读

《国家学生体质健康标准》是国家学校教育工作的基础性指导文件和教育质量基本标准，是评价学生综合素质、评估学校工作和衡量各地教育发展的重要依据，是《国家体育锻炼标准》在学校的具体实施，适用于全日制普通小学、初中、普通高中、中等职业学校、普通高等学校的学生。

《国家学生体质健康标准》的修订坚持健康第一，落实《国家中长期教育改革和发展规划纲要(2010—2020年)》《国务院办公厅转发教育部等部门关于进一步加强学校体育工作若干意见的通知》(国办发〔2012〕53号)和《教育部关于印发〈学生体质健康监测评价办法〉三个文件的通知》(教体艺〔2014〕3号)有关要求，着重提高《国家学生体质健康标准》应用的信度、效度和区分度，着重强化其教育激励、反馈调整和引导锻炼的功能，着重提高其教育监测和绩效评价的支撑能力。

《国家学生体质健康标准》从身体形态、身体机能和身体素质等方面综合评定学生的体质健康水平，是促进学生体质健康发展，激励学生积极进行身体锻炼的教育手段，是学生发展核心素养体系和学业质量标准的重要组成部分，是学生体质健康的个体评价标准。

《国家学生体质健康标准》将适用对象划分为以下组别：小学、初中、高中以每个年级为一组，其中小学为6组、初中为3组、高中为3组。大学一、二年级为一组，三、四年级为一组。

小学、初中、高中、大学各组别的测试指标均为必测指标。其中，身体形态类中的身高、体重，身体机能类中的肺活量，以及身体素质类中的50米跑、坐位体前曲为各年级学生的共性指标。

《国家学生体质健康标准》的学年总分由标准分与附加分之和构成，满分为120分。标准分由各单项指标得分与权重乘积之和组成，满分为100分。附加分根据实测成绩确定，即对成绩超过100分的加分指标进行加分，满分为20分。小学的加分指标为1分钟跳绳，加分幅度为20分；初中、高中和大学的加分指标为男生引体向上和1 000米跑，女生1分钟仰卧起坐和800米跑，各指标加分幅度均为10分。

根据学生学年总分评定等级：90.0分及以上为优秀，80.0～89.9分为良好，60.0～79.9分为及格，59.9分及以下为不及格。

每个学生每学年评定一次，记入《〈国家学生体质健康标准〉登记卡》。特殊学制的学

校，在填写登记卡时可以按规定和需求相应地增减栏目。学生毕业时的成绩和等级，按毕业当年学年总分的50%与其他学年总分平均得分的50%之和进行评定。

学生测试成绩评定达到良好及以上者，方可参加评优与评奖；成绩优秀者，方可获体育奖学分。测试成绩不及格者，在本学年度准予补测一次，补测仍不及格，则学年成绩评定为不及格。普通高中、中等职业学校和普通高等学校学生毕业时，《国家学生体质健康标准》测试的成绩达不到50分者按结业或肄业处理。

学生因病或残疾可向学校提交暂缓或免予执行《国家学生体质健康标准》的申请，经医疗单位证明，体育教学部门核准，可暂缓或免予执行《国家学生体质健康标准》，并填写《免予执行〈国家学生体质健康标准〉申请表》，存入学生档案。确实丧失运动能力，被免予执行《国家学生体质健康标准》的残疾学生，仍可参加评优与评奖，毕业时《国家学生体质健康标准》成绩需注明免测。

各学校每学年开展覆盖本校各年级学生的《国家学生体质健康标准》测试工作，《国家学生体质健康标准》测试数据经当地教育行政部门按要求审核后，通过中国学生体质健康网上传至国家学生体质健康标准数据管理系统。测试和数据上传时间由教育行政部门确定。

二、大学生的测试项目

《国家学生体质健康标准》里设置了符合我国学校实际情况，简便易行的测试项目，其可靠性、有效性、客观性、可代表性及可操作性等在多年来的学校体育实践中得到了证明。这些项目包括身体形态、身体机能、身体素质和运动能力各个方面。《国家学生体质健康标准》中规定了大学生各年级的测试项目为：身高、体重、肺活量、50米跑、坐位体前曲、立定跳远、引体向上(男)/1分钟仰卧起坐(女)、1 000米跑(男)/800米跑(女)。

三、大学生单项指标与权重

《国家学生体质健康标准》中规定了大学生相应的评价指标和权重系数(见表2-1)。这些指标是根据《国家学生体质健康标准》中的项目测试值进行评价的。有的直接利用测试成绩进行查表评分，如50米跑；有的需要进行计算，如体重指数。

表2-1　大学生单项指标与权重

测试对象	单项指标	权重(%)
小学一年级至大学四年级	体重指数(BMI)	15
	肺活量	15
初中、高中、大学各年级	50米跑	20
	坐位体前曲	10
	立定跳远	10
	引体向上(男)/1分钟仰卧起坐(女)	10
	1 000米跑(男)/800米跑(女)	20

注：体重指数(BMI)=体重(千克)/身高^2(米^2)。

第三节 《国家学生体质健康标准》测试项目与测试操作方法

一、身高

(一)测试目的

测试学生身高，与体重测试相配合，评价学生的身体匀称度，评价学生生长发育的水平及营养状况。

(二)场地器材

身高测量计：使用前应校对0点，确定钢尺测量基准板平面至立柱前面红色刻线的高度是否为10.0厘米，误差不得大于0.1厘米。同时应检查立柱是否垂直，连线处是否紧密，有无晃动，零件有无松脱等情况并及时加以校正。

(三)测试方法

受试者赤足，立正姿势站在身高计的底板上(上肢自然下垂，足跟并拢，足尖分开成60°角)。足跟、骶骨部及两肩胛区与立柱接触，躯干自然挺直，头部正直，耳屏上缘与眼眶下缘呈水平位。测试人员站在受试者右侧，将水平压板轻轻沿立柱下滑，轻压于受试者头顶。测试人员读数时双眼应与压板水平面等高进行读数，记录员复述后进行记录。以厘米为单位，精确到小数点后一位。测试误差不得超过0.5厘米。

(四)注意事项

①应选择平坦靠墙的地方放置身高计，立柱的刻度尺应面向光源。

②严格掌握三点靠立柱、两点呈水平的测量姿势要求，测试人员读数时两眼一定要与压板等高，两眼高于压板时要下蹲，低于压板时应垫高。

③水平压板与头部接触时，松紧要适应，头发蓬松者要压实，头顶的发辫、发结要放开，饰物要取下。

④读数完毕，立即将水平压板轻轻推向安全高度，以防碰坏。

⑤测量身高前，受试者应避免进行剧烈体育活动和体力劳动。

二、体重

(一)测试目的

测试学生的体重，与身高测试相结合，评定学生身体的匀称度，评价学生生长发育的水平及营养状况。

(二)场地器材

杠杆秤或电子体重计使用前需检验其准确度和灵敏度。准确度要求误差不超过0.1%，即每百千克误差小于0.1千克。检验方法是以备用的10千克、20千克、30千克标准砝码(或用等重标定重物代替)分别进行称重，检查指标读数与标准砝码误差是否在允许范围内。灵敏度的检验方法是放置 100 克重砝码，观察刻度尺变化，如果刻度抬高了 3 毫米或游标向远处移动 0.1 千克而刻度尺维持水平位时，则达到要求。

(三)测试方法

测试时，杠杆秤应平放在平坦的地面上，调整 0 点至刻度尺水平位。受试者赤足，男性受试者身着短裤；女性受试者身着短裤、短袖衫，站在秤台中央。读数以千克为单位，精确到小数点后一位。测试误差不超过 0.1 千克。

(四)注意事项

①测量体重前受试者不得进行剧烈体育活动或体力劳动。

②受试者站在秤台中央，上下杠杆秤时动作要轻。

③每次使用杠杆秤时均需校正，测试人员每次读数前都应校对砝码标重以避免差错。

三、肺活量

(一)测试目的

测试学生的肺通气功能。

(二)场地器材

电子肺活量计。

(三)测试方法

在通风良好的房间内，使用干燥的一次性口嘴(非一次性口嘴，则每换一个测试对象须消毒一次，每测一人时将口嘴向下倒出唾液并注意消毒后必须使其干燥)。肺活量计主机放置于平稳的桌面上，检查电源线及接口是否牢固，按工作键液晶屏显示“0”即表示机器进入工作状态，预热 5 分钟后测试为佳。

告知受试者不必紧张，以中等速度和力度尽全力吹气效果最佳。令受试者手持吹气口嘴，面对肺活量计站立试吹一两次，首先看仪表有无反应，还要试口嘴或鼻处是否漏气，调整口嘴和用具夹(或自己捏鼻孔)，学会深吸气(避免耸肩提气，应该像闻花似的慢吸气)。测试时，受试者进行一两次较平日深一些的呼吸后，更深地吸一口气，屏住气向口嘴处慢慢呼出至不能再呼为止，防止此时从口嘴处吸气，测试中不得中途二次吸气。吹气完毕后，液晶屏上最终显示的数字即为肺活量毫升值，连测几次取最大值作为测试结果。以毫升为单位，不保留小数。

(四)注意事项

①电子肺活量计计量部位的通畅和干燥是仪器准确的关键，吹气筒的导管必须在上方，以免口水或杂物堵住气道。

②每测试 10 人及测试完毕后用干棉球及时清理和擦干气筒内部。严禁用水、酒精等任何液体冲洗气筒内部。

③导气管存放时不能拆。

④定期校对仪器。

四、50米跑

(一)测试目的

测试学生速度、灵敏素质及神经系统的发展水平。

(二)场地器材

50米直线跑道若干条，地面平坦，地质不限，跑道线要清楚。发令旗一面，口哨一个，秒表若干块(一道一表)。秒表使用前，应用标准秒表校正，每分钟误差不得超过0.2秒。标准秒表选定，以北京时间为准，每小时误差不超过0.3秒。

(三)测试方法

受试者至少两人一组。站立起跑，受试者听到“跑”的口令开始起跑。发令员在发出口令的同时要摆动发令旗。计时员视旗动开表计时，受试者躯干部到达终点线的垂直面停表。以秒为单位记录测试成绩，精确到小数点后一位，小数点后第二位数按非“0”时则进1，如10.11秒读成10.2秒，记录之。

(四)注意事项

①受试者测试时最好穿运动鞋，赤足也可，但不得穿钉鞋、皮鞋、塑料凉鞋。

②发现有抢跑者，要当即召回重跑。

③如遇风时一律顺风跑。

五、坐位体前曲

(一)测试目的

测试学生在静止状态下的躯干、腰、髋等关节可能达到的活动幅度，主要反映这些部位的关节、韧带和肌肉的伸展性和弹性及学生身体柔韧素质的发展水平。

(二)场地器材

坐位体前曲测试计。

(三)测试方法

受试者两腿伸直，两脚平蹬测试纵板坐在平地上，两脚分开10～15厘米，上体前曲，两臂伸直向前，用两手中指尖逐渐向前推动游标，直到不能前推为止。测试计的脚蹬纵板内沿平面为0点，向内为负值。记录以厘米为单位，保留一位小数。测试两次，取最好成绩。

(四)注意事项

①身体前曲，两臂向前推游标时两腿不能弯曲。

②受试者应匀速向前推动游标，不得突然发力。

六、立定跳远

(一)测试目的

测试学生下肢爆发力及身体协调能力的发展水平。

(二)场地器材

沙坑、丈量尺。沙面应与地面平齐，如无沙坑，可在土质松软的平地上进行。起跳线至沙坑近端不得少于30厘米。起跳地面要平坦，不得有凹坑。

(三)测试方法

受试者两脚自然分开站立，站在起跳线后，脚尖不得踩线(最好用线绳做起跳线)。两脚原地同时起跳，不得有垫步或连跳动作。丈量起跳线后缘至最近着地点后缘的垂直距离。每人试跳三次，记录其中成绩最好的一次。以米为单位，保留两位小数。

(四)注意事项

①发现犯规时，此次成绩无效。三次试跳均无成绩者，应允许再跳，直至取得成绩为止。

②可以赤足，但不得穿钉鞋、皮鞋、塑料凉鞋参加测试。

七、引体向上

(一)测试目的

测试学生上肢肌肉力量的发展水平。

(二)场地器材

高单杠或高横杠，杠粗以手能握住为准。

(三)测试方法

受试者跳起双手正握杠，两手与肩同宽呈直臂悬垂。静止后，两臂同时用力引体(身体不能有附加动作)，上拉到下颌超过横杠上缘为完成一次。记录引体次数。

(四)注意事项

①受试者应双手正握横杠，待身体静止后开始测试。

②引体向上时，身体不得做大的摆动，也不得借助其他附加动作撑起。

③两次引体向上的间隔时间超过10秒则终止测试。

八、1分钟仰卧起坐

(一)测试目的

测试学生的腹肌耐力。

(二)场地器材

垫子若干块(或代用品)且铺放平坦。

(三)测试方法

受试者仰卧于垫上，两腿稍分开，曲膝成90°角，两手指交叉贴于脑后，同伴压住受试者踝关节，固定下肢。受试者坐起时两肘触及或超过双膝为完成一次。仰卧时两肩胛必须触垫。测试人员发出“开始”口令的同时开始计时，记录1分钟内的完成次数。1分钟到时，受试者虽已坐起但肘关节未达到双膝者不计该次数，计数应精确到个位数。

(四)注意事项

①如发现受试者借用肘部撑垫或臀部起落的力量起坐时，该次不计数。

②测试过程中，观测人员应向受试者报数。

③受试者双脚必须放于垫上。

九、800米跑或1 000米跑

(一)测试目的

测试学生耐力素质的发展水平，特别是心血管呼吸系统的机能及肌肉耐力。

(二)场地器材

200米、300米、400米田径场跑道，地质不限。也可使用其他不规则场地，但必须丈量准确，地面平坦。秒表若干块，使用前需要校正，要求同50米跑测试。

(三)测试方法

受试者至少两人一组进行测试，站立式起跑。当听到“跑”的口令开始起跑，计时员看到旗动开表计时，当受试者的躯干部到达终点线垂直面时停表。以分钟、秒为单位记录测试成绩，不计小数。

第四节 《国家学生体质健康标准》评价量表

一、单项指标评分表

(一)体重指数(BMI)评分表(见表2-2、表2-3)

表2-2 男生体重指数(BMI)单项评分表

等级	单项得分(分)	大学(千克/米^2)
正常	100	17.9～23.9
低体重	80	≤17.8
超重		24.0～27.9
肥胖	60	≥28.0

表 2-3　女生体重指数(BMI)单项评分表

等级	单项得分(分)	大学(千克/米²)
正常	100	17.2～23.9
低体重	80	≤17.1
超重		24.0～27.9
肥胖	60	≥28.0

(二)肺活量评分表(见表 2-4、表 2-5)

表 2-4　男生肺活量单项评分表

等级	单项得分(分)	大一、大二(毫升)	大三、大四(毫升)
优秀	100	5 040	5 140
	95	4 920	5 020
	90	4 800	4 900
良好	85	4 550	4 650
	80	4 300	4 400
及格	78	4 180	4 280
	76	4 060	4 160
	74	3 940	4 040
	72	3 820	3 920
	70	3 700	3 800
	68	3 580	3 680
	66	3 460	3 560
	64	3 340	3 440
	62	3 220	3 320
	60	3 100	3 200
不及格	50	2 940	3 030
	40	2 780	2 860
	30	2 620	2 690
	20	2 460	2 520
	10	2 300	2 350

表 2-5　女生肺活量单项评分表

等级	单项得分(分)	大一、大二(毫升)	大三、大四(毫升)
优秀	100	3 400	3 450
	95	3 350	3 400
	90	3 300	3 350

续表

等级	单项得分(分)	大一、大二(毫升)	大三、大四(毫升)
良好	85	3 150	3 200
	80	3 000	3 050
及格	78	2 900	2 950
	76	2 800	2 850
	74	2 700	2 750
	72	2 600	2 650
	70	2 500	2 550
	68	2 400	2 450
	66	2 300	2 350
	64	2 200	2 250
	62	2 100	2 150
	60	2 000	2 050
不及格	50	1 960	2 010
	40	1 920	1 970
	30	1 880	1 930
	20	1 840	1 890
	10	1 800	1 850

(三)50米跑评分表(见表2-6、表2-7)

表2-6 男生50米跑单项评分表

等级	单项得分(分)	大一、大二(秒)	大三、大四(秒)
优秀	100	6.7	6.6
	95	6.8	6.7
	90	6.9	6.8
良好	85	7.0	6.9
	80	7.1	7.0
及格	78	7.3	7.2
	76	7.5	7.4
	74	7.7	7.6
	72	7.9	7.8
	70	8.1	8.0
	68	8.3	8.2
	66	8.5	8.4
	64	8.7	8.6
	62	8.9	8.8
	60	9.1	9.0

续表

等级	单项得分(分)	大一、大二(秒)	大三、大四(秒)
不及格	50	9.3	9.2
	40	9.5	9.4
	30	9.7	9.6
	20	9.9	9.8
	10	10.1	10.0

表 2-7　女生 50 米跑单项评分表

等级	单项得分(分)	大一、大二(秒)	大三、大四(秒)
优秀	100	7.5	7.4
	95	7.6	7.5
	90	7.7	7.6
良好	85	8.0	7.9
	80	8.3	8.2
及格	78	8.5	8.4
	76	8.7	8.6
	74	8.9	8.8
	72	9.1	9.0
	70	9.3	9.2
	68	9.5	9.4
	66	9.7	9.6
	64	9.9	9.8
	62	10.1	10.0
	60	10.3	10.2
不及格	50	10.5	10.4
	40	10.7	10.6
	30	10.9	10.8
	20	11.1	11.0
	10	11.3	11.2

(四)坐位体前曲单项评分表(见表 2-8、表 2-9)

表 2-8 男生坐位体前曲单项评分表

等级	单项得分(分)	大一、大二(厘米)	大三、大四(厘米)
优秀	100	24.9	25.1
	95	23.1	23.3
	90	21.3	21.5
良好	85	19.5	19.9
	80	17.7	18.2
及格	78	16.3	16.8
	76	14.9	15.4
	74	13.5	14.0
	72	12.1	12.6
	70	10.7	11.2
	68	9.3	9.8
	66	7.9	8.4
	64	6.5	7.0
	62	5.1	5.6
	60	3.7	4.2
不及格	50	2.7	3.2
	40	1.7	2.2
	30	0.7	1.2
	20	−0.3	0.2
	10	−1.3	−0.8

表 2-9 女生坐位体前曲单项评分表

等级	单项得分(分)	大一、大二(厘米)	大三、大四(厘米)
优秀	100	25.8	26.3
	95	24.0	24.4
	90	22.2	22.4
良好	85	20.6	21.0
	80	19.0	19.5
及格	78	17.7	18.2
	76	16.4	16.9
	74	15.1	15.6
	72	13.8	14.3

续表

等级	单项得分(分)	大一、大二(厘米)	大三、大四(厘米)
及格	70	12.5	13.0
	68	11.2	11.7
	66	9.9	10.4
	64	8.6	9.1
	62	7.3	7.8
	60	6.0	6.5
不及格	50	5.2	5.7
	40	4.4	4.9
	30	3.6	4.1
	20	2.8	3.3
	10	2.0	2.5

(五)立定跳远单项评分表(见表 2-10、表 2-11)

表 2-10 男生立定跳远单项评分表

等级	单项得分(分)	大一、大二(厘米)	大三、大四(厘米)
优秀	100	273	275
	95	268	270
	90	263	265
良好	85	256	258
	80	248	250
及格	78	244	246
	76	240	242
	74	236	238
	72	232	234
	70	228	230
	68	224	226
	66	220	222
	64	216	218
	62	212	214
不及格	60	208	206
	40	198	200
	30	193	195
	20	188	190
	10	183	185

表 2-11 女生立定跳远单项评分表

等级	单项得分(分)	大一、大二(厘米)	大三、大四(厘米)
优秀	100	207	208
	95	201	202
	90	195	196
良好	85	188	189
	80	181	182
及格	78	178	179
	76	175	176
	74	172	173
	72	169	170
	70	166	167
	68	163	164
	66	160	161
	64	157	158
	62	154	155
	60	151	152
不及格	50	146	147
	40	141	142
	30	136	137
	20	131	132
	10	126	127

(六)引体向上评分表(见表 2-12)

表 2-12 男生引体向上单项评分表

等级	单项得分(分)	大一、大二(次)	大三、大四(次)
优秀	100	19	20
	95	18	19
	90	17	18
良好	85	16	17
	80	15	16
及格	78		
	76	14	15
	74		

续表

等级	单项得分(分)	大一、大二(次)	大三、大四(次)
及格	72	13	14
	70		
	68	12	13
	66		
	64	11	12
	62		
	60	10	11
不及格	50	9	10
	40	8	9
	30	7	8
	20	6	7
	10	5	6

(七)1分钟仰卧起坐评分表(见表2-13)

表2-13　女生1分钟仰卧起坐单项评分表

等级	单项得分(分)	大一、大二(次)	大三、大四(次)
优秀	100	56	57
	95	54	55
	90	52	53
良好	85	49	50
	80	46	47
及格	78	44	45
	76	42	43
	74	40	41
	72	38	39
	70	36	37
	68	34	35
	66	32	33
	64	30	31
	62	28	29
	60	26	27

续表

等级	单项得分(分)	大一、大二(次)	大三、大四(次)
不及格	50	24	25
	40	22	23
	30	20	21
	20	18	19
	10	16	17

(八)1 000 米跑评分表(见表 2-14)

表 2-14 男生 1 000 米跑单项评分表

等级	单项得分(分)	大一、大二	大三、大四
优秀	100	3′17″	3′15″
	95	3′22″	3′20″
	90	3′27″	3′25″
良好	85	3′34″	3′32″
	80	3′42″	3′40″
及格	78	3′47″	3′45″
	76	3′52″	3′50″
	74	3′57″	3′55″
	72	4′02″	4′00″
	70	4′07″	4′05″
	68	4′12″	4′10″
	66	4′17″	4′15″
	64	4′22″	4′20″
	62	4′27″	4′25″
	60	4′32″	4′30″
不及格	50	4′52″	4′50″
	40	5′12″	5′10″
	30	5′32″	5′30″
	20	5′52″	5′50″
	10	6′12″	6′10″

（九）800米跑评分表（见表2-15）

表2-15 女生800米跑单项评分表

等级	单项得分（分）	大一、大二	大三、大四
优秀	100	3′18″	3′16″
	95	3′24″	3′22″
	90	3′30″	3′28″
良好	85	3′37″	3′35″
	80	3′44″	3′42″
及格	78	3′49″	3′47″
	76	3′54″	3′52″
	74	3′59″	3′57″
	72	4′04″	4′02″
	70	4′09″	4′07″
	68	4′14″	4′12″
	66	4′19″	4′17″
	64	4′24″	4′22″
	62	4′29″	4′27″
	60	4′34″	4′32″
不及格	50	4′44″	4′42″
	40	4′54″	4′52″
	30	5′04″	5′02″
	20	5′14″	5′12″
	10	5′24″	5′22″

（十）加分指标评分表（见表2-16、表2-17、表2-18、表2-19）

表2-16 男生引体向上加分评分表

加分（分）	大一、大二（次）	大三、大四（次）
10	10	10
9	9	9
8	8	8
7	7	7
6	6	6
5	5	5
4	4	4
3	3	3
2	2	2
1	1	1

表 2-17 女生 1 分钟仰卧起坐加分评分表

加分(分)	大一、大二(次)	大三、大四(次)
10	13	13
9	12	12
8	11	11
7	10	10
6	9	9
5	8	8
4	7	7
3	6	6
2	4	4
1	2	2

注：引体向上、1 分钟仰卧起坐均为高优指标，学生成绩超过单项评分 100 分后，以超过的次数所对应的分数进行加分。

表 2-18 男生 1 000 米跑加分评分表

加分(分)	大一、大二	大三、大四
10	−35″	−35″
9	−32″	−32″
8	−29″	−29″
7	−26″	−26″
6	−23″	−23″
5	−20″	−20″
4	−16″	−16″
3	−12″	−12″
2	−8″	−8″
1	−4″	−4″

表 2-19 女生 800 米跑加分评分表

加分(分)	大一、大二	大三、大四
10	−50″	−50″
9	−45″	−45″
8	−40″	−40″
7	−35″	−35″
6	−30″	−30″
5	−25″	−25″

续表

加分(分)	大一、大二	大三、大四
4	$-20''$	$-20''$
3	$-15''$	$-15''$
2	$-10''$	$-10''$
1	$-5''$	$-5''$

注：1 000 米跑、800 米跑均为低优指标，学生成绩低于单项评分 100 分后，以减少的秒数所对应的分数进行加分。

二、《国家学生体质健康标准》登记卡(大学样表，见表 2-20)

表 2-20 《国家学生体质健康标准》登记卡(大学样表)

学 校 ____________

<table>
<tr><td>姓 名</td><td colspan="4"></td><td>性 别</td><td colspan="4"></td><td>学 号</td><td colspan="4"></td></tr>
<tr><td>院(系)</td><td colspan="4"></td><td>民 族</td><td colspan="4"></td><td>出生日期</td><td colspan="4"></td></tr>
<tr><td rowspan="2">单项指标</td><td colspan="3">大一</td><td colspan="3">大二</td><td colspan="3">大三</td><td colspan="3">大四</td><td colspan="2">毕业成绩</td></tr>
<tr><td>成绩</td><td>得分</td><td>等级</td><td>成绩</td><td>得分</td><td>等级</td><td>成绩</td><td>得分</td><td>等级</td><td>成绩</td><td>得分</td><td>等级</td><td>得分</td><td>等级</td></tr>
<tr><td>体重指数(BMI)(千克/米^2)</td><td></td><td></td><td></td><td></td><td></td><td></td><td></td><td></td><td></td><td></td><td></td><td></td><td rowspan="13"></td><td rowspan="13"></td></tr>
<tr><td>肺活量(毫升)</td><td></td><td></td><td></td><td></td><td></td><td></td><td></td><td></td><td></td><td></td><td></td><td></td></tr>
<tr><td>50 米跑(秒)</td><td></td><td></td><td></td><td></td><td></td><td></td><td></td><td></td><td></td><td></td><td></td><td></td></tr>
<tr><td>坐位体前曲(厘米)</td><td></td><td></td><td></td><td></td><td></td><td></td><td></td><td></td><td></td><td></td><td></td><td></td></tr>
<tr><td>立定跳远(厘米)</td><td></td><td></td><td></td><td></td><td></td><td></td><td></td><td></td><td></td><td></td><td></td><td></td></tr>
<tr><td>引体向上(男)/
1 分钟仰卧起坐(女)(次)</td><td></td><td></td><td></td><td></td><td></td><td></td><td></td><td></td><td></td><td></td><td></td><td></td></tr>
<tr><td>1 000 米跑(男)/
800 米跑(女)(分·秒)</td><td></td><td></td><td></td><td></td><td></td><td></td><td></td><td></td><td></td><td></td><td></td><td></td></tr>
<tr><td>标准分</td><td colspan="3"></td><td colspan="3"></td><td colspan="3"></td><td colspan="3"></td></tr>
<tr><td>加分指标</td><td colspan="2">成绩</td><td>附加分</td><td colspan="2">成绩</td><td>附加分</td><td colspan="2">成绩</td><td>附加分</td><td colspan="2">成绩</td><td>附加分</td></tr>
<tr><td>引体向上(男)/
1 分钟仰卧起坐(女)(次)</td><td colspan="2"></td><td></td><td colspan="2"></td><td></td><td colspan="2"></td><td></td><td colspan="2"></td><td></td></tr>
<tr><td>1 000 米跑(男)/
800 米跑(女)(分·秒)</td><td colspan="2"></td><td></td><td colspan="2"></td><td></td><td colspan="2"></td><td></td><td colspan="2"></td><td></td></tr>
<tr><td>学年总分</td><td colspan="3"></td><td colspan="3"></td><td colspan="3"></td><td colspan="3"></td></tr>
<tr><td>等级评定</td><td colspan="3"></td><td colspan="3"></td><td colspan="3"></td><td colspan="3"></td></tr>
<tr><td>体育教师签字</td><td colspan="3"></td><td colspan="3"></td><td colspan="3"></td><td colspan="3"></td><td colspan="2"></td></tr>
<tr><td>辅导员签字</td><td colspan="3"></td><td colspan="3"></td><td colspan="3"></td><td colspan="3"></td><td colspan="2"></td></tr>
</table>

注：高等职业学校、高等专科学校参照本样表执行。

学校签章： 年 月 日

三、免予执行《国家学生体质健康标准》申请表(样表,见表 2-21)

表 2-21 免予执行《国家学生体质健康标准》申请表(样表)

<table>
<tr><td>姓　名</td><td></td><td>性　别</td><td></td><td>学　号</td><td></td></tr>
<tr><td>班　级/院(系)</td><td></td><td>民　族</td><td></td><td>出生日期</td><td></td></tr>
<tr><td>原因</td><td colspan="5">申请人:
年　　月　　日</td></tr>
<tr><td>体育教师签字</td><td colspan="2"></td><td>家长签字</td><td colspan="2"></td></tr>
<tr><td>学校体育部门意见</td><td colspan="5">学校签章:
年　　月　　日</td></tr>
</table>

注:职业学校及普通高等学校的学生,“家长签字”由学生本人签字。

第三章

健康体适能及训练

第一节 健康体适能概述

健康体适能的测定结果是制定运动处方锻炼目标的主要依据，同时也是对锻炼者进行健康教育、追踪观察锻炼效果的依据。

一、健康及体适能概述

体适能是 Physical Fitness 的中文翻译。世界卫生组织将体适能定义为，身体有足够的活力和精力进行日常事务，而不会感到过度疲劳，并且有足够的精力享受休闲活动和应付突发事件的能力。我国学者将其定义为，人体所具备的，有充足的精力从事日常工作(学习)而不感到疲劳，同时有余力享受健康休闲活动的乐趣，能够适应突发状况的能力。

体适能以体适能商的高低来评价。体适能商是健康体适能和技能体适能的综合反映，体适能商的得分是两者之和，即健康体适能和技能体适能各占 50%，也就是身体成分、肌力和肌肉耐力、心肺耐力和柔软素质总共占 50 分，灵敏、平衡、协调、速度、爆发力和反应时间总共占 50 分。体适能商越高就代表身体机能越好。

据报道，一项由哥伦比亚南卡罗来纳州立大学史蒂芬·布莱尔教授负责的研究显示，体适能商高者比体适能商低者更长寿，体适能商高者伴发高血压、高甘油三酯或糖尿病等心血管疾病的概率也低得多。

健康体适能，是在制定运动处方前应当测定的内容，并将成为确定运动处方锻炼目标的主要依据。

二、健康体适能标准

关于健康体适能，各个国家和地区都有不同的测试方法和评价标准，这些测试结果成为指导人们进行科学锻炼的基础。目前，我国健康体适能的评价标准主要有以下几种。

(一)《国民体质测定标准》

国家体育总局根据《中华人民共和国体育法》和《全民健身计划纲要》等有关法律法规，建立了国民体质监测系统，规定每5年进行一次全国性的国民体质监测，获取我国国民体质状况的资料，并以这些监测数据为依据制定了《国民体质测定标准》，用于指导全民进行科学的健身锻炼。

《国民体质测定标准》建立了3～69周岁人群的测试指标体系和评价标准，按照年龄分为幼儿、青少年、成年人和老年人四部分(其中，青少年标准参考单独制定的《国家学生体质健康标准》)。国民体质监测系统的测试指标包括形态指标、机能指标、素质指标三部分，包含了健康体适能中的心肺耐力、肌肉力量和耐力素质、柔韧素质等，其中幼儿、成年人、老年人的检测指标如表3-1所示。这一监测标准是目前我国最主要的评价国民体质的标准，可以用于制定运动处方，确定运动处方的锻炼目标。

表3-1 除青少年外的各类人群检测指标

测试指标		幼儿(3～6岁)	成年人(20～39岁)	成年人(40～59岁)	老年人(60～69岁)
身体形态	身高	●	●	●	●
	坐高	●			
	体重	●	●	●	●
	胸围	●	●	●	●
	腰围		●	●	●
	臀围		●	●	●
	上臂部皮褶厚度		●	●	●
	腹部皮褶厚度		●	●	●
	肩胛部皮褶厚度		●	●	●
身体机能	脉搏(心率)	●	●	●	●
	收缩压		●	●	●
	舒张压		●	●	●
	肺活量		●	●	●
	台阶试验		●	●	
身体素质	立定跳远	●			
	网球掷远	●			
	坐位体前曲	●	●	●	●
	10米折返跑	●			
	走平衡木	●			
	双脚连续跳	●			
	握力		●	●	●

续表

测试指标		幼儿（3～6岁）	成年人（20～39岁）	成年人（40～59岁）	老年人（60～69岁）
身体素质	背力		●		
	纵跳		●		
	俯卧撑		●（男）		
	一分钟仰卧起坐		●（女）		
	闭眼单脚站立		●	●	●
	选择反应时		●	●	●

注：●表示该年龄组测试此项目

《国民体质测定标准》各项指标的测定结果为1～5分，共5个级别。建议凡某项素质达不到“4”或“5”分，那么该项素质应当被纳入运动处方的锻炼目标之中。表3-2为成年人部分评级标准。

表3-2　国民体质(成年人)评级标准

等级	得分	
	20～39岁	40～59岁
一级(优秀)	>33分	>26分
二级(良好)	30～33分	24～26分
三级(合格)	23～29分	18～23分
四级(不合格)	<23分	<18分

(二)《国家学生体质健康标准》

《国家学生体质健康标准》是由教育部、国家体育总局共同制定的，为《国家体育锻炼标准》的一个组成部分。《国家学生体质健康标准》是学生体质健康的个体评价标准，也是促进学生体质健康发展、激励学生积极进行身体锻炼的教育手段，并且是评价学生能否毕业的依据。该标准体系中，也包含健康体适能所要求的测定、评价的内容，还可作为制定运动处方的依据。

《国家学生体质健康标准》测定结果分为“优秀”“良好”“及格”“不及格”4个级别。凡能到达“优秀”水平的素质，可以暂不作为锻炼的重点。

(三)普通人群体育锻炼标准

《普通人群体育锻炼标准》也是《国家体育锻炼标准》的一部分，它由国家体育总局组织有关专家、学者，对1975年国务院正式批准的《国家体育锻炼标准》进行补充、修改而成的。《普通人群体育锻炼标准》主要适用于20～59岁的成年人群，补充了我国成年人锻炼标准的空白。该锻炼标准的测试项目，包括了耐力指标、速度指标、柔韧性指标、灵敏指标和力量指标五大类，其评价标准也可作为制定运动处方的依据。

《普通人群体育锻炼标准》的测定结果与《国民体质测定标准》的评价方法相同，分为五个级别。凡达不到“4”或“5”分的项目，就应纳入锻炼目标。

（四）其他

除了以上三个评价标准体系外，《国家体育锻炼标准》还包括《军人体育锻炼标准》《军人体能标准》《公安民警体育锻炼达标标准》等。其中有关健康体适能的评价结果，也可作为制定运动处方的参考。

以上各评价标准，包含了对健康体适能中的心肺耐力素质、肌肉力量和耐力素质、柔韧素质的评价，但均缺乏对身体成分的测试与评价，该项则需要另行测定。

三、提高健康体适能的具体内容

美国运动医学学会认为，体适能包括健康体适能和技能体适能。健康体适能包括心肺耐力、肌肉力量和耐力、柔韧性、身体成分。技能体适能包括灵敏、平衡、协调、速度、爆发力和反应时间等，这些要素是从事各种运动的基础，但没有证据表明它们的指标与健康或疾病有直接关系。

（一）心肺耐力

心肺耐力又称有氧耐力，是机体持久工作的基础，被认为是健康体适能中最重要的要素，它代表人体心血管系统和呼吸系统摄入、运送、吸收并利用氧气，进行新陈代谢，产生能量的能力。良好的心肺耐力，是具备充分的精力和能力从事日常活动，防治某些慢性疾病，促进身心健康的基础。

（二）肌肉力量和耐力

肌肉力量是肌肉所能产生的最大力量，肌肉耐力是肌肉持续收缩的能力，是机体正常工作的基础。对一般人群来说，身体各肌群的力量应当得到适度的、均衡的发展，同时还需要有能够重复多次，或持续一段时间的耐力，这样才能满足日常生活、工作、休闲和应付突发事件的需要。

（三）柔韧性

柔韧性是指在无疼痛的情况下，关节所能活动的最大范围。它对于保持人体运动能力，防止运动损伤有重要意义。良好的柔韧性素质，保证肢体有较大的活动范围，可自如地完成各种动作，提高应付突发事件的能力，并在发生意外的情况下，避免肌肉拉伤和关节韧带扭伤的发生，或减轻它们损伤的程度。

（四）身体成分

身体成分是指总体重中的脂肪组织重量和去脂肪组织重量（瘦体重）的百分比。身体成分中的脂肪成分增加，肌肉成分必然下降。身体中没有收缩功能的脂肪组织较多，进行各种活动的能力就会下降，基础代谢水平就会降低，肥胖症、冠心病、高血压、糖尿病、高血脂等慢性疾病发病率就会增加。所以，身体成分也是健康体适能的重要内容之一。

总之，如果一个人健康体适能中的每一项都保持着良好的状态，那么疾病或功能性障碍的发生率就会大大降低。因此，通过规律性运动及良好的生活行为习惯来改善并保持良好的健康体适能，对于个人整体健康的保持和促进有着重要的意义。良好的健康体适能可以使人体有充足的体力来适应日常生活、工作及学习等活动，有精力享受休闲娱乐生活，有能力应付突发事件；有助于保持旺盛的精力和良好的精神状态，并获得身心的全面发展；有利于预防疾病，提高生活质量；还可以帮助人们养成良好的、健康的生活方式和习惯。

第二节 心肺耐力适能

一、心肺耐力概述

(一)测定的意义

心肺耐力是指全身肌肉进行长时间运动的持久能力，是人体摄取氧、运输氧和利用氧的综合能力。心肺耐力是健康体适能中最重要的因素，良好的心肺耐力是以充足的精力和能力从事日常活动，防治某些慢性疾病，促进身心健康的基础。

在相对安静的状态下，绝大多数人的心肺功能都能够适应机体的需要，但在体力负荷增加的情况下，心肺耐力的个体差异就能明显地表现出来。心肺耐力素质测定主要采用运动负荷试验的方法，即观察受试者完成定量负荷所需要的时间、负荷后心肺功能的反应，或观察固定时间内，受试者能完成的运动负荷量的大小。根据试验结果，可以对受试者心肺耐力进行评价，并得出心肺耐力素质的水平，可作为确定是否需要进行耐力锻炼的依据。

(二)测定的指标与评价

评价心肺耐力的指标主要有功能能力、台阶指数、PWC170、12 分钟跑、VO_2max、乳酸阈等。以下主要介绍功能能力和台阶指数。

1. 功能能力

功能能力(Functional Capacity，F. C.)也被翻译为“功能容量”，其单位为梅脱(Metabolic Equivalent of Energy，MEE)。功能能力是指机体在尽力活动时所能达到的最大梅脱值，或在有氧范围内，机体所能完成的最大强度活动的梅脱值。功能能力是直接反映心肺功能的一个指标，用功能能力来评价心肺功能，较为直观，且具可比性。男性和女性功能能力值分段如图 3-1 和图 3-2 所示。

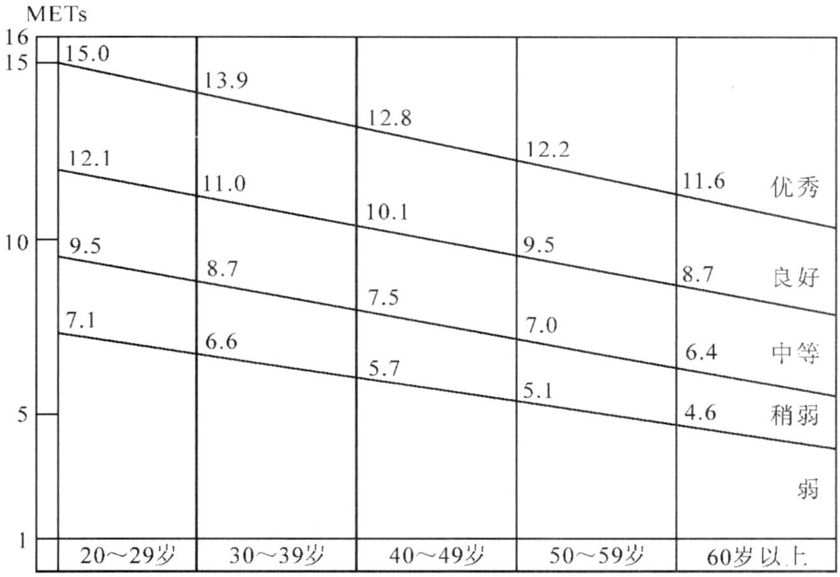

图 3-1

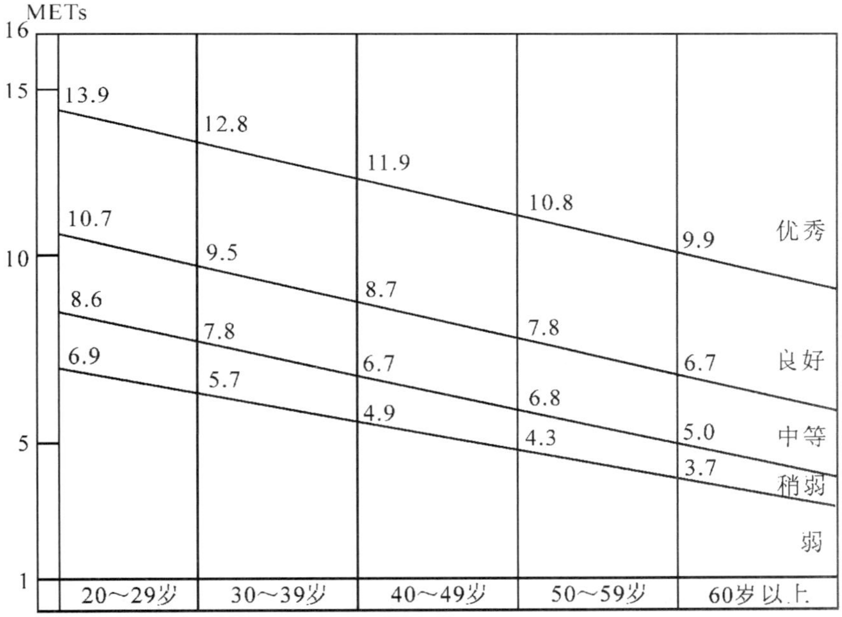

图 3-2

要想准确测定功能能力，最好的方法是要求受试者逐步增加运动强度，同时测定其吸氧量，并对有关指标进行监测，直到测出可能达到的最大吸氧量，或刚刚出现异常症状时的吸氧量。如没有条件测定吸氧量，还可根据其他原理进行测定。功能能力的测定原理和方法可归纳如下。

(1)气体代谢测定法

不论采用何种运动，用气体代谢法测定受试者可能达到的最大强度时的吸氧量，换算成相应的梅脱值，即为该受试者的功能能力。按这种方法测定的功能能力结果准确，但对仪器设备、试验技术的要求较高，同时必须对受试者进行严密地监护，以保证安全。

(2)功率推测法

由于梅脱值与运动时所做功率密切相关，所以可在有氧代谢前提下，按受试者所完成最大功率的相应梅脱值来确定功能能力。按这种原理进行测定，不需要心肺功能测试系统，但需要记功器。常用的记功器有固定跑台和自行车记功器(下肢)等。测定时还需要对受试者进行严密监护。

(3)次最大强度活动推测法

由于运动强度和心率之间有密切的线性关系，最大吸氧量与最大心率几乎同时出现，最大心率又可用年龄来推测，所以可通过次最大强度活动得出心率与运动强度的相关直线，再用最大心率推测功能能力(见图 3-3)。这种方法不一定需要专门仪器，也不需要严密监护，可以集体测定。但此方法准确性较差，而且只能在健康状况较好、有一定运动习惯的人群中使用。

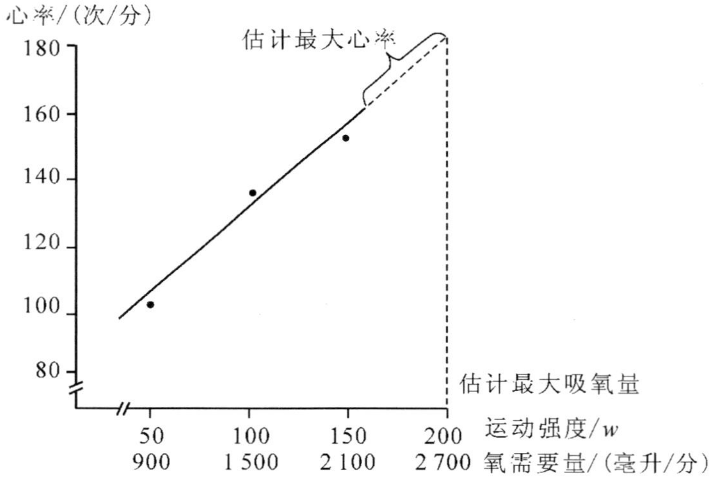

图 3-3

2. 台阶指数

在《国民体质测定标准》中，心肺耐力素质的测定方法是台阶试验，适用于 20～59 岁的人。台阶试验主要通过观察定量负荷下能持续运动的时间，以及运动后心率恢复的速度来评定心肺耐力。

测试方法：台阶高度分为两种，男子 30 厘米，女子 25 厘米。受试者需以 30 次/分的步频上、下台阶，连续重复 3 分钟。完成后，受试者立刻静坐在椅子上，测量并记录运动后 0 分～0 分 30 秒、1 分～1 分 30 秒、2 分～2 分 30 秒这 3 次脉搏数。将记录结果代入下列公式计算台阶指数。

台阶指数=[运动持续时间(秒)/(3 次测量脉搏数之和×2)]×100

台阶指数是反映人体心血管系统机能状况的重要指数。在一定范围内台阶指数值越大，说明心血管系统的机能水平越高，反之亦然。其评价标准如表3-3所示。

表3-3 《国民体质测定标准》台阶指数评价标准

性别	年龄/岁	1分	2分	3分	4分	5分
男	20～24	42.1～46.1	46.2～52.0	52.1～58.0	58.1～67.6	>67.6
	25～29	42.1～46.1	46.2～51.9	52.0～58.3	58.4～68.1	>68.1
	30～34	41.4～46.1	46.2～52.2	52.3～58.3	58.4～68.1	>68.1
	35～39	41.3～46.1	46.2～52.2	52.3～58.7	58.8～68.1	>68.1
	40～44	37.8～46.5	46.6～53.5	53.6～59.9	60.0～70.2	>70.2
	45～49	35.5～46.3	46.4～53.5	53.6～60.3	60.4～70.2	>70.2
	50～54	31.5～45.8	45.9～53.5	53.6～59.9	60.0～69.7	>69.7
	55～59	29.9～44.7	44.8～53.5	53.3～59.9	60.0～69.7	>69.7
女	20～24	40.9～46.1	46.2～52.2	52.3～58.0	58.1～67.1	>67.1
	25～29	40.7～46.8	46.9～53.2	53.3～59.1	59.2～68.6	>68.6
	30～34	39.5～47.0	47.1～53.7	53.8～59.9	60.0～69.1	>69.1
	35～39	37.0～46.8	46.9～53.8	53.9～60.3	60.4～69.7	>69.7
	40～44	31.5～46.8	46.9～54.8	54.9～61.5	61.6～71.3	>71.3
	45～49	30.0～45.6	45.7～54.4	54.5～61.5	61.6～71.3	>71.3
	50～54	27.9～43.8	43.9～54.1	54.2～61.5	61.6～71.3	>71.3
	55～59	27.3～39.8	39.9～52.8	52.9～60.3	60.4～70.2	>70.2

二、增进心肺耐力适能的方法

(一)耐力素质的定义

耐力素质是指有机体坚持长时间运动的能力。许多项目的运动竞赛都要持续较长时间。运动员要在竞赛全过程中保持特定的运动强度、保证特定的动作质量，就必须具备良好的耐力素质，就必须具备在持续运动过程中与不断积累和加深的疲劳作抗争的能力。疲劳是一种生理现象，是有机体自我保护的反映。训练会导致机体疲劳，疲劳的产生则限制着有机体继续承受训练负荷。对于体能主导类耐力性项目来说，耐力素质的发展水平对运动员的专项竞技水平起着主导的作用；对其他项目来说，良好的耐力素质有助于运动员更好地克服在训练和比赛中出现的疲劳，承受更大的训练负荷，提高训练效果，并在比赛中取得更好的成绩。

(二)耐力素质的分类

按人体的生理系统分类，耐力素质可分为肌肉耐力和心血管耐力。肌肉耐力也称为力量耐力，心血管耐力又分为有氧耐力和无氧耐力。

有氧耐力是指机体在氧气供应比较充足的情况下，能坚持长时间工作的能力。有氧耐力训练的目的在于提高运动员机体吸收、输送和利用氧气的能力，促进有机体的新陈代谢。

无氧耐力也叫速度耐力，是指机体以无氧代谢为主要供能形式，坚持较长时间工作的能力。无氧耐力又分为磷酸原供能无氧耐力和糖酵解供能无氧耐力。在无氧代谢供能的肌肉活动中，磷酸肌酸分解供能，不产生乳酸，叫磷酸原代谢供能，机体处在这种状态下，坚持较长时间工作的能力，称为磷酸原代谢供能的无氧耐力；在无氧代谢的肌肉活动中，糖的酵解供能，产生乳酸，机体处在这种状态下，坚持长时间工作的能力，称为糖酵解代谢供能的无氧耐力。

依耐力素质对专项运动的影响，耐力素质又可分为一般耐力和专项耐力。一般耐力是指对提高专项运动成绩起间接作用的基础性耐力；专项耐力是指与提高专项运动成绩有直接关系的耐力，具体地讲是指持续完成专项动作或接近比赛动作的耐力。

三、各种耐力素质的评定及训练负荷强度的确定

(一)有氧耐力的评定及训练负荷强度的确定

1. 有氧耐力的评定

评定有氧耐力的方法很多，经常采用的方法是定距离的计时位移运动，如 1 500～10 000 米跑、400～3 000 米游泳、100～200 千米自行车、5 000～10 000 米划船等，还有定时 12 分钟跑等。

2. 训练负荷强度的确定

(1)持续训练法

①负荷强度

采用持续训练法发展有氧耐力的训练强度相对较小，心率可控制在 145～170 次/分。这个训练强度对提高运动员心脏功能尤为有效，对提高肌肉的供血能力、提高肌肉的直接吸收氧的能力也有特殊意义。有氧耐力训练的适宜心率可通过公式：安静心率＋(最大心率－安静心率)×(60%～70%)来计算。据研究，心率控制在这个范围内，机体的吸氧量为最大值的 80%左右，心输出量增加，促进骨骼肌、心肌中的毛细血管增生。假如超过这个界限，如 170 次/分以上，机体就要产生氧债，使训练效应发生变化。假如低于这个界限，如 140 次/分以下，心输出量达不到较大值，同时吸进的氧气也少，则会影响训练的效果。

②负荷数量

负荷数量取决于运动员的训练水平，训练水平高的运动员可承受大负荷量，如持续跑可坚持两小时，训练水平低的运动员只能承受较小的负荷量。但是一般来讲，发展运动员有氧耐力训练时间不能少于 20 分钟。

③工作方式

运用持续训练法发展运动员的有氧耐力工作方式有很多，中长跑运动员可采用以下几种训练方法。

——匀速持续跑。心率控制在150次/分左右，坚持时间在1小时以上。这种练习节省体力，效果好。

——越野跑。工作时间为1.5～2小时，跑的速度可匀可变。在自然环境中练习可提高运动员的兴趣，有利于延缓疲劳的产生。

——变速跑。为发展运动员的有氧耐力水平，可广泛使用变速跑，负荷强度可从较小强度(如心率130～145次/分)提高到较大强度(如心率达170～180次/分)，持续时间在0.5小时以上。使用变速跑可提高运动员比赛的适应能力。

——法特莱克跑。法特莱克跑有利于提高运动员训练的兴奋性，吸进更多的新鲜氧气，推迟疲劳感的出现。

(2)间歇训练法

①负荷强度

采用间歇训练法发展有氧耐力，在工作进行中，心率可达170～180次/分，如果训练距离长，心率就会低于这个数值。

②负荷量

间歇训练中的分段练习的负荷量常常用距离(米)或时间(秒)来表示。用时间指标来表示，持续训练时间不超过2分钟，少则仅有几秒，这是因为间歇训练法训练的强度大，一次练习的持续时间就不能过长，否则会导致训练效应的改变。

③间歇时间

运用间歇训练法必须严格控制间歇时间，一般要求机体尚未充分恢复，但心率恢复到120次/分左右时，便可进行下一次练习。

④休息方式

运用间歇训练法的两次(组)练习之间应积极进行休整，有利于恢复。

⑤持续时间

运用间歇训练法练习所需持续时间较长，有时需0.5小时以上，时间过短则难以取得理想的训练效果。

(3)循环练习

应选择增强心血管耐力的练习为主要练习内容，每次练习负荷，可安排极限负荷的1/3左右。

(4)游戏练习

游戏练习适用于少儿训练，负荷强度以心率达到140～150次/分为宜，运动时间在20分钟以上。

(二)糖酵解无氧代谢供能的无氧耐力评定与训练负荷强度的确定

1. 糖酵解无氧代谢供能的无氧耐力评定

评定糖酵解无氧代谢供能的无氧耐力可采用持续1分钟的练习作为评定指标，如400米跑。

2. 糖酵解无氧代谢供能的无氧耐力训练负荷强度的确定

(1)负荷强度

提高糖酵解无氧代谢供能的无氧耐力训练的强度为80%～90%，以使运动员机体处于糖酵解供能状态。

发展糖酵解无氧代谢供能的无氧耐力训练，一次练习的持续时间介于1～2分钟。若以跑为训练手段，距离应控制在300～800米，一般以400米为宜；若以游泳为训练手段，游程可控制在100～200米。

(2)重复练习的次数与组数

每组练习的重复次数不必过多，3～4次即可，只需保持必要的训练强度。练习的重复组数应视运动员训练水平而定，一般来讲，训练水平低的新手重复2～3组即可；训练有素的运动员可安排3～5组。确定练习重复组数的基本原则是，使运动员在最后一组也基本能保持所规定的负荷强度，而不应下降得过多。

(3)间歇时间

发展糖酵解无氧代谢供能的无氧耐力的间歇时间安排有两种做法：一是次间间歇时间以恒定不变的方式安排，如每次练习之间休息4分钟等。二是采取逐渐缩短时间的方式安排，如第一、第二次之间间歇5～6分钟，第二、第三次之间间歇4～5分钟，第三、第四次之间间歇3～4分钟，这样做有利于使体内乳酸堆积达到较高值。

间歇时间的确定又受负荷距离及强度的影响，距离长、强度大，间歇时间就长；距离短、强度小，间歇时间就短。

组间的间歇时间一般要长于组内间歇时间，以利于恢复。

四、耐力训练的方法和手段

(一)一般耐力训练常用的方法和手段

方法一，各种形式的长时间跑。方法二，长时间进行的其他周期性运动(如速度滑冰、划船、自行车等)。方法三，长时间重复做某一非周期性运动(如排球运动中多次做滚动练习)。方法四，反复做克服自身体重的练习(如坚持较长时间的抗小阻力的练习)。方法五，循环练习。

(二)专项耐力训练常用的方法和手段

1. 体能主导类快速力量性项群的专项耐力训练

体能主导类快速力量性项群运动员的专项能力，主要表现为以最大强度重复完成完整比赛动作的能力。如优秀撑竿跳高运动员要在长达数小时的比赛中多次越过5米以上的横杆，标枪选手要力求在6次试投中都达到理想的距离，举重选手则试图在三次试举中逐次举起更重的杠铃。因此，发展专项耐力的训练内容手段应以多次重复完成比赛动作或接近比赛要求的专项练习为主。实践中，应多采用极限或极限下强度完成此类练习。

2. 体能主导类周期竞速项群的专项耐力训练

体能主导类周期竞速项目有耐力性和速度性两个项群。耐力性项目运动员专项耐力的要求是用尽可能高的平均速度通过全程。除超长距离之外，专项耐力的重要供能形式为糖酵解无氧代谢供能，主要训练方法为大强度的间歇训练法及比赛训练法。其负荷的主要特征有以下表现。采用超乳酸阈强度直至在较短段落中超比赛强度进行训练。中距离运动员训练课负荷总量达到比赛距离的3～6倍，长距离为1～3倍。两次练习之间的间歇相对略长。采用大强度间歇训练时，应待心率恢复至20～24次/10秒时再次练习，进行重复训练时则要求恢复到20次/10秒或以下。练习采用的段落长度，中距离为比赛距离的1/4～3/4；长距离亦不超过3/4，但常采用比比赛距离的3/4短的专项距离练习段落，如长跑选手常采用400米段落进行间歇训练。

速度性项目运动的主要供能形式为磷酸盐无氧代谢供能，多采用1/2至全程段落练习，负荷总量为比赛距离的3～10倍，负荷强度为95%～100%。

3. 技能主导类表现性项群的专项耐力训练

技能主导类表现性项群运动员的专项耐力，表现为以最佳技术重复完成完整比赛动作的能力。因此，在赛前训练中，须多次完成成套练习或1/2套以上的练习，如优秀体操选手一次训练课中可完成30～50套完整练习。

4. 技能主导类对抗性项群的专项耐力训练

技能主导类对抗性项目比赛时间较长，要求运动员在整个比赛过程中持续表现出最佳技能和体能。因此，训练中要注意安排长时间的专项对抗练习或专项练习，有时甚至需要安排超过正式比赛时间或局数的训练，如排球打七局四胜、摔跤训练比赛持续6分钟(正式比赛时间为5分钟)等。

(三)耐力训练的具体方法

1. 无氧耐力练习方法

(1)原地间歇高抬腿跑

如发展非乳酸性无氧耐力，则可做每组5秒、10秒、30秒快速高抬腿练习，做6～8组，每组间歇2～3分钟，强度为90%～95%，越快越好；如发展乳酸性无氧耐力，则可做1分钟练习，以100～150次为一组，做6～8组，每组间歇2～4分钟，强度为80%，动作要规范。也可做变式前支撑高抬腿跑练习。

(2)高抬腿跑转加速跑

行进间高抬腿跑20米左右，然后加速跑80米，重复5～8次，每组间歇2～4分钟，强度为80%～85%。

(3)原地或行进间间歇车轮跑

原地或行进间做车轮跑，每组50～70次，做6～8组，每组间歇2～4分钟，强度为75%～80%。

(4)间歇后蹬跑

行进间做后蹬跑，每组做30～40次或每组跑60～80米，重复6～8次，每组间歇2～3分钟，强度为80%。

(5)反复起跑

蹲踞式或站立式起跑30～60米，每组3～4次，重复3～4组，每次间歇1分钟，每组间歇3分钟。

(6)反复跑

可选择跑距为60米、80米、100米、120米或150米进行练习。重复次数应根据距离的长短及运动员水平而定。一般每组3～5次，重复4～6组，每组间歇3～5分钟。一般强度的练习，如短于专项的距离，练习时心率应达到180次/分，每组间歇恢复至120次/分时，就可以进行下次练习；如发展乳酸耐力，则距离要长些，强度要小些。

(7)间歇行进间跑

可选择跑距为30米、60米、80米或100米进行练习。计时进行，每组2～3次，重复3～4组，每次间歇2分钟，每组间歇3～5分钟，强度为80%～90%。

(8)计时跑

可进行短于专项距离的重复计时跑或长于专项距离的计时跑。重复4～8次(根据距离而定)，每组间歇3～5分钟，强度为70%～90%，根据运动员水平及跑距而定。

(9)间歇接力跑

四人分成两组，每人相距200米站于跑道上，听口令起跑，每人跑200米交接棒，每人重复8～10次。

(10)迎面拉力反复跑

两队相距100米，每队4～5人站于跑道上，迎面接力跑，每人重复5～7次，强度为70%～80%。

(11)反复加速跑

在跑道上加速跑100米或更长距离。跑完后放松地慢速走回后再继续跑，重复8～12次，强度为70%～80%。

(12)反复超赶跑

在田径场跑道或公路上，以10人左右成纵队慢跑或中速跑，听口令后，排尾加速跑至排头，每人循环6～8次，强度为65%～75%。

(13)变速跑

变速快跑与慢跑结合进行。快跑段与慢跑段的距离，应根据运动员的专项而定。如发展非乳酸性无氧耐力，应采用50米快、50米慢、100米快、100米慢，或直道快、弯道慢，或弯道快、直道慢等训练方式；如发展乳酸性无氧耐力，应采用400米快、200米慢，或300米快、200米慢，或600米快、200米慢等训练方式，强度为60%～80%。

(14)反复变向跑

听口令或看信号做向前、向后、向左、向右的变向跑。每次进行2分钟，重复3～5组，每组间歇3～5分钟，强度为65%～70%。每组练习均为往返跑，即跑出去后返回起跑位置，每一段落距离至少50米。间歇后心率恢复到120次/分以下，再继续练习。

(15)变速越野跑

在公路、树林、草地、山坡等地进行越野跑。在越野跑中进行50～150米或更长距离的加速跑或快跑，每一段落距离为1 000～1 500米，强度为60%～70%。

(16)反复连续跑台阶

在每级高20厘米的阶梯上，连续跑30～40步台阶，每步2级，重复6次，每次间歇

5 分钟，强度为 65%～70%，要求动作不间断。也可定时完成。

(17)球场往返跑

在篮球场端线站立，听口令起跑至对面端线后再转身跑回。每组往返 4～6 次，重复 4～6 组，强度为 60%～70%。

(18)连续侧滑步跑

在跑道上，身体侧对前进方向，做侧滑步跑 100～150 米，重复 5～6 组，每组间歇 3～5 分钟，强度为 60%～70%，每次心率应达 160 次/分。

(19)综合跑

在跑道上，做向前跑、倒退跑及左右滑步跑，每种方式跑 50～100 米，每次跑 400 米，重复 3～5 组，每组间歇 3～5 分钟，强度为 60%～70%。

(20)法特莱克跑

在场地、田野或公路上，用不同的速度跑 3 000～4 000 米，强度为 60%～70%，可以采用阶梯式变速方法，如 50 米快跑、100 米慢跑、100 米快跑、150 米慢跑并逐渐加大距离。

(21)水中间歇高抬腿

在 40～50 厘米深的浅水中原地高抬腿，每组 100 次，做 4～6 组，每组间歇 3 分钟，强度为 60%～65%。也可与在水中行进间高抬腿跑交替进行，其间歇为 4～5 分钟。

(22)分段变速游泳

以 50 米为一段落进行变速游泳，每组 250～300 米，做 4～5 组，每组间歇 10 分钟，强度为 65%～75%。快速段落要达到本人最快速度的 70%以上，放松段落根据水平要求而定。

(23)水中变姿变速游

同上段落，但要以各种姿势混合游泳。每组以各种姿势各游 50 米，做 3～5 组，每组间歇 10 分钟，强度为 65%～75%。

(24)水中短距离间歇游

进行 50 米、100 米或更长段落的反复游，或不同距离组合的间歇游。3～4 次为一组，做 3～4 组，每次间歇 2～3 分钟，每组间歇 10 分钟，强度为 60%～70%。

(25)水中追逐游

两人相距 3～5 米，同时出发，进行追逐游，游至 50 米处返回，做 3～5 组，强度为 65%～75%。心率应达 160 次/分钟以上。两人游的姿势必须一致。

(26)游泳接力

两人或四人做 50 米往返接力，可混合姿势游。每人游 4 次为一组，做 3～4 组，每组间歇 5～8 分钟，强度为 60%～70%。

(27)两人追逐跑

在跑道上，两人一组相距 10～20 米(根据水平不同)站立。听口令后起跑，后面的人追赶前面的人，800 米内追上有效，间歇 3～5 分钟，下次交换位置。重复 4～6 次，强度为 65%～75%。也可以要求在最后 100 米内追上为有效。

(28)上下坡变速跑

在7°～10°角的斜坡跑道上上坡加速快跑100～120米，下坡时放松慢跑回起点。每组4～6次，做3～5组，每组间歇10分钟，强度为65%～70%。

(29)往返运球跑

在篮球场上由一端运球至另一端，然后换手运球跑回，往返6次为一组，做4～6组，每组间歇2分钟，强度为60%～75%。

(30)往返运球投篮

在篮球场上由一端运球至另一端的篮下投篮后，再运球返回投篮。每组往返4次，做4～6组，每组间歇3分钟，强度为55%～60%。投掷方式不限，要投中后才能返回。

(31)运球绕障碍

在篮球场上纵向放置5个障碍物，间距2米，听到信号后做快速运球绕过障碍物往返跑，也可以竞赛的方式进行训练。不得触碰障碍物。每组往返3～5次，做3～5组，每组间歇5分钟。

(32)全场跑动传接球

两人一组，在篮球场上由一端运球至另一端后再传球跑回。每组往返4次，做4～5组，每组间歇8～10分钟，强度为60%～70%。当组内所有人的心率恢复到100次/分钟以下时再继续练习。

(33)跳绳跑

在跑道上做两臂正摇跳绳跑，每次跑200米，做5～8次，每组间歇5分钟，强度为60%～70%。要求每次结束后心率达160次/分钟，且每组结束后恢复到120次/分钟以下再进行第二次练习。也可规定速度进行练习。

(34)跳绳接力跑

两组人相距100米站在跑道上，做往返跳绳接力跑。每组往返4次，做4～5组，每组间歇5分钟，强度为60%～65%。应有一定的速度要求。

(35)双脚或两脚交替跳藤圈

两手握藤圈，原地双脚连续跳藤圈或原地双脚交替连续跳藤圈。双脚跳50～60次为一组，交替跳100次为一组，都做4～5组，每组间歇3分钟，强度为50%～60%。

(36)两人踢传球→绕障碍运球→跑动射门的组合练习

在足球场上，两人从底线开始向前跑动踢传球，过半场后，两人交叉运球，传接绕障碍(10个实心球、相距2米)继续前进，然后跑动射门。往返2次为一组，做4～6组。每组间歇5分钟，强度为60%～65%。射门时由一人传球，一人射门。未射门的人，取球后两人向反方向再做上述练习。

(37)两人跑动传接球→抢断球→连续射门

在足球场上，两人跑动传接球，100米往返3次，然后两人一组抢断球3分钟，连续射门10次。做2～3组，每组间歇3分钟，强度为55%～70%。跑动传接球时尽量不丢球，从中圈开始运球跑动射门。

(38)连续滑步→侧倒体垫球→滚翻

在排球场上，根据教练员的手势及抛球动作做连续滑步移动，然后侧倒体垫球，后接滚翻动作。连续做 8～10 次为一组，做 3～4 组，每组间歇 8～10 分钟，强度为 65%～70%。

(39)沙坑纵跳→途中跑→双杠臂曲伸→双杠支撑前进

在沙坑中纵跳 20 次，然后途中跑 50 米，双杠臂曲伸 10 次，双杠支撑前进。往返 3 次为一组，做 3～5 组，每组间歇 5 分钟，强度为 60%～70%。沙坑纵跳为全蹲跳起，途中跑为 70%速度，双杠臂曲伸符合标准，支撑前进不能间断或掉下杠来。

(40)结合各专项动作循环练习

以专项练习或辅助练习组成一套练习，反复循环进行，强度为 65%左右。

2. 有氧耐力练习方法

(1)定时跑

在场地、公路或树林中做 10～20 分钟或更长时间的定时跑，强度为 50%～55%。

(2)定时定距跑

在场地或公路上做定时跑完固定距离的练习。如要求在 14～20 分钟内跑 3 600～4 600 米。强度为 50%～60%。

(3)变速跑

在场地上进行。快跑段、慢跑段距离应根据专项任务与要求决定。一般常以 400 米、600 米、800 米或 1 000 米等段落进行。例如，中距离跑运动员应选择 400 米快跑、200 米慢跑的变速或 600 米快跑、200～400 米慢跑的变速；长跑运动员应选择 1 000 米快跑、400 米慢跑等变速。一般 4～8 次为一组，做 1～2 组，每组间歇 10～12 分钟。一般快跑段心率恢复到 140 次/分以下，慢跑段心率恢复到 120 次/分以下，每组间歇时心率恢复到 100 次/分以下时，再开始下一组练习。

(4)重复跑

在跑道上进行。重复跑的距离、次数与强度应根据专项任务与要求而定。发展有氧耐力重复跑强度不应过大，跑距应较长些。一般重复跑距为 600 米、800 米、1 000 米、1 200 米等，重复次数为 4～10 次，强度为 50%～60%。

(5)越野跑

在公路、树林、草地、山坡等场地上进行。一般跑距应在 4 000 米以上，多可达 10 000～20 000 米。如按时间计算，一般在 20 分钟以上，多则可达 1 小时，强度为 40%～50%。

(6)法特莱克跑

可在场地、田野、公路上进行，这是一种自由变速的越野跑游戏。最好在公园、树林中进行，时间在 30 分钟左右，也可更长，强度为 50%左右。

(7)定时走

在场地、公路或其他自然环境中按规定时间自然走或稍快速地自然走。一般走 30 分钟左右，强度为 40%～50%。

(8)大步走、交叉步走或竞走

在场地、公路或其他自然环境中大步快走、交叉步走或几种走交替进行。每组 1 000 米左右，做 4～6 组，每组间歇 3～4 分钟，强度为 40%～50%。

(9)沙地连续走或负重走

在沙地上徒手快走或负重(杠铃杆或背人)走。徒手快走每组 400～800 米，负重走每组 200 米，做 5～7 组，组间歇 3 分钟，强度为 45%～60%，心率控制在 160 次/分钟以下。

(10)沙地竞走

在沙地上竞走。每组 500～1 000 米，做 4～5 组，每组间歇 3 分钟，强度为 55%～60%。

(11)竞走追逐

两人前后相距 10 米站在跑道上，听口令后开始竞走，后者追赶前者，每组 400～600 米，做 4～6 组，强度为 50%～60%。必须按竞走技术标准的要求，不能犯规，每组结束后放松慢跑 2 分钟。

(12)水中定时游

不规定游泳姿势及速度，但规定在水中游一定的时间，如不间断地游 15 分钟或 20 分钟等，强度为 40%～50%，要求游泳时不间断。

(13)篮球“斗牛”游戏

在篮球场上打半场或全场比赛性的“斗牛”30 分钟以上，强度为 40%～60%。

(14)5 分钟以上的循环练习

根据专项选择 8～10 个练习，组成一套循环练习，反复循环进行 5 分钟以上。做 3～5 组，每组间歇 5～10 分钟。心率在每个练习结束后恢复到 140～160 次/分以下，每组练习结束后恢复到 120 次/分以下，再开始下一组练习，强度控制在 40%～60%。

(15)5 分钟以上的跳舞

可跳健美操、迪斯科舞等，不间断地跳 5 分钟以上。做 4～6 组，每组间歇 5～8 分钟，强度为 40%～60%。心率控制在 160 次/分以下。

五、耐力训练的基本要求

(一)重视运动员呼吸能力的培养

耐力训练中要十分注意呼吸问题。机体是通过提高呼吸频率和加深呼吸深度来吸取氧气的。一般来讲，没有参加过训练的人在长时间运动过程中，主要以加大呼吸的频率来吸取机体需要的氧气，高水平运动员主要以加大呼吸的深度来满足机体所需的氧气。

(二)加强意志品质的培养

运动员的意志品质在耐力训练中起着很重要的作用，意志坚强者比意志薄弱者耐力好得多，在耐力素质训练中必须注意对运动员意志品质的培养。温度过高、气压过低，对一个人的耐力也会产生较大的影响，抵抗这些不利因素也需要运动员有坚强的意志品质。

六、耐力性运动处方的制定

（一）运动目的

耐力锻炼的目的，主要在于提高心肺的适应能力，即强化机体血液循环系统和呼吸系统的功能，最终表现为心肺功能的提高。经过长时间的耐力训练后，最大吸氧量会明显增加。

1. 提高心脏泵血功能

长期进行耐力锻炼可以使心肌增厚，收缩力加强，心室容积增大，从而提高心脏的泵血功能，表现为心脏每搏输出量增加。在安静状态下，由于每搏输出量加大，比较少的心脏跳动次数即可满足每分钟输出量的需要，从而减轻了心脏的工作负担；当体力劳动和剧烈运动时，较大的每搏输出量，加上较高的最大心率，使心脏的每分钟输出量提高，最大摄氧量（VO_2max）加大，心脏的储备能力大大提高。

2. 增强呼吸系统机能

通过耐力锻炼，呼吸系统机能提高，表现为呼吸肌的力量增强，呼吸肌耐力提高，肺活量、肺通气量明显增加。呼吸系统工作能力提高，可提高对机体供氧的能力。

呼吸系统和心血管系统机能的提高，可以使机体更好地适应训练和比赛的需要。

（二）运动种类

耐力训练的主要方法是有氧运动。如各种形式的长时间跑、长时间进行的其他周期性运动（速度滑冰、划船、自行车等）、长时间重复做某一非周期性运动，如排球运动中多次做滚动练习、反复做克服自身体重的练习，坚持较长时间的抗小阻力的练习、循环练习等。一些球类游戏和我国传统的体育活动，也有提高心肺耐力素质的作用。近年来小负荷的力量练习逐渐被运用到提高心肺耐力的训练中来。

1. 有氧运动

有氧运动是指运动时有充足的氧气供应，供能的主要物质——糖可以完全分解为二氧化碳和水，并释放出大量能量，供给人体长时间运动。有氧运动可以持续很长时间，也被称为耐力练习。

典型的有氧运动包括走、慢跑、跑、骑自行车、上下台阶等。这些项目具有有氧运动的各项特点，能够准确地计算出运动时的强度。爬山、游泳、划船、滑冰、旱冰、滑雪等，也属于周期性的有氧运动，但运动强度不如上述项目容易控制，需要有一定的心肺耐力素质基础才能进行。其中，水上运动、冰雪运动均要求锻炼者掌握一定的专门技术，并具备专门的场地、设备、器材，受地区限制比较明显。

2. 球类游戏

常用于心肺耐力素质锻炼的球类项目有：非竞赛性的篮球、排球、足球、羽毛球、乒乓球、网球等。

球类运动是一种非周期性运动，其趣味性和娱乐性大大高于周期性有氧运动。但是，这类运动的强度变化较大，受个人身体素质、运动技巧以及同伴表现的影响很大。球类运动适合耐力素质较好、运动水平较高的人群和运动员作为提高心肺耐力的手段。

3. 我国传统体育运动项目

在我国传统体育运动项目中的气功、太极拳、舒心平血功、自我按摩、降压舒心操、简易降压功等，以其特殊的机理对心血管系统疾病的预防、治疗和康复起着良好的作用。太极拳、太极剑、木兰拳、木兰扇、五禽戏、八段锦，以及舞蹈、打腰鼓、扭秧歌等，运动强度较小，动作柔和缓慢，场地要求不高，可活动全身，表现自我。传统体育运动项目除可保持、提高心肺耐力外，对改善平衡素质，协调素质，保持健康的心态等都有一定作用。

4. 小负荷力量练习

力量练习曾被排除在心肺耐力锻炼的方法之外，特别是在心血管系统疾病的康复过程中，为避免力量练习加大心脏的工作负担，力量练习(尤其是静力性力量练习)被列入禁忌的范围。

近年来，国内外研究报道，在冠心病康复中已不再禁用静力性力量练习。将力量训练用于心脏康复的后期，目的是使患者得到维持日常生活所必需的力量。训练方法偏重采用小强度、多重复次数的力量耐力训练。

采用运动强度在运动处方规定的范围之内的，小负荷、多重复次数的力量练习，在提高运动员心肺耐力的同时，还有助于提高肌肉的力量耐力，成为健身活动中心肺耐力锻炼的常用手段之一。如在健身房中利用各种力量练习器械，或利用其他器械，循环进行小负荷练习，重复多次，达到适当强度、持续一定时间的运动效果。

通过小负荷的力量练习，还可以适当增强肌肉力量，提高基础代谢水平，增加能量的消耗，减少脂肪的堆积，取得减肥效果。

(三)运动强度

确定运动强度，是制定耐力运动处方的关键。运动强度过小，达不到锻炼效果；运动强度过大，并不会收到更好的锻炼效果，还可能产生一些副作用，甚至出现意外事故。制定运动处方时，首先应认真地确定运动强度。

国内外经过多年实践经验的总结，对运动量确定的原则趋向于低强度、长时间。1995 年，全美运动医学会提出，低强度、长时间与较高强度、较短时间相比，在提高心肺功能方面，可以收到同样的效果，而后者运动损伤的发生率可能增加。我国有关的试验结果也说明，以强度较低的次大强度心率为基点(195—年龄)制定的运动处方，锻炼效果并不比高强度(以最大心率，220—年龄为基点)的效果差。一般常采用心率、吸氧量/METs、RPE 等指标确定运动强度。

1. 靶心率(Target Heart Rate，THR)确定运动强度

(1)用最大心率百分比(Heart Ratemax，HRmax)确定靶心率

一般常用“220—年龄”计算出 HRmax，取 HRmax 的 70%～85%为靶心率。全美运动医学会 2000 年版《运动试验和处方指导书》提出：靶心率的低限为 HRmax 的 55%～65%，高限为 HRmax 的 90%。经常进行锻炼，为进一步提高心肺功能者，可沿用多年的方法，取 70%～85%HRmax(相当于 55%～75%VO_2max)为靶心率。

(2)用心率储备(Heart Rate Reserve，HRR)确定靶心率

用 HRR 确定靶心率的计算方法为：THR=(HRmax－HRrest)×(EI)+HRrest

其中 HRrest 为安静时的心率，EI(Exercise Intensity)为练习强度百分比。

EI 的低限为 40%～50%，高限为 85%。

HRR 的推算方法，比按照 70%～85%HRmax 推算出的靶心率稍高，且随安静时心率的提高而提高。采用 HRR 方法确定 THR，年龄相同，安静时心率不同的人，结果将有区别。

不论用哪种简易推算法推算靶心率，都有如下缺点。首先，相同年龄的人群，得到的靶心率完全或基本相同。但实际上个体之间是存在差异的。其次，这种方法只能确定靶心率，实际上在心率相同的情况下，不同人能够完成的真正负荷强度，会有很大差别，如有人可以慢跑，有人只能慢走。用这种方法推算出来的数据在运动处方中，不能给予具体的指导。

2. 用吸氧量/代谢当量(Metabolic Equivalent of Energy，简称 METs，复数形式)确定运动强度

一般来讲，40%～50%VO_2max 为锻炼的有效界限，70%VO_2max 为安全界限。运动处方中采用的范围为 40%～90% VO_2max。一般人所取的范围多为 60%～80% VO_2max，有一定训练水平的运动员则可取 90% VO_2max。

3. 劳累分级表用自我(Rating of Perceived Exertion，RPE)确定运动强度

训练时如果自我感觉非常轻松，达不到训练效果。可对照 Borg 自觉用力分级表(该表由瑞典学者 Guenzel Borg 提出)，自我感觉在 12～16，可以收到心肺耐力的训练效果。

开始训练时，可由 11～12 开始，逐步提高到 13～15。经过分级运动实验(Graded Exercise Test，GXT)测试，可以按照 THR 的范围，确定训练时相应的 RPE。

RPE 是控制训练强度的一个辅助指标。经过一段时间的训练，可以比较准确地用 RPE 来控制自己的强度之后，可以避免锻炼中途暂停活动，测量脉搏。对体脂较多，脉搏不易测量者，实用价值更高。当身体机能情况暂时有改变时(如休息不好、疲劳、身体不适等)，RPE 有时比客观指标更为敏感，可根据 RPE 及时调整训练计划。

(四)运动时间

强度和持续时间共同决定一次训练的运动量。对同一训练者来说，持续时间长短与运动强度成反比，强度大，持续时间可相应缩短；强度小，时间相应延长。但以低强度、长时间为佳，这样可以减少心血管系统和运动损伤的发生率。不同训练者的持续时间与是否经常训练和自身的身体机能有关。不经常参加训练，身体机能不好，每次持续时间要短；经常参加训练，身体机能好，一次训练的持续时间可较长。另外，也可以结合训练目的确定训练时间的长短。

训练强度在 THR 范围内，持续一定的时间，才能保持和提高心肺耐力。一般耐力训练，持续时间为每天 20～60 分钟。这个时间包括准备活动和整理活动，其中至少要有 20 分钟以上，心率保持在 THR 范围之间(原要求为 15 分钟以上)。

(五)运动频率

训练水平一般的人每周可活动 3～5 次(常采用隔日锻炼一次),训练水平高的可增加次数。运动强度达到 60%～80%HRR 或 70%～85%HRmax,3 次/周即可保持或提高心肺功能;采取低运动强度,每周需要活动 3 次以上。为保持或提高训练的水平,每周保证进行 3 次有氧运动的锻炼,另外 1～2 次可进行其他项目的锻炼。

(六)注意事项

第一,进行心肺耐力训练前和在训练过程中,应加强医务监督,根据训练者的身体状况,做好相应的保护工作。

第二,训练前要做准备活动,训练后要做整理活动,准备活动和整理活动一般持续 5～10 分钟,且要充分。

第三,可根据训练者的具体情况,提出相应的注意事项,如处于运动伤病康复期的训练者要注意的事项等。

第三节 肌肉适能

一、肌力与肌耐力概述

(一)测定的意义

对一般人群来讲,身体各肌群的力量应当得到适度的和均衡的发展,同时还需要有能够重复多次或持续一定时间的耐力,这样才能适应日常生活、工作、休闲活动和应付突发事件的需要。

肌力的测试方法,一种是测定肌肉一次用力收缩时所能产生的最大力量,以测定肌肉最大力量为主;另一种是测定肌肉在相当大的负荷下,能够重复收缩的次数或能够持续的时间,以测定肌肉力量耐力为主。

一个测定方法只能用来评价某一块或一组肌群的力量,与身体其他肌群的力量大小没有绝对的关系。要想全面地对全身各主要肌群的力量进行评价,最好进行上肢、下肢、躯干肌力等多项测定,才能为确定运动处方锻炼目标提供客观的依据。对各项运动都有意义的肌肉力量,主要是脊柱和髋关节的屈肌力量,两腿、两臂及背部的伸肌力量以及胸大肌的力量。测试用仪器有握力计、背力计、秒表、哑铃、杠铃、组合器械、米尺等。

(二)测定的指标与评价

《国民体质测定标准》测定肌力的指标有:握力、纵跳、1 分钟俯卧撑(男)和 1 分钟仰卧起坐(女)。其中,40 岁以上的人群仅测握力一项,20～39 岁的人群,各项均可测试。

1. 握力

用握力计测试。调节至适宜的握距,测定更有力的那只手的握力。测两次,取最大值。如果受试者分不出更有力的手,那么双手各测试两次。评价标准见表 3-4。

表 3-4　《国民体质测定标准》握力评价标准(kg)

年龄	性别	1分	2分	3分	4分	5分
20～24岁	男	42.1～46.1	46.2～52.0	52.1～58.0	58.1～67.6	>67.6
20～24岁	女	18.6～21.1	21.2～25.7	25.8～29.8	29.9～35.0	>35.0
25～29岁	男	32.6～38.3	38.4～44.8	44.9～50.4	50.5～57.6	>57.6
25～29岁	女	19.2～21.7	21.8～26.1	26.2～30.1	30.2～35.3	>35.3
30～34岁	男	32.2～38.0	38.1～44.9	45.0～50.6	50.7～57.6	>57.6
30～34岁	女	19.8～22.3	22.4～26.9	27.0～30.9	31.0～36.1	>36.1
35～39岁	男	31.3～37.2	37.3～44.4	44.5～50.2	50.3～57.7	>57.7
35～39岁	女	19.6～22.3	22.4～27.0	27.1～31.2	31.3～36.4	>36.4
40～44岁	男	30.0～36.4	36.5～43.4	43.5～49.5	49.6～56.7	>56.7
40～44岁	女	19.1～22.0	22.1～26.9	27.0～31.0	31.1～36.5	>36.5
45～49岁	男	29.2～35.4	35.5～42.4	42.5～48.5	48.6～55.4	>55.4
45～49岁	女	18.1～21.2	21.3～26.0	26.1～30.3	30.4～35.7	>35.7
50～54岁	男	27.2～32.7	32.8～40.3	40.4～46.3	46.4～53.2	>52.2
50～54岁	女	17.1～20.1	20.2～24.8	24.9～28.9	29.0～34.2	>34.2
55～59岁	男	25.9～31.4	31.5～38.5	38.6～43.9	44.0～50.7	>50.7
55～59岁	女	16.3～19.2	19.3～23.5	23.6～27.6	27.7～32.7	>32.7

(引自：国家体育总局. 国民体质测定标准手册. 北京：人民体育出版社，2003)

2. 纵跳(20～30岁)

使用以人体滞空时间计算高度的电子纵跳仪测试。受试者站在纵跳仪踏板上，尽量垂直向上跳起。测试两次，取最大值。评价标准见表3-5。

表 3-5　《国民体质测定标准》纵跳评价标准(cm)

性别	年龄/岁	1分	2分	3分	4分	5分
男	20～24	19.9～24.8	24.9～32.3	32.4～38.4	38.5～45.8	>45.8
	25～29	19.6～23.9	24.0～31.3	31.4～36.8	36.9～43.6	>43.6
	30～34	18.4～22.3	22.4～29.3	29.4～34.7	34.8～41.1	>41.1
	35～39	17.8～21.4	21.5～27.9	28.0～33.0	33.1～39.5	>39.5
女	20～24	12.7～15.8	15.9～20.5	20.6～24.7	24.8～30.0	>30.0
	25～29	12.4～15.0	15.1～19.7	19.8～23.4	23.5～28.5	>28.5
	30～34	12.0～14.5	14.6～18.7	18.8～22.6	22.7～27.7	>27.7
	35～39	11.5～13.7	13.8～17.8	17.6～21.9	21.4～26.1	>26.1

(引自：国家体育总局. 国民体质测定标准手册. 北京：人民体育出版社，2003)

3. 1 分钟俯卧撑(20～39 岁，男)

受试者双手撑地，手指向前，双手间距与肩同宽，身体挺直，屈臂使身体平直下降至肩与肘处于同一水平面，然后将身体平直撑起。记录 1 分钟内完成的次数，评价标准见表 3-6。

表 3-6 《国民体质测定标准》1 分钟俯卧撑评价标准(次)

性别	年龄/岁	1 分	2 分	3 分	4 分	5 分
男	20～24	7～12	13～19	20～27	28～40	>40
	25～29	5～10	11～17	18～24	25～35	>35
	30～34	4～10	11～15	16～22	23～30	>30
	35～39	3～6	7～11	12～19	20～27	>27

4. 一分钟仰卧起坐(20～39 岁，女)

受试者仰卧于垫上，两腿稍分开，曲膝成 90°左右，两手指交叉抱于头后。由同伴压住双脚以固定下肢。受试者起坐时两肘触及或超过双膝为完成 1 次。还原成仰卧位时两肩胛必须触垫。记录 1 分钟内能完成的次数。评价标准见表 3-7。

表 3-7 《国民体质测定标准》1 分钟仰卧起坐评价标准(次)

性别	年龄/岁	1 分	2 分	3 分	4 分	5 分
女	20～24	1～5	6～15	16～25	26～36	>36
	25～29	1～3	4～11	12～20	21～30	>30
	30～34	1～3	4～10	11～19	20～28	>28
	35～39	1～2	3～6	7～14	15～23	>23

二、增进肌肉适能的方法

(一)力量素质释义

1. 力量素质的定义

力量素质是指人体神经肌肉系统在工作时克服或对抗阻力的能力。

肌肉工作时以收缩产生的拉力克服阻力。肌肉工作克服的阻力包括外部阻力和内部阻力。外部阻力，包括物体重量、摩擦力以及空气的阻力等；内部阻力，包括肌肉的黏滞性、各肌肉间的对抗力，主要来源于运动器官，如骨骼、肌肉、关节囊、韧带、腱膜、筋膜等组织的阻力。

2. 力量素质分类

根据与运动专项的关系，力量素质可分为一般力量和专项力量；根据与运动员体重的关系，力量素质可分为绝对力量和相对力量；根据完成不同体育活动所需力量素质的不同特点，力量素质还可分为最大力量、快速力量和力量耐力。在本节中，针对运动训练实践的需要，主要对最大力量、快速力量(含爆发力)、相对力量及力量耐力的评定及训练方法进行论述。

最大力量是指肌肉通过最大随意收缩克服阻力时所表现出来的最高力值。相对力量是指运动员单位体重所具有的最大力量。它既要求运动员具有较大的最大力量，又要求运动员体重不能过大，对体操、跳高等项目十分重要。快速力量是指肌肉快速发挥力量的能力，是力量与速度的有机结合。在日常训练中常常使用“爆发力”一词，爆发力是快速力量的一种表现形式，是指张力已经开始增加的肌肉以最快的速度克服阻力的能力。力量耐力是指肌肉长时间克服阻力的能力。

(二)各种力量素质的评定及训练负荷强度的确定

1. 最大力量的评定及训练负荷强度的确定

(1)最大力量的评定

运动员最大力量，既可在完成比赛动作的过程中测定，也可在完成接近比赛动作的过程中测定；既可在静态条件下测定，也可在动态条件下测定。肌肉的动态评定和静态评定都有不足之处。用完成最大负重量的动力性练习评定运动员最大力量的不足之处在于，随着肌肉工作时关节弯曲角度的变化，肌肉工作的力量也处于不停的变化之中，因此，评定的结果并不十分准确。采用静力状态的手段评定运动员的最大力量，对周期性运动项目意义不大，肌肉在静力状态下测出的最大力量即使很高，也不意味着在比赛时运动员肌肉在动力状态下也具有相当高的水平，并且用静力练习仅仅只能评定在某一静止姿势的力量，并不能代表整个动作过程的力量。评定运动员最大力量较为理想的方法是测定肌肉等练习时的最大力量值。这种方法的优点在于，当器械以各种不同速度运动时，运动员可以表现出最大力量。评定运动员最大力量时要注意：根据专项特点制定不同的评定标准；测定工作肌群的最大力量时，还要重视对对抗肌群最大力量的评定；在评定伸肌最大力量时，还要重视对屈肌最大力量的评定；既要重视对局部主要运动环节的最大力量的评定，又要重视对整体最大用力效果的评定，后者对运动成绩有更大的影响。对少年及一般运动员力量评定可采用握力、背肌力、屈臂悬垂、引体向上、双杠臂曲伸及俯卧撑等指标。

(2)最大力量训练负荷强度的确定

①基本训练方法负荷强度的确定

a. 负荷强度

负荷强度，应有利于改善运动员肌肉收缩时内协调的能力，即提高神经系统的指挥能力，还要有利于增大运动员肌肉的体积。发展运动员最大力量的训练强度一般可控制在75%左右。在此要注意两点。

第一，力量训练必须有一个准备性的渐进过程，如对少儿训练，应先从40%左右的负荷强度开始，然后再逐渐加大负荷强度。

第二，每周应穿插一些更大强度，如90%～95%的负荷强度的训练。

b. 负荷数量(次数与组数)

练习的重复次数与负荷的强度有很大关系，通常以50%的负荷强度做20次为宜，每减少5%的强度，重复次数可增加两次，每增加5%的强度，重复次数则要减少两次。用25%的负荷强度训练时，开始可连续重复做8次。随着运动员力量的增长，练习可达到的重复次数也随之增加，当增加到12次后，应及时提高负荷的强度。

c. 组间间歇时间

间歇时间的长短取决于练习的持续时间和负荷强度的大小，持续时间越长，负荷强度越大，间歇时间就应越长。此外，间歇时间的长短还与参与工作的肌肉数量有关，局部肌肉参与工作，间歇时间可短些，参与工作的肌肉越多，间歇时间也应越长。

②其他方法负荷的确定

a. 大强度法

按大强度法训练时，要求逐渐达到用力的极限，以后继续用中上强度训练，直到出现对这种刺激产生劣性的反应时停止。

负荷强度：85%以上。

负荷数量：每组一般做1～3次，安排6～10组。

间歇时间：由于训练强度大，每组练习后体能消耗得比较多，所以休息时间可长一些(3分钟左右)。

b. 极限强度法

极限强度法的突出特点是使负荷强度达到极限值。

负荷强度：先采用接近本人的最大强度进行练习，然后递增，这种方法又称为阶梯式的训练方法。以抓举为例，暂定第一阶段训练强度为100千克，经过一个阶段训练之后，当运动员对此强度已经适应，并能用该强度连续举起两次时，便可增加重量，如增加到102.5千克，便可开始第二阶段的训练……这样一个“阶梯”一个“阶梯”地增加强度，从而不断提高运动员对高强度负荷的适应能力，使力量素质得到发展。

负荷数量：由于负荷强度是有极限的，所以练习的重复次数和练习组数均很少。

组间间歇时间：组间间歇时间相对要长一些。

运用此方法时应注意把握好负荷强度增加的幅度和适应的时间；此方法只用于高水平的运动员训练，切不可用于少儿运动员的训练；要特别注意对运动员腰部的保护，防止发生外伤事故。

c. 极限次数法

极限次数法是指以某一个强度达到极限练习次数的训练方法。极限次数法的训练强度不大，要求每组的重复次数达到极限，直到不能再做为止。这种方法，对增加肌肉肥大、增加肌肉横断面积效果显著，对运动系统和心血管系统有长远影响。

d. 静力练习法

静力练习法对于提高运动员的最大力量有较好的作用。

负荷强度：用静力练习法发展最大力量，负荷强度可略大一些。

练习的持续时间：与负荷强度有关，负荷强度为40%～50%时，持续时间可为15～20秒；负荷强度为60%～70%时，持续时间可为6～10秒；负荷强度为80%～90%时，持续时间可为4～6秒；负荷强度为95%以上时，持续时间可为2～3秒。

练习组数：不宜太多。

间歇时间：相对长一些，以利于运动员的恢复。

运用静力练习法应注意：持续时间要适当，不可过短或过长；如果使用不当，会导致肌肉协调功能下降，并对技术训练造成不利的影响。注意将静力练习与动力练习结合起来；注意练习后的放松；在练习前提醒运动员做深呼吸，用力不可过猛，否则会出现一些生理性反应。

e. 变换训练法

变换训练法的负荷强度、练习重复次数与组数以及组间的间歇时间等因素都可变化，如金字塔式训练法：85％×5 次＋95％×3 次＋100％×1 次。

2. 快速力量的评定及训练负荷强度的确定

(1)快速力量的评定

快速力量的大小，通常可采用动力曲线描记图分析评定，如下肢蹬地力量或上肢击打力量的动力曲线描记图。通过计算快速力量指数也可评定快速力量，公式如下。

$$\text{快速力量指数}=\frac{\text{力量的极值}}{\text{达到力量极值的时间}}$$

在周期性运动项目中，也可以通过各种形式的速度综合测定来评定快速力量。如周期性运动项目的出发和加速段的时间(游泳：从发令到游 10 米的时间；田径短跑：从发令到跑 30 米的时间；自行车：从发令到骑 50 米的时间)。

(2)快速力量训练负荷强度的确定

①负荷强度

发展快速力量的负荷强度的变化区间很大，30％～100％都可以。很多情况下采用不负重的练习方法，如各种单、双脚跳，台阶跳，蛙跳，深蹲跳等下肢练习。这些超等长的练习，由于动作速度快，实际负荷强度是相当大的，也可以体重为依据确定负荷强度，半蹲练习为体重的 50％，深蹲练习为体重的 30％～40％。

②负荷数量

发展快速力量负荷的次数和组数，应以不降低练习的速度为原则。负荷数量与负荷强度关系密切，负荷重量大，则重复次数少；负荷重量小，则重复次数多。一般每组练习重复次数为 1～5 次。

练习的组数应以不降低每次练习的速度及不减少重复次数为原则，组数不宜安排过多。

由于此类练习对中枢神经系统的兴奋性要求很高，因此，练习持续时间不宜过长，通常在 15～20 分钟。

③间歇时间

发展快速力量练习的间歇时间，既要保证运动员完全恢复，又要避免运动员的兴奋度明显降低，同时要考虑到运动员的恢复能力，一般 1～3 分钟为宜。休息时应采用积极性的休息手段，促进恢复并保持神经系统良好的兴奋状态。

3. 爆发力的评定及训练负荷强度的确定

(1)爆发力的评定

前面介绍的评定快速力量的方法都可用来评定爆发力。但运动员在做爆发力练习时，所用的力量是最大的，所用的时间是最短的，所以评定爆发力多以爆发力指数为指标。

$$爆发力指数=\frac{最大的力量}{用力时间}$$

(2)爆发力训练负荷强度的确定

a. 负荷强度

发展爆发力训练的负荷强度依需要而定，有时以30%的强度负重练习，有时也不负重，仅克服自身体重练习。

b. 负荷数量

在安排重复次数与组数时，注意应以不降低速度为原则，同时要求中枢神经系统保持兴奋状态。应注意并不是练习重复次数与组数越多越好。重复次数与负荷强度关系密切，负荷重量大，强度高，重复次数就要少；负荷重量小，强度低，重复次数相对就多些，一般以1～5次为好。

组数不宜过多，以不减少每组重复次数、不降低每次练习速度为原则，不宜过多。发展爆发力训练，应用极限或接近极限的速度来完成每一次的重复练习。

c. 间歇时间

间歇时间应以保证运动员工作能力完全恢复为原则，但也不宜过长，否则会使中枢神经系统的兴奋性明显下降，不利于下一组的训练。具体的间歇时间与工作量大小、运动员恢复能力有关，一般来说，可安排1～3分钟或3～5分钟。

间歇时可做一些放松的小强度练习，有利于强化恢复过程，使必要的休息时间缩短。

4. 相对力量的评定与训练负荷强度的确定

(1)相对力量的评定

相对力量是指运动员每千克体重所具有的最大力量。所以其评定可在对最大力量测定的基础上进行，用最大力量除以运动员体重便可以计算出该运动员的相对力量。

(2)相对力量训练负荷强度的确定

发展相对力量多采用提高肌肉内协调能力的方法。这样做既可使运动员的最大力量得到提高，同时又能限制运动员体重的增加，从而发展运动员的相对力量。

a. 负荷强度

发展相对力量要求动作快，所以不管负荷重量大小，实际负荷强度都比较大，只有这样才能使运动员体内更多的运动单位参与工作，也可使肌纤维工作同步化的程度得到提高，从而提高肌肉内协调的功能，使相对力量得到发展。

b. 负荷数量

发展相对力量由于负荷强度高，总负荷量小，因而产生的超量恢复就少，使运动员的体重得到控制。

5. 力量耐力的评定与训练负荷强度的确定

(1)力量耐力的评定

对力量耐力的评定多采用多次重复模仿比赛动作的方法，根据运动员重复的次数进行评定。这种方法要求测试动作的运动形式和神经肌肉工作方式都与比赛动作接近，如自行车运动员在功率自行车附加阻力的脚踏上蹬踏，划船运动员在专门的力量练习器上划桨，田径运动员在活动跑台上走、跑等。也有人提出用力量耐力指数来评定运动员的力量耐力，公式如下。

力量耐力指数 = 练习阻力 × 重复次数

(2)力量耐力训练负荷强度的确定

a. 负荷强度

发展肌肉的力量耐力，一般采用25%～40%的负荷强度。

b. 负荷数量

发展肌肉耐力练习的重复次数最为重要，一般要求多次重复，甚至达到极限。具体次数因负荷强度不同而异。

重复组数视运动员的身体素质而定，一般组数不宜太多。用组数去弥补练习重复次数的不足，是不会收到良好训练效果的。

c. 间歇时间

组间间歇时间可设定为30～90秒或更多，这取决于练习的持续时间和参加工作肌肉的多少。假如练习时间较短(如20～60秒)，并且完成几组练习之后，需要达到疲劳积累的目的，那就应在工作能力尚未完全恢复时，进行下一组的训练。若用心率控制间歇时间，可在心率恢复到110～120次/分时，进行下一组练习。假如练习持续时间比较长(2～10分钟)，间歇时间也可延长，在机体基本恢复后进行下一组练习。

三、力量训练的方法与手段

(一)力量训练的基本方法

1. 动力性等张收缩训练

人体相应部位运动，肌肉张力不变，改变长度产生收缩力克服阻力的训练称为动力性等张收缩训练。动力性等张收缩训练可分为向心克制性和离心退让性两类训练形式。

(1)向心克制性训练

肌肉在做向心克制性训练时，肌肉长度逐渐缩短，所产生的张力随着关节角度的变化而改变。因此，练习时根据专项运动的需要，掌握好发挥最大肌力的关节角度，可得到事半功倍的训练效果。

(2)离心退让性训练

实验表明，肌肉做离心收缩时产生的张力比做向心收缩时产生的张力大40%。股四头肌做离心收缩时承受的负荷是做向心收缩时承受负荷的两倍。由此，人们利用离心收缩的原理创造了退让训练法。肌肉退让训练是指肌肉在紧张状态中逐渐被外力拉长的工作，即肌肉的起止点彼此向分离方向移动，故又称离心训练。如用杠铃做两臂弯举时，当臂部积极用力将杠铃向上举起后，再用手抵抗回降动作慢慢地将杠铃放下就属于此种性质的训练。

与向心力量训练相比，退让训练能克服更大阻力，更有效地发展制动力量，这是因为离心收缩能动员更多的运动单位参与训练。

做离心收缩练习时，动作要慢，所需时间应比向心收缩的时间长一倍左右。

2. 静力性等长收缩训练

在身体固定姿态下，肢体环节固定，肌肉长度不变，改变张力克服阻力的练习方法，称之为静力性等长收缩训练。肌肉做静力性收缩时，可以动员更多的肌纤维参与训练，表现出的力量大，力量增长也快，并节省训练时间。但是由于肌肉紧张，血管封闭，肌肉中血液循环可发生不同程度的暂时中断，因而训练不能持久。

运动员完成静力练习时常常憋气，这有利于运动员表现出最大力量。如运动员背肌力量在吸气时可达到 119 千克，呼气时可达到 127 千克，憋气时可达到 133 千克，但是，运动员憋气时间过长，会使胸膜腔内压升高，肺部的血液循环恶化，从而导致脑贫血，产生休克。所以，在练习前应先做几次深呼吸，并应注意控制憋气的时间。憋气时间与负荷强度有关，如负荷强度为 100％ 时，憋气时间为 2～3 秒；负荷强度为 90％～80％时，憋气时间为 4～8 秒；负荷强度为 70％～60％时，憋气时间为 6～10 秒。

一次训练课的静力练习时间不应过长，冬季训练中高水平运动员可达 0.5 小时，夏季比赛期，为保持已有力量水平，每次训练 5～10 分钟即可。

静力性练习应与动力性练习结合起来，可按照 1∶5 的比例安排练习。

3. 等动收缩训练

等动收缩训练在特制的等动练习器上进行，练习时，肢体动作速度保持不变，肌肉始终发挥较大张力完成练习，等动练习综合了等长（静力性力量）和等张（动力性力量）的优点，有利于最大力量的增长。有人对等动收缩训练的效果进行了实验，经过八周训练，等动收缩训练组最大力量提高了 47.2％，等张力量训练组与等长力量训练组仅分别提高了 28.6％和 13.1％。

4. 超等长收缩训练

超等长收缩训练时先使肌肉做离心收缩，然后做向心收缩。利用肌肉的弹性，通过牵张反射，加大肌肉收缩的力量，如跳深等练习。

超等长收缩训练的优点在于，在做离心收缩训练时，肌肉被迅速拉长，所受到的牵张力是突然而短促的，各个牵张感受器同步地受到刺激，产生的兴奋也高度同步，强度大而集中，能动员更多的运动单位同时参与训练，使肌肉产生短促有力的收缩。

超等长练习与其他力量练习相比，更接近比赛时人体的运动形式，突然性的肌肉发力，技术结构相似，传递速度快，因而可以获得更好的训练效果。

做超等长练习时，肌肉最终收缩力量的大小主要是由肌肉在离心收缩中被拉长的速度快慢决定的，不单纯是由肌肉被拉长的长度决定的，肌肉被拉长速度的快慢比被拉长的长度更为重要。

5. 循环训练法

发展力量耐力训练可将几个训练手段编组循环进行。例如，手握轻杠铃片（哑铃）做双臂前后绕环，摆臂＋肋木举腿＋连续跳绳＋手扶肋木腰弓起＋连续快速摆髋＋快速轻杠铃卧推＋连续快速半蹲起＋向前跨步跳。这样做可使上下肢、前后肌群和大小肌群的用力搭配在一起，一次做 3～5 组，组与组之间可以用慢跑作为间歇性放松。

(二)力量训练的主要手段

1. 负重抗阻练习

负重抗阻练习运用杠铃、壶铃、哑铃等训练器械进行，可用于机体任何一个部位肌肉力量的训练，是最常用的训练手段。

2. 对抗性练习

对抗性练习双人顶、推、拉等，对抗双方依靠短暂的静力作用发展力量素质。对抗性练习不需要任何训练器械及设备，又能引起练习者的兴趣。

3. 克服弹性物体的练习

克服弹性物体的练习常使用拉力器、拉橡皮带等，依靠弹性物体变形而产生的阻力发展力量素质。

4. 利用力量训练器械练习

利用力量训练器械的练习可以使身体以各种不同的姿势(或坐、或卧、或立)进行锻炼，可直接发展运动员所需要的肌肉力量，使训练更有针对性。使用力量训练器，还可以减轻运动员的心理负担，避免伤害事故的发生。

5. 克服外部环境阻力的练习

克服外部环境阻力的练习常常需要在沙地和草地上进行跑、跳练习等。做这种练习往往在动作结束阶段所用的力量较大，每次练习要求不用全力，但动作要轻快。

6. 克服自身体重的练习

克服自身体重的练习有引体向上、倒立推起、纵跳等。这类练习均由四肢的远端支撑完成，迫使机体局部承受全部体重，使机体局部部位的力量得到发展。

7. 电刺激

用电刺激发展力量能力，将电极置于肌肉的起止端，电流强度以人体不感到痛苦为宜。经刺激后，肌肉体积不会明显增大，脂肪会减少，力量会增加。

(三)肌肉力量训练的具体方法

发展力量素质的本质，在于发展肌肉力量。以下是一些简易可行的发展肌肉力量的动作方法，供训练时参考。

1. 俯卧撑

俯卧撑的动作方法是俯身向前，手掌撑地，手指向前，两臂伸直，两手撑距与肩同宽，两腿向后伸直，两脚并拢以脚尖着地。两臂曲肘向下至背低于肘关节。接着两臂撑起伸直成原来姿势。练习要求：身体保持平直，不能塌腰成“凹”形，也不可拱臀成“凸”形。多次重复该动作、能发展三角肌的前部、胸大肌以及肱二头肌等上肢力量。

若增加练习难度和效果，可做以下变式练习：手掌撑变为手指撑，连续做俯卧撑动作；两臂掌撑(掌撑或指撑)，连续做俯卧撑动作；两臂掌撑，两手握砖连续做俯卧撑动作；一腿抬起，另一腿着地，连续做俯卧撑动作；两脚放在横木上，连续做俯卧撑动作。

2. 引体向上

引体向上的动作方法是两手正握或反握单杠，握距与肩同宽，两脚离地，两臂伸直，身体悬垂。双手发力将身体向上拉至头过杠面，然后身体慢慢下放成原来姿势。练习要求：引体发力时不要借助身体摆动和屈蹬腿的力量。多次重复该动作能发展胸大肌、背阔肌以及肘关节屈肌群力量等。

若增加练习难度和效果，可做下列变式练习：两手正握单杠悬垂，连续做引体向上头触杠、头前伸动作；一手反握杠，另一手腕扣杠，连续做引体向上动作；脚负小沙袋在单杠上连续做引体向上动作。

3. 双杠臂曲伸

双杠臂曲伸的动作方法是两臂曲伸在双杠上，屈臂至两臂完全弯曲，接着用力撑起，使两臂伸直成原来姿势。练习要求：身体要直，下肢自然下垂，腿不要曲伸摆动。多次重复该动作能发展胸大肌、三角肌前部、肱三头肌力量。

若增加练习难度和效果，可做下列变式练习：脚背放置小沙袋或壶铃连续做曲伸臂动作；腰负重物或身体穿沙背心连续做曲伸臂动作；在吊环上连续做曲伸臂动作。

4. 仰卧起坐

仰卧起坐的动作方法是仰卧在地板上或体操垫上，使身体处于水平位，腿伸直，两手抱头，然后向上抬上体至垂直部位，再慢慢后倒成原来姿势。练习要求：起坐动作速度要快，下卧时动作速度应慢。多次重复该动作，能发展腹肌、髂腰肌等力量。

若增加练习难度和效果，可做下列变式练习：仰卧在长凳上，两手持杠铃片置于脑后，两脚固定，连续做仰卧起坐；仰卧在木马上或斜板上，两脚钩住肋木，两手持球，两臂伸直，连续做仰卧起坐；坐在跳箱上两脚由同伴握住，两手持杠铃片置于脑后连续做仰卧起坐动作；仰卧时连续做“元宝”收腹动作。

5. 收腹举腿

收腹举腿的动作方法是仰卧在地板上或体操垫子上，身体伸直处于水平，两臂伸直自然置于体侧，然后收腹向上举起双腿至垂直部位，再慢慢放下成原来姿势。练习要求：收腹举腿动作速度要快，放腿速度应慢。多次重复该动作能有效地增强腹肌和髋关节屈肌群力量。

若增加练习难度和效果，可做下列变式练习：曲膝成直角，接着撑直腿后上身成直角坐立，反复练习；背靠肋木，两手正握横木悬垂，两脚夹实心球连续做收腹举腿动作；仰卧，两脚夹实心球连续做收腹举腿动作。

6. 体后曲伸

体后曲伸的动作方法是身体俯卧在垫子或凳上，髋部支撑，脚固定，两臂前举连续做体后曲伸动作。练习要求：体后曲时，上体尽量抬高，主要增强伸髋肌和脊柱伸肌的力量。

若增加练习难度和效果，可做下列变式练习：俯卧时两腿伸直，两臂曲肘抱头后，连续做体后曲动作；俯卧在矮木凳上，脚固定，两臂曲肘抱头后，连续做体后曲动作；俯卧在跳箱上，两手抱头后，两脚由同伴扶着，连续做大幅度的体后曲仰动作；俯卧在木马上，两臂伸直，两脚钩住肋木，连续做大幅度的体后曲伸动作等。也可以手持哑铃、杠铃片或身穿沙袋背心做上述各种方式练习。

7. 俯卧背腿

俯卧背腿的动作方法是俯卧在地板或垫子上，两腿并拢伸直，髋部支撑，两臂自然伸直置于体侧，连续做两腿向后上振起动作。练习要求：两腿最大幅度向上振起。俯卧腿上振是发展脊柱伸肌与髋关节伸肌力量的有效手段之一。

若增加练习难度和效果，可做下列变式练习：俯卧在山羊器械上，两臂伸直，手扶肋木固定上体，连续做两腿向上振起动作；俯卧在木凳上，两手扶木凳，双腿连续向上振起，也可脚负重物做上述各种练习。

8. 连续跳跃

连续跳跃的动作方法可用单腿跳跃和双腿跳跃进行水平跳、向前跳和向上跳。主要发展大腿前后群肌、小腿群肌及踝关节力量。练习要求：上体正直、蹬地有力、动作连贯。主要练习方法有：原地单腿跳；原地双腿跳；单腿在高物上交替跳；跳深；多级跨步跑。

9. 提踵运动

提踵运动的动作方法是在两腿下放一块5～6厘米厚的木板，前脚掌踏于木板上、脚后跟着地，然后尽量提高脚后跟再放下，连续进行。练习要求：身体正直、上体挺拔、臀部不要后坐，该动作练习主要发展小腿后部的比目鱼肌、腓肠肌、腓骨肌、短肌群力量，同时对踝关节处韧带的收缩也有益处。

10. 仰卧推举

仰卧推举的动作方法是仰卧在推架上，调整好呼吸(用力时应先吸气)，双手握紧杠铃，双手距离略宽于肩，然后把放在架上的杠铃举起，在适当的控制之下慢慢放低杠铃至胸部，轻触胸部的瞬间再立刻出力上举直至两臂伸直状态。此练习使用的杠铃重量应由轻渐重，轻的时候可多举几次，若重量达到体能的最大负荷，则一次刺激就足够了。练习要求：发力推起杠铃要快，放回胸上要慢。在向上发力推起杠铃时，要尽量避免腰部离开凳面向上借力，该动作练习是唯一能锻炼上身全部肌肉的运动，主要增强胸大肌、三角肌前部、前锯肌和肱三头肌力量。做仰卧推举练习也可以用哑铃进行，对发展上身小肌肉群肌力量更为有效。

11. 飞鸟运动

飞鸟运动的动作方法是仰卧在板凳上，双手各握一哑铃，两臂伸直，双掌向内，由胸前缓缓向两侧放低，尽量伸开两手臂，然后快速回到原来的姿势，因其动作类似鸟飞时双翼上下挥动一般，故取名为飞鸟运动。练习要求：往两侧平放时呼气，用力恢复原来姿势时吸气。该动作主要发展胸部及臂部肌肉力量。为了加强胸大肌的训练效果，仰卧举起哑铃后，双手运动的路线改变为交叉绕环运动。

12. 仰卧过顶举

仰卧过顶举的动作方法是仰卧在板凳上，双手重叠握住哑铃的一端，让另一端可以放下。开始时将哑铃提起，两臂伸直，重量承受在胸部上端，然后慢慢从头顶上下放，直至两臂能舒适伸张到头顶的后下方，开始举回成原来的姿势。练习要求：下放时开始吸气，放至最低点肺部刚好吸满气；开始上举时呼气，恢复到原来姿势时呼气结束。此动作练习，每节做 3 组，每组 10～15 次。经常练习该动作可以发展胸肌及背部上部肌肉，更主要的是能扩展肋骨。

若增加练习的难度和效果，可变化为弯臂过顶举。其动作方法是：仰卧凳上，身体平躺，曲膝约成 90°，两脚平放地面，将哑铃提起，两臂伸直，重量承受在胸部上方，然后慢慢从头顶放下，直至屈臂大约成 90°时，再收回原来姿势。

13. 杠铃曲体划船运动

杠铃曲体划船运动的动作方法是两手握紧杠铃，两手距离约同肩宽，上体前倾，头颈及背部保持平直，双膝略微弯曲(以减轻下背及腿后部的压力)，然后吸气上拉杠铃至下腹部，再慢慢放回原来姿势，同时伴随呼气，每次可做 3～5 组，每组连续做 8～12 次。该动作可有效发展上背肌群。扩展脊椎两旁下背肌群，对于划船、摔跤、举重、柔道、铅球等项目运动员有显著的作用。

14. 杠铃提拉

杠铃提拉的动作方法是站立于杠铃前，两腿自然开立。两膝稍弯曲，上体前曲，两手正握杠铃，握距约同肩宽，两臂伸直，调整好呼吸后，吸气用力慢慢提拉杠铃，此时头部及背部须保持平直，至直立再行放下，连续 6～10 次为 1 组，每次做 3 组。练习要求：臀部低于肩膀，头、背保持平直，杠铃重量应逐渐加重。该练习对发展下背收缩肌群及腿后肌群力量具有显著作用。

15. 肩负杠铃体前曲伸

肩负杠铃体前曲伸的动作方法是两脚左右开立，两手握住杠铃，身体由直立姿势屈至上体呈水平后再伸直，反复进行练习。练习要求：两腿伸直，臀部不要后坐，前倾慢，起体快，注意呼吸节律。该练习对发展脊柱的伸肌群力量有较好的效果，同时对腿后肌力量的发展也有一定益处。

16. 肩负杠铃体侧屈

肩负杠铃体侧屈的动作方法是两脚左右开立，两手扶杠铃片、连续向左、右两侧做体侧屈。练习要求：上体直立，两腿不要弯曲，侧屈至极限时稍停。该动作练习主要发展脊柱同侧伸肌与屈肌的力量。

17. 肩负杠铃转体

肩负杠铃转体的动作方法是两脚左右开立，两手扛住铃片，向左、向右两侧上转体。练习要求：上体挺拔直立，转体时两脚不能移动，转体至极限时稍停，动作要平稳、缓慢。此练习主要发展腹外斜肌、腹内斜肌和腰背肌力量。

18. 杠铃平推

杠铃平推的动作方法是站立，两手提杠铃置于锁骨，连续向前做快推动作。也可两脚前后开立，向前上方做快推动作，两腿前后交替进行。练习要求：动作快速连贯协调。该动作练习主要发展胸大肌、三角肌前部、前锯肌、肱三头肌力量等。

19. 杠铃弓箭步抓举

杠铃弓箭步抓举的动作方法是抓举杠铃，两腿成弓箭步，然后恢复原来姿势，连续交替进行。练习要求：发力快，上下肢配合协调。该动作练习主要发展腰背肌、上肢肌和下肢肌群力量。

20. 肩负杠铃 1/4 曲膝蹲跳

肩负杠铃 1/4 曲膝蹲跳的动作方法是将杠铃置于颈后肩上，双手握杠略宽于肩，双脚左右开立约同肩宽，上体保持挺直，然后曲膝 1/4，随即利用腿部肌力的收缩作用，做原位上跳，使两腿同时离地 3～5 厘米。如此连续跳跃练习，主要发展长背肌群、臀大肌、臀中肌、股二头肌、股四头肌、腰大肌、缝匠肌、半腱肌、腓肠肌、比目鱼肌群力量，对提高爆发力和弹性有显著的效益，并可增强心肺的耐力。练习要求：双手必须牢固握住杠铃，不可离开后颈部，上体正直紧腰两腿齐分蹬伸跳起。

21. 后抛壶铃

后抛壶铃的动作方法是上体前倾，两手提壶铃半蹲，向后抛壶铃。也可采用实心球进行练习。练习要求：腿部发力，挺髋展体挥臂。该练习主要发展腿部、腰部及上肢肌群力量。

22. 高抬腿

高抬腿的动作方法是两手握双杠，左膝结橡皮筋，另一端固定在杠柱上，上体前倾，做抬大腿动作，另一腿蹬直，连续练习，两腿轮换做。练习要求：蹬、抬、送髋，抬腿用力，两手不要拉杠。该动作练习主要发展髂腰肌、大腿屈肌群力量。

23. 仰卧曲伸

仰卧曲伸的动作方法是仰卧后两脚结橡皮筋，另一端固定在肋木上，连续交替做曲伸大腿动作。练习要求：上体不要抬起，该动作练习主要发展大腿曲伸肌群力量。

24. 俯卧曲伸

俯卧曲伸的动作方法是俯卧，双脚结橡皮筋，另一端固定，连续做曲伸小腿动作。练习要求：脚后跟触到或靠近臀部。该动作练习主要发展股后曲小腿肌群力量。

25. 单臂划船

单臂划船的动作方法是将橡皮筋一端固定在肋木上，一手握住橡皮筋套，另一手握在小腿胫上，身体侧面前倾，吸气同时握橡皮筋，手用力侧上提至头部，再呼气放下，连续做 8～12 次后换手。两手也可交换练习。练习要求：注意调节呼吸，上拉时快，放下时慢。该动作练习主要发展背阔肌、腰肌及手臂肌肉力量。

26. 双臂拉伸

双臂拉伸的动作方法是在肋木上端固定一橡皮筋，练习者背对肋木站好，上体前倾，两脚自然前后开立，双手握住橡皮筋另一端，置于头后上方，手肘向上，小臂与大臂约成 90°后吸气，小臂和三头肌用力拉长橡皮筋，直至两臂伸直，再恢复原来姿势。练习要求：前拉时要快，回放时应慢，注意调节好呼吸。该练习主要发展前臂肌群和三角肌力量。

27. 俯卧腿曲伸

俯卧腿曲伸的动作方法是练习者俯卧，同伴跪在背后，拽住练习者的脚，练习者克服对方的阻力连续做屈小腿动作。要求练习者脚后跟触到或靠近臀部。该练习主要发展股后曲小腿肌群的力量。

28. 坐蹲起

坐蹲起的动作方法是两人面对面坐在地板上，对抗者压住练习者的脚，让练习者连续做蹲起。练习要求：起立时身体要与地面垂直。该练习主要发展大腿后群肌力量。

29. 蹲伸起

蹲伸起的动作方法是两人背靠背，双臂互环绕，然后一起连续做蹲伸起。练习要求：双方同时用力做蹲伸起。该练习主要发展臀大肌、股四头肌及腓肠肌等肌群力量。

30. 仰卧曲伸

仰卧曲伸的动作方法是练习者仰卧地上手扶肋木，对抗者背对练习者，手扶肋木的适当高度。练习者双脚支撑对方的臀部上举，使之与地面平行，然后放下，连续进行。练习要求：对抗者两腿挺直，身体保持一条直线，该练习主要发展大腿前群肌力量。

31. 后仰转动

后仰转动的动作方法是两人面对面、手拉手做后仰动作，同时围绕中心做连续转动。练习要求：手臂伸直，全身挺拔。该练习主要发展三角肌、大圆肌、肱三头肌及腿部小肌肉群力量。

32. 弓箭步推手

弓箭步推手的动作方法是两人面对面呈弓箭步站立，双手屈臂相握，然后相互用力做推手动作。练习要求：用力应由小逐步加大，慢速进行，该练习主要发展肱二头肌、三角肌、胸大肌、腰大肌、股四头肌、缝匠肌、臀大肌、股二头肌等肌群力量。

33. 后振躯干

后振躯干的动作方法是练习者以两大腿夹住同伴成体前曲手着地，然后在同伴的帮助下做直臂后振躯干动作，再恢复原来姿势。练习要求：后振展腹速度要快，前倾曲体应慢。该练习主要发展腰、背肌群和腹直肌力量。

34. 仰卧举腿

仰卧举腿的动作方法是练习者身体仰卧，两手握住同伴双脚腕做举腿动作，同伴用手推练习者双脚增强控制腹肌能力。练习要求：练习者举腿速度要快，放下时腿不着地。该练习主要发展腹直肌、腹斜肌和髋关节屈肌群力量。

35. 左右转体

左右转体的动作方法是两人靠背伸臂分腿坐，双手侧平举互拉、连续向左右转体。练习要求：转体应稍用力，转体至极限时稍停。该练习主要发展腹内、外斜肌和腰背肌力量。

36. 抱腰角力

抱腰角力的动作方法是两人面对面相互抱住对方腰，然后用力将对方抱离地面。练习要求：旱地拔葱式用力将对方抱离地面。

四、力量训练的基本要求

(一)注意不同肌群力量的对应发展

根据专项竞技的需要，在主要发展运动员大肌肉群和主要肌肉群力量的同时，也要十分重视小肌肉群、远端肌肉群、深部肌肉群的力量训练。

(二)选择有效的训练手段

应根据完成训练任务的需要，正确地选择有效的训练手段，规范并明确正确的动作要求。如发展股四头肌力量，可选负重半蹲起的练习，应要求运动员在练习时双脚平行或稍内扣站立，以求有效地发展股四头肌的力量。

(三)处理好负荷与恢复的关系

第一，在一个训练阶段中，负荷安排应大中小结合，循序渐进地增加负荷强度。

第二，在小周期训练中，应使各种不同性质的力量训练交替进行。如在每周星期一、三、五可安排发展爆发力或最大力量为主的训练。

第三，在每组重复练习中，注意组间的休息。一般来讲，训练水平低的运动员组间休息要长些。

第四，力量训练后，要特别注意放松肌肉。肌肉在力量训练后会产生酸胀感，肌肉酸胀是肌纤维增粗的反应，也是力量增长的必然。但应采取积极的措施消除肌肉的酸胀感，以利于减少能量消耗，并更好地保持肌肉弹性。

五、力量性运动处方的制定

(一)运动目的

增强肌肉的力量，主要通过提高肌肉生理横断面、改善肌肉的神经支配和提高肌肉内代谢物质储备量及对氧的利用率来实现。

1. 增粗肌肉生理横断面

废用是肌肉力量下降的主要原因。有计划地进行肌肉力量训练，是克服肌肉力量下降的主要方法。废用性肌萎缩多数是可逆的(当肌萎缩严重时，肌组织可发生变性，则不可逆)，仅有肌纤维变细，但其数量不变。通过锻炼，可以增加每根肌纤维的直径，从而使整个肌肉生理横断面增粗，肌肉力量增强。

2. 改善神经系统对肌肉收缩的支配功能

通过提高神经冲动的强度及频率，提高肌肉协调性(同时动员更多运动机能单位参加工作的能力)和提高各肌肉间的协调性(协同肌及对抗肌相互配合的能力)等，使肌肉力量增加。

3. 提高肌肉内代谢物质储备量及对氧的利用率

不同种类的力量练习，提高肌肉力量的生理机制不同。进行最大力量的训练，相对来讲，增加肌肉体积的作用不明显，以改善神经支配能力为主，同时有提高肌肉内无氧代谢物质储备量的作用，如肌糖原(提高 66%)、三磷腺苷(提高 18%)、磷酸肌酸(提高 22%)等。进行肌肉力量耐力训练，可有效提高肌肉质量，扩大肌肉生理横断面，并可增强肌肉有氧代谢活动的能力。

(二)运动种类

力量处方锻炼的运动种类较有氧运动更为复杂，应该为每一个需要锻炼的肌群选择一种或数种练习。练习的方法是否恰当直接影响到力量锻炼的效果。处方制定者对人体运动器官系统的解剖学知识一定要非常熟悉。力量锻炼的形式也非常多样，有大型健身器械、自由重物、徒手和户外健身器材等形式。总之，锻炼的目的，是选择锻炼内容的主要依据。

(三)运动强度

评定力量性运动强度的指标有：负荷强度、持续时间、重复次数、完成组数等。根据不同的身体情况和锻炼目的，需分别确定以上几个方面的指标。

1. 负荷强度

负荷强度指所加负荷的重量，一般以千克、磅为单位。等速训练中的负荷以千克·米或米·磅为单位。确定负荷重量要用(Repetition Maximum，RM)。采用不同的 RM，锻炼效果不同。为增强肌肉的绝对力量，可采用 1～2 RM。为提高力量耐力，一般采用 8～12 RM。如果一组可连续完成 13 次以上，应及时增加负荷重量。如果一组可完成 16 次以上，应调整负荷重量。如果负荷重量不足 1 RM 的 50%，一组可完成 20 次或 30 次以上，但主要发展肌肉耐力，对提高肌肉力量作用不大。静力性力量练习负荷强度太小，只能提高肌肉的静力性耐力，对提高肌肉静力性力量作用不大。负荷强度的重量，应达到锻炼者尽最大努力，也只能坚持 10 秒左右(5～10 秒偏重发展力量，10～30 秒偏重发展力量耐力)的程度。制定运动处方时，应通过反复试验，找出适当的负荷重量。一般达到适合重量时，肌肉会出现轻微的颤抖。为提高力量，应在每个 30°角分别练习，并分别确定负荷重量。

2. 持续时间

持续时间指完成一次练习的时间，即由起始姿势开始运动，至还原到起始姿势所需的时间。在动力性练习中，完成一次练习所用时间，实际代表运动的速度。肌肉向心收缩运动速度越大，最大负荷越小。故一定要在相对固定的速度下，测定 10 RM 的重量。力量耐力运动处方中一般完成一次动作时间为 4～6 秒，举起时用 1～2 秒，放下时用 2～4 秒，即快起慢放，慢放时肌肉实际上在进行小负荷的离心收缩。静力性力量锻炼的持续时间每次一般为 10 秒左右。最后一次要求尽量坚持。经过锻炼，如果能够持续的时间延长，应及时提高负荷重量。

3. 重复次数

重复次数指连续完成的次数。中间没有间隔，静力性练习规定有短暂的间隔时间。动力性力量练习，每组可重复的次数取决于所取 RM 的数值。如负荷强度取 10 RM，开始锻炼时，最多只能完成 10 次。经数次锻炼后，可重复的次数将逐渐提高。在执行处方的过程中，可要求锻炼者尽量重复最后一组，如能达到 13 次以上，则及时调整处方，提高负荷重量。静力性力量练习，每组重复次数由少到多，一般 3～5 次即可。

4. 完成组数

连续完成数次，称为一组。完成组数代表完成一次训练一共需练习几组。动力性力量练习，一般重复 3～5 组。随肌肉力量提高，最好增加负荷重量，而不是增加组数。静力性力量练习，一般只做一组。如果定为两组，可与动力性练习穿插进行。

5. 次或组间隔

次或组间隔指静力性练习次与次之间的间隔时间，或动力性力量练习组与组之间的休息时间。在动力性力量练习中，为提高肌肉力量耐力，组间隔一般在1分钟以内。目的是使疲劳积累，以达到超量恢复。如以增强最大力量为锻炼目的，则采用的负荷强度要大，组间隔可延长，使肌肉得到充分休息后，再全力完成下一组。静力性力量练习每次的间隔约为锻炼时间的2倍。当持续时间为10秒时，次间隔时间为20秒，在1分30秒内可以完成每组3次的锻炼。

(四)运动时间

在一般在动力性力量练习中，加上准备活动、整理活动需持续40～75分钟，单纯练习时间不少于25分钟，依据身体状况、锻炼目的不同，时间长短可分别规定。在静力性力量练习中，完成组数较少，但每个动作持续时间与组间隔时间长，另外可以通过增加练习的种类增加运动量。因此，运动时间与动力性力量练习的差别不是太大。

(五)运动频率

无论动力性力量练习，还是静力性力量练习，按照力量处方锻炼后，达到超量恢复的时间需要48～72小时。锻炼频率定为每周3～4次，或隔日进行一次即可。隔日一次的原则，是针对某一肌群而言的。如果隔日锻炼上肢肌群，另一日锻炼下肢、躯干肌群，是允许的。

(六)注意事项

第一，进行力量训练时，要注意自身的安全问题，预防运动损伤。在大型力量练习器械上锻炼前要了解器械的使用方法、练习的正确方法，随时注意检查器械的安全性。必要时，争取得到教练、指导、同伴的保护与帮助。

第二，利用杠铃、哑铃、铁鞋进行锻炼时，注意固定螺丝是否拧紧，避免因杠铃片、哑铃片脱落引起损伤。

第三，运动员身体不适进行力量练习时，一定要注意全身的机能状况，要在严格的医务监督下进行。

第四节　柔韧性

一、柔韧性概述

(一)测定的意义

良好的柔韧性素质保证肢体有较大的活动范围，可自如地完成各种动作，提高应付突发事件的能力，并预防肌肉拉伤、关节韧带扭伤，或减轻损伤的程度。

柔韧性素质与人体关节活动幅度的大小，跨过关节的韧带、肌腱、肌肉等的延展性有关。目前对于柔韧性的评价，虽然可以用各种仪器对关节活动范围进行测量，但是，用一些简单易行的方法对这一素质进行测定和评价，仍有重要的实用价值。

对一般人来讲，柔韧性下降主要出现在躯干和下肢。坐位体前曲是测定柔韧性素质的主要方法。此外，肩关节的活动幅度的测定，也成为评价柔韧性素质的重要内容。

(二)测定的指标与评价

柔韧性素质测定指标包括评价躯干和下肢柔韧性的坐位体前曲试验，肩关节活动的持棍转肩、双手背勾试验，以及躯干旋转活动的臂夹棍转体试验等。

《国民体质测定标准》中测试柔韧性素质的指标是坐位体前曲，适用于各年龄段的人群。该项指标主要测试静止状态下的躯干前曲及下肢(腘绳肌、小腿三头肌的延展性)的柔韧性。

使用坐位体前曲测试仪进行测定。受试者坐在垫上，双腿伸直，脚跟并拢，脚尖自然分开，全脚掌蹬在测试仪平板上，掌心向下，双臂并拢平伸，上体前曲，用双手中指尖推动游标平滑前移，直至不能移动为止。测试两次，取最大值。测试时，受试者的膝关节不得弯曲，不能有突然前振的动作。评价标准见表 3-8。

表 3-8 《国民体质测定标准》坐位体前曲评价标准(cm)

性别	年龄/岁	1 分	2 分	3 分	4 分	5 分
男	20～24	－3.5～1.7	1.8～8.9	9.0～14.1	14.2～20.1	＞20.1
	25～29	－5.5～0.9	1.0～7.8	7.9～13.4	13.5～19.7	＞19.7
	30～34	－7.0～－0.1	0.0～6.4	6.5～11.9	12.0～18.3	＞18.3
	35～39	－8.7～－2.4	－2.3～4.9	5.0～10.7	10.8～17.1	＞17.1
	40～44	－9.4～－3.8	－3.7～3.9	4.0～9.9	10.0～16.2	＞16.2
	45～49	－10.0～－4.4	－4.3～3.2	3.3～9.1	9.2～15.9	＞15.9
	50～54	－10.7～－5.6	－5.5～2.1	2.2～7.9	8.0～14.8	＞14.8
	55～59	－11.2～－6.3	－6.2～1.7	1.8～7.2	7.3～13.8	＞13.8
	60～64	－12.6～－7.8	－7.7～0.9	1.0～6.7	6.8～13.1	＞13.1
	65～69	－13.6～－9.4	－9.3～－1.6	－1.5～4.6	4.7～11.7	＞11.7
女	20～24	－2.1～2.8	2.9～9.4	9.5～14.3	14.4～20.2	＞20.2
	25～29	－3.5～1.9	2.0～8.2	8.3～13.9	14.0～19.7	＞19.7
	30～34	－4.0～1.6	1.7～7.9	8.0～13.3	13.4～19.2	＞19.2
	35～39	－4.8～0.9	1.0～7.3	7.4～12.3	13.0～18.9	＞18.9
	40～44	－5.9～0.1	0.2～6.5	6.6～11.9	12.0～17.9	＞17.9
	45～49	－6.3～－0.1	0.0～6.1	6.2～11.8	11.9～17.9	＞17.9
	50～54	－6.5～－0.6	－0.5～5.9	6.0～11.4	11.5～17.9	＞17.9
	55～59	－6.6～－0.8	－0.7～5.7	5.8～11.1	11.2～17.7	＞17.7
	60～64	－7.5～－2.0	－1.9～5.2	5.3～11.3	11.4～17.7	＞17.7
	65～69	－8.2～－3.1	－3.0～4.0	4.1～10.0	10.1～16.4	＞16.4

(引自：国家体育总局. 国民体质测定标准手册. 北京：人民体育出版社，2003)

二、增进柔韧性的方法

(一)柔韧素质的定义

柔韧素质是指人体关节在不同方向上的运动能力以及肌肉、韧带等软组织的伸展能力。柔韧素质通过关节运动的幅度，也就是按一定的运动轴产生转动的活动范围表现出来。

(二)柔韧素质的分类

柔韧素质可分为一般柔韧素质和专门柔韧素质两类。一般柔韧素质是指机体中最主要的那些关节活动的幅度，如肩、膝、髋等关节活动的幅度，这对任何运动项目都是必要的。专门柔韧素质是指专项运动所需要的特殊柔韧性，专门柔韧素质是掌握专项运动技术必不可少的重要条件。

三、柔韧素质的评定及训练负荷强度的确定

1. 柔韧素质的评定

测量与评定柔韧素质带有局部性的特点，其测量方法和手段均涉及身体有关部位完成动作时活动的幅度。

评定柔韧素质通常采用的方法是用直尺、皮尺、量角器等工具直接测量关节活动的最大幅度。

柔韧性测量的指标是角度和距离。例如，测量肩关节活动幅度时，可采用手持木棒转肩测量，测出两大拇指的间距，间距越小，肩关节活动幅度越大，柔韧性越好。

2. 柔韧素质训练负荷强度的确定

(1)负荷强度

柔韧素质训练在多数情况下是采用自身用力的拉伸法，自身用力的大小应依运动员自我感觉来安排。如肌肉酸痛时可以减轻一点用力，肌肉胀痛时可以坚持一下，当肌肉感到麻时，则应停止训练。

进行柔韧性训练有时也采用负重练习，负重量不能超过被拉长肌肉力量的50%，对高级运动员的负重量可以略多一些。一般地讲，长时期中等强度拉力练习的效果优于短时期大强度练习的作用。

(2)练习的数量

为保持关节运动的最大幅度，应根据关节的不同特点，确定适宜的练习次数。

运动员的年龄与性别不同，练习的次数也应有所区别。少年运动员(12～14岁)练习的重复次数，应为成年运动员的30%～40%，女子应比男子少10%～15%。

每组持续练习的时间为6～12秒，摆动动作时间可稍长一些。在做静力性练习时，当关节角度伸展到最大限度时，可停留固定30秒左右。

应根据保证运动员在完全恢复的条件下完成下一个练习，来确定练习的间歇时间。休息时间、练习的性质与动作持续时间有密切关系。例如，多次完成提高脊柱活动的躯

干弯曲动作，应比完成15秒踝关节的强制伸展练习，休息时间要长得多。

间歇时应安排肌肉放松练习或进行按摩等。

四、柔韧训练的方法和手段

(一)柔韧训练的方法

柔韧性训练基本上采用拉伸法，分为动力拉伸法和静力拉伸法。在这两种方法中又都有主动拉伸和被动拉伸两种训练方式。动力拉伸法是指有节奏的，通过多次重复同一动作的练习使软组织逐渐被拉长的练习方法。静力拉伸练习时，先通过动力拉伸缓慢地将肌肉等软组织拉长，当拉伸到一定程度的时候要暂时静止不动，使这些软组织持续被拉长。在训练中，常常把这两种方法结合起来，即在做拉伸练习时有动有静、动静结合。在上述两种训练方法中都可主动完成，也可被动完成。主动柔韧性练习是指运动员靠自己的力量将软组织拉长，如做站立体前曲等。被动柔韧性练习是指在外力帮助下使运动员的软组织得到拉长，如教练员帮助运动员压腿等。

在做被动柔韧性练习时，动作幅度一般都会超过主动柔韧性练习的指标，运动员的被动性练习与主动性练习的指标差距越大，说明这名运动员的柔韧素质潜在的能力越大。

逐渐增大幅度的练习使肌肉做退让性动作，是发展动力性柔韧性有效的练习。静力缓慢拉伸对牵张反射不起或少起作用。突然急剧式拉伸练习，会引起牵张反射，使同一块肌肉收缩，影响柔韧性练习。

(二)柔韧训练的具体方法

柔韧素质的发展应从各项目的特点出发，有目的、有选择地进行，以下是一些发展柔韧素质的方法，供教学训练时参考。

1. 手指手腕柔韧性练习方法

a. 握拳、伸展反复练习。

b. 两手十指相触用力向内压，使指根与手掌背向约成直角。

c. 两手十指交叉，双手撑直并在头上做翻腕动作。

d. 手腕曲伸、绕环。

e. 手指垫高的俯卧撑。

f. 杠铃至胸，用手指托住杠铃杆。

g. 用左手掌心压右手四指，连续推压。

h. 面对墙站立，连续做手指推撑。

i. 左、右手交替抓下落的棒球(或小铅球)。

j. 靠墙倒立。

2. 肩关节柔韧性练习方法

a. 手扶一定高度体前曲压肩。

b. 双人手扶对方肩，体前曲直臂压肩。

c. 面向墙一脚距离站立，手、大小臂、胸触墙压肩(逐渐加大脚与墙的距离)。

d. 练习者背对横马并仰卧在鞍马上，另一人在后面扶着他上臂下压。

e. 两人互相以手搭肩，身体前倾，向下有节奏地压肩。

f. 双人背向站立两手在头部上方上拉住，同时做弓箭步前拉。

g. 练习者站立，两手在头部上方握住，帮助者一手拉练习者在头部上方手，一手顶背助力拉。

h. 练习者仰卧，两手相握上举或两手握木棍，帮助者坐在练习者身上，一手拉木棍，一手顶其背助力拉。

i. 背对肋木坐，双手在头部上方握肋木，以脚为支点，挺胸腹前拉起成反弓形。

j. 背向肋木站，双手反握肋木，下蹲下拉肩。

k. 背向肋木曲膝站肋木上，双手在头部上方握肋木蹬直双腿胸腹用力前挺。

l. 侧向助木，一手上握一手下握肋木向侧拉。

m. 单杠各种握法(正、反、反正、翻等握法)的悬垂摆动。

n. 单杠负重静力悬垂。

o. 杠悬垂或加转体。

p. 后吊：单杠悬垂，两腿从两手间穿过下翻成后吊。

q. 用木棍、绳或橡皮筋作直臂向前、向后的转肩(握距逐渐缩小)。

3. 腰腹部柔韧性练习方法

a. 弓箭步转腰压腿。

b. 两脚前后开立，向左后转，向右后转，来回转腰。

c. 体前曲手握脚踝，尽量使头、胸、腹与腿相贴。

d. 站在一定高度上做体前曲，手触地面。

e. 分腿体前曲，双手从腿中间后伸。

f. 分腿坐，脚高位体前曲，帮助者可适当用力压其背部助力压。

g. 后桥练习，逐渐缩小手与脚距。

h. 向后甩腰练习。

i. 俯卧撑交替举后腿，上体尽量后抬成反弓形。

j. 双人背向，双手在头部上方相握或双臂互挽做互相背向练习。

k. 肩肘倒立下落成曲体肩肘撑。

4. 胸部柔韧性练习方法

a. 俯卧背曲伸。练习者腿部不动，积极抬上体、挺胸。

b. 虎伸腰。练习者跪立，手臂前放于地下，胸向下压。要求主动伸臂，挺胸下压。

c. 练习者面对墙站立，两臂上举扶墙，抬头挺胸压胸，要求胸尽量贴墙，幅度由小到大。

d. 练习者背对鞍马头站立，身体后仰，两手握环使胸挺出。要求充分伸臂，顶背拉肩，挺胸。

e. 练习者并腿坐在垫子上，臂上举，同伴在背后一边向后拉其双手，一边用脚蹬练习者肩背部，向后拉肩振胸。

5. 下肢柔韧性练习方法

a. 前后劈腿。可独立前后振压，也可以将腿部垫高，由同伴帮助下压。

b. 左右劈腿。练习者仰卧在垫子上，屈腿或直腿，由同伴扶腿部不断下压。

c. 压腿：将脚放在一定高度上，另一腿站立脚尖朝前，然后正压(钩脚)、侧压、后压。

d. 踢腿：原地扶把杆或行进，正踢(勾脚)、侧踢、后踢。

e. 摆腿：向内、向外摆腿。

f. 控腿：手扶支撑物体，前控、侧控。

g. 弓箭步压腿。

h. 跪坐压脚面。

i. 在特制不同形状的练习器上练习脚腕不同方位的柔韧(特制练习器械见弹跳力部分)。

j. 用脚内侧、外侧、脚跟、脚尖走。

k. 负重深蹲，脚跟不离地使脚尽量弯曲。

l. 双刀腿坐，双脚互相顶位，双手相拉，一人后仰。

m. 背对背坐，双手头上拉，一人前俯，一人后仰。

6. 踝关节和足背部柔韧性练习方法

a. 练习者手扶腰部高度肋木，用前脚掌站在最下边的助木杠上，利用体重上下压动，然后在踝关节弯曲角度最大时，停留片刻以拉长肌肉和韧带。

b. 练习者跪在垫子上，利用体重前后移动压足背，也可将足尖部垫高，使足背悬空做下压动作，增加练习时的难度。

c. 练习者坐在垫子上，在脚背上面放置重物，压脚背。

d. 做脚前掌着地的各种跳绳练习。

e. 做脚前掌着地的各种方向、各种速度的行走练习。

(三)柔韧训练的手段

发展肩部、腿部、臂部和脚部的柔韧性主要手段有：压、搬、劈、摆、踢、绷及绕环等练习。发展腰部柔韧性的主要手段有：站立体前曲、俯卧背伸、转体、甩腰及绕环等练习。

五、柔韧训练的基本要求

(一)发展柔韧素质与力量素质相结合

将柔韧素质与力量素质相结合，有助于两种素质的协调发展。柔韧性训练后要十分注意放松练习，以使肌肉柔而不软、韧而不僵。

(二)注意柔韧性训练与温度和时间的关系

外界温度过高或过低，都会影响肌肉的状态，影响到肌肉的伸展能力。一般来说，当外界温度在18℃时，有利于柔韧性的表现。在一天之内，早晨柔韧性明显要低，10～

18 时柔韧性较好。但这不等于早上不能进行柔韧性训练，只要做好准备活动，一天之内任何时候都可以进行柔韧性练习。

(三)柔韧性训练应坚持

柔韧性发展快，易见效，可是消失得也快，停止训练时间稍长一些，就会消失，因此，柔韧性训练要经常保持。如果处于专门提高关节活动幅度阶段，应该每天都要安排发展柔韧性的练习，在保持阶段，可一周安排 3～4 次，训练量也可减少。但在全年训练的任何一个时期，都应安排保持或发展柔韧性的练习。

(四)采用多种手段发展柔韧性

不能把拉伸练习作为柔韧性训练的唯一手段，在很多情况下持续慢跑结合一些动力性柔韧性练习是运动员柔韧性训练很好的方法。加拿大国家跨栏队教练布伦特·麦克法兰推荐一套柔韧性训练，其中包括如下内容。

a. 2×50 米，8 次朝前和朝后慢跑交替进行。

b. 2×50 米，特慢速跑。上体前倾，一只手触地，加速跑 10～15 米。

c. 50 米，抬膝，向上踢腿，双腿交替进行，来回慢跑。

d. 50 米，像手中有一条绳子一样跳，注意跳时的抡臂动作。

e. 50 米慢跑，同时依以下方式小步跳，脚后跟先着地，然后过渡到脚掌、脚趾。

f. 50 米走，侧交叉腿、臂，一次一换侧。

六、伸展性运动处方的制定

(一)运动目的

在训练活动内容中安排柔韧性练习(可在准备活动、整理活动时进行)，可以使身体保持良好的柔韧性。因伤病引起关节功能障碍时，通过主动或被动的练习，可预防因长期制动引起的一系列改变，故可防止关节粘连、挛缩，保持肌肉的伸展能力，以保存现有的关节活动幅度。如果关节活动幅度已下降，通过练习，有助于恢复正常的关节活动幅度，使肢体的柔韧性能够尽量满足运动的需要。

(二)运动种类

在关节结构基本正常的前提下，柔韧性练习的主要作用首先是提高肌肉的伸展性，其次是改善关节周围软组织的性能。所以在柔韧性练习中，以牵拉肌肉的练习为主。被动运动、主动运动、助力运动都可以用来提高身体的柔韧性素质。

最常用的柔韧性练习是牵张练习，包括冲击性牵张练习和静力性牵张练习。练习时可以主动完成，也可以在他人帮助下完成。柔韧性练习的分类如下。

1. 可提高柔韧性素质的某些运动项目

有些运动项目，对运动员的柔韧性素质要求比较高，在锻炼过程中，教练会安排必要的柔韧性训练。如果条件允许，可以通过训练，达到提高身体柔韧性目的。瑜伽、太极拳等是公认的有益于提高柔韧性的运动项目。其他的还有有氧体操、舞蹈、游泳、普拉提等。

2. 牵张练习

牵张练习，或称为伸展练习，是在学校体育课、运动训练、健身锻炼的准备活动中一贯使用的方法。

(1)冲击性牵张练习

冲击性牵张练习，是最早也是最常用的增强柔韧性的练习方法。练习时，通过反复的冲击动作牵拉肌肉。这种练习方法，通过神经肌肉的牵张反射，每冲击一次，会引起一次肌肉反射性的收缩，冲击的力量越大，反射性收缩的强度也越大。反射性收缩部分抵消了主动牵拉肌肉的力量，会减轻锻炼的功效；如果主动冲击的力量(或有他人给予助力)过大，则可能引起肌肉拉伤。这种柔韧性练习方法，20 年前在国外已遭到反对。

(2)静力性牵张练习

静力性牵张练习的要点是，在练习时慢慢牵拉肌肉，当肌肉感到被牵拉时，停止继续拉长，坚持 10～30 秒后，再放松。静力性牵张练习，避免了牵张反射的副作用，其优点是效果明显、花费的时间短、可以独立完成练习、发生肌肉损伤的概率低。因此，静力性牵张练习是首选的柔韧性练习方法。

(三)运动强度

柔韧性运动处方中的运动强度，主要包括负荷强度、持续时间、重复的次数、间隔时间等项。

柔韧性练习的负荷强度，是指锻炼部位的肌肉、关节囊和韧带，所受到的牵拉力量的大小，包括来自助手、自身重力、器械、自由重物等的力量。牵拉的力量是否适当，以运动员的自我感觉为主。力量过小，达不到锻炼的目的；力量过大，可能会引起新的损伤。

负荷强度：确定训练内容之后，按照动作要点进行练习，逐渐加大动作的幅度，或逐渐增加助力。运动员感到局部受到牵拉时的负荷，即为适合的负荷强度。没有牵拉的感觉，达不到锻炼效果；但也不能使负荷强度大到引起疼痛的程度。

持续时间：训练初期，当练习部位出现牵拉的感觉时，停留 10～15 秒，以后逐渐延长持续时间，几周之后每次停留时间可以增加到 45～60 秒。

重复的次数及间隔时间：停留 10～60 秒之后，稍作放松，待牵拉感觉缓解后，即刻开始下一次练习，重复 3～4 次。也可以左右交替进行，每侧重复 3～4 次。重复练习时，根据自我感觉，加大牵拉的程度。

(四)运动时间

柔韧性练习可以放在准备活动、整理活动中进行。多个部位练习总时间为 10～20 分钟即可，允许分段完成。如果想使柔韧性达到很高的水平，一次课的时间可长达 1～3 小时。

(五)运动频率

柔韧性练习最好每天安排训练，如果时间不允许，至少要隔天一次。否则不易获得和保持锻炼效果。

(六)注意事项

第一，预防在柔韧性练习过程中发生运动损伤，可采用静力性牵张练习，摒弃冲击性牵张练习。

第二，进行主动练习时，自己要控制好牵拉的强度。强度过小，会降低锻炼效果。但也要避免由于强度过大而引起损伤。

第三，进行有助力的柔韧性练习时，助手一定要注意避免用力过大，要及时有效地和练习者交流，了解练习者的感觉。

第四，开始柔韧性练习之前，先进行慢跑等热身活动，是提高锻炼效果、预防发生意外事故的好办法。

第五，练习时穿宽松的或弹性较好的衣服。既方便，又保暖，天冷时有助于保持肌肉的温度。

第六，注意场地、器材的安全性。避免地板过滑，致使动作幅度突然加大而引起损伤。

第七，每个人的柔韧性不同，不要将柔韧性作为比赛的内容。

第五节　身体成分

一、测定的意义

身体成分是指人体总体重中的脂肪组织重量和去脂组织重量(瘦体重)的百分比。身体成分中脂肪的成分增加，肌肉成分必然下降，身体进行各种活动的能力下降，基础代谢水平降低，肥胖症、冠心病、高血压、糖尿病、高血脂、脑卒中等慢性疾病发病率将增加。身体脂肪所占的百分比，是评价一个人是否真正肥胖的主要依据。身体成分的测定结果，将成为确定是否需要减肥的依据。

二、测定的指标与评价

体脂百分比是评价身体成分的主要指标，但由于测定体脂百分比需要有专用的仪器设备，测定技术也比较复杂，故可将与身体成分有一定相关性的标准体重及肥胖度、身体质量指数、腰围、臀围、腰臀比和体脂百分比作为参考指标。

(一)标准体重及肥胖度

体重是反映和衡量一个人健康状况的重要标志之一，过胖或过瘦都不利于健康。我国成年人标准体重参考计算公式见表 3-9，肥胖度见表 3-10。

表 3-9　我国成年人标准体重参考计算公式

身高/cm	年龄/岁	性别	标准体重(kg)计算公式
＜165	＞18	男	标准体重＝身高－105
		女	标准体重＝身高－110

续表

身高/cm	年龄/岁	性别	标准体重(kg)计算公式
>165	18<30	男、女	标准体重=身高-100
	30～50	男	标准体重=身高-105
		女	标准体重=身高-107.5
	>50	男、女	标准体重=身高-102.5

表 3-10　肥胖度(%)指标的应用

标准	低重	正常	超重	轻度肥胖	中度肥胖	重度肥胖
肥胖度(%)	<-10	-10～10	10～20	20～29	30～50	>50

注：肥胖度=(实际体重-标准体重)÷标准体重×100%。

(二)身体质量指数

身体质量指数(Body Mass Index，BMI)是目前国际上常用的衡量人体胖瘦程度以及是否健康的一个标准，BMI=体重(kg)/[身高(m)]^2。亚太地区 BMI 评价标准见表 3-11。

表 3-11　亚太地区 BMI 评价标准

BMI	评　价
<18.5	体重不足
18.5～22.9	体重正常(健康)
23～24.9	超　重
25～29.9	肥　胖
30～70	严重肥胖

(三)腰臀比

腰臀比是早期研究中预测肥胖的指标，比值越小，说明越健康。这是预测一个人是否肥胖及是否有患心脏病风险的较佳方法，比目前普遍使用的测量体重指数的方法要准确 3 倍。腰围尺寸大，表明脂肪存在于腹部，是较大的危险信号；一个人臀围大，表明其下身肌肉发达，对人的健康有益。基于腰臀比对肥胖的分类见表 3-12。

表 3-12　基于腰臀比对肥胖的分类

	正常 (低度危险)	臀部肥胖 (中度危险)	腰部肥胖 (高度危险)
男性	<0.90	0.9～1.00	>1.00
女性	<0.80	0.80～0.85	>0.85

(四)体脂百分比

虽然 BMI 值和腰臀比对于判断外表肥胖与否很有价值，但不能客观反映人体脂肪含量，因此，对于评定机体肥胖而言，体脂百分比更有意义。目前，在国际上常采用体脂率作为判断肥胖的标准，评价标准为，女性体脂率20%～25%为正常值，25%～30%为超重，大于30%为肥胖；男性体脂率10%～15%为正常值，15%～20%为超重，大于20%为肥胖。各年龄段体脂百分比的等级标准见表3-13。

表3-13 体脂百分比的等级标准

年龄、性别	体脂过少	非常好	很好	正常	体脂多	体脂过多
男						
≤19	<3	12.0	12.1～17.0	17.1～22.0	22.1～27.0	≥27.1
20～29	<3	13.0	13.1～18.0	18.1～23.0	23.1～28.0	≥28.1
30～39	<3	14.0	14.1～19.0	19.1～14.0	24.1～29.0	≥29.1
40～49	<3	15.0	15.1～20.0	20.1～15.0	15.1～30.0	≥30.1
≥50	<3	16.0	16.1～21.0	21.1～16.0	26.1～31.0	≥31.1
女						
≤19	<12	17.0	17.1～22.0	22.1～27.0	27.1～32.0	≥32.1
20～29	<12	18.0	18.1～23.0	23.1～28.0	28.1～33.0	≥33.1
30～39	<12	19.0	19.1～24.0	24.1～29.0	29.1～34.0	≥34.1
40～49	<12	20.0	20.1～25.0	25.1～30.0	30.1～35.0	≥35.1
≥50	<12	21.0	21.1～26.0	26.1～31.0	31.1～36.0	≥36.1

（引自：Werner W. K. 等. Principles and Labs for Fitness and Wellness 7/e，2003）

需要指出的是，在外表肥胖现象出现之前，即使是在标准体重的范围内，体脂率仍可能超过20%或30%，这种状态被称为隐形肥胖，隐形肥胖者表现为肌肉量减少、体力机能下降、脂肪增多。近年有关隐形肥胖的研究已成为国际运动医学及相关领域研究的新热点。

第六节 运动处方制定原则

采用任何形式的体育运动来促进身心健康、预防疾病、提高身体素质等，都必须遵循人体活动的生理规律，同时也要符合个人的心理特点，设计运动的内容、强度、时间要符合身体特点和锻炼重点的要求，才能取得良好的锻炼效果。因此，在设计制定和实施运动处方时要遵循几条基本原则。

一、个性化原则

制定运动处方的个体性由其目的性决定，不同的人通过运动所达到的效果是不同的，由于每个人的身体条件千差万别，同样的运动刺激在不同人身上所产生的反应和适应是不同的，而个人的身体或客观条件也在经常变化，要按运动处方的执行情况，及时调整处方的内容。所以，必须根据每个人的具体情况，因人而异，区别对待。

二、循序渐进与可调整原则

在制定运动处方时，要考虑运动者的身体承受能力，过小的运动刺激身体不会产生反应，过大的运动刺激又会使身体产生不适应或不良反应。开始运用运动处方时，不能因运动量较小，完成起来比较轻松，就擅自增加运动量和运动频率，使运动负荷增加太快。在负荷未达到足够程度时，这样做可取得一些表面成功，但很快就会因过度疲劳而不得不中途放弃，甚至因勉强所为而出现事故。勉强所为，会使原来愉悦身心的锻炼变成一种痛苦的负担，对运动产生厌恶感。这就很难将此变成一种终生需要的健身活动。正确的方法是，以最佳运动强度为依据，循序渐进增加负荷，使运动强度既产生足够刺激，又力所能及。

某些被公认的运动处方，应用于多数人时，有的人也会不适应。有些用计算机设计出来的所谓科学的运动处方，也不一定是在各方面都适合的处方。因此，对于初定的处方在实行过程中，要进行一次或多次微调整，使之成为符合锻炼者条件的运动处方。须知，一个安全、有效、愉快的运动处方，不是别人给予的，而是自己制定的。书刊上的运动处方，应看作制定运动处方的指导原则。

三、以全身耐力为基础的原则

在制定运动处方时，体力的差别比性别和年龄的差别更为重要。因此，不根据性别、年龄，而以体力（全身耐力）情况作基础来制定运动处方才是适宜的。

四、安全性与有效性原则

为了提高全身耐力水平，运动必须达到改善心血管和呼吸功能的有效强度，即靶心率范围。如果运动超过这个上限，就可能有危险性，这个运动强度或运动量界限，被称为安全界限。达到这个有最低效果的下限，被称为有效界限。在安全界限和有效界限之间，就是运动处方安全而有效的范围。身体条件差的人（年老、体弱、成人病者），容许的运动条件受限制多些，制定处方时必须严格规定运动内容；反之，身体条件好的人，自由度大、运动内容规定就不需要那么严格。例如，对于高龄者从散步到步行是容许的运动，对于强健的壮年，从跑步到所有的运动都是处方的内容。

运动强度、时间和频率等越高，效果也越显著，但它有个最高和最低限度。具体地说，危险性小而且效果好的适宜强度是60%～85%HRmax，相当于57%～78%VO_2max的心率值（即靶心率）。

五、体质基础与运动效果的特异性原则

锻炼前体质差的人，从事强度小的运动也能收到显著效果，锻炼前体质强的人，则要求更大的运动强度的刺激才能见效。

运动时身体的生理适应，根据运动种类或方法的不同，被称为运动效果的特异性，因此根据目的选择合适的运动种类很重要。例如，以自行车训练为例，只在自行车运动

时才有特异的发挥。仅一条腿进行训练时，只在训练的腿出现生理学变化等。所以想进行增强体力运动的人，应知道要用什么方法训练身体的哪个部分，不必盲从教练、指导者的指示。明确自己锻炼的目的、意义和方法，这是坚持长期锻炼并获得良好效果的重要前提。

第四章

核心身体素质训练

第一节 核心力量概述

核心力量训练起源于核心稳定性的训练。在 20 世纪 80 年代，核心稳定性训练最先应用于欧美等国的运动康复领域，主要针对一些腰痛病人进行治疗，取得了良好的效果。之后，竞技运动训练领域的专家将核心稳定性引入了运动员的训练中，经过一些训练方式的改变与调整，逐渐适应了运动训练所要求的一些特点，形成了核心力量的训练方法与手段。

核心力量与核心稳定性这两个概念引入我国以来，起初只是单纯给核心力量与核心稳定性下定义，之所以造成对两者定义理解的不同，主要是因为没有区分两者的应用领域。也就是说，核心力量与核心稳定性在运动康复领域与运动训练领域的定义是不同的。国外一些学者对核心稳定性的定义是：核心稳定性是通过骨盆来控制躯干的姿势和运动来使能量的产生、传递、控制以及身体终端的运动达到最优化的一种能力。对核心力量的定义是：由一块肌肉或肌肉群所发挥的最大力量来产生特定速度的能力。从以上学者的观点可以看出，核心力量与核心稳定性两者从本身的内涵上存在着不同。核心稳定性主要强调人体的稳定状态，是运动的基础，是能量产生达到最佳的状态，核心力量在训练领域强调肌肉产生爆发力的能力和达到特定速度的能力。在进行核心训练时，一定要明确进行的是核心力量训练还是核心稳定性训练。

核心力量系统与核心稳定性系统如图 4-1、图 4-2 所示。

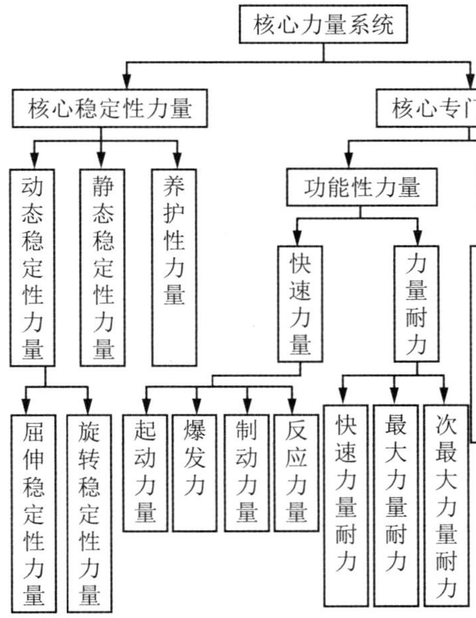

图 4-1

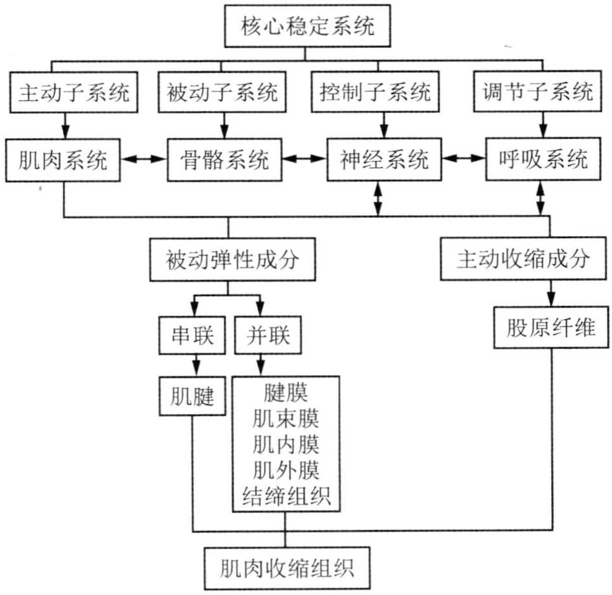

图 4-2

一、核心区与核心

核心区是指人体的中间环节，以腰椎—骨盆—髋关节为主体，包括附着在它们周围的肌肉、肌腱及韧带系统，具体可以进一步划分为核心区上部、核心区中部、核心区下部。核心区和核心是两个不同的感念。核心区侧重于解剖学概念。核心侧重于训练学概念，指的是一条运动链上起主要作用的部位或环节，包括四肢运动链中的小核心区。因此，核心稳定性的概念要比核心区稳定性的概念范围大。

核心区力量是一种能力，是由附着在腰椎、髋部和骨盆联合周围的肌肉和韧带产生的力量，它在大多数竞技运动项目中都起着重要的作用，不仅能够维持身体平衡，保证专项技术动作的稳定发挥，而且也是运动员发力的主要环节，是上下肢协同用力的枢纽，在力量传递的过程中起到承上启下的作用。

核心肌群由腹直肌、腹横肌、背肌、腹斜肌、下背肌、竖脊肌、骨盆底肌和交错骨盆，并且髋关节周围的肌肉臀肌、旋髋肌、股后肌群也属于人体的核心肌群。骨盆带是由骨骼组成的一个环状的架构，稳定骨盆的正常位置非常重要，特别是对于下肢加速、减速和髋关节内收外展运动的项目。这些部位在前面相接融合，形成耻骨联合。骨盆和骶髂关节的柔韧性较差，在运动时肌肉收缩和拉长对其施加的压力增加，加上内收肌力的薄弱，极易对耻骨造成损伤，并形成耻骨炎。只有稳定住骨盆才能保证髋关节肌群有效地工作。良好的姿态和骨骼排列可以提供最佳的结构功效，反过来又可以使机体的运动链产生最佳功效。在进行任何运动之前都需要所有关节的骨骼排列处于适当位置。这里会特别注意脊柱、骨盆、胸阔、肩胛骨和颈部的位置排列。

核心范围的肌肉如表 4-1 所示。

表 4-1 核心范围的肌肉

肌群	核心部位的肌肉名称
盆带肌	髂肌、腰大肌、梨状肌、臀大肌、臀中肌、臀小肌、闭孔内肌、闭孔外肌
大腿肌	股直肌、缝匠肌、阔筋膜张肌、股二头肌(长头)半腱肌、半膜肌、趾骨肌、长收肌、短收肌、大收肌、股薄肌
背肌	回旋肌、多裂肌、棘间肌、横突间肌、背阔肌、下后锯肌、竖脊肌(棘肌、最长肌、髂肋肌)
腹肌	腹内斜肌、腹横肌、腰方肌、腹直肌、腹外斜肌
膈肌	膈肌

二、核心力量的作用

核心力量存在于所有运动项目中，所有运动技术动作都是以中心肌群为核心的运动链，强有力的核心肌群对运动中的身体姿势、运动技能和专项技术动作起着稳定和支持作用。运动员和教练员已认识到核心肌群对完成运动技术动作的作用，但在训练中又忽略了对该部位整体力量的训练，如深层的小肌群和腰髋的衔接处，或苦于方法与手段的匮乏。加强核心部位的肌肉群不仅可以提高身体稳定性及全身姿势的正确性，还可以稳定和强化髋部及躯干在力量转换时提供能量输出，有利于提高速度，整合与传递整体用力，并减少运动损伤的发生。

(一)稳定脊柱和骨盆，保持正确的身体姿态

人体的大多数运动都是多关节和多肌群参与的全身运动，在这个整体运动中如何将不同关节肌群的收缩力量整合起来，形成符合专项力学规律的肌肉运动链，为四肢末端发力创造理想条件，核心力量发挥着重要作用。尽管骨盆、髓关节和躯干部位的肌肉并不像四肢肌肉那样，直接完成人体的运动，但它们的稳定性可为四肢肌肉的收缩创建支点，增强四肢肌肉的收缩力量。核心区域就像承上启下的枢纽与桥梁，该环节的稳定性，不但影响四肢作用力支点的牢固，还控制着全身动作的正确与否。

例如，游泳运动员要减少在水中的阻力，其中重要的一点是减少身体在水中占用的空间，保持身体在水中符合流体力学原理的流线性。核心力量薄弱会使运动员在运动过程中下肢下沉或身体左右摆动过度，由此，加大了形状阻力，影响运动成绩。花样滑冰运动员的单足提踵站立是一种不稳定的平衡状态，若要使运动员在转体过程中保持身体平衡，就要尽可能地使人体转动轴始终通过人体重心。只有通过加强核心控制力的训练，竖脊肌稳定住躯干，才能确保运动员肢体绕纵轴旋转能力的增强，从而保证技术动作完美完成。

(二)提高身体的控制力和平衡性

根据物理学关于转动力矩在封闭的个体中保持恒定的原理，运动员在跑动过程中，下肢产生一个向前的转动力矩，其他部位必然产生一个相反的转动力矩，这样才能达到平衡。此异侧上下肢的配合就能保持这样的平衡。在这个过程中，强有力的核心肌群力量起着承上启下的作用。

同理，在水上运动项目中，评价划船运动员技术动作的好坏，不仅要看划桨的动作和力量，更要看划桨效果，即船体的运行速度。许多划船运动员在平稳的测功仪上表现出非常高的技术水准和力量水平，但在实际比赛中，船体运行的速度却并不快。原因之一是作用于桨叶上的力量并未形成对船体的向前推进力，而是为了控制船体的平衡，有部分力量成了平衡桨的动力。

(三)增加运动时由核心向四肢及其他肌群的能量输出

核心力量可以改善近端固定的稳定性，增强末端肌肉的发力，加强不同肌肉之间的协作，以及动员全身不同环节的力量有序地参与运动，加大总体能量的输出。核心区域肌肉系统被视为一个盒子或者汽缸，腹部肌肉在前，背部和臀肌在后，膈肌作为盖板，盆底肌和环绕髓部的肌肉群为盒底。当肢体发力时，核心肌群蓄积的能量从身体中心向运动的每一个环节传导。核心部位拥有的肌群最大，产能和储能也最多，无论是短跑技术中的伸髋鞭打扒地，还是跆拳道技法里的后横侧踢击打，看似脚对地面或人体的作用，实为来自腰髋肌群的原动力，并向下肢形成有效的动量传递。

又如标枪的出手、网球的挥拍和抖眯的扣球等都被称为鞭打的动作，都需要核心力量的参与，它可以将下肢和躯干力量快速准确地传递到上肢，集结全身的力量于鞭打的动作。有研究认为，在网球运动员挥拍击球的动作中，髓和躯干的力量占整个击球力量的 50％。

(四)提高肢体协调工作效率，减少能量消耗

专项技术的优劣主要取决于参与运动肌肉之间的协同工作水平和对高速运动中身体重心的控制能力，有强有力的核心力量作保证，躯干能得到稳固的支持，四肢的应力也能随之减小，由此肢体能游刃有余地进行更加协调的技术动作，加快力量的传递，从整体上提高运动效率。例如，游泳、赛艇、皮划艇和激流回旋皮划艇等水上项目，运动员不仅要具备良好的身体素质，更为重要的是要拥有驾驭水的能力，运动员躯干以及船体的稳定是游泳和划船技术动作能否协调用力的关键，如此才能协调上下肢的发力，使力的产生、传递和控制达到最佳。又如，健美操运动员在做跳跃(C组难度)时，强有力的核心能够保证身体在空中的姿态，腾空接俯撑姿势落地时，脚和手以控制的方式同时落地，尤其是该部位深层小肌群的协调控制能力是完成该类动作的重要保证。

肌电的研究表明，速滑运动员在比赛中为了保持向前的快速度，在蹬离冰面的瞬间需要让支撑腿发挥出最大的力量和达到最快的速度。协调能力好、核心肌群力量强的运动员在滑冰阶段，能够很好地保持身体平衡，使支撑腿的肌群在此阶段适当放松，避免无谓的能量损耗，在蹬冰阶段能够集中动员、充分发力，由此，加大了蹬离冰面瞬间的功率，改善了蹬冰效果。

(五)预防动作中的损伤

运动员在进行快速发力动作时，强有力的核心肌群能确保肢体在动作过程中保持在正常的位置，深层小肌肉群的稳定功能起到关键的保护作用，这有效地预防了急性损伤的发生。比如，下背痛、腹部扭伤、骨盆倾斜，等等，会直接影响训练效果。同时，核心力量还有助于运动员在运动过程中把握身体重心，使脚在落地时的支点与身体重心的投影点处在一个合理的位置，从而降低了运动员在下地支撑时的受伤概率。如体操、跳水或自由式滑雪空中技巧运动员在空中完成了一系列的翻转动作后，在落地瞬间能靠核心力量来调整身体重心的位置，加大成功完成动作的把握，还可以提高肌肉收缩的力量水平，并且能够减小关节的负荷，达到预防损伤的目的。

三、核心力量练习的主要内容

核心力量训练按照训练时的稳定与否和动作姿势及负荷强度，可分为以下七个难度等级。

等级一，稳定状态下的静力性动作；等级二，稳定状态下无负荷的运动；等级三，非稳定状态下静力性动作；等级四，非稳定状态下克服自身阻力的运动；等级五，非稳定状态下自由力量练习；等级六，非稳定状态下核心爆发力练习；等级七，稳定状态下核心专项力量练习。

核心力量的训练从发力部位来说，可分为前部、侧部和后部；按照参加人数可分为单人、两人和多人练习；按照球数可分为一球、两球和多球练习；按照动作难度可分为初级、中级和高级；此外，还可以根据练习中有无器械来划分等。这些训练方法及内容均可交叉组合。

四、核心力量练习注意事项

核心力量训练应遵照小负荷多次数的训练原则，静力练习时间固定，动力练习每组重复次数也需要固定。随着能力的提高，为了适应训练或比赛的需要，可加大难度或提高强度，具体方法如逐渐延长训练时间，增加练习次数、组数或加大负荷量，由徒手练习更换为有器械负荷的练习，动作内容和形式逐渐复杂等。在核心力量训练中，要严格控制身体姿势，配合呼吸，注意力要集中。

需要特别说明的是，腰腹肌群是核心肌群中的一个重要组成部分，在运动中的各种动作都不是单独完成的，发力的肌群往往需要协调。因此，在训练中，腰腹肌不能孤立进行练习。传统的腰腹肌力量练习一般是在平坦且固定的支撑面上进行曲伸的一维运动练习，躯干的侧屈、扭转肌群没有得到充分锻炼，核心力量不仅仅指腰腹力量，它还包括髋部和骨盆部肌群的力量，在训练中也需加强斜向和旋转运动的方式，以及曲伸、旋转结合的复合多维运动方式，才能够锻炼到传统腰腹肌训练所达不到的肌群。

第二节　核心稳定性练习

核心稳定性的练习方式如下。

训练阶段一

阶段目标：提高静态核心稳定性。

动作特点：静态动作为主、动态动作为辅，等长收缩为主、支撑面稳定。

动作一

动作目的：募集腹横肌。

主要参与肌肉：腹横肌。

动作要点：

a. 膝关节屈 90°。

b. 骨盆中立位。

c. 正常呼吸，呼气同时将肚脐拉向脊柱，停留 1～2 秒还原，重复动作。

动作二

动作目的：募集腹横肌、臀大肌。

主要参与肌肉：腹横肌、臀大肌、腘绳肌、竖脊肌。

动作要点(图 4-3)：

a. 膝关节屈 90°。

b. 骨盆中立位。

c. 臀大肌收紧向上抬起臀部，动作过程中肚脐拉向脊柱。

d. 膝、髋、肩呈一条直线动作结束，还原重复动作。

e. 抬起时呼气，下放时吸气。

图 4-3

动作三

动作目的：募集腹横肌。

主要参与肌肉：腹横肌。

动作要点(图 4-4)：

a. 跪撑姿势，下颌微收。

b. 正常呼吸，呼气同时提拉肚脐向脊柱。

c. 保持动作 2 秒还原，重复动作。

图 4-4

动作四

动作目的：募集臀大肌、脊柱深层稳定肌。

主要参与肌肉：臀大肌、脊柱深层肌肉、竖脊肌、腹横肌。

动作要点(图 4-5)：

a. 臀大肌收紧。

b. 后背肌群收紧，脊柱伸展幅度不要太大，以免超伸造成较大压力。

c. 抬起时，肚脐拉向脊柱，维持动作 2 秒还原，重复动作。

d. 保持正常呼吸，抬起时呼气，还原时吸气。

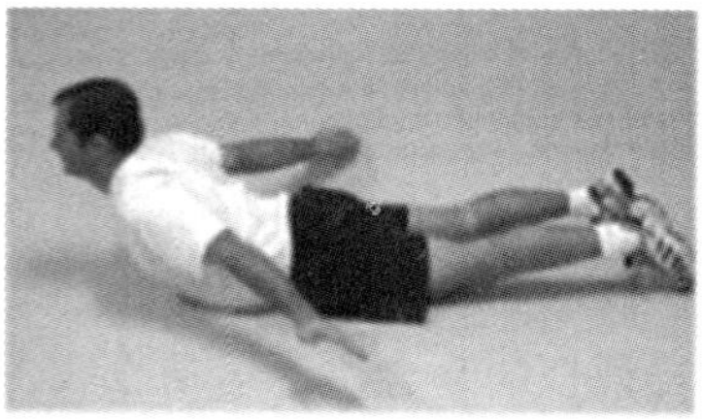

图 4-5

动作五

动作目的：核心部位冠状面内稳定性。

主要参与肌肉：髋外展肌群、腹部侧面肌群等。

动作要点(图 4-6)：

a. 身体侧卧，肘撑。

b. 肩、髋、踝呈一条直线，保持 2 秒。

c. 放松还原，抬起时呼气并将肚脐拉向脊柱，下放髋关节时吸气。

d. 可随水平提高逐渐延长时间。

图 4-6

动作六

动作目的：核心部位在矢状面稳定性。

主要参与肌肉：腹横肌、臀大肌等。

动作要点(图 4-7)：

a. 肘撑，肘关节屈 90°，前臂平行。

b. 头、肩、髋、踝呈一条直线，骨盆中立位。

c. 肚脐拉向脊柱，停留 2 秒，放松俯卧地面，重复动作。

d. 随着水平提高逐渐延长时间。

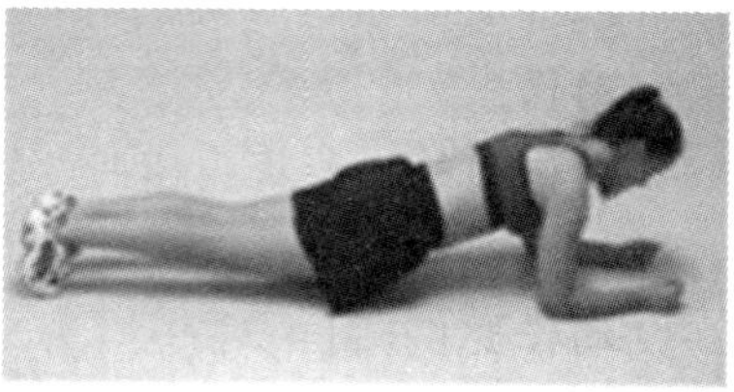

图 4-7

动作七

动作目的：核心部位在水平面稳定性(旋转稳定性)。

主要参与肌肉：腹横肌、内斜肌等。

动作要点(图 4-8)：

a. 跪撑，膝关节屈 90°，肩关节 90°，双手双腿与肩同宽。

b. 抬起左手和右腿，停 2 秒，抬起时将肚脐拉向脊柱。

c. 还原，重复动作。

d. 换另一边重复相同动作。

图 4-8

动作八

动作目的：提高核心部位斜向旋转稳定性。

参与肌肉：腹横肌、腹外斜肌等。

动作要点(图 4-9)：

a. 仰卧，膝关节屈 90°。

b. 双手相握，一侧肩部抬起同时，卷曲脊柱，手伸向对侧腿。

c. 肚脐拉向脊柱。

d. 维持动作 2，还原，重复动作。

e. 随着水平提高，逐渐延长保持时间。

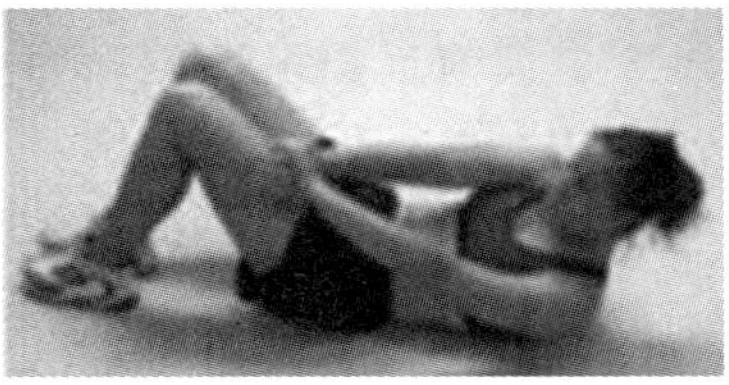

图 4-9

动作九

动作目的：提高核心部位侧向及横向稳定性。

参与肌肉：臀大肌、髋外展肌群。

动作要点(图 4-10)：

a. 双脚与肩同宽，脚踝处用橡皮带环绕，并使橡皮带拉紧。

b. 缓慢下蹲至膝关节接近 90°，腹部收紧，维持动作 2 秒。

c. 还原动作，重复进行。

d. 动作过程中保持呼吸。

图 4-10

动作十

动作目的：提高矢状面内核心稳定性。

参与肌肉：腹直肌、腹外斜肌等。

动作要点(图 4-11)：

a. 双膝弯曲 90°。

b. 呼气卷动骨盆向上，想象用骨盆舀水。

c. 收紧腹部，肚脐拉向脊柱。

d. 停留 2 秒，还原，重复动作。

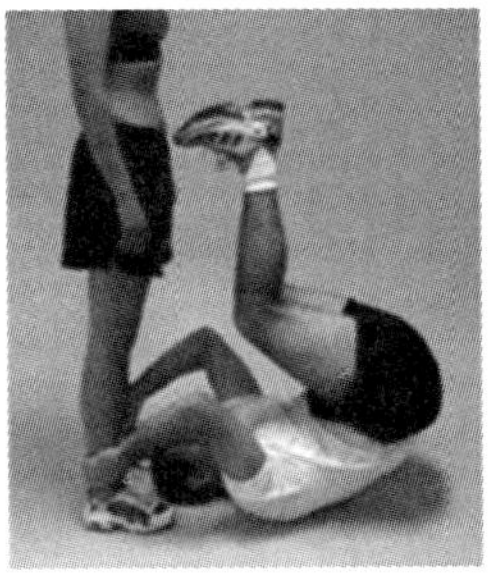

图 4-11

动作十一

动作目的：提高矢状面内核心稳定性及膝踝关节稳定性。

参与肌肉：臀大肌、腘绳肌、股四头肌等。

动作要点(图 4-12):

a. 向前迈出一条腿，膝关节屈 90°。

b. 收紧腹部，肚脐拉向脊柱。

c. 停留 2 秒，还原，重复动作。

图 4-12

动作十二

动作目的：提高矢状面内核心稳定性及膝踝关节稳定性。

参与肌肉：臀大肌、腘绳肌、股四头肌等。

动作要点(图 4-13):

a. 双脚与肩同宽。

b. 向前迈出一条腿，膝关节屈，膝盖与脚尖位于同一直线上，同时提起后腿。

c. 收紧腹部，肚脐拉向脊柱。

d. 停留 2 秒，还原，重复动作。

图 4-13

训练阶段二

阶段目标：提高动态稳定性及力量。

动作特点：动态动作为主，静态为辅，等长为主，等长收缩为辅、支撑面不稳定。

动作一

动作目的：提高伸髋及脊柱伸肌肉群力量及动态核心稳定性。

参与肌肉：臀大肌、腘绳肌、竖脊肌等。

动作要点(图 4-14):

a. 仰卧，一条腿膝关节屈 90°，另一条腿伸直。

b. 呼气同时，抬起髋部离开地面，伸直腿的踝、膝、髋、肩为一条直线，动作结束。

c. 动作过程中腹部收紧，肚脐拉向脊柱。

d. 重复动作。

e. 换腿进行动作。

图 4-14

动作二

动作目的：提高核心稳定性。

参与肌肉：腹横肌等。

动作要点(图 4-15):

a. 仰卧，骨盆中立位，膝、髋屈成 90°。

b. 腹部收紧，肚脐拉向脊柱。

c. 交替屈髋、伸髋，动作过程中保持骨盆稳定。

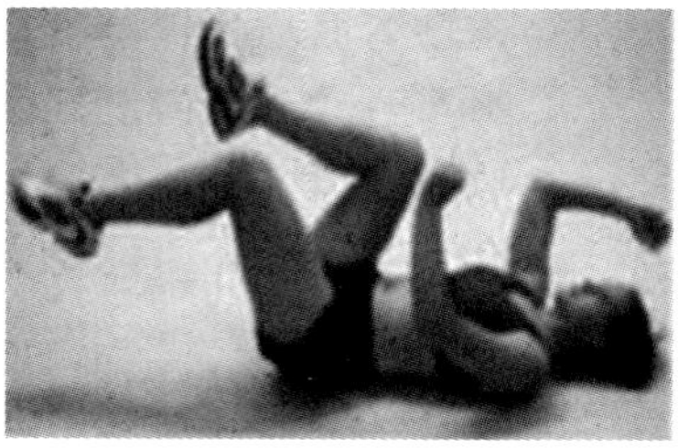

图 4-15

动作三

动作目的：提高核心稳定性。

参与肌肉：臀大肌、脊柱深层肌群。

动作要点(图 4-16)：

a. 仰卧于健身球上，膝关节屈 90°。

b. 膝、髋、肩呈一条直线。

c. 腹部收紧，肚脐拉向脊柱。

d. 可在腹部上方放一小重物增加难度。

e. 动作过程中保持正常呼吸。

图 4-16

动作四

动作目的：提高核心部位斜向旋转的稳定性及力量。

参与肌肉：臀大肌、腹内外斜肌等。

动作要点(图 4-17)：

a. 仰卧于健身球上，双脚打开与肩同宽。

b. 膝、髋、肩位于同一直线。

c. 向斜上方卷曲躯干，动作过程中保持骨盆稳定，收紧腹部，肚脐拉向脊柱。

d. 还原，换方向进行动作，交替。

e. 动作过程中保持正常呼吸。

图 4-17

动作五

动作目的：提高核心部位在矢状面的稳定性及力量。

参与肌肉：臀大肌、腹直肌等。

动作要点(图 4-18)：

a. 仰卧与健身球上，双脚打开与肩同宽。

b. 膝、髋、肩位于同一直线。

c. 向上卷动躯干，在做动作过程中保持骨盆稳定，收紧腹部，肚脐拉向脊柱。

d. 还原，重复动作。

e. 动作过程中保持正常呼吸。

图 4-18

动作六

动作目的：提高核心部位在矢状面内稳定性及力量，提高膝、踝关节稳定性。

参与肌肉：臀大肌、胭绳肌等。

动作要点(图 4-19)：

a. 仰卧，双臂侧平举，双脚并拢放于健身球上。

b. 收紧臀大肌，抬起臀部离开地面，使膝、髋、肩位于一条直线。

图 4-19

c. 收紧腹部，肚脐拉向脊柱。

d. 还原，重复动作。

e. 动作中保持正常呼吸。

动作七

动作目的：提高核心部位旋转稳定性。

参与肌肉：腹部斜肌等。

动作要点(图 4-20)：

a. 弓箭步方式坐于健身球上。

b. 健身球经身体一侧斜向上提拉至对侧。

c. 动作过程中保持骨盆稳定及正常呼吸。

图 4-20

动作八

动作目的：提高核心部位在矢状面的稳定性。

参与肌肉：腹直肌、腹横肌等。

动作要点(图 4-21)：

a. 骨盆处于中立位，踝、膝、髋、肩位于同一直线。

b. 收紧腹部肌群，保持正常呼吸。

图 4-21

动作九

动作目的：提高核心部位在矢状面的稳定性及臀大肌力量。

参与肌肉：臀大肌等。

动作要点(图 4-22)：

a. 俯卧于垫上，双脚伸直上翘。

b. 保持踝、膝、髋肩于同一直线上。

c. 收紧臀部及腹部，保持正常呼吸。

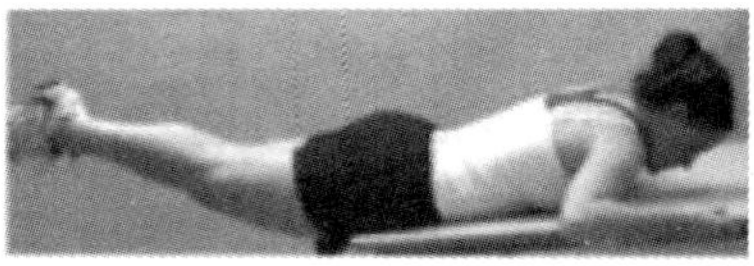

图 4-22

动作十

动作目的：提高核心部位在水平面上的稳定性。

参与肌肉：腹部内外斜肌等。

动作要点(图 4-23)：

a. 坐于健身球上，双脚打开与肩同宽，手持实心球前平举。

b. 骨盆处于中立位，收紧腹部。

c. 从中间位置向右侧旋转躯干，还原，向左侧旋转躯干，还原。

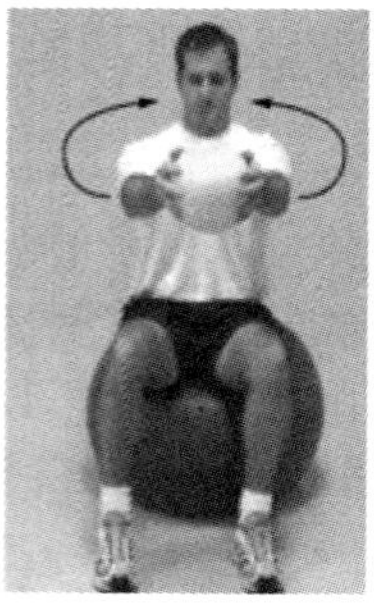

图 4-23

动作十一

动作目的：提高核心部位在矢状面的稳定性及伸髋肌群力量。

参与肌肉：臀大肌、股四头肌等。

动作要点(图 4-24)：

a. 背靠健身球，双脚打开与肩同宽。

b. 缓缓下蹲至膝关节屈成 90°。

c. 还原，动作过程中保持呼吸及腹部收紧。

图 4-24

图 4-25

动作十二

动作目的：提高伸髋肌群力量及核心部位在矢状面的稳定性。

参与肌肉：臀大肌、脊柱深层肌肉。

动作要点(图 4-25)：

a. 俯卧于健身球上，踝、膝、髋伸直，手撑地。

b. 收紧腹部，维持动作，动作过程中保持正常呼吸。

图 4-26

动作十三

动作目的：加强核心部位在矢状面的稳定性。

参与肌肉：腹横肌等。

动作要点(图 4-26)：

a. 仰卧于健身球上，髋关节屈 90°，膝关节伸直。

b. 收紧腹横肌，骨盆保持中立位，保持正常呼吸，保持动作。

图 4-27

动作十四

动作目的：强化核心部位在矢状面及水平面上的稳定性。

参与肌肉：臀大肌，脊柱深层肌群等。

动作要点(图 4-27)：

a. 俯卧于健身球上，脚尖触地，上体抬高，臀部收紧，腹部收紧，背部收紧。

b. 维持动作，保持正常呼吸。

训练阶段三

阶段目标：提高整合稳定性及力量。

动作特点：动态动作为主，静态为辅，等张收缩为主，等长收缩为辅、支撑面不稳定。

图 4-28

动作一

动作目的：提高核心部位在在矢状面的稳定性。

参与肌肉：三角肌、腹横肌等。

动作要点(图 4-28)：

a. 双脚打开与肩同宽，双手持实心球。

b. 上下挥动实心球，动作过程中保持骨盆稳定，腹部收紧。

图 4-29

动作二

动作目的：提高核心部位在水平面上的稳定性。

参与肌肉：腹内外斜肌等。

动作要点(图 4-29)：

a. 双脚前后开立，腹部收紧。

b. 身体从侧面转向正面，重复动作。

c. 换另一边重复相同动作。

动作三

动作目的：提高核心部位斜向旋转稳定性。

参与肌肉：腹内外斜肌等。

动作要点(图 4-30)：

a. 双脚前后开立，腹部收紧。

b. 自身体一侧将实心球向斜上方提拉，还原动作，重复进行。

c. 换边重复。

图 4-30

图 4-31

动作四

动作目的：提高核心部位在矢状面的稳定性。

参与肌肉：臀大肌、竖脊肌等。

动作要点(图 4-31)：

a. 双脚开立，比肩略宽，手持实心球。

b. 同时下蹲，实心球放于双腿之间。

c. 同时站立，前平举实心球过头。

d. 动作过程中保持骨盆中立位及腹部收紧。

动作五

动作目的：提高核心部位在矢状面的稳定性。

参与肌肉：腹直肌、腹内外斜肌等。

动作要点(图 4-32)：

a. 仰卧于健身球上，手持实心球上举过头。

b. 卷动躯干向上，卷动过程中保持手臂不动，同时骨盆位于中立位。

图 4-32

动作六

动作目的：提高核心部位在矢状面及水平面的稳定性、提高上肢关节稳定性。

参与肌肉：背阔肌、腹直肌等。

动作要点(图 4-33)：

a. 俯卧，双臂撑直，双手分别放于两个健身球上，双脚并拢放在椅子上。

图 4-33

b. 腹部收紧，骨盆位于中立位，头、肩、髋、膝、踝位于同一直线。

c. 动作过程中，保持正常呼吸。

图 4-34

动作七

动作目的：提高核心部位斜向旋转稳定性及力量。

参与肌肉：腹部斜肌等。

动作要点(图 4-34)：

a. 仰卧与实心球上，脚撑地，双脚打开与肩同宽，一手放于腹部，另一手持哑铃，手臂伸直。

b. 向斜上方卷动躯干，动作过程中保持腹部及臀部收紧，膝、髋位于同一直线上。

动作八

动作目的：提高核心部位在冠状面的稳定性。

参与肌肉：腹斜肌、髋外展肌肉等。

动作要点(图 4-35)：

图 4-35

a. 侧卧以肘撑，双脚放于健身球上。

b. 踝、髋、肩位于一条直线。

c. 骨盆位于中立位。

训练阶段四

阶段目标：提高整合稳定性及爆发力。

动作特点：动态动作为主，静态为辅，等张收缩为主，等长收缩为辅、支撑面不稳定、超等长训练。

动作一

动作目的：提高下肢爆发力及核心稳定性。

参与肌肉：股四头肌、臀大肌等。

动作要点(图 4-36)：

图 4-36

a. 双脚开立与肩同宽。

b. 手持实心球于胸前，下蹲至自我感觉较易发力状态，猛烈向上跳起。

c. 跳起同时抬起一条腿，并上举实心球。

d. 双脚同时落地，换腿重复。

动作二

动作目的：提高下肢爆发力及核心稳定性。

参与肌肉：股四头肌、臀大肌等。

动作要点(图 4-37)：

图 4-37

a. 双脚开立与肩同宽。

b. 手持实心球于胸前，下蹲至自我感觉较易发力状态，实心球下放至两腿中间，猛烈向上跳起。

c. 上举实心球。

d. 双脚同时落地。

动作三

动作目的：提高下肢爆发力及核心稳定性。

参与肌肉：股四头肌、臀大肌等。

动作要点(图 4-38)：

a. 双脚开立与肩同宽。

b. 手持实心球于胸前，下蹲至自我感觉较易发力状态，实心球下放至两腿中间，猛烈向后抛出实心球。

图 4-38

动作四

动作目的：提高下肢爆发力、核心稳定性、核心爆发力。

参与肌肉：股四头肌、臀大肌等。

动作要点(图 4-39)：

a. 双脚开立与肩同宽。

b. 手持健身球于胸前，下蹲至自我感觉较易发力状态，实心球下放至身体一侧，猛烈向对角斜后抛出实心球。

图 4-39

动作五

动作目的：提高反应及核心稳定性。

参与肌肉：股四头肌、臀大肌等。

动作要点(图 4-40)：

a. 双脚开立与肩同宽。

b. 集中注意力于教练手中的实心球上。

c. 教练随机向练习者斜前方抛出实心球。

d. 练习者以最快速度跨步上前接住实心球，并抛还给教练。

备注：

以上四个阶段中的各个动作并非按动作难易程度排列，教练员需根据练习者的不同状态及其他实际情况从相应的阶段中选择合适的动作。

图 4-40

第三节 核心力量练习

一、练习方法 1——身体姿势的稳定性训练

不借助任何器械的单人力量练习：此类练习适用于核心力量练习初始阶段，目的在于使运动员深刻体会核心肌群用力和有效地控制身体。这种类型的练习得到了大多数专家的认可和肯定，被普遍认为是最基础的核心力量练习的手段。

在训练时，同侧、异侧、正面、反面均应注意保持旋转的稳定性。(图 4-41)

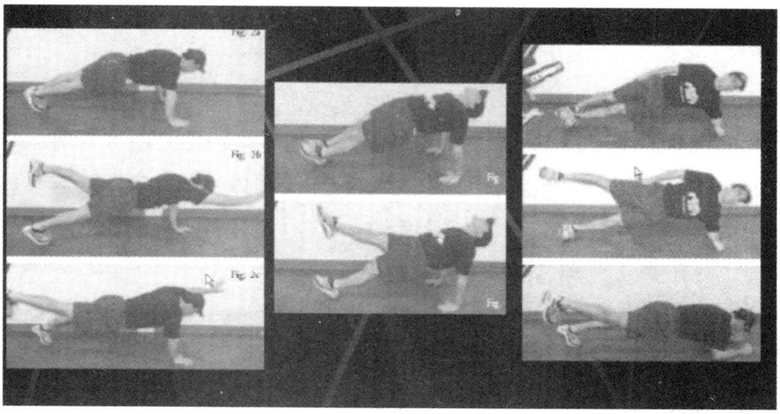

图 4-41

二、练习方法 2——非平衡性力量训练(一)

运用单一器械进行的力量练习：瑞士球、平衡球、平衡板、弹力绳、垫上、力量练习器械等。在这种练习方式中，运用最多的是平衡球、平衡板和瑞士球等这类不固定的器械和自由重量器械。使用这一类型的器械进行力量练习，可以有效地动员躯干部深层肌肉参与运动，并在动作过程中控制躯体始终保持正确的运动姿态，从而摒弃传统力量练习中借助外力来支撑躯体的弊端。

通过自身调整不稳定的身体状态，达到训练神经—肌肉系统的平衡和控制能力以及本体感觉的一种练习方式。这种训练操作通常使用健身球、摆动板、泡沫球、平衡盘或单侧支撑训练，以增加核心运动能力和稳定性，利用不稳定训练的运动员其神经—肌肉系统的增强远远高于稳定的训练。使用不稳定的装置进行力量训练不仅可以提高所训练肌群的力量水平和本体感受能力，还可以激活核心肌群的参与。(图 4-42)

图 4-42

三、练习方法3——非平衡性力量训练(二)

使用综合器械进行的力量练习，如单、双足站立于平衡球上，做各种上肢持轻器械举、推、拉，下蹲，躯干扭转等多种形式的练习；坐于瑞士球上做各种形式的练习等。

核心力量训练很关键的一点在于训练时练习者是在躯体处于一种不平衡、不稳定的状态下进行的，或者是运用的器械是不固定的，必须要使用者自行控制，如平衡球、瑞士球、平衡板等。(图 4-43、图 4-44)

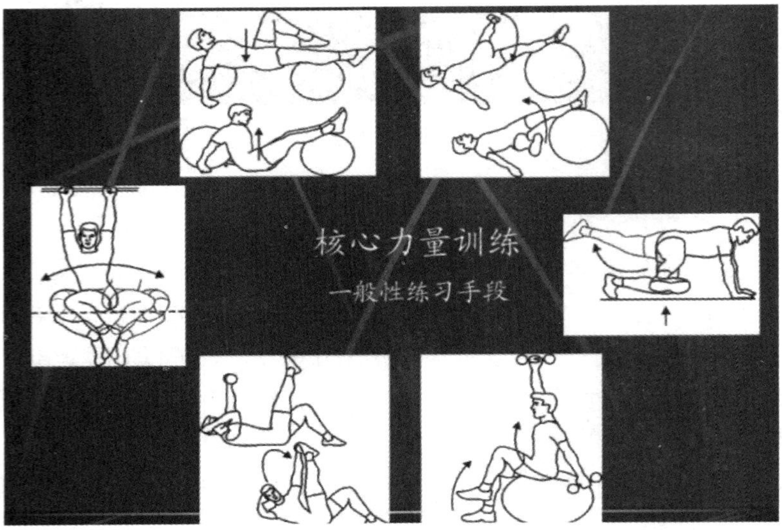

图 4-43

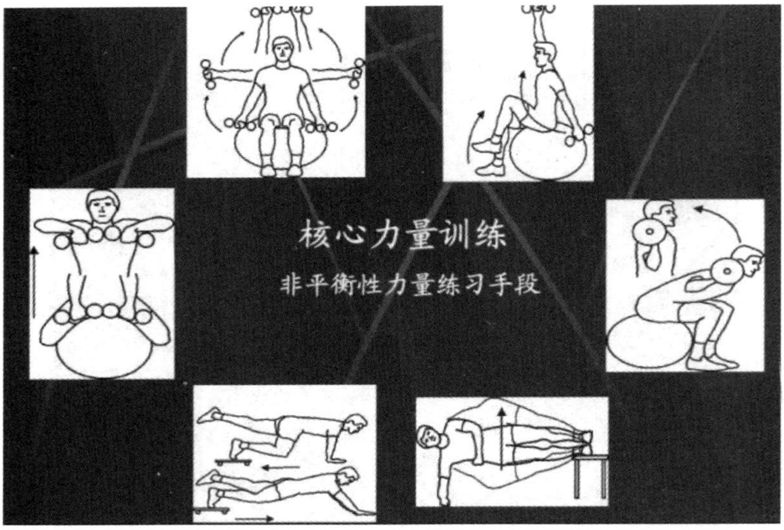

图 4-44

四、练习方法 4——强力性练习

强力性练习的关键是使身体处于不平衡状态，或者是在不稳定的运动器械上进行自由力量训练。这种非平衡性力量训练是通过自身调整不稳定的身体状态，达到训练神经—肌肉系统的平衡和控制能力以及本体感觉的一种练习方式。使用不稳定的装置进行力量训练不仅可以提高所训练肌群的力量水平和本体感受能力，而且可以激活核心肌群的参与，并使其得到发展。（图 4-45、图 4-46）

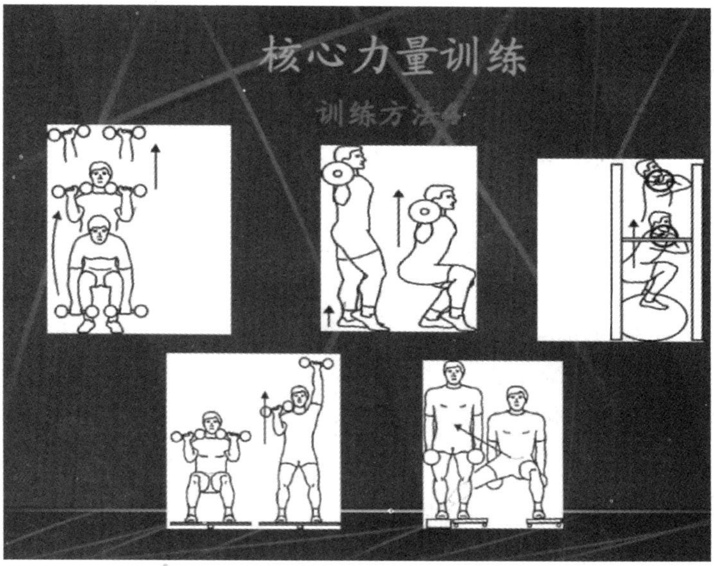

图 4-45

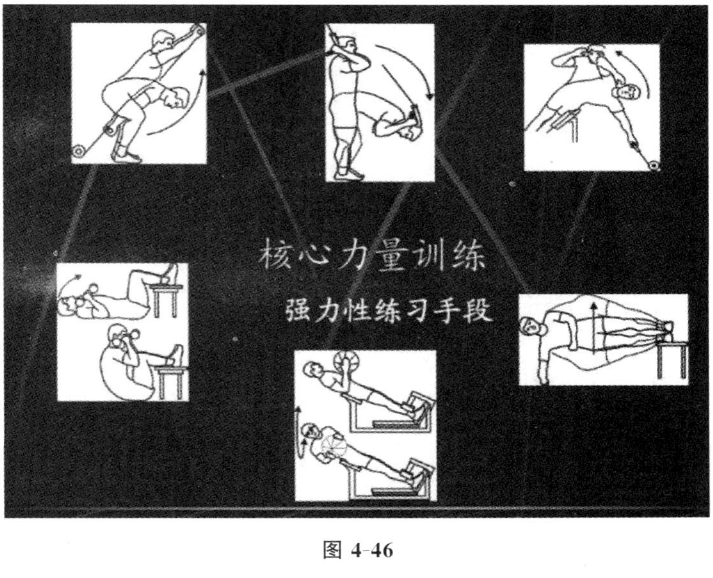

图 4-46

五、其他练习方法

(一)8 字练习

要领：坐在平衡垫上(或平衡板、或训练球上)，双膝弯曲，双腿分开与肩同宽。抓紧一个 25 磅(可因人而异)重的杠铃片，后仰与地面成 45°(直到感觉臀部肌肉绷紧)角。开始做 8 字训练，从右臀部开始，将杠铃片举到右肩处，绕着身体至左臀，然后到左肩，即在体前画 8 字。每组 25 次，共两组。

效果：锻炼整个核心区域的肌群，但对下腹部的锻炼更为明显。这样的 8 字训练，在实战中能很好地帮助运动员完成躲闪对方防守的动作。

(二)瑞士球上的俯卧撑

要领：在两个训练球上保持俯卧撑姿势，双手按住球的上端外侧，训练助手可以帮助控制后面的球。俯卧撑 50 个一组，做两组。

效果：完成俯卧撑同时，需控制球不滚动，从而使训练更加有效。

(三)移动练习

要领：双腿分开与双肩齐宽，大腿和脚踝保持紧张状态，向前移动 10 米，然后后退 10 米，做两组。

效果：对臀部、大腿内侧有非常好的锻炼效果，一方面增加了下肢的肌肉力量，另一方面可有效地防止损伤的发生。

(四)仰卧起坐

要领：标准的仰卧起坐动作，由 160 磅①的教练站在练习者的小腹上，做 50 个。

效果：对训练者的腹部肌肉施加了大的负重，使练习者力量更加集中，收缩腹肌，同时锻炼呼吸和稳定性。

---

① 1 磅约合 0.453 6 千克。

第五章

田　径

第一节　田径运动的起源与发展

一、田径运动的起源

远古时代，人类为了延续生命和获得生活资料，在进行渔猎或与猛兽搏斗以及和大自然斗争的时候，必须要走、跑相当的距离，跳跃各种障碍和掷击石块、长矛等。由于在日常生活中不断地重复这些动作，逐步演变和形成了快速奔跑、敏捷跳跃、准确投掷等技能，并有意识地把这些技能传授给下一代。另外，人们在紧张的渔猎劳动之余，也进行娱乐活动以抒发情感、获得乐趣，走、跑、跳跃、投掷的娱乐和竞赛，正是在这种环境中逐步萌发的。人们最初的娱乐(游戏、竞技)动作和生活动作是没有多大区别的，是自然地表现在人们生活之中的。例如，出于生存需要进行渔猎时，有时采取在同伴之间比赛的方式，即看谁打得多、看谁动作快、看谁赶得上、看谁掷得远和准等，进而附加一些条件，将走、跑、跳跃、投掷等直接的生活动作发展成竞赛，这就是田径运动的雏形。

据史料记载，公元前776年在古希腊奥林匹亚村举行的第一届古代奥运会上，就已有短跑项目。公元前708年，由铁饼、跳跃、绕运动场跑、掷标枪、摔跤组成的五项全能就已出现。马拉松比赛是为了纪念雅典战士菲迪皮茨而设置的，他为了把古希腊战胜波斯的消息尽快送到雅典，从马拉松镇一直跑到雅典，传达了胜利的消息后便力竭而死。1896年在第一届现代奥运会上，举行了从马拉松镇跑到雅典的比赛。现代长跑的发祥地是英国，18世纪时，英国已有一些职业赛跑选手参加长跑比赛。跨栏跑项目也源于英国。1864年，在首届牛津大学、剑桥大学校际对抗赛上，第一次正式举行了跨栏跑。

公元前8世纪的古希腊奥运会，已有跳跃比赛，跳远就是当时的五项全能之一。现代跳远始于19世纪中叶。1896年在雅典举行第1届现代奥运会时，跳远就是正式项目。三级跳远是由多次跳演变而来的。古代日耳曼人和克尔特人已有多次跳这种运动方式，公元前200年，在克尔特人运动会上就有类似三级跳远的比赛。现代三级跳远起源于爱尔兰和苏格兰，19世纪中叶以后，逐步形成了三级跳技术的几种流派。跳高作为田径比赛的项目源于爱尔兰和苏格兰。1800年，跳高已是苏格兰高地运动会的比赛项目之一，撑竿跳高项目初期是由用撑竿或投枪作为支撑物越过深沟、水溪和围墙演变过来的，爱尔兰的塔里蒂安运动会一直举行到554年，撑竿跳就是这个传统运动会上的项目之一，后来，撑竿跳又从爱尔兰传到苏格兰和英格兰。撑竿跳高作为正式竞技运动项目的第1次比赛是在1866年举行的。

链球项目起源于爱尔兰和苏格兰。19世纪中叶，在英国的一些大学里出现了链球这个田径项目。1890年前后，美国人把链球的木柄改为铁柄，后来改为钢链。铅球比赛是由炮兵投掷炮弹比赛演变而来的。因炮弹重量为16磅，即7.26千克，故此重量一直沿用至今。投掷铁饼是一项古老的田径项目，古代奥林匹克运动会五项全能中的投盘指的就是掷铁饼，当时使用的是石制圆盘，后来演变成为了金属制圆盘。

1896年在希腊雅典举行的第一届现代奥林匹克运动会上，田径比赛是核心项目，其中包括100米、400米、800米、1 500米、马拉松、110米栏、跳高、撑竿跳高、跳远、三级跳远、铅球和铁饼，共12个男子项目。这些项目有代表性地体现了现代奥林匹克精神——更快、更高、更强。

二、田径运动的发展

古希腊是有组织的田径运动的开创和发展时期。公元前776年，在古希腊奥林匹亚村举行了第一届古代奥林匹克运动会，以后每隔四年召开一次，包括跑、跳跃、投掷以及其他项目的比赛是奥林匹克宗教节日祭奠活动的主要内容。最初奥林匹克运动会只有短跑比赛，以后又有了长跑、跳远、掷铁饼、掷标枪等项目，这是有组织的田径运动竞赛的开端。因此，后来人们总是把田径运动发展的历史追溯到古代奥林匹克运动会。走、跑、跳跃、投掷等身体练习在古希腊也成为增强人们体质的手段。在古希腊的山岩上曾刻着："你想强壮吗？跑步吧！你想健美吗？跑步吧！你想聪明吗？跑步吧！"的格言。由此可见，在古代人们就已把走、跑、跳跃、投掷等身体练习作为增强体质和促进健康的重要手段。

19世纪—20世纪是现代田径运动的形成和发展时期。394年，古代奥林匹克运动会被罗马帝国的皇帝狄奥多西废止，田径运动竞赛也被中断。经过大约14个世纪(394—1800年)，田径运动竞赛又重新在英国兴起。19世纪初，职业性的赛跑、竞走和有组织的苏格兰田径运动会相继在英国出现。1850年以后，业余田径竞赛也在英国大学相继展开，并且逐步设立了正式的田径竞赛项目。1896年，经法国社会活动家皮埃尔·德·顾拜旦倡议，恢复和召开了以田径运动项目为主要内容的、仅限男子参加的第一届现代奥林匹克运动会。第一届奥运会的田径比赛是现代田径运动开始的标志。进入20世纪，田径运动竞赛在世界一些国家内部和国际广泛的开展起来。1912年，国际业余田径联合会成立，并做出了设立田径竞赛项目世界纪录的决定。1928 年首次将女子的 5 个项目列为第 9 届奥运会田径比赛项目。国际业余田径联合会的成立，对田径运动的发展起了积极的推动作用。到目前为止，4 年一次的奥运会已举办了 31 届，田径运动竞赛项目由第 1 届的男子 11 项(无女子项目)发展到现在的男子 24 项，女子 23 项，共 47 项。其他国际间和世界性的田径运动竞赛也层出不穷，如 1983 年设立的每 4 年一届的世界田径锦标赛(20 世纪 90 年代以后改为每两年一届)、1985 开始每年举行的 15 场田径系列大奖赛、每两年或 4 年举行一次的各种洲际田径锦标赛以及世界室内田径赛等，为各国田径运动员提供了很多比赛机会。一方面，世界田径比赛规模逐步扩大，参赛国家、地区和运动员越来越多，竞赛裁判组织工作越来越规范和严格，比赛竞争更加激烈，使田径竞技运动得到了空前的发展。另一方面，20 世纪以来，走、跑、跳跃、投掷等田径运动项目在世界各国的学校体育和群众体育中，也被广泛地作为促进健康和增强体质的重要手段。

近年来，由于多学科理论知识的引进，田径运动训练不断科学化，运动能力和比赛能力不断增强，新技术不断出现，加上重视选材，突出专项化训练，不断加大训练负荷强度，重视营养和恢复，运动员的职业化和比赛次数增多，以及场地、器材、设备的改进和裁判工作的现代化等，都促使田径运动水平不断提高。与此同时，很多国家的体育科学工作者和体育教师，还在研究运用田径运动来锻炼身体的新方法，以获得最佳的健身锻炼效果，有的已取得可喜的成绩(如健康长跑、大步快走等)。随着社会的进步和现代科学技术的不断发展以及人们生活水平的提高，田径健身运动也将得到更进一步的发展。

此外，值得一提的是在田径竞技运动迅速发展的同时，出现了使用兴奋剂的现象，甚至已达到泛滥程度，屡禁不止。20 世纪 90 年代以来，国际田联采取了更加严厉的措施——赛外飞行检查，即在事先不通知的情况下，突然对运动员进行检查。飞检人数逐年增加，有些运动员一年内要接受 10～20 次检查，国际田联的这一举措，为制止兴奋剂泛滥起到很大的作用。目前，我国和世界体育组织都旗帜鲜明地参与到反对兴奋剂的斗争之列。

三、我国田径运动的发展

(一)中华人民共和国成立前我国田径运动发展概况

田径运动作为一种完整的运动项目出现在我国是在 19 世纪末。19 世纪末，随着西方文化的传入，以田径和球类运动为主要内容的欧美体育，开始由基督教的传教和办学活动经青年会和教会学校传入我国。1878 年在福建省莆田县(现为莆田市)建立的培元书院和 1879 年在上海建立的圣约翰书院，一开始就有美国的教师教学生跳高、赛跑、扔铁球等。当时，不仅在教会学校的体育课中出现了田径运动教材，而且在教会学校内部和教会学校之间开始举行田径项目的比赛和田径运动会，1890 年在上海圣约翰书院举行了第一次以田径运动项目为主的运动会，这种田径运动的教学和比赛逐渐向全国其他学校扩展，使现代田径运动在我国得到初步发展。进入 20 世纪后，各类学校开设的体育课中普遍开始采用田径运动项目作为教材，不同规模校际的田径运动比赛也不断增多。1910 年

10月18日至22日在南京举行的第一届全国运动会，是田径运动由学校向社会发展的标志。中华人民共和国成立前，我国共举行了七届以田径项目为主要比赛内容的全国运动会，参加了第10届(1人)、第11届(23人)和第14届(3人)奥林匹克运动会的田径项目比赛，还参加了1913年—1934年的共10届远东运动会。由于当时我国经济落后，连年战乱，体育得不到提倡，群众性的田径运动得不到开展，田径运动的水平也很低，所以田径运动处于非常落后的状态。

(二)中华人民共和国成立后我国田径运动发展概况

中华人民共和国成立后，在党和政府的重视与关怀下，田径运动得到普及，田径竞技运动水平迅速提高。1957年，我国跳高运动员郑凤荣以1.77米的成绩，打破了当时1.76米的女子跳高世界纪录。1970年倪志钦以2.29米的成绩创造了男子跳高世界纪录。1984年，我国运动员首次参加奥运会，朱建华获得男子跳高铜牌。同期，阎红、徐永久分别打破女子5 000米、10 000米竞走世界纪录。1988年第24届奥运会上，李梅素获女子铅球铜牌。1991年第三届世界田径锦标赛上，黄志红和徐德妹分别获女子铅球和标枪金牌。1992年第25届奥运会，陈跃玲获女子10 000米竞走金牌，黄志红获女子铅球银牌，曲云霞和李春秀分别获得女子1 500米和10 000米竞走铜牌，中国田径运动员实现了在奥运史上金牌零的突破。1993年第4届世界田径锦标赛上，我国女子田径运动员获4金、2银、2铜奖牌的优异成绩。1993年在第7届全运会上，曲云霞以3分50秒46的成绩创造了女子1 500米世界纪录，王军霞以8分06秒41和29分31秒78的成绩分别打破女子3 000米和10 000米的世界纪录。1995年第五届世界田径锦标赛，黄志红获女子铅球银牌。1996年第26届奥运会，王军霞获女子5 000米跑金牌和10 000米跑银牌，隋新梅获女子铅球银牌，王妍获女子10 000米竞走铜牌。1997年在第八届全运会上，姜波以14分28秒打破女子5 000米世界纪录。2000年在第27届奥运会上，王丽萍获女子20 000米竞走金牌。截至2006年1月我国运动员共参加了七届世界田径锦标赛，共获得7枚金牌、5枚银牌和5枚铜牌，这些奖牌主要分布在女子竞走、中长跑、铅球、标枪、铁饼和男子跳高等项目上。由此可见，中国女子田径部分项目已接近或达到世界先进水平。

在2004年雅典奥运会上，我国田径队一举夺得了两枚金牌。我国选手刘翔在男子110米栏决赛中以12.91秒的成绩获得金牌，并创造了中国和亚洲的110米栏纪录，成为第一个获得奥运会田径短跑项目世界冠军的黄种人。这个成绩不仅打破了12.96秒的奥运会纪录，还平了英国选手科林·约翰逊1993年8月20日在德国斯图加特创造的12.91秒的世界纪录(2006年，刘翔又以12.88秒的成绩打破了世界纪录)。此外，我国选手邢慧娜在女子10 000米跑比赛中夺得冠军。

就整体来说，我国田径运动竞技实力在世界田径大赛中还比较落后，与美国、俄罗斯等田径强国的差距还比较大。

中华人民共和国成立以来，我国田径运动取得的成就是巨大的。但是，我国田径运动还存在着很多不足。首先，群众性的田径运动还很不普及，还不能根据我国人民特别是青少年的特点把田径运动真正地开展起来，使其真正成为提高我国人民健康素质的重要手段。其次，由于在田径运动员选材、少年田径运动员基础训练和田径运动员科学训练以及训练体制等方面还存在较多的问题，致使我国田径竞技水平还比较落后。为了推动我国田径运动更快地向前发展，我们必须要加强学校体育工作，进一步开展好群众性的田径运动，组织更多的人参与到田径健身运动中来，做好田径运动员选材工作，抓好田径运动员的基础训练和科学训练，改革田径运动的训练体制和竞赛制度，加强运动员的思想建设和作风建设，促进我国田径运动的发展。

第二节　田径运动概述

一、田径运动的概念

国际田径联合会将田径运动定义为：田径运动包括径赛和田赛、公路跑、竞走、越野赛跑和山地赛跑。这是对国际竞技性田径运动的高度概括和最权威的描述。我国传统田径理论认为：田径运动包括竞走、跑、跳跃、投掷和全能五部分，以时间计算成绩的竞走和跑的项目叫径赛，以高度和远度计算成绩的跳跃、投掷项目叫田赛，由跑、跳、投部分项目组成的，用评分办法计算成绩的组合项目叫全能运动，这一定义也指向了田径运动的竞赛特征。

随着田径运动的普及和全民健身运动的深入开展，应该准确、全面、深刻地理解田径运动的概念，重新定义田径运动，而不能仅从竞技体育一方面来狭义地认识田径运动，不能仅把田径竞技视为田径运动的全部内涵和最终目的。田径运动在增强体能、促进健康、培养意志品质和提高社会适应性等方面已发挥出越来越大的作用，只有扩大田径运动的内涵，扩充田径运动的内容，才可更好地发挥田径运动的功能与作用，有效推动田径运动的普及与开展。

走、跑、跳、投是原始人类的生产手段和自卫方法，也是人类最基本的运动技能和自然动作，田径运动是人类在同大自然做斗争和生产劳动实践中演变和发展起来的。田径运动指人们用于健身、竞技的走、跑、跳、投的身体练习和竞技项目，或指人体以走、跑、跳、投等基本活动技能组成的，以个体为主的健身运动和竞技运动的总称。田径运动包括田径竞技运动和田径健身运动，并且具有双重属性，即竞技属性和健身属性。因此，田径运动不仅是竞技运动项目，同时也是增强人们体能、提高人们健康素质和开展全民健身运动的重要手段。

二、田径运动的分类

田径运动的分类主要是根据性别、年龄、比赛项目和比赛场地(室内与室外)等结合实际情况进行的，不同的国家对田径运动的分类，也可根据各自的需要和使用的方法进行。一般将田径运动分为走、跑、跳跃、投掷和全能五大类，或分为径赛、田赛和全能三大类。

(一)国际田径比赛项目

1. 国际田联承认世界纪录的田径比赛项目(表 5-1)

表 5-1 国际田联承认世界纪录的田径比赛项目

男子项目	女子项目
跑、全能和竞走项目	
只承认全自动电子计时成绩的项目	
100 米、200 米、400 米、800 米、110 米栏、400 米栏、4×100 米接力、4×200 米接力、4×400 米接力、十项全能	100 米、200 米、400 米、800 米、100 米栏、400 米栏、4×100 米接力、4×200 米接力、4×400 米接力、七项全能、十项全能
全自动电子计时或手计时均可的项目	
1 000 米、1 500 米、1 英里、2 000 米、3 000 米、5 000 米、10 000 米、20 000 米、1 小时、25 000 米、30 000 米、3 000 米障碍、4×800 米接力、4×1 500 米接力 场地竞走：20 000 米、30 000 米、50 000 米	1 000 米、1 500 米、1 英里、2 000 米、3 000 米、5 000 米、10 000 米、20 000 米、1 小时、25 000 米、30 000 米、3 000 米障碍、4×800 米 接力、4×1 500 米 接力 场地竞走：10 000 米、20 000 米
全自动电子计时、手计时、感应计时均可的项目	
公路跑：10 千米、15 千米、20 千米、半程马拉松、25 千米、30 千米、马拉松、100 千米 公路接力(只限马拉松距离) 公路竞走：20 千米、50 千米 跳跃项目：跳高、撑竿跳高、跳远、三级跳远 投掷项目：推铅球、掷铁饼、掷链球、掷标枪	公路跑：10 千米、15 千米、20 千米、半程马拉松、25 千米、30 千米、马拉松、100 千米 公路接力(只限马拉松距离) 公路竞走：20 千米 跳跃项目：跳高、撑竿跳高、跳远、三级跳远 投掷项目：推铅球、掷铁饼、掷链球、掷标枪

注：除竞走比赛外，国际田联承认两项女子公路跑世界纪录：一是男女混合跑世界纪录，二是单一性别跑世界纪录。

2. 国际田联承认世界青年纪录的项目(表 5-2)

表 5-2 国际田联承认世界青年纪录的项目

男子项目	女子项目
跑、全能和竞走项目	
只承认全自动电子计时成绩的项目	
100 米、200 米、400 米、800 米、110 米栏、400 米栏、4×100 米接力、4×400 米接力、十项全能	100 米、200 米、400 米、800 米、100 米栏、400 米栏、4×100 米接力、4×400 米接力、七项全能、十项全能(如超过 7300 分，承认世界纪录)

续表

男子项目	女子项目
全自动电子计时或手计时均可的项目	
1 000 米、1 500 米、1 英里、2 000 米、3 000 米、5 000 米、10 000 米、3 000 米障碍 场地竞走：10 000 米	1 000 米、1 500 米、1 英里、2 000 米、3 000 米、5 000 米、10 000 米、3 000 米障碍 场地竞走：10 000 米
跑、全能和竞走项目	
全自动电子计时、手计时、感应计时均可的项目	
公路竞走：10 千米 跳跃项目：跳高、撑竿跳高、跳远、三级跳远 投掷项目：推铅球、掷铁饼、掷链球、掷标枪	公路竞走：10 千米 跳跃项目：跳高、撑竿跳高、跳远、三级跳远 投掷项目：推铅球、掷铁饼、掷链球、掷标枪

注：在公路项目比赛中由传感器系统提供的计时不能承认为纪录。

3．国际田联承认世界室内纪录的项目(表 5-3)

表 5-3　国际田联承认世界室内纪录的项目

男子项目	女子项目
跑、全能和竞走项目	
只承认全自动电子计时成绩的项目	
50 米、60、200 米、400 米、800 米、50 米栏、60 米栏、4×200 米接力、4×400 米接力、七项全能	50 米、60、200 米、400 米、800 米、50 米栏、60 米栏、4×200 米接力、4×400 米接力、五项全能
全自动电子计时或手计时均可的项目	
1 000 米、1 500 米、1 英里、3 000 米、5 000 米、4×800 米 竞走：5 000 米 跳跃项目：跳高、撑竿跳高、跳远、三级跳远 投掷项目：推铅球	1 000 米、1 500 米、1 英里、3 000 米、5 000 米、4×800 米 竞走：3 000 米 跳跃项目：跳高、撑竿跳高、跳远、三级跳远 投掷项目：推铅球

(二)我国田径比赛项目

各国为了参加世界性和国际间的田径比赛，使本国的训练和竞赛与国际接轨，都较多地沿用或参照国际田联承认的世界田径纪录比赛项目制订赛事计划。同时，各国为便于更广泛地举行田径比赛也都根据国情而设立相应的田径比赛项目，我国规定的田径比赛项目见表 5-4。

表 5-4　我国田径运动分类和比赛项目

类别		项目	成人		少年			
			男子组	女子组	男子甲组	男子乙组	女子甲组	女子乙组
径赛	走	竞走	20 千米 50 千米	5 千米 10 千米 20 千米	—	—	—	—
径赛	跑	短距离跑	100 米 200 米 400 米	100 米 200 米 400 米	100 米 200 米 400 米	60 米 100 米 200 米 400 米	100 米 200 米 400 米	60 米 100 米 200 米 400 米
径赛	跑	中距离跑	800 米 1 500 米 3 000 米	800 米 1 500 米 3 000 米	800 米 1 500 米 3 000 米	800 米	800 米 1 500 米 3 000 米	800 米
径赛	跑	长距离跑	5 000 米 10 000 米	5 000 米 10 000 米	—	—	—	—
径赛	跑	跨栏跑	110 米栏 （1.067 米） 400 米栏 （0.914 米）	100 米栏 （0.84 米） 400 米栏 （0.762 米）	110 米栏 （0.914 米）	100 米栏 （0.914 米）	100 米栏 （0.84 米）	100 米栏 （0.762 米）
径赛	跑	障碍跑	3 000 米	—	—	—	—	—
径赛	跑	马拉松	42 195 米	42 195 米	—	—	—	—
径赛	跑	接力跑	4×100 米 4×400 米	4×100 米 4×400 米	4×100 米	4×100 米	4×100 米	4×100 米
田赛	跳跃	高度项目	跳高 撑竿跳高	跳高 撑竿跳高	跳高 撑竿跳高	跳高 撑竿跳高	跳高	跳高
田赛	跳跃	远度项目	跳远 三级跳远	跳远 三级跳远	跳远 三级跳远	跳远 三级跳远	跳远	跳远
田赛	投掷	推铅球	7.26 千克	4 千克	6 千克	5 千克	4 千克	1 千克
田赛	投掷	掷标枪	800 克	600 克	700 克	600 克	600 克	—
田赛	投掷	掷铁饼	2 千克	1 千克	1.5 千克	1 千克	1 千克	—
田赛	投掷	掷链球	7.26 千克	4 千克	—	—	—	—
全能运动			十项全能 （100 米、跳远、推铅球、跳高、400 米、110 米栏、掷铁饼、撑竿跳高、掷标枪、1 500 米）	七项全能 （跳高、推铅球、200 米、跳远、110 米栏、掷标枪、800 米）	七项全能 （100 米栏、跳高、掷标枪、400 米、掷铁饼、撑竿跳高、1 500 米）	四项全能 （110 米栏、跳高、掷标枪、1 500 米）	五项全能 （100 米栏、推铅球、跳高、跳远、800 米）	四项全能 （100 米栏、跳高、掷标枪、800 米）

三、田径运动的特点

(一)田径运动包括人体最基本的运动技能

走、跑、跳、投是人类生活和劳动的基本技能，也是人类重要的生存技能，同样也是人体运动最基本、最普遍、最自然的活动形式。通过田径运动技术手段与方式进行健身锻炼，可以有效地提高自己的生理机能、基本活动能力和适应外部自然环境变化的能力，从而增强体质、促进健康。

(二)田径运动具有广泛的群众性

1. 针对性强，可选择余地大

田径运动是最普及、参与人数最多的运动项目，也是最受人们欢迎、最容易被人们接受的身体锻炼方式。参加田径运动的人可根据自己的兴趣和爱好选择不同的项目，并可根据个体的身体状况和需求确定适合个人的身体练习，通过有计划、有目的的田径健身锻炼，可以明显提高个体的健康素质水平。

2. 田径运动属于户外运动，受条件限制因素小

从事田径运动通常只需要在户外有一定的活动空间，如田野、公路、公园、广场、草地、沙滩等，就可作为健身锻炼的场所，而且该运动受时间、气候影响小，可安排在任何余暇时间进行。田径项目的器材设备比较简单，参加运动时可根据条件，因陋就简，还可自行制作。除室内竞技比赛，田径运动都是户外活动，因而能使人与更多的日光和空气接触，以提高人体对外界环境的适应能力。

3. 可参与性强

田径运动适合不同年龄和性别的人，对不同身体状况和健康水平的人也都能够选择适合自己的项目。在运动锻炼中，可自行调控运动负荷，掌握运动强度，不易受到伤害，也不受参加人数的影响，大部分田径项目在短期训练后即可参加比赛。

(三)田径运动是各项竞技运动的基础

较其他竞技运动项目，田径运动的历史最长，田径运动的发展为其他运动项目的发展奠定了基础。竞技运动项目一般都离不开跑、跳、投等基本动作的训练，也都需要发展速度、力量、耐力、柔韧和灵敏等身体素质，田径运动能有效地、全面地发展人体的各种身体素质。因此，很多竞技运动项目都把田径运动作为体能训练的重要手段，田径运动已成为提高各竞技运动项目运动水平的基础。

(四)田径运动是奥运会金牌最多的项目

田径运动是世界上最重要的竞赛项目之一，也是体育运动中最大的一个项目，它包括很多单项，是任何大型运动会中比赛项目最多、参赛运动员最多的项目，田径运动在奥运会比赛中被称为金牌大户。

(五)田径运动具有激烈的竞争性

田径运动竞赛是体能、技能、智能和心理等多方面因素的较量，在高水平的竞赛中

更为明显，运动员的成绩越来越接近，你追我赶，相持不下，经常以微弱之差决定胜负。田径运动竞赛在严格的规则制约下，在激烈的竞争过程中，追求高、精、尖的技术动作，追求技术动作实效性与技术动作经济性的有机组合，追求更快、更高、更远的竞争和竞技效果。

(六)田径运动具有严格的技术性

田径运动的项目有周期性、非周期性和混合性动作结构，不同类别的运动项目具有不同的技术特点，即使是同一类别的运动也存在各自不同的特点。田径运动各项目动作结构不是很复杂，但对技术动作要求特别高。人的潜能是有限的，要在比赛中创造更好的成绩，必须依靠先进合理的技术，即能充分发挥个人各运动环节的高度协调配合的能力，调动各运动器官的最大潜力，节约体能，在时间、空间和肌肉用力上达到高度统一。因此，不断改进自身技术，使其既符合运动生物力学的合理性，同时又能与个人特点相结合，并形成个人的技术风格，这是田径运动竞技制胜的关键。

四、田径运动的功能

(一)健身功能

田径运动的走、跑、跳、投等运动形式和身体练习与人的基本生活、劳动、工作能力高度相关，是简单、便捷、实效性高并易于实施操作的健身方法和锻炼手段。经常参加田径运动，不仅能提高人的走、跑、跳、投等基本活动能力，而且能促进人体正常生长发育和各器官、系统机能的发展，还能全面提高人的运动体能和健康体能，培养坚强的意志品质。田径运动的项目较多，内容丰富，运动方式和特点各不相同，对人体的影响也各有区别。短跑和跨栏跑，可以有效地发展快速运动能力，提高人体在极限运动条件下机体器官系统的机能水平，提高人体动作的灵活性和柔韧素质，明显改善中枢神经系统控制和支配肌肉活动的能力，提高人体运动的节奏感。长距离走和跑，能明显增强人体有氧工作的能力，发展耐力素质，提高心肺功能，同时顽强拼搏精神也能得到发扬。跳跃项目，能有效地改善人体的空间本体感觉机能，提高身体的控制和平衡能力以及方位感觉和集中用力的能力，发展弹跳力、力量、速度和协调性。投掷项目，能明显提高肌肉力量，增强人体整体用力的协调性和能力，有效地发展人体的速度和灵敏性等身体素质。由此可见，田径运动是一项可行性强、健身价值高的运动项目，是人们增强体质、增进健康、推迟衰老、延年益寿的重要手段。

(二)竞技功能

在大型综合性运动会中，田径运动因项目多、奖牌数多、参加人数多、影响最大，故而成为衡量一个国家竞技体育整体实力的重要项目。“田径运动是基础”“得田径者得天下”等通俗、概括的名言，都肯定了田径运动对增强人们体质、对竞技运动所具有的积极意义，表明了田径运动在体育运动中的重要性。田径竞技运动主要是通过走、跑、跳、投的角逐或竞争，来比拼速度、力量和灵敏度。由于这种“对抗”很少与他人合作，竞技结果全凭个人的体能、智能、技能和意志力的充分发挥，在这样的竞争中运动员敢于挑战极限，有超越自我和争当强者的信心与勇气。因而它既是最公平的竞争，又是追求“更快、更高、更强”的典范，还是从事各项竞技运动的基础，始终享有“竞技之母”的美称。田径竞技运动的功能在于推动田径运动的普及，加强国内与国际交往，提高国家威望，振奋民族精神。作为一种运动文化，田径竞技运动可为人们观赏、消遣和娱乐。此外，田径运动训练条件要求相对不高，参加人数多，而且大多是个人项目，项目投资和奖牌比小，因此一直被列为发展竞技体育重点选择的项目。

(三)教育功能

田径运动的各个项目都要求参加者要承受一定的生理负荷，要在各种条件限制下表现出最高的运动能力水平，要始终保持必胜的信念和克服一切困难、挑战极限、超越自我、实现自我追求“更快、更高、更强”的勇气和决心。因此，田径运动能培养人的竞争意识与勇敢顽强、积极进取和吃苦耐劳的优良品质，从而促进身心的全面发展。田径运动多为个人运动项目，需要以不同方式和方法不断地完善自己，提高运动技术水平，独立完成比赛任务。田径竞技运动可变因素多，竞赛环境瞬息万变，要能身处逆境奋勇拼搏，参加者要有适应外界环境的能力、随机应变的能力以及自我情绪调整排除干扰的能力，因此，它对于完善个体的心理品质，促进心理健康具有积极的作用。田径竞技运动有着严格的规则和要求，个人比赛和团队比赛的成绩、名次紧密联系在一起。因此，能培养人的合作精神、责任感和集体主义思想，也有利于形成正确的世界观、人生观和价值观。田径运动是各级学校体育课程的必修内容和重要教学内容。田径类课程作为全国普通高等学校体育教育专业的九门主干课程之一，在体育教育专业课程中占有重要地位。

第三节　短跑

一、100米跑的技术

(一)起跑

起跑是由静止到启动的过程。其任务是获得向前的冲力，迅速摆脱静止状态，为起跑后的加速跑创造条件。起跑的要求是蹬腿摆臂有力，积极向前，力求以最快的速度打破平衡。

起跑器的安装：短跑竞赛要求采用蹲踞式起跑，起跑前要安装好起跑器，使两脚有牢固的支撑，并形成良好的预备姿势，以获得较快的起跑速度。常见的起跑器的安装方式有拉长式和普通式两种。

普通式：前起跑器距起跑线后沿为该运动员的一脚半长，后起跑器离前起跑器也为一脚半长。前后起跑器的支撑面与地面夹角分别为30°～45°和60°～80°，两起跑器的中轴线间隔约为15厘米。

拉长式：前起跑器距起跑线后沿为运动员的两脚长，后起跑器离前起跑器为一脚长。起跑器的支撑面与地面的夹角和两起跑器左右间隔与普通式基本相同。

短跑起跑要求采用蹲踞式，过程包括“各就位”“预备”和“鸣枪”3个阶段(图5-1)。“各就位”时，运动员应轻快地走到起跑器前，两手撑地，两脚依次踏在前、后起跑器的抵足板上，后膝跪地，两手收回紧靠起线后沿并撑地面，两臂伸直，两手间距离比肩稍宽，手指成拱形做弹性支撑，头与躯干保持在一直线上，身体重量均衡地落在两手、前脚和后膝关节之间。

图 5-1

“预备”时，逐渐抬起臀部，使身体重心向前上方移动，此时身体重量主要落在两臂和前腿之间，臀部稍高于肩，两肩稍超出起跑线。

“鸣枪”时，两臂曲肘有力地前后摆动，两腿迅速蹬离起跑器，使身体向前上方运动，后腿快速蹬离起跑器后，迅速曲膝向前上方摆出，前摆时脚掌不应离地过高，以利于摆动腿迅速着地和过渡到下一步。前腿有力地蹬伸，当前腿充分伸展髋、膝、踝三个关节蹬离起跑器时，后腿已完成前摆且积极下压着完成第一步动作。

(二)起跑后的加速跑

起跑后的加速跑是从蹬离起跑器到途中跑开始的一个跑段，一般为30米左右。它的任务是尽快加速达到最高速度，转入途中跑。

腿蹬离起跑器后，身体处于前倾姿势，为了不使身体向前摔倒，继续加速，要积极加快腿与臂的摆动和蹬地动作，以保持身体平衡。第一步的着地应尽量靠近身体重心投影点，脚着地后迅速转入后蹬(图5-2)。

图 5-2

起跑后第一步约三脚半长，第二步为四脚至四脚半长，以后逐渐增大，直至途中跑的步长。

加速跑最初几步的支撑点位于身体重心投影点的后面，这可以使后蹬的大部分力量用于提高水平速度。随着跑速的增大，支撑腿着地点位置逐渐向前移，直至在身体重心投影点前面着地。在加速跑过程中，最初几步两脚着地点并非在一条直线上，随着速度的加快，两脚着地点逐渐合于一条直线上。

加速跑时，两臂有力地前后摆动，开始几步大腿前摆幅度较大，与此相适应摆臂的幅度也较大。

(三)途中跑

途中跑是短跑全程跑中距离最长、速度最快的一段。其任务是继续发挥并保持高速度跑。一个单步由后蹬和前摆、腾空、着地和缓冲几个部分组成。

1. 后蹬和前摆

后蹬是推动人体向前的重要动作阶段。当身体重心移过支撑垂直面时，支撑腿开始积极有力地后蹬。后蹬的用力首先从伸展髋关节开始，依次蹬伸膝关节、踝关节，直到脚掌蹬离地面。(图 5-3①②③)随着支撑腿蹬地，摆动腿迅速有力地向前上方摆出，并带动同侧髋前移，大腿前摆与水平面的夹角成 15°～20°。后蹬与前摆结束时，支撑腿与摆动腿的夹角为 100°～110°，支撑腿的支点到髋关节的连线与地面的夹角为 55°～60°，支撑腿蹬离地面时与膝夹角为 150°～156°。

图 5-3

支撑腿与摆动腿的协调配合是途中跑技术的关键，正确完成蹬摆技术，特别是加快摆动腿前摆的幅度和速度，对于增大支撑反作用力、减小支撑腿的后蹬角度、增大水平速度和减小身体重心上下波动都具有十分重要的作用。

2. 腾空

腾空是支撑腿结束后蹬离地面，进入无支撑状态。(图 5-3④)此时，刚结束后蹬动作的支撑腿的小腿因蹬地后的惯性作用和大腿的摆动，迅速向大腿靠拢，形成大腿和小腿边前摆、边折叠的动作。与此同时，摆动腿大腿积极下压，膝关节放松，小腿随大腿下压的惯性向前下方摆出，做积极的下落动作。当摆动腿膝关节几乎伸直下落着地时，腾空结束。

3. 着地和缓冲

腾空结束时，摆动腿积极下压，用前脚掌富有弹性地着地。着地瞬间小腿与地面接近垂直，着地点距身体重心投影点一脚至一脚半。(图 5-3⑤⑥)摆动腿积极着地有利于缩短前支撑的时间，并能减小着地时的阻力，有利于身体重心迅速前移转入后蹬阶段。然后迅速曲膝屈踝缓冲，随着跑动惯性，摆动腿大小腿折叠，迅速向前摆动并与支撑腿靠拢。随着身体的继续前移，当身体重心位于支撑点上方时，身体重心高度几乎接近最低点，支撑腿的膝关节的夹角成136°～142°，踝背屈角度为85°～90°，身体重心刚超出支撑面瞬间，其位置处于最低点，这时膝关节和踝关节屈角最大，支撑腿伸肌形成良好的拉长压紧待发状态。(图5-3⑦⑧⑨)

在支撑腿缓冲过程中，另一侧摆动腿的大小腿折叠角处于最小状态，折叠越好，越能缩短摆动半径，减小摆动阻力，加快摆动速度，从而增大后蹬效果。

(四)终点跑

终点跑是全程跑的最后一段，应尽力保持途中跑的高速度跑过终点。终点跑的技术，要求运动员在离终点线15～20米处时，尽力加快两臂摆动的速度和增加力量，保持上体前倾角度。当离终点线前一步距离时，上体急速前倾，双手后摆，用躯干撞终点线(图5-4)，跑过终点后逐渐减速。

图 5-4

二、200米和400米跑的技术

在200米和400米跑中，有一半以上的距离是在弯道上进行的。为了适应弯道，技术上应有相应的变化。

1. 弯道起跑和起跑后的加速跑

为了便于弯道起跑后能有一段直线距离进行加速跑，应将起跑器安装在弯道跑道的右侧，起跑器对着弯道的切线方向。

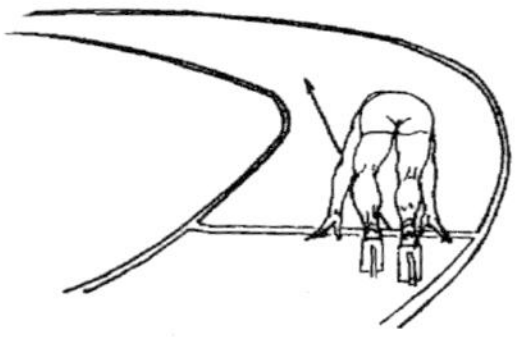

图 5-5

弯道起跑后前几步应沿着内侧分道线的切线跑进。(图5-5)加速跑的距离适当缩短，上体抬起较早。在进入弯道时，应尽可能地沿着跑道内侧跑，身体及时向内侧倾斜。

2. 弯道跑技术

运动员从直道进入弯道时，身体应有意识地向内倾斜，加大右侧腿和臂的摆动力量和幅度。弯道跑时，身体稍向圆心方向倾斜。后蹬时，右腿用前脚掌的内侧，左脚用前脚掌外侧蹬地。两腿摆动时，右腿膝关节稍向内摆动，左腿膝关节稍向外摆动。两臂摆动时，右臂前摆稍偏向左前方，后摆时肘关节稍偏向右后方；左臂稍偏离躯干做前后摆动。弯道跑的蹬地与摆动方向都应与身体向圆心方向倾斜趋于一致。

从弯道跑进直道时，应在弯道最后几步，身体逐渐减小内侧程度，自然跑几步，然后全力向前跑。

三、短跑教学的重点与难点

1. 教学重点

途中跑是短跑全程跑中，距离最长、速度最快的一段，占全程跑的60%～70%的距离。其任务是继续发挥和保持高速度跑，通过教学，不仅能够使学生掌握途中跑技术，而且能够发展学生的速度、快速力量、速度耐力等素质，提高学生的加速能力和高速度奔跑能力。因此，在短跑教学中应以途中跑技术教学为重点，在途中跑教学中，应注意双臂摆动和两腿蹬与摆的协调配合。

2. 教学难点

起跑和起跑后加速跑技术，既是短跑技术中比较复杂的部分，又是短跑技术教学的难点。这部分技术需要学生有良好的速度、力量、耐力以及灵敏、协调等素质。教学中应注意“各就位”“预备”“跑”三个过程动作的准确性及其之间的连续性。重点抓住起跑后加速跑的教学，应使其协调、连贯、积极有力，随着速度逐渐加快，逐渐增加步长，并逐渐抬起上体。

四、短跑教学步骤与方法、手段

(一)学习短跑一般知识，建立正确短跑技术概念

教师的讲解、示范和各种演示(如多媒体、录像、挂图等)等方式，使学生建立正确的短跑技术概念，了解短跑技术的要求、方法和要领及其在生活、学习和工作中的重要作用，调动学生学习短跑技术的积极性和主动性。

(二)学习直道途中跑技术

1. 建立直道途中跑技术概念

结合各种演示及教师的讲解和示范等，使学生建立正确的直道途中跑技术概念，了解直道途中跑技术的要求、方法和要领，并交代练习过程中的方法、手段和注意事项。

2. 学习摆臂技术

可在原地、慢跑、快跑中进行个人或集体的反复练习，练习中注意以肩为轴，肩部放松，大幅度前后摆臂。前摆时，一般左右不过中线，高度稍超过下颌。

3. 学习跑的专门练习

(1)小步跑

体会、改进和完善跑动时摆动腿积极下落着地的技术，发展步频。小步跑要求高重心、小步幅、快频率、有扒地，动作放松自然。动作过程是摆动腿，大腿抬起与水平线成 35°～45°，然后大腿下压，小腿随大腿下压动作惯性前伸，并很快以前脚掌积极着地，着地后膝关节伸直，骨盆前送。两臂曲肘前后摆动。

练习方法如下。

a. 两手扶器械或原地脚尖不离地的交换支撑腿练习。要求重心由一条腿移至另一条腿。

b. 由原地逐渐前移过渡到小步跑 20～30 米。要求动作由慢逐渐加快。

c. 行进间小步跑 20～30 米。

d. 小步跑过渡到正常跑 40～60 米。要求大腿逐渐抬高，步幅逐渐加大，自然过渡到正常跑。

e. 小步跑加快步频过渡到加速跑。要求同上。

(2)高抬腿跑

改进和完善跑时摆动腿高抬和下压技术，发展抬腿肌肉群力量和步频。高抬腿跑要求高重心、快频率、高抬膝。动作过程是摆动腿前摆大腿抬平，膝关节放松小腿自然下垂，然后大腿积极下压，小腿自然下落并用前脚掌着地。支撑腿髋关节、膝关节、踝关节伸直，骨盆前送。

练习方法如下。

a. 原地高抬腿跑或支撑高抬腿跑。

b. 行进间高抬腿跑 20～30 米。要求动作充分，向前移动不要过快。

c. 高抬腿跑过渡到正常跑或加速跑 40～60 米。要求过渡自然。

(3)后蹬跑

体会和完善跑的蹬摆技术和动作幅度，发展后蹬肌群力量。后蹬跑要求支撑腿快速有力蹬伸，方向要正，后蹬角要小，髋、膝、踝要充分蹬伸。摆动腿以膝领先，大腿带动髋部向前摆动，然后大腿积极下压用前脚掌着地，两臂配合前后摆动。重心移动平稳，动作轻快。

练习方法如下。

a. 原地单脚跳，两腿交换跳。体会蹬地动作。要求髋、膝、踝这三个关节充分蹬直，动作有弹性。

b. 向前上方小跨步跳，体会蹬地力量和蹬、摆动作的配合。

c. 后蹬跑 20～30 米。要求蹬、摆充分。

d. 后蹬跑过渡正常跑 40～60 米。要求过渡要自然。

4. 直道途中跑练习

a. 学习用前脚掌着地富有弹性地慢跑。要求用前脚掌着地，脚跟离地富有弹性地跑。

b. 直道 60～80 米中速跑。跑的动作应放松、协调，步幅开阔，摆臂幅度大，强调后蹬、大小腿折叠和高抬腿摆动技术。

c. 50～80 米的加速跑。体会完整的途中跑技术。

d. 30～50 米的行进间跑。强调技术动作的完整与放松。

e. 计时跑。

(三)学习蹲踞式起跑和起跑后加速跑技术

结合各种演示及教师的讲解、示范等，使学生建立正确的蹲踞式起跑和起跑后加速跑的技术概念，了解蹲踞式起跑和起跑后加速跑技术的要求、方法和要领，并交代练习过程中的方法、手段和注意事项。

1. 各种反应能力的练习

快速倒报数游戏；跳起，以双脚落地为定格的猜拳游戏(脚前后开立为剪刀，脚左右开立为布，双脚并拢为锤子)；由各种身体姿势听信号迅速跑出游戏(站、蹲、坐、卧、背向等)；不同信号形式的起跑游戏(如：口令、旗示、击掌、鸣枪等)。

2. 学习蹲踞式起跑

a. 学习起跑器的安装：起跑器的安装应以普通式为主，注意结合个人特点，要求稳固、合理，便于起跑和发力。

b. 学习蹲踞式起跑：学习“各就位”“预备”的动作，基本掌握方法后再发口令成组练习，要求同学之间相互观看和纠正错误动作，并训练学生听枪声起跑，养成公平竞争、不抢跑的习惯。

c. 学习加速跑：可先采用描点跑等形式练习，随后结合蹲踞式起跑，做 10 米、20 米、30 米的加速跑练习。在加速跑学习中，注意上体(或重心)要逐渐抬高，步幅逐渐增大，两脚落点逐渐趋于一条直线。

(四)学习终点跑技术

a. 结合各种演示及教师的讲解、示范等，使学生树立正确的终点跑技术概念，了解终点跑技术的要求、方法和要领，并交代练习过程中的方法、手段和注意事项。

b. 原地练习，站在距离终点约一步距离的地方，练习双臂后摆，上体前倾的撞线动作。

c. 在走和慢跑中练习撞线动作，可将学生分成若干小组，每组一根终点带，让学生反复练习。

d. 中速跑和快速跑 30～40 米，在终点前一步做撞线动作。开始时，先让学生各自练习，然后将速度基本相同的学生组成小组，进行成组练习，要特别注意撞线后的安全，严防摔倒或碰撞他人。

(五)学习弯道跑技术

a. 结合各种演示及教师的讲解和示范等。使学生建立正确的弯道跑技术概念，了解弯道跑技术的要求、方法和要领，并交代练习过程中的方法、手段和注意事项。

b. 在小圆圈上(半径 10～15 米)用慢速跑、中速跑和快速跑进行练习，体会和学习弯道跑技术。

c. 从直道进入弯道跑 30～40 米，体会从直道跑入弯道的技术。

d. 从弯道进入直道跑 30～40 米，体会从弯道跑入直道的技术。

e. 做全弯道跑。让学生进行 120～150 米的全弯道跑，体会进入弯道和跑出弯道的技术衔接。

f. 学习弯道安装起跑器的方法及弯道起跑后沿切线进入弯道的技术。

(六)改进和提高全程跑技术

a. 60 米全程跑。

b. 100 米和 200 米全程跑。

c. 技术评定和达标测验。

五、教法提示及注意事项

1. 明确概念，了解技术

a. 教师讲解应简明扼要，不宜分析过细，讲解时应突出途中跑技术要点，使学生明确提高短跑速度的因素是步长与步频。

b. 示范动作应力求正确，同时要使学生便于观察动作。

2. 专门练习

跑的专门练习，可以使学生反复体会短跑动作细节，帮助学生学习和完善跑的技术，同时也能有效地发展短跑专项素质，因而在教学中应大量采用这些手段。当学生基本掌握正确动作后，应要求在做完跑的专门性练习后逐步转入直道途中跑，使专门性练习与跑的技术结合起来。

3. 直道途中跑技术

a. 在直道途中跑技术教学中，应始终强调跑的动作要舒展协调、自然放松，注意正确跑的姿势，不要过多要求快速跑，也不应过早地组织教学比赛或用秒表计时。

b. 在学生较好地掌握直道途中跑技术后，可提高速度和加长距离，教学上可采用成组练习法、比赛法、追逐跑、计时跑等方法组织教学。

c. 在安排行进间跑或快速跑教学时，要强调技术动作的正确和放松。

d. 教学中教师应根据教材要求和学生的不同特点，选择观察位置(侧面、正面或背面)，也可组织学生互相观察，以提高学生分析动作和纠正错误动作的能力。

4. 起跑和起跑后加速跑技术

a. 起跑后，加速跑的第一步及随后几步的步长和动作，是起跑和起跑后加速跑的技术关键，因此在教学中应根据学生的训练水平，采用不同的辅助练习手段，如推肩起跑、“拉拖车”或拉胶皮带等抗阻力的起跑练习、用长竹竿控制起跑后加速跑身体前倾角度，还有按照步长标记跑的起跑练习、听节拍器或击掌声音加快步频的起跑练习等。

b. 在学生初步学会起跑和起跑后加速跑技术后，可以根据学生的个人特点，调整起跑器的位置和抵足板角度。

c. 在起跑技术教学中，要强调听信号(枪声或口令)起跑，提高学生的反应能力，养成不抢跑的良好习惯。

d. 在教学开始阶段，不要过早地组织教学比赛或计时跑，当学生基本掌握技术后，可适当选用上述练习手段或其他起跑方法，提高学生的兴趣，增加练习的强度。

5. 弯道跑技术

a. 弯道跑的教学是在直道短跑技术教学的基础上进行的，教学中应侧重使学生掌握弯道途中跑技术。

b. 在小半径圆圈上跑时，要求学生用慢跑、中速跑和快速跑等不同速度练习，以体会速度的快慢与身体内倾程度之间的关系。

c. 在弯道跑时要强调身体的内倾，防止只有上体向内倾斜的缺点。

d. 为了便于观察学生弯道跑技术，教师可站在跑道外侧3～5米处，由正面到侧面再到背面观察学生弯道跑的技术。

6. 终点跑技术

a. 教学中注意帮助学生掌握好终点撞线的时机，防止过早或过迟撞线抑或跳步撞线。

b. 应强调终点撞线后要逐渐减速，不能突停，以免跌倒受伤。

c. 在学生基本掌握撞线技术后，应结合全程跑技术教学进行全程跑，强调后程技术不变形，力争减小速度下降的幅度。

7. 全程跑技术

100 米或 200 米全程跑技术是直道短跑项目的完整技术，是建立在各环节技术教学基础上的。掌握全程跑技术，做好各阶段技术的衔接，是短跑技术教学的基本要求。通过全程跑技术评定和达标测验，可以检查学生学习成绩和教学效果，在技术评定和达标测验时，应结合学生个人小结、集体评议和教师讲评等形式，指出学生在短跑技术中存在的主要优缺点及今后改进的方向。

六、常见错误动作及其产生原因和纠正方法

(一)途中跑常见错误及其产生原因和纠正方法

1. “坐着跑”

(1)产生原因

a. 对后蹬动作概念不明确，在后蹬动作尚未结束时，急于完成摆腿动作。

b. 上体过于前倾，使髋关节产生补偿性后移。

c. 腰、腹肌松弛，髋关节柔韧性差，后蹬时髋部的前送不充分。

d. 支撑腿力量差，前摆不积极。

e. 移髋的速度不够。

(2)纠正方法

a. 讲清在后蹬时髋、膝、踝这三个关节的用力顺序和充分伸展动作。

b. 后蹬时，强调摆动腿前摆带动同侧髋前送。

c. 加强腰、腹肌和伸支撑腿的力量练习。

d. 身体保持正直，加快髋关节前移速度。

e. 多做高抬腿和后蹬跑练习。

2. 摆动腿前摆太低

(1)产生原因

a. 后蹬动作结束后，大小腿没有充分折叠，致使前摆半径加大，造成抬腿速度慢。

b. 后蹬动作结束时，小腿后摆幅度太大。

c. 髋关节屈大腿肌群力量不足和伸肌群不放松。

d. 上体过分前倾，限制了抬腿动作。

(2)纠正方法

a. 讲清后蹬结束后，大小腿折叠动作的重要性，并反复做大小腿折叠前摆的辅助性练习。

b. 加强抬大腿的屈肌群力量和伸肌群的柔韧性练习。

c. 反复做高抬腿练习。

3. 支撑腿与摆动腿配合不协调，动作脱节无力

(1)产生原因

a. 支撑腿蹬伸时膝关节、踝关节用力时间过早或过晚。

b. 支撑腿蹬伸和摆动腿前摆消极无力。

(2)纠正方法

a. 讲清支撑腿与摆动腿配合动作的要领。

b. 做快速跨步跳练习，要求快蹬快摆动作幅度大。

c. 弓箭步走练习，体会蹬摆时机和幅度。

d. 加阻力的拖胶轮跑，要求在有阻力情况下，加大蹬伸和摆腿的力量及二者配合。

e. 用中等速度跑，体会蹬地与摆腿协调用力。

(二)起跑和起跑后加速跑常见错误及产生原因和纠正方法

1. 抢跑

(1)产生原因

a. 有侥幸取胜的心理，猜测枪声启动。

b.“预备”姿势身体重心过分前移。

c. 竞赛时心理过于紧张，不能控制，手指和手臂的力量差。

(2)纠正方法

a. 适当调整起跑的“预备”姿势。

b. 练习手指和手臂的力量。

c. 以不同的时间间隔鸣枪，使学生养成听枪起跑的好习惯。

d. 教育学生克服侥幸取胜的想法。

2. 两腿蹬离起跑器力量不足

(1)产生原因

a. 起跑“预备”姿势时臀部抬得过高或过低。

b. 两脚没有压紧起跑器。

c. 两腿的力量差。

d. 起跑时两臂的摆动无力。

(2)纠正方法

a. 调整“预备”姿势，使身体处于最佳启动状态。

b. 提示学生双脚掌蹬紧起跑器。

c. 抗阻力起跑。

d. 加强学生腿部力量训练。

3. 起跑后加速跑时上体抬起过早

(1)产生原因

a. 起跑第一步过大，向后摆臂不积极。

b. 腰部、腿部力量不强。

c. 下肢快频率的蹬摆和积极摆臂配合不协调。

(2)纠正方法

a. 讲清起跑后加速跑动作要领。

b. 加强腿部、腰部力量训练。

c. 用胶皮带牵引做起跑后加速练习。

d. 用斜杆控制起跑后加速跑时身体的前倾角度。

第四节 耐力跑

一、起跑和起跑后的加速跑

中长跑的各阶段技术要领包括起跑、起跑后的加速跑、途中跑和终点冲刺跑。

1. 起跑

中长跑采用站立式起跑。起跑的目的是使身体迅速摆脱静止状态。

当听到“各就位”口令后，从集合线轻松地走到起跑线后，两腿前后站立，有力的脚放在前，上体前倾，两膝弯曲，两臂自然放松置于体前，颈部放松，两眼看跑进方向地面 4～5 米处，整个身体保持稳定姿势。集中注意力听枪声，鸣枪时两腿用力蹬地，迅速摆脱静止状态向前跑进。

2. 起跑后的加速跑

起跑后的加速跑是根据战术需要，采取加速，迅速占据有利的跑进位置。要求朝切线方向和有利于自己战术发挥的位置跑。加速跑时，上体前倾较大，两腿交换频率快，在较短时间内达到预定速度。起跑后的加速度是取得好的赛跑位置和名次的关键。

二、途中跑

途中跑是中长跑的主要阶段，它是运动员比赛时发挥训练水平和健身者取得锻炼效果的过程。因此，掌握途中跑技术是极其重要的。

后蹬阶段是途中跑技术的主要环节。后蹬动作应该迅速而积极，依次伸展髋、膝、踝这三个关节，后蹬角度一般为 55°左右。

当支撑腿后蹬的同时，摆动腿前摆。前摆时，小腿应自然放松，依靠大腿的前摆动作，膝关节领先并带动髋部向前上方摆出。

支撑腿离地后，人体即进入腾空阶段。因此，蹬离地面的支撑腿应该放松，依靠后蹬反作用力的惯性和大腿的向前动作，使小腿折向大腿，形成膝关节弯曲，大腿和小腿折叠动作。但是，这种折叠动作比短跑要小一些。

当摆动腿前摆结束时，大腿开始向下运动，膝关节随之自然伸直，用前脚掌在离身体重心投影点的前方一脚到一脚半处着地。前脚掌着地后，膝关节稍稍弯曲，进入垂直支撑时，再过渡到全脚掌着地。这种顺势的缓冲动作，可以减小脚着地时对身体前进产生的阻力和使人体尽快地转入后蹬。着地时，脚尖应向前，两脚足迹内缘要在一条线上。中跑比长跑的下落着地动作应积极一些。

中长跑时，上体接近垂直或稍前倾，头部正直。胸部正对前方并微向前挺，整个躯干姿势自然而不僵硬。摆臂时，肩部要放松，两臂弯曲，肘关节约成 90°角，两手半握拳，前后自然摆动。前摆时稍向内，后摆时稍向外。

中长跑时，有一半以上距离是在弯道上进行。根据弯道跑时需要有一定向心力的特点，在跑的技术上也应与短跑一样有相应的变化。但由于跑速比短跑慢，因此变化的程度也比短跑小。

三、终点跑

终点跑是到达终点前的一段加速跑。在此阶段人体已处于极度疲劳状态，应加大摆臂动作，增强腿的后蹬力量，加快步频，动员全身力量，以顽强的毅力，跑过终点。终点冲刺跑的距离应根据项目、训练水平、战术要求、个人特点和临场情况而定。通常800 米可在最后约 300 米、1 500 米在最后约 400 米、3 000 米以上在最后 400 米或更长一些距离进行冲刺跑。

四、中长跑的呼吸

合理跑的技术依赖于正确的呼吸。呼吸肌的工作与保证跑的动作的肌肉工作有密切关系。中长跑能量消耗大，机体要产生一定的氧债，为了保证机体对氧气的需求，呼吸必须有一定的频率和深度，还必须与跑的节奏相配合。一般是跑 2～3 步一呼气，跑 2～3 步一吸气，随着速度的加快和疲劳的出现，呼吸的频率有所增快，此刻应着重将气呼出，只有充分呼出二氧化碳，才能吸进更多的氧气。呼吸一般用鼻子与半张开的嘴同时进行。冬季练长跑或顶风跑时，为了避免冷空气和强气流直接刺激咽喉，应将舌尖上翘，微微抵住上颚。

在跑的途中，如出现呼吸困难、胸闷、四肢无力，产生难以坚持跑下去的感觉，这种现象被称为极点。产生极点的主要原因是由于氧气供应落后于机体活动的需要，是一种正常的生理现象。极点的反应程度与训练水平高低、运动强度大小、准备活动是否充分等有密切关系。训练水平高的运动员，内脏器官和神经系统适应性强，极点现象出现得晚，程度轻，持续时间短。跑的强度大，极点出现就早，准备活动充分，能缓和极点的反应程度，当极点产生时，一定要以顽强的毅力坚持跑下去。

五、中长跑教学重点和难点

(一)教学重点

途中跑技术是中长跑技术教学的重点。它是起跑后加速跑结束到终点之前的这段距离，在中长跑技术中，途中跑距离最长。因此，正确掌握并合理地应用途中跑技术是极其重要的。

后蹬阶段是途中跑技术的主要环节。后蹬动作应迅速而积极，后蹬结束时，髋、膝、踝这三个关节充分伸直，特别是迅速伸直踝关节，最后用脚趾蹬离地面。当一条腿后蹬的同时，另一条腿前摆。前摆时小腿自然放松，依靠大腿的前摆动作，膝部领先并带动髋部向前上方摆出。后蹬腿离地后，人体即进入腾空阶段。蹬离地面的腿积极放松，依靠后蹬反作用力的惯性和大腿的向前运动，使小腿折向大腿，形成膝关节弯曲，大小腿折叠的动作。当摆动腿前摆结束时，大腿开始向下动作，膝关节随之自然伸直，用前脚掌在身体重心投影点前较近的位置着地。前脚掌着地后，膝关节稍弯曲，进入垂直支撑时，再过渡到全脚掌着地。中长跑时，上体正直或稍前倾，胸部正对前方，整个躯干自然而不僵硬。摆臂时，以肩关节为轴，前后自然摆动。前摆时稍向内，后摆时稍向外，肘关节的角度不是固定不变的，臂处于垂直部位时的角度比向前摆时的角度大一些。

近些年来，中长跑技术有缩短腾空时间和支撑时间，特别是缩短腾空时间，从而使步频加快，步长相对缩短的趋向。

(二)教学难点

蹬与摆的配合和呼吸是中长跑技术教学的难点。

在一个跑的周期中，当身体重心移过支撑点以后，即开始后蹬与前摆的动作。这时摆动腿膝关节迅速有力地向前上方摆出，同时支撑腿在摆动腿的积极配合下，快速有力地伸展髋关节、膝关节和踝关节，最后通过脚掌过渡到脚趾蹬离地面，形成了摆动腿与支撑腿协调配合。

前摆技术是小腿自然放松与大腿自然折叠，以大腿带动小腿积极摆出。后蹬技术是首先伸展髋关节，再迅速伸展膝关节和踝关节。前摆与后蹬方向相反，后蹬是推动人体向前位移的动力，但必须有机体各部位的协调配合，特别是摆动腿积极有力地前摆，才能取得好的后蹬效果。

当极点现象出现后，要适当调整跑速，这样极点现象就会缓解，极点的克服不仅是提高训练水平和锻炼效果的过程，而且也是培养顽强意志和克服困难精神的过程。

六、中长跑教学步骤与方法、手段

中长跑技术教学，要把掌握技术和提高学生心肺功能及发展耐力素质结合起来，在一系列跑的练习中掌握中长跑技术和提高耐久能力。在教学过程中，注意采用多种教学手段，变换跑的形式，避免枯燥、单调，以调动学习的积极性。

1. 使学生了解中长跑的一般知识

通过学习，学生了解中长跑的历史、发展现状、分类与锻炼价值等，提出学习中长跑的要求和注意事项，调动学生学习中长跑的积极性和主动性。

2. 学习途中跑技术

a. 结合示范(或通过图片等直观教学)讲解途中跑技术，使学生树立正确的途中跑技术概念，了解途中跑技术的要求、方法和要领。

b. 中速放松匀速度跑 60～80 米，体会摆臂动作。要求跑得自然放松，跑的姿势正确。

c. 中等速度反复跑 100～200 米，每跑一次，休息一定的时间。要求在中速情况下体会上下肢的摆、蹬技术协调配合。

d. 快和慢的交替跑：30 米快＋20 米慢＋20 米快＋30 米放松跑，或 60 米快＋40 米慢＋40 米快＋60 米慢。要求快跑与慢跑之间的自然过渡，提高肌肉紧张和放松能力。

e. 定时定距跑：在规定的时间达到预定的距离。要求呼吸与跑的节奏协调配合，培养学生的速度感。

f. 各种弯换形式的跑、因地制宜变换环境的跑，快慢交替的四角跑，保持间距的蛇形跑，分组循环的接力跑，越野跑、坡道跑、阶梯跑等。

3. 学习起跑和起跑后加速跑技术

a. 结合示范(或通过图片等直观教具)讲解站立式起跑和起跑后加速跑技术，建立正确的站立式起跑和起跑后加速跑技术的概念，了解站立式起跑和起跑后加速跑技术的要求、方法和要领。

b. 以组为单位，在起跑线后做站立式起跑“各就位”口令的起跑预备姿势练习，听口令后做站立式起跑练习(跑出 3～5 米)。要求两脚位置正确，身体保持稳定，腿、臂蹬摆积极。

c. 站立式起跑后的追逐练习。根据水平两人(或多人)一组让 3～5 米，听口令同时起跑 50～80 米。要求在保持技术正确的前提下，全速追逐。

d. 结合 1 500 米起跑线学习站立式起跑和加速跑技术，教师讲解集合线、起跑线的位置，以口令、吹哨、鸣枪三种响声进行分组发令起跑练习(以 10 人一组为宜)。要求起跑后加速跑出 50 米后返回。

e. 结合 3 000 米和 5 000 米起跑线学习弯道上起跑后的加速跑技术。教师讲解在弯道上起跑后，抢道路线和注意事项，以口令、口哨、鸣枪三种响声进行集体发令起跑练习。要求加速跑 30 米后返回。

4. 根据学生个体特点在完整练习中改进和提高中长跑技术

a. 讲解终点跑和全程跑的要求和方法。

b. 按水平分组，由站立式起跑出发，进行 200 米、400 米或 600 米的中等速度重复跑，在最后 50～150 米处开始适当加速，以冲刺跑通过终点。

c. 全程跑：组织教学测验或比赛并进行技评。测验、比赛距离：男生 1 500 米，女生 800 米。

七、教法提示及注意事项

在途中跑技术教学时，教师应注意学生对中长跑技术主要环节的掌握。初学时，让学生按统一要求去做，随着学生对技术的理解和掌握程度的提高，应逐渐对不同水平的学生提出相应的要求。

进行起跑技术教学时，要求学生听信号快速启动。注意姿势的稳定性。开始学习站立式起跑时，必须注意在身体前倾即将失去平衡的瞬间迅速跑出。在起跑和加速跑后，不应突然降低跑速，应随惯性继续跑一段距离。弯道跑时，应尽量靠近跑道的内侧分道线跑。两眼注视跑进方向。因正确的视线方向可以保证头部和躯干的正确姿势，同时影响着地和摆臂动作。此外，还应注意抢占有利位置，防止因绊、撞等造成的伤害事故。

改进提高中长跑技术时，教师首先要鼓励学生克服困难，全力以赴地进行练习。还应从学生的实际出发，区别对待，掌握好运动量。鼓励学生在极点出现时，积极调整跑速和呼吸，以顽强的意志来战胜它。

全程跑教学时，除了要求技术动作必须正确外，还要特别强调跑得放松、平稳和注意跑的节奏，也可采用分段报时的方法来培养学生的速度感。同时，注意对学生战术意识的培养，包括全程体力分配、起跑后的加速跑及途中跑的领先跑、跟随跑、超越对手和终点冲刺的时机等。

八、常见错误及其产生原因和纠正方法

1. 抢跑和起跑后加速过快

a. 产生原因：不重视中长跑的起跑技术，身体重心过分前移，不善于分配体力，急于抢位。

b. 纠正方法：加强中长跑起跑技术练习，强调“各就位”姿势时身体重心的稳定，要教育学生遵守起跑规则，教会学生合理地分配体力和加速跑的方法。

2. 跑的动作紧张不协调

a. 产生原因：技术概念不清，不会放松肩部和腿部的肌肉，身体姿势不正确，过于前倾后仰。

b. 纠正方法：反复讲解与示范，使学生了解正确的动作过程，多做柔韧性练习，增强弱肌群的力量，使各部分肌肉力量发展平衡；多做上体保持正直的慢跑、中速跑、变速跑和跑的专门性练习，强调身体放松。

3. 身体重心起伏过大，跑的直线性差

a. 产生原因：后蹬角度太大，摆臂方向不正确，脚着地成八字形使两腿的力量不均匀。

b. 纠正方法：注意膝关节向正前方摆动，用适宜的后蹬角度跑；加强弱腿力量练习，增强手臂和肩带的力量，加强摆臂技术练习，沿跑道的白线跑，用前脚掌内侧着地。

4. 后蹬效果不好，形成“坐着跑”

a. 产生原因：技术概念不清，蹬地腿离地过早，关节灵活性和腿的柔韧性差，腿部和踝关节力量差。

b. 纠正方法：反复讲解和示范，使学生树立正确的技术概念，加强后蹬跑、跨步跳、上坡跑、支撑送髋、原地多级跳等练习，要求髋关节、膝关节、踝关节充分蹬直，强调送髋动作，加强腿部力量练习。

5. 呼吸方法不正确和跑的节奏性差

a. 产生原因：学生对跑时的呼吸方法、跑的节奏掌握不好，速度感及均匀分配体力的能力差。

b. 纠正方法：反复讲解示范，使学生了解正确的呼吸方法及跑的节奏性的重要意义。原地跑步，练习呼吸步子的协调配合，逐渐过渡到途中跑，保持呼吸和步子的协调配合。多做各种跑的练习，在练习中强调保持稳定的步长和步频以及均匀的跑速，通过分段报时的方法逐渐培养跑的速度感。

第五节 跳远

根据跳远技术的动作结构与完成动作的先后顺序，跳远的完整技术由助跑、起跳、腾空和落地 4 个技术部分所组成(图 5-6)。

图 5-6

一、助跑

跳远助跑的任务是使运动员在起跳前获得最快的水平速度，并为准确踏板和快而有力地起跳做好技术、身体和心理上的充分准备。助跑的具体要求是快速、准确、平稳、轻松、有弹性和有节奏。

1. 助跑的距离和步数

跳远的助跑距离并不是固定不变的，要根据比赛时跑道的弹性(或土质的软硬)、气候情况、风向关系、运动员的身体状况、比赛经验、心理状态等酌情进行相应的调整。

跳远助跑距离的长短，应以确保助跑任务顺利完成为依据。助跑距离过长或过短，都不利于助跑速度的充分发挥与利用，会直接影响起跳的效果。一般来说，运动员的加速能力和加速方式是决定助跑距离长短的主要因素。男子助跑距离一般为 45 米左右，跑 18～24 步，女子一般为 35 米左右，跑 16～18 步。

一般来讲，30 米和 100 米跑的成绩，可作为确定运动员助跑距离的指标之一。

表 5-5　30 米和 100 米跑用时、步数与助跑距离

30 米起跑(秒)	100 米跑(秒)	助跑步数(步)	助跑距离(米)
4.7	13.0	12	18～20
4.5	12.5	14	22～24
4.3	12.0	16	26～30
4.1	11.5	18	32～36
3.9	11.0	20	36～40
3.7	10.2	24	45～50

在助跑时，一般采用两个标志，第一个标志设在助跑的起跑线，第二个标志设在起跳板后 6～8 步的地方。

2. 助跑的方法

跑是跳的基础，跳是跑的发展与结果。如果跑不好，自然就不会跳得好。为了便于发挥助跑速度和准确踏上起跳板，应当固定助跑开始姿势。

一般助跑开始姿势有以下两种。

(1)从静止状态开始启动

一般采用两腿微曲、两脚左右平行站立的半蹲式，或两腿前后分立的站立式启动姿势开始加速助跑。1～3 步的步幅和速度变化较小，有利于提高助跑的准确性。

(2)在行进中启动

行进间先走几步或用慢跑、垫步等方法踏上第一个起跑标志点后开始加速助跑。动作比较放松、自然，有利于发挥助跑速度。由于是在动态中进行助跑，步点和速度不易控制，增加了助跑准确踏板的难度。

助跑的加速方式也有两种。

(1)积极加速方式

从助跑一开始就积极加速，并保持较高的步频。这种加速方式虽能较快地摆脱静止状态，获得较高的助跑速度。但因其助跑动作紧张，故起跳的准确性也较差。

(2)逐渐加速方式

与一般加速跑相似，是在逐渐加大步长或保持步长的基础上提高步频。加速时间较长，加速过程比较均匀平稳，跑的动作比较轻松、自然。起跳的准确性较好，每次试跳成绩也较稳定。刘易斯、鲍威尔等优秀运动员都采用这种方式。

不论采用哪种加速方式，都要在起跳前获得较高的助跑速度，有助于准确踏上起跳板和正确地进行起跳。

3. 最后几步的助跑技术

跳远最后几步(6～8 步)助跑是整个助跑技术的关键。在最后几步助跑中，既要保持高速度，又要为起跳动作做好充分准备，创造良好的起跳动作条件。这是一个难度较大的技术环节。因此，在最后几步助跑中，优秀运动员所具有的技术风格和特点，也往往体现在这一阶段。

对于最后几步的助跑技术，优秀运动员主要表现为两种技术特征：一种是最后几步的步长相对缩短，步频明显加快，形成一种快速进入起跳的助跑技术节奏。另一种是在步长相对稳定的情况下，加快步频，形成快速上板的技术特征。目前，世界优秀运动员大都采用后一种跑法。这种助跑技术有利于保持和发挥最高助跑速度，最后几步呈加速状态，使助跑和起跳的衔接更加紧密。如鲍威尔和刘易斯在 1991 年东京第三届世界锦标赛上创造世界纪录和最好成绩时，均表现出最后几步加速上板的特点。

在完成最后几步助跑时，要强调起跳前能保持跑的动作结构和放松，并保持高速度，这是现代跳远技术的一大特征。同时，强调保持较高的身体重心和最后几步的动作节奏，一般情况下，最后三步步长的比例为中、大、小(即倒数第三步中等；倒数第二步大；倒数第一步小)。例如，鲍威尔跳 8.95 米时，最后三步的步长分别为 2.42 米、2.52 米和 2.25 米；刘易斯跳 8.92 米时，最后三步的步长分别为 2.50 米、2.67 米和 2.39 米。

二、起跳

起跳的任务是改变身体重心向前运动的方向，充分利用助跑所获得的速度，在较短的时间内，创造尽可能大的腾起初速度和适宜的腾起角度(一般腾起角度为18°～24°)。起跳时腾起的速度越大，就越有可能跳出优良的成绩。优秀运动员的腾起初速度可达9米/秒以上。例如，鲍威尔的腾起初速度为9.09米/秒，刘易斯的腾起初速度为9.72米/秒。

起跳是从助跑最后一步摆动腿蹬地到起跳腿蹬离地面瞬间为止。起跳时间为0.10～0.13秒。起跳技术按其动作过程的特征分为三个动作技术阶段：起跳腿的放脚着地、曲膝缓冲和蹬伸摆动阶段。(图5-7)

图 5-7

1. 起跳腿的放脚着地(即着板)阶段

在助跑最后一步，支撑的摆动腿积极后蹬时，起跳腿积极前摆，大腿抬得比短跑时稍低一些，然后快速有力地下压。起跳脚应主动着地，这既可减少着地时的冲撞力，又为着地后身体快速前移做准备。起跳脚着地时，脚跟与脚掌几乎同时接触地面，着地瞬间，上体基本正直，小腿与地面夹角约65°，与膝关节约为175°。

起跳技术阶段的放脚着地时要用全脚掌在身体正前面着地，以产生最大的垂直分力。如果用脚跟先着地，会导致制动和停顿。另外，如果用前脚掌先着地，会导致起跳腿在着地冲击力的作用下失去稳定性并被冲击力压垮。起跳时，在身体移向腾空的过程中，要不停地向上用力，直至蹬离地面。

2. 曲膝缓冲阶段

起跳脚着板后，身体重心继续积极前移，由于助跑水平速度的作用，迫使起跳腿的髋、膝、踝这三个关节退让弯曲，这就是曲膝缓冲阶段。缓冲的作用主要在于减缓起跳过程中前支撑时期所产生的制动力，减少助跑速度的损失，迅速改变身体重心的运动方向，保证身体重心继续积极前移，为快速有力的蹬伸创造有利条件。

优秀跳远运动员在缓冲时，膝关节弯曲角度是138°～145°，如刘易斯是140°。研究结果表明，随着训练水平的提高和起跳技术的完善，起跳缓冲时，膝关节的弯曲度趋于减小。起跳时，膝关节的缓冲大小与提高蹬伸动作的幅度有密切的正相关，膝关节的弯曲度越大，起跳时间也就越长，这不利于完成爆发式的蹬伸动作，会影响起跳的效果。因此，在运动实践中要获得最大的腾起初速度，首先要重视提高缓冲动作的效果。缓冲是蹬伸的基础和前提，它决定了蹬伸时运动员的身体姿势、蹬伸效果、生理以及生物力学等条件。

3. 起跳腿蹬伸阶段

蹬伸阶段是由起跳腿膝关节最大弯曲时始至起跳脚蹬离地面瞬间止。起跳腿的蹬伸阶段是取得腾起速度的有效阶段，起跳腿蹬伸越快、越充分、越有力，获得的腾起速度就越大，成绩也就越好。

在蹬伸时，不只是强调起跳腿的蹬地动作，还要整个身体都要向上伸展，并与摆腿、摆臂和提肩等动作协调配合。当蹬伸动作结束时，运动员的身体重心应位于较高的位置，起跳腿的髋、膝、踝三个关节充分伸展，上体和头部保持正直姿势，此时身体前倾或后仰都会产生回旋或加大制动。摆动腿大腿接近水平，小腿自然下垂，双臂前后摆动，蹬地的角度为 70°～75°，并注意提肩、拔腰。

起跳中的摆动动作对于减少着地时的制动力，加大动作幅度，提高起跳速度，增强起跳效果有着十分重要的作用。因此，起跳时不仅要强调起跳腿的快速有力蹬伸，还要十分注意摆动动作，以及起跳过程中蹬与摆的协调配合。

摆动动作在不同的起跳阶段有着不同的作用。起跳开始时，向前、稍向下的摆臂动作，可以缓和起跳脚着地时的冲击，减小缓冲期的压力。但当摆动腿和臂用力向上摆时，会加剧起跳腿的肌肉紧张，提高肌肉用力的效果。当起跳动作接近完成时，臂、腿摆动突停，以产生制动，有助于将助跑获得的动量传递给身体重心，带动和提高身体重心，获得最大的腾起初速度。

三、腾空与落地动作技术

起跳离地后人体向空中腾起，并在空中完成各种动作到落坑的过程为腾空与落地动作技术阶段。腾空动作技术的任务：保持身体在运动时的平衡，为落地创造有利条件。正确的落地是为了获得理想的运动成绩，以及防止运动损伤情况的发生。

身体腾空后，在没有外力的作用下，身体重心移动的抛物线轨迹是不会改变的，但可以改变身体各部分的相对位置，利用补偿原理，为保持身体平衡和有效的落地创造条件。

跳远起跳后进入腾空，不论采用哪种空中姿势都有一个腾空步动作，腾空步可以较好地克服起跳过程中产生的身体向前旋转的问题，有利于完成起跳后的各种空中姿势。

1. 蹲踞式跳远

蹲踞式跳远动作非常简单、自然，特别适合初学者和中小学生学习。蹲踞式跳远时，运动员在空中保持腾空步的时间较长，摆动腿大腿抬得较高，膝关节的屈度大，两大腿之间的夹角也较大，同时两臂向前挥摆。腾空步后，起跳腿逐渐向摆动腿靠拢，然后两腿一起上举，使膝接近胸部，形成空中蹲踞的姿势。由于屈腿和上体前倾，下肢靠近身体重心，旋转半径较短，容易产生前旋。因而要注意上体与头保持正直的姿势，以维持身体的平衡。落地前，大腿上抬，接着小腿前伸，同时两臂向前，使腿臂动作协调一致，两臂下落，经体侧摆到体后。（图 5-8）

图 5-8

2. 挺身式跳远

起跳腾空后，摆动腿下放、伸髋向稍稍顺势前移的起跳腿靠拢。在腾空最高点时，身体充分伸展，形成挺胸展髋的姿势，两臂上举或后摆，然后收腹举腿，双腿前伸，完成落地动作。(图 5-9)

图 5-9

起跳后，保持腾空步的时间比蹲踞式的要短。腾空步后，展髋放下摆动腿，并后摆向起跳腿靠拢。腾空步开始时，两臂保持一前一后，当摆动腿放下时，两臂同时下落。然后，摆动腿继续向后运动，两臂外展，头和上体也适当同时向后运动，并挺胸展髋，使躯干成反弓形，继而收腹举腿，两臂上举，准备做落地动作。着地前，两膝向胸部靠拢，小腿和两臂前伸，增加着地的远度。

挺身式空中动作，能使体前肌肉拉长，有利于收腹举腿和前伸双腿落地。同时，挺身式在空中展体挺身姿势，与蹲踞式相比，加大了身体前旋半径，减慢了前旋的速度，这样有利于维持身体平衡和落地动作的顺利完成。

3. 走步式跳远

走步式跳远是目前效果最好的一种跳远腾空技术动作，世界大多数优秀跳远运动员都采用这种姿势。走步式跳远的优点是各种技术部分衔接紧密，动作连贯自然，便于发挥助跑速度、保持跑的节奏、快速起跳和维持身体平衡。走步式有两步半和三步半两种，是由运动员的腾空高度、滞空时间、动作速度和协调性来决定的。腾空步后摆动腿下落，继续向后运动，同时展髋、起跳腿曲膝前摆，在空中完成一个自然的换步动作，形成起跳腿在前摆动腿在后的空中跨步动作。(图 5-10)换步时，要注意保持跑的自然动作，摆动腿由曲到直向后摆动，起跳腿由直变曲，以大腿带动小腿向前摆动，摆动的动作幅度要大。完成一个换步接着做落地动作的叫两步半走步式；完成两次换步再做落地动作的叫三步半走步式。

图 5-10

走步式的摆臂方法有两种：一种是摆臂与下肢动作协调配合的自然前后摆动；另一种是摆臂和下肢动作协调配合，做直臂轮摆动作。

走步式跳远对运动员的身体素质要求较高，因此初学者掌握走步式跳远技术有一定的难度。

图 5-11

落地技术的要求：选择合理的落地技术，尽可能地推迟脚落地的时间，充分利用身体重心腾起的远度，保证身体移过着地点，防止伤害事故的发生。

着地前两腿曲膝高抬成团身姿势，大腿要主动向胸部靠拢，上体前倾。即将着地时，膝关节迅速伸直，小腿向前伸出，脚跟先接触沙面。脚跟触及沙面后，立即曲膝，骨盆前移，两臂前摆，使身体迅速前移越过落点，避免后坐使跳远成绩受到影响。(图 5-11)

四、跳远教学的重点与难点

(一)跳远教学的重点

a. 确立正确的跳远技术的整体概念。

b. 强调正确的跑的技术和合理的助跑速度，树立以速度为核心的技术理念。

c. 发展与跳远技术相关的专项身体素质。

(二)跳远教学的难点

a. 掌握快速助跑与快速起跳的跑跳衔接技术。

b. 形成具有个人技术风格的跳远技术。

五、跳远教学步骤与方法、手段

(一)树立正确的完整跳远技术概念

讲解完整跳远技术的四个组成部分，各技术部分的动作结构、特点及其任务。运用跳远技术电影、录像、多媒体教学设备以及优秀跳远运动员技术图片资料演示等直观方法，进行完整的跳远技术示范，简要讲述跳远技术理论与技术特点、要求。

(二)学习助跑与起跳相结合的技术

a. 上步做起跳模仿练习：两脚前后站立，起跳腿在后，上一步做起跳模仿练习，体会蹬和摆的协调配合与上下肢的协调配合。要求起跳脚快速着地蹬伸的同时，加大摆动腿和两臂的动作幅度和速度，做好它们之间的配合，并使身体重心迅速前移，上体保持正直。

b. 走动中做起跳模仿练习：要求起跳脚蹬伸快速有力，摆动腿和两臂的摆动配合协调，以摆动腿着地，上下肢要协调配合。

c. 连续助跑3～5步起跳后成腾空步练习：要求练习时助跑3～5步，助跑动作要轻快，并注意跑的节奏。正确完成起跳动作，要求起跳时，上体正直，挺胸、拔腰、提肩、顶头，起跳腿充分蹬伸，摆臂摆腿协调配合，成腾空步姿势，以摆动腿着地，上下协调配合。

d. 短距离助跑起跳成腾空步落沙坑练习：要求短距离助跑时，要轻快、有弹性、有节奏地向前跑进，起跳后成腾空步，以摆动腿落入沙坑，随后继续向前跑出沙坑。

e. 短、中程距离助跑结合起跳练习：要求助跑应轻快、高重心、有弹性、有节奏地加速向前跑进，强调快速助跑与快速起跳相结合，通过不同距离的助跑体会和掌握快速助跑与快速起跳之间的跑跳技术衔接，以掌握正确的起跳技术。

(三)学习腾空和落地技术

1. 学习蹲踞式跳远的腾空和落地技术

a. 原地、走动中的蹲踞式跳远模仿练习：要求做好腾空步姿势，然后起跳腿跳起向摆动腿靠拢，团身收腹举腿成蹲踞式姿势，小腿前伸，双脚同时落入沙坑。

b. 走动中由高处向沙坑或海绵垫跳下，做蹲踞式跳远的模仿动作：要求起跳成腾空步后，起跳腿快速向摆动腿靠拢，完成团身收腹举腿成蹲踞式姿势，同时小腿前伸以双脚落入沙坑或海绵垫上。

c. 短程助跑起跳的蹲踞式跳远技术练习：要求起跳成腾空步，越过一定高度的障碍后，起跳腿迅速向摆动腿靠拢，然后团身收腹举腿成蹲踞式姿势，同时小腿前伸以双脚落入沙坑或海绵垫上。

d. 全程助跑的完整蹲踞式跳远技术练习：要求助跑轻快、高重心、有弹性、有节奏地积极加速攻板起跳，起跳成腾空步后，起跳腿迅速向摆动腿靠拢，团身收腹举腿以蹲踞式姿势，用双脚落入沙坑。

2. 学习挺身式跳远的腾空和落地技术

a. 原地、走动中的挺身式跳远模仿练习：要求原地做好腾空步姿势，摆动腿下放时注意要带有弧度，展髋挺胸，两臂向下向后摆动，然后收腹举腿落地，两臂与摆动腿动作要协调配合。

b. 走动中由高处向沙坑或海绵垫跳下，做挺身式跳远的模仿动作，要求起跳做好腾空步动作后，在空中摆动腿下放，并向后摆，髋部前移，挺胸展体成挺身姿势，配合两臂动作，然后收腹举腿前伸小腿双脚落入沙坑或海绵垫上。

c. 短、中程距离助跑用跳板起跳完成挺身式跳远动作，要求助跑轻快、高重心、有弹性、有节奏地积极加速踏上跳板进行起跳，空中动作注意摆动腿的下放，挺胸展髋成挺身式姿势，两臂摆动协调配合，落地时注意收腹、举腿、前伸小腿落入沙坑。

d. 全程助跑的完整挺身式跳远练习，要求助跑轻快、高重心、有弹性、有节奏地积极加速攻板起跳，在空中注意摆动腿的下放后摆，挺胸展髋成挺身式姿势，两臂摆动协调配合，落地时注意收腹、举腿、前伸小腿落入沙坑。

3. 学习走步式跳远的腾空和落地技术

a. 原地、走动中走步式跳远模仿练习：要求原地(双杠或单杠上)、在走动中模仿走步式跳远空中换步动作，摆动腿向前向后做车轮式的大幅度摆动，模仿走步式的空中动作，体会在空中走两步半的动作过程。上体保持正直，随着迈步向前走的同时，两臂配合腿部动作做环绕摆动，上下肢摆动动作的配合要协调一致。

b. 走动中从高处向沙坑或海绵垫跳下，完成走步式跳远动作，要求起跳蹬伸充分，做好腾空步动作后，上体保持正直，在空中加快两腿的大幅度的换腿摆动动作，同时两臂协调配合，收腹举腿前伸小腿，双脚同时落入沙坑或海绵垫上。

c. 短、中程距离助跑用跳板起跳完成走步式跳远动作，要求助跑轻快、高重心、有弹性、有节奏地积极加速踏上跳板进行快速起跳，蹬伸充分，注意两腿大幅度地摆动，上体保持正直，同时两臂与两腿协调配合，收腹举腿，小腿前伸，双脚同时落入沙坑，完成走步式跳远。

d. 全程助跑完成走步式跳远的技术练习：要求助跑轻快、高重心、有弹性、有节奏地积极加速攻板起跳，起跳腾空后，上体保持正直，两臂与两腿协调配合，完成“两步半”的换腿动作，以双脚同时落入沙坑，完成走步式跳远。

(四)掌握与完善跳远的完整技术

a. 全程助跑的起跳技术练习：要求在确定助跑的距离、步数以及标志物设置的地点后，进行全程助跑练习，反复体会助跑节奏和加速上板的跑跳衔接技术。助跑应轻快、高重心、有弹性、有节奏地积极加速跑进，能较好地提高助跑速度，使助跑与起跳的跑跳衔接连贯，逐步做到跑得快、跑得准，能快速攻板起跳，并注意结合个人特点改进技术。

b. 全程助跑的完整跳远技术练习：通过全程助跑的完整跳远技术练习，逐步加快助跑速度、加大练习的难度和提高练习的强度，反复体会助跑节奏、快速上板的跑跳衔接技术和腾空与落地技术，使学生能较好地掌握跳远的完整技术。

c. 重视运用技术评定和教学比赛，加快信息反馈，改进和完善跳远技术：通过技术评定与教学比赛，客观准确地将有关信息及时反馈给学生，使学生能准确了解自己掌握技术的程度以及存在的问题和不足，有针对性地采取方法与措施，不断改进和完善学生的跳远技术动作，提高成绩。

六、教法提示及注意事项

a. 练习速度由慢到快，动作幅度由小到大，练习的助跑距离由短程助跑到中程助跑再到全程助跑。

注意事项：助跑的步长、步频应相对稳定，采用固定的助跑启动姿势和起跑加速方式，保持跑的正确姿势，以加快步频来达到和发挥较高助跑速度，并确定一个较适宜的起跳区，让学生在快速助跑的情况下进行踏板练习，逐步提高起跳的稳定性和准确性。

b. 练习时，强调快速助跑和快速起跳之间的跑跳衔接技术，强调以速度为核心的技术教学。

注意事项：采用跑的正确技术，用最快速度掌握起跳技术，最后几步助跑时身体应保持高重心，不能出现改变跑的姿势或跨步、倒小步、停顿等现象，以加快步频来达到和发挥高速助跑，起跳时要积极主动攻板，用全脚掌上板进行快速有力的跑动式起跳，上体保持正直，向前上方快速起跳。起跳应做到放脚快，蹬伸起跳快，注意提肩、拔腰、顶头以及整个身体的伸展动作，强调摆腿与摆臂的动作协调配合和上下肢动作的协调配合，尽可能获得大的腾起初速度和适宜的腾起角度，提高跳远的成绩。

c. 无论采用何种空中姿势，都要求保持上体正直，腿臂协调配合，以维持身体的空中平衡，在落地前尽量收腹举腿将腿向前伸出，获得理想的跳远成绩。

注意事项：起跳时产生向前回旋的力在腾空后仍然继续存在，腾空阶段头部、躯干、摆动腿和两臂的正确位置和技术，有利于降低身体向前回旋的速度以维持身体平衡。头部应稍微抬起，两眼由平视转为向前上方看，以保证头部位置的平稳；躯干要保持正直，任何前倾都会加速身体的前旋，影响身体的平衡；摆动腿和两臂摆动的正确动作技术以及它们之间的协调配合，能有效地保证身体的空中平衡。上述各环节动作都是在相互紧密配合中完成的。它们之间衔接得越好，配合得越协调一致，身体的平衡就越稳定，效果就越显著。落地的方式有前倒落地、侧倒落地、坐式落地、下滑式落地。但无论采用哪一种落地方式，都要掌握正确的落地技术。即要尽可能地推迟脚着地的时间，加大着地点和身体重心投影点之间的距离，避免身体向后坐在沙坑内，影响跳远成绩，并防止伤害事故的发生。落入沙坑前应收腹举腿、膝关节向胸部靠拢，然后向前伸小腿，用脚跟首先触及沙坑，身体重心迅速向前移过着地点。

d. 选择适合充分发挥个人身体素质特点和技术特长的跳远技术。

注意事项：学生在身体素质和技术特点上都各不相同，存在着一定的差异。有的速度较快，有的弹跳好些，有的起跳技术好，腿部力量较强，要根据具体情况，在选择适合个人特点的技术时，应更多地考虑如何充分利用和发挥学生自身的特点和优势，而不是盲目地模仿某一个优秀运动员的技术动作。个人的技术特点和技术风格应该是符合技术原理和正确技术的基本要求。通过全程助跑的完整跳远技术练习，使学生反复练习和体会助跑节奏、快速上板的跑跳衔接技术与腾空和落地技术，在练习中发现问题和不足，采取有针对性的改进技术的措施，不断改进和完善学生的技术动作，形成有个人技术特点的跳远技术。

七、常见错误动作及其产生原因和纠正方法

(一)助跑步点不准

1. 产生原因

a. 跑的技术不好，助跑启动方法不固定。

b. 助跑加速时步长变化大，最后几步的步长和节奏不稳定，最后一步起跳脚着板技术不正确。

c. 受气候、场地、身体机能状况和心理因素的影响。

2. 纠正方法

a. 反复进行各种跑的练习，改进跑的技术，固定助跑的启动方式和加速方式，正确使用助跑标志，掌握正确的助跑节奏。

b. 反复进行不同距离的助跑起跳练习，着重改进和掌握起跳时起跳脚的攻板放脚技术。

c. 加强在变换练习条件和练习环境的情况下的练习，提高适应能力与应变能力，以提高助跑的稳定性。

(二)助跑的最后几步减速

1. 产生原因

a. 步点不准，最后几步步长过大或过小。

b. 助跑技术概念不清楚，助跑节奏不好，害怕犯规，缺乏积极的攻板意识。

c. 跑的技术掌握不牢和体力差，缺乏快速助跑的能力。

2. 纠正方法

a. 反复进行助跑练习，要特别注意最后几步步长的稳定以及有规律地变化。

b. 明确助跑技术的概念，掌握跑的正确技术和合理的助跑节奏，提高积极向板进攻的意识，在最后几步保持较大步长的前提下，快频率上板。

c. 提高跑的技术，提升身体素质，增强快速助跑的能力，以保证加速上板的能力。

(三)起跳腿蹬伸不充分

1. 产生原因

a. 起跳时髋没有积极前送。

b. 摆动腿和两臂摆动的速度慢，幅度较小。

c. 动作不协调，起跳腿缺乏力量，快速起跳的能力差。

2. 纠正方法

a. 反复进行短距离助跑起跳练习，强调起跳时顶头、提肩、拔腰、送髋。

b. 起跳时积极加大腿和两臂摆动的速度和幅度。

c. 做各种跳跃练习，改进动作的协调性和发展腿部力量。

(四)起跳后身体前旋，失去平衡

1. 产生原因

a. 起跳时身体过于前倾。

b. 过早地向前收起跳腿。

c. 急于做落地动作。

2. 纠正方法

a. 反复进行起跳成腾空步的练习，注意起跳时头和上体的正确姿势。

b. 短、中距离助跑跳远练习，要求起跳时上体保持正直，目视前方，做好腾空步，在腾越一定距离后再做落地动作。

(五)着地时，小腿前伸不够

1. 产生原因

a. 落地前低头，上体过分前倾。

b. 腰腹力量和下肢柔韧性差。

2. 纠正方法

a. 立定跳远练习，要求落地前小腿向前伸出。

b. 跳远落地阶段，强调大腿高抬和小腿积极向前伸出。

c. 发展腰腹肌力量和下肢肌群、韧带的柔韧性。

第六节 掷实心球

实心球是一项以力量为基础，以动作速度为核心的投掷项目。投掷者用单手或双手，采用推掷、抛掷和投掷等方式，将一定重量的实心球向前、向上或向后掷出。由于实心球属于力量和速度性项目，在投掷时不仅需要正确、合理的动作方法，而且需要全身肌肉协调和爆发性地用力，才能取得一定的投掷效果。因此，投掷实心球可以发展全身(尤其是上肢)肌肉力量和爆发力，改善中枢神经系统的调节机能，有效提高投掷能力，并能培养学生坚毅、顽强的意志品质。

掷实心球包括单手或双手的推掷、抛掷、投掷等，现将掷实心球的各种方法叙述如下。

一、单手肩上向前推实心球

1. 持球和预备姿势(以右手持球为例)

右手持球放于肩上，左臂自然向前上举或扶于球前防止球滑落。身体侧对投掷方向，向右倾斜并转体；两脚左右(或前后)开立比肩稍宽，两膝稍屈，躯干伸直，重心移至右腿上。(图 5-12①)

2. 推球方法

两腿膝、踝关节快速用力蹬伸，向投掷方向蹬转送髋，上体转向投掷方向，抬头挺胸，右臂同时快速用力向前上方伸直，将实心球向前上方推出。(图 5-12②)球将出手时，做屈腕和手指拨球动作。这个练习可两人一组，一人推球，一人接球，然后交换练习；练习者也可对着网或墙投掷。

①　②

图 5-12

二、单手肩上向前掷实心球

1. 持球和预备姿势(以右手持球为例)

右手持球放于肩上，左臂向前上方伸出。身体侧对投掷方向，两脚左右开立(或前后开立)比肩稍宽，两膝稍屈。(图 5-13①)

2. 掷球方法

原地或者助跑 3～6 步后，两腿快速用力蹬伸并迅速挺胸转体，右臂同时持球经肩上方快速用力向前挥直，“鞭打”、收腹，将实心球向前上方掷出。(图 5-13②)注意做好躯干和投掷臂的鞭打动作，球将出手时，做屈腕和手指拨球动作。这个练习可两人一组，一人掷球，一人接球，然后交换练习；练习者也可对着网或墙投掷。

①　　②

图 5-13

三、单手侧向掷实心球

1. 持球和预备姿势(以右手持球为例)

右臂伸直并托球放于体侧，左臂微屈于体前，目视投掷方向。身体侧对投掷方向，两脚左右开立比肩稍宽，躯干向右倾斜，重心落在弯曲的右腿上，左腿自然伸直，且左脚用前脚掌内侧着地。(图 5-14①)

2. 掷球方法

右腿快速用力蹬伸，转髋、挺胸、身体重心前移，做好左侧支撑(左肩、左髋、左脚在同一条垂线上)。与此同时，上体转向投掷方向，右臂翻转到右肩后上方，紧接着右臂持球经肩上方快速向前挥直，将实心球向前上方掷出。(图 5-14②)这个练习可两人一组，一人掷球，一人接球，然后交换练习；练习者也可对着网或墙投掷。

①　　②

图 5-14

四、双手体前向上抛实心球

1. 持球和预备姿势

两臂伸直，两手托球放于体前。两脚左右开立比肩稍宽，两膝稍屈，躯干稍前倾。

2. 抛球方法

两腿髋、膝、踝三个关节用力蹬伸，背肌收缩；同时快速用力向上挥臂，将实心球向上方抛起。(图 5-15)球将离手时应做屈腕和手指拨球动作，以提高球的出手速度。球下落时，可用手或前臂去接球。

图 5-15

五、双手胸前向上推实心球

1. 持球和预备姿势

两臂弯曲，两手托球放胸前。两脚左右开立比肩稍宽，两膝稍屈，躯干伸直。

2. 推球方法

两腿膝、踝关节快速用力蹬伸，与此同时，快速用力向上伸直两臂，将实心球向上方推起。(图 5-16)球将离手时，应做屈腕和手指拨球动作。球下落时，可用手或前臂去接球。

图 5-16

六、双手体前胯下向前抛实心球

1. 持球和预备姿势

两臂伸直，两手托球放于体前或胯下，目视投掷方向。两脚左右开立比肩稍宽，两膝弯曲，躯干前曲。(图 5-17①)

2. 抛球方法

两腿膝、踝关节快速用力伸直蹬地，背肌收缩；同时快速用力向前上挥臂，将实心球向前上方抛出。(图 5-17②)球将离手时，应做屈腕和手指拨球动作。这个练习可两人一组，一人抛球，一人接球，然后交换练习；或练习者对着网或墙投掷。

①　　②

图 5-17

七、双手胸前向前推实心球

1. 持球和预备姿势

两臂弯曲，肘关节外展，两手托球放于胸前。面对投掷方向，两脚左右开立(或前后开立)比肩稍宽，两膝稍屈，躯干伸直。(图 5-18①)

2. 推球方法

推球时双腿先弯曲，上体适度后倾，两腿膝、踝关节快速用力伸直蹬地；同时挺胸，快速用力向前上方伸臂，将实心球向前上方推出。(图 5-18②)球将离手时，应做屈腕和手指拨球动作。这个练习可两人一组，一人抛球，一人接球，然后交换练习；练习者也可对着网或墙投掷。

图 5-18

八、双手头后向前掷实心球

1. 持球和预备姿势

两臂曲肘，肘关节外展，两手持球后下方于头后。面对投掷方向，两脚左右开立(或前后开立)比肩稍宽，两膝稍屈，躯干稍向后曲。(图 5-19①)

2. 掷球方法

原地或者助跑 3～6 步后，两腿膝、踝关节快速用力蹬伸，体前肌肉收缩，与此同时，快速用力向前挥直两臂，将实心球向前上方掷出。(图 5-19②)球将离手时，应做屈腕和手指拨球动作。这个练习可两人一组，一人掷球，一人接球，然后交换练习；练习者也可对着网或墙投掷。

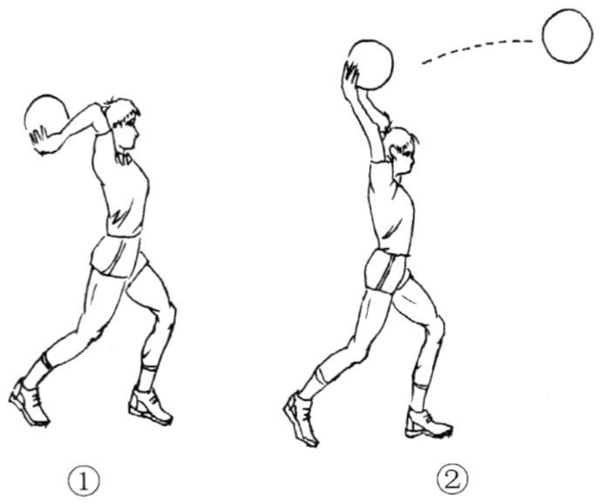

图 5-19

九、双手体前胯下向后抛实心球

1. 持球和预备姿势

两臂伸直，两手托球后放于体前胯下。背对投掷方向，两脚左右开立比肩稍宽，两膝稍屈，躯干前曲。（图 5-20①）

2. 抛球方法

两腿髋、膝、踝三关节快速用力蹬伸，背肌收缩，与此同时，快速用力向后上方挥臂，将实心球向后上方抛出。（图 5-20②）球将离手时，应做屈腕和手指拨球动作。这个练习可两人一组，一人抛球，一人接球，然后交换练习；练习者也可对着网或墙投掷。

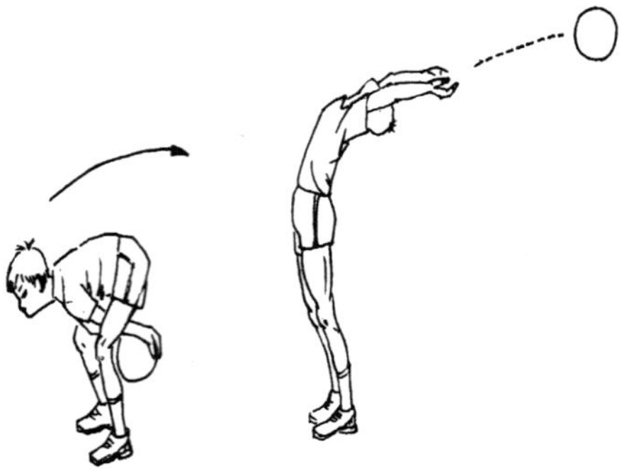

① ②

图 5-20

十、双手体前经体侧向后抛实心球

1. 持球和预备姿势

两臂微屈，两手持球放于体前左（右）下方。背对投掷方向，两脚左右开立比肩稍宽，两膝稍屈，躯干前倾。（图 5-21①）

2. 抛球方法

两腿髋、膝关节快速用力蹬伸，体右（左）侧肌收缩，以左（右）腿为轴，旋转一周，与此同时，快速用力向右（左）后方挥臂，将实心球由体前左（右）下方经体右（左）侧从体前抛出（如同掷链球方法抛出）。（图 5-21②）球将离手时，应做屈腕和手指拨球动作。这个练习可两人一组，一人抛球，一人接球，然后交换练习；练习者也可对着网或墙投掷。另外，为了均衡发展身体，应两边轮流做，即向左后方抛一次，再向右后方抛一次。

① ②

图 5-21

十一、双手跪姿投实心球

1. 持球和预备姿势

练习者两膝跪立，面对投掷方向，双手握住实心球，置于头后上方，肘关节弯曲，上体适度后仰。（图 5-22①）

2. 投球方法

体前肌肉收缩，然后躯干带动双臂快速用力向前挥直，向前上方将球投出，

① ②

图 5-22

出手角度 36°。(图 5-22②)这个练习可两人一组，一人投球，一人接球，然后交换练习；练习者也可对着网或墙投掷。

十二、双手头后经胯下向后抛实心球

1. 持球和预备姿势

两臂曲肘，两手持球放于头后。背对投掷方向，两脚左右开立(或前后开立)比肩稍宽，两膝稍屈，躯干稍向后曲。(图 5-23①)

2. 抛球方法

两腿膝、踝关节快速用力蹬伸；曲体，收腹，用力快速将球从两腿中间向后抛出。(图 5-23②)目的是练习上肢的鞭打动作。这个练习可两人一组，一人抛球，一人接球，然后交换练习；练习者也可对着网或墙投掷。

图 5-23

十三、常见错误动作及其产生原因和纠正方法

(一)投掷实心球时，手腕、手指无力

1. 产生原因

持球手指过于放松，手指、手腕力量差。

2. 纠正方法

要求持球握球时两手手指应适度紧张，可以用铅球进行抓握练习；注意发展手指和手腕力量。

(二)投掷实心球时两个肘关节过早下降或摔小臂现象，造成出手角度过小

1. 产生原因

球出手时肩部前移过早，上臂用力不当，使球出手点低，投掷近。

2. 纠正方法

两个肘关节不能过早弯曲，投球时不能低头，眼看前上方。

(三)投掷实心球时腰腹收缩与两臂用力不协调

1. 产生原因

投掷时单纯用两臂力量将球投出，腰腹没有协调做动作。

2. 纠正方法

先进行徒手练习，注意蹬地，收腹，投球协调；由轻球到重球进行练习。

第六章

足 球

第一节 足球运动概述

足球运动是一项以脚支配球、两队相互对抗、激烈竞赛的一种球类运动项目。足球运动是世界体育运动中开展范围最广、影响最大的运动项目之一，被誉为“世界第一运动”，深受世界各国人民的喜爱。足球比赛以其特有的魅力吸引了成千上万的现场观众和数以亿计的电视观众，吸引了成千上万的青少年和成年人的积极参与。足球运动的历史悠久，据史书记载，公元前475年战国时期我国就有被称为“蹴鞠”的以脚支配球的游戏，到了唐代还在女子中盛行。（图6-1）现代足球运动始于英国，1863年，英国成立了第一个足球运动组织——英格兰足球协会，从那时起正式称此项运动为足球。

汉代宫苑内校阅蹴鞠竞赛示意图

汉代训练场军队的蹴鞠竞赛图

汉代蹴鞠场地及竞赛图

图6-1

足球比赛具有强烈的对抗性，规则允许合理冲撞，有助于培养竞争的观念和顽强的拼搏精神。足球技术、战术复杂，掌握动作的难度大，有助于集体意识、团队精神和抗干扰能力的培养。由于足球比赛场地大、时间长，所以参加足球锻炼有助于强身健体和培养持之以恒的意志品质。同时，足球运动对促进个性发展，形成良好道德品质、正确对待胜负的心理品质以及培养相互交流、组织协调能力都能起到积极的作用。所以在强调素质教育的今天，参加足球运动具有特殊的现实意义。

目前，国际上规模较大的足球比赛有两种：一种是由国际足球联合会举办的，每四年一次的世界足球锦标赛。这是水平最高、影响最大的世界性足球比赛，也就是俗称的世界杯。另一种是奥林匹克运动会的足球赛。为了培养后备力量，国际足联还从 1977 年起，举办两年一届的世界青年足球锦标赛；从 1981 年起，举办世界少年足球锦标赛。现代女子足球运动于 16 世纪初始于英格兰。1890 年，英格兰首次举办了有一万多人观看的女子足球赛，并于 1894 年建立了女子足球俱乐部。现在足球运动已经成为亿万人民喜爱的世界第一的运动。

第二节 足球基本技术

足球技术是运动员在比赛中，有目的、有意识地运用脚和规则允许的身体的各个部位去合理地支配球的完整的动作方法的总称。它是在比赛过程中逐步形成、发展和完善起来的。技术是完成战术配合的基础，是足球比赛的最基本组成单位。随着足球运动的不断深入发展，足球技术正向着全面、快捷、准确、实用和可欣赏性发展。

一、踢球

踢球是球员进行比赛活动的主要技术手段，传球和射门是主要体现形式。任何一种踢球技术的动作过程都包括助跑、支撑、摆腿、击球和随前动作这五个环节。

(一)脚内侧踢球(脚弓)

脚内侧踢球的特点是：脚接触球的面积大，易控制出球方向，传球较准确。因此，它适用于近距离传球配合和射门。

1. 踢定位球

直线助跑，支持脚踏在球的侧后方 15 米左右处，膝关节微曲，脚尖指向出球方向，踢球腿为大腿带动小腿，加快小腿的摆速，由后向前摆动，在前摆过程中曲膝外转 90°，使脚掌与地面平行，脚腕用力绷紧，用脚内侧部位击球的中后部。(图 6-2)

图 6-2

2. 踢地滚球

踢地滚球时，运动员要通过考虑来球的速度、方向以及摆腿时间，来确定支撑脚的选位，保证踢球腿能顺利地摆腿发力。

3. 踢空中球

踢空中球时，运动员要判断球的落点，大腿要抬起，小腿拖后，利用小腿加速前摆击球。摆腿的时间与来球速度对应，根据需要调整击球部位。

(二)脚背内侧踢球

脚背内侧踢球适用于中、远距离传球和射门。比赛中常用脚背内侧踢定位球，传过顶球或转身踢球。

踢定位球时，斜线助跑方向与出球方向约成45°角，支撑脚以脚掌外沿着地，踏在球的侧后方20～25厘米处，膝关节微曲，支撑脚脚尖指向出球方向，并踏在球的横轴(与出球方向垂直的横轴)的延长线上，身体稍向支撑脚一侧倾斜，在支撑脚着地的同时，踢球腿以髋关节为轴，大腿带动小腿由后向前摆。在身体转向出球方向，膝盖摆到接近球的内侧上方刹那，小腿做爆发式前摆，脚尖稍向外转，脚面跖屈，脚趾紧扣，脚尖指向斜下方，以脚背内侧踢球的后中部(要求出高球时，击球后下部)。踢球后，踢球腿随球继续前摆，两臂外展以维持身体平衡。(图6-3)

图 6-3

(三)脚背正面(正脚背)踢球

脚背正面踢球适用于中长距离传球和射门。足球比赛中常用脚背正面踢定位球、空中球、反弹球和倒勾球。

踢定位球时，直线助跑，最后一步稍大，支撑脚踏在球的侧方10～15厘米处，脚尖正对出球方向，膝关节微曲；同时踢球腿向后摆起，膝弯曲，在支撑脚着地的同时，以髋关节为轴，大腿带动小腿由后向前摆，在膝盖摆至接近球的垂直上方的一刹那，小腿加速向前摆，脚背绷直，脚趾扣紧，脚背正面击球的中后部，踢球后，踢球腿随球继续向前摆。(图6-4)

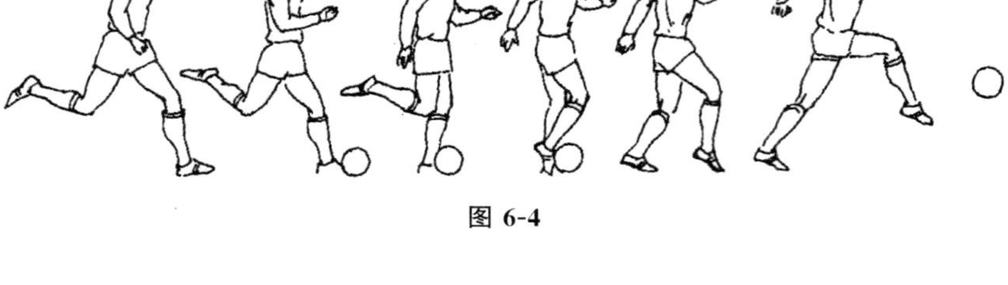

图 6-4

（四）脚背外侧踢球

脚背外侧踢球的特点是：难度大，运用范围广，变化多，突然性强，适用于中、远距离的传球和射门。

踢定位球时，直线助跑，最后一步稍大，支撑脚踏在球的侧方 10～15 厘米处，脚尖正对出球方向，膝关节微曲；同时踢球腿向后摆起，膝弯曲，在支撑脚着地的同时，以髋关节为轴，大腿带动小腿由后向前。在踢球的一刹那，摆动腿的膝关节和脚尖内转，脚背绷直，脚趾向内扣紧，用脚背外侧击球的后中部，踢球后，踢球腿顺势前摆着地。脚背外侧踢球。（图 6-5）

图 6-5

（五）踢球练习方法

1. 踢定位球练习

a. 熟悉动作要领，做各种踢球的模仿练习。

b. 一人用脚底踩在球的前上部，另一人做跨一步助跑踢球练习，练习触球的部位和支撑脚的选位。

c. 踢空中吊球。

d. 对墙踢定位球，距离由近到远，力量由小到大。

2. 两人对面进行各种方法和移动的踢球练习

a. 原地踢静止的定位球；

b. 向前跨一步和助跑踢定位球；

c. 原地踢由正面来的地滚球；

d. 向前跨一步和迎球助跑踢地滚球；

e. 向左右移动踢正面来的地滚球；

f. 原地踢自抛的空中球和反弹球；

g. 原地和助跑踢对面抛来的空中球；

h. 向左右移动踢对面抛来的空中球；

i. 两人一球，相距 25 米，用脚背内侧踢过顶球。

3. 跑动中踢球练习

a. 迎面跑动传球；

b. 迎面接传球，向前跑动再传球；

c. 迎面跑动碰墙式传球；

d. 斜传直跑或直传斜跑接传球；
e. 横直传球，交叉跑动；
f. 交叉跑动接传球；
g. 三人一组传球；
h. 三人一组跑动传球；
i. 五角形跑动传球；
j. 各种踢球射门。

小知识

1. 踢球的动作方法还有脚尖和脚跟，这与队员的球性有直接关系。

2. 运动员夏季训练比赛时，应适当地补充一些淡盐水，因为大量的出汗会使身体的盐分流失，出现脱水现象。

3. 在人造草坪上踢球要注意挫伤的处理，清洗创面冷敷。

二、停球

(一)脚内侧停球

支持脚正对来球，膝关节弯曲，停球腿曲膝外转并向前迎。在脚与球接触前的一刹那开始后撤，在后撤过程中用脚内侧接触球，把球控制在下一动作需要的位置。(图 6-6)

(二)脚底停球

支持脚站在球的侧后方，膝盖微微弯曲，脚尖正对来球，同时将停球脚提起，膝关节自然弯曲，脚尖翘起高过脚跟，踝关节放松，用脚前掌触球的中上部。(图 6-7)

图 6-6

图 6-7

(三)脚背正面停球

停球脚提起迎球，以脚背正面对准下落的球。在脚背与球接触前的一刹那开始下撤，在下撤过程中用脚背正面接触球的底部，小腿和脚腕放松，使球落在体前适当的位置。

(四)大腿停球

面对来球，停球腿大腿抬起，以大腿中部对准下落的球，肌肉适当放松。在大腿与球接触的一刹那，大腿迅速后撤，使球落于下一个动作需要的位置。(图 6-8)

图 6-8

(五)胸部停球

面对来球站立，两脚左右或前后开立，两膝微曲，重心置于支撑面内，上体后仰，下颌微收，两臂自然展开，维持身体平衡。接触球的瞬间，两脚蹬地，膝关节伸直，用胸部轻托球的下部使球微微弹起于胸前上方。

(六)练习方法

一是停迎面地滚球：两人对面站立，一人踢(抛)地滚球，另一人迎上停球。

二是用各种停空中球的方法自抛自停空中球。

三是两人互抛互接空中球，逐渐改变球的弧度、落点，使停球者练习移动停球。

四是队员互相传高球，练习停空中球。

三、头球

(一)原地头球

身体正对来球，两脚前后开立，膝关节微曲，上体后仰，重心放在后脚上，两臂自然张开，两眼注视来球。当球运行至身体垂直部位前的一刹那，后脚用力蹬地，收腹，迅速向前摆体，身体重心由后脚移向前脚。在球运行到身体垂直部位前的一刹那，用前额正面顶球的后中部(图 6-9)，然后上体继续随球向前送。(图 6-10)

图 6-9

图 6-10

（二）跳起头球

原地双脚起跳时，两腿先弯曲，重心下降，然后两脚用力蹬地跳起，同时两臂肘上摆。在跳起上升的过程中，上体要挺胸展腹，两臂自然张开，两眼注视来球。在跳到最高点准备顶球时，身体成背弓形，在球运行到身体的垂直部位前的刹那，收腹，上体快速前曲，用前额正面将球顶出。顶球后，两腿同时自然曲膝，曲踝落地。（图 6-11）

图 6-11

（三）练习方法

一是做各种顶球模仿练习。

二是一人双手持球至适当高度，另一人用额正面、额侧面顶球，领会顶球时接触部位和击球点。

三是利用吊球练习，改变吊球架上足球的高度进行各种顶球的练习。

四是自抛和互抛顶球，自己向空中抛球，待球下落时练习顶球，两人一组，一人抛球，一人顶球。

五是个人连续顶球，顶起的高度可不断调整。也可 3～4 人围成一个小圈连续顶球。

四、运球

（一）脚背正面运球

跑动时，身体自然放松，上体稍向前倾，两臂自然摆动，步幅不要过大，运球脚提起时，膝关节弯曲，脚跟提起，脚尖下指，用脚背正面推拨球前进。（图 6-12）

图 6-12

(二)脚背外侧运球

跑动时，身体自然放松，上体稍前倾，两臂自然摆动、步幅要小些。运球脚提起时，膝关节弯曲，脚跟提起，脚尖稍向内转，用脚背外侧推拨球。

(三)脚背内侧运球

跑动时，身体自然放松，步幅要小些，上体前倾，并稍向运球方向转动。运球脚提起时，膝关节稍弯曲，脚跟提起，脚尖稍向外转，用脚背内侧推拨球。

(四)脚内侧运球

运球时，支持脚向前跨出一步，踏在球的侧前方，膝关节稍弯曲，上体前倾并竖向转动，随着身体的向前移动，运球脚提起，用脚内侧推球的中后部。(图 6-13)

图 6-13

(五)练习方法

1. 原地带球

a. 两脚脚内侧左右拨球。

b. 脚底向左右拖拉球。

c. 连续做脚背内侧扣球、脚背外侧拨球练习。

2. 行进间带球

a. 慢跑中用各种脚法进行直线运球。

b. 沿中圈做顺、逆时针两脚不同部位的带球练习。

c. 绕“8”字带球。

d. 用各种不同的脚法做扣、拨、拉的动作，做曲线变速、变方向带球动作。

e. 快速直线带球做急停急转。

f. 多人在中圈内变向自由带球。

g. 带球绕杆。

3. 带球过人

a.“捅”球过人。

b. 变速带球过人。

c. 拉球后推球过人。

d. 左脚向左跨一步，右脚向右拨球过人。

e. 右脚脚背内侧向内带球，突然改用外脚背向右拨球过人。

f. 利用上体左右虚晃和左右跨步动作扣、拨球过人。

4. 护球练习

a. 两脚交替做向后拉球或向前推球练习。

b. 侧身跑，用脚底连续拖球练习。

c. 一对一护球和抢球练习。

五、抢截球

（一）抢球

用规则允许的条件和动作把对方控制的或将要控制的球夺过来，踢出去或破坏掉。

1. 正面跨步抢截球

两脚前后开立，两膝稍弯曲，身体重心下降，重心平均落在两脚上，面向对手。对手运球，当脚触球即将着地或刚着地时，一脚立即用力蹬地，抢球脚以脚内侧对正球并向球跨出一步，另一只脚立即向前跨，变成支撑脚，如果双方的脚同时触球，则要顺势向上提拉，使球从对方脚背滚过，身体要迅速跟上，把球控制住。（图 6-14）

图 6-14

2. 侧面合理冲撞抢截球

当与对手并肩跑动时，身体重心稍向下降，同对方接触一侧的臂要紧贴身体，当对方靠近自己一侧的脚离地时，用肘关节以上部分，冲撞对方相应部位，使对方失去平衡而离开球，乘机将球控制住。（图 6-15）

图 6-15

（二）截球

选择适当的位置和时间，从对方背后突然插上，果断快速地做踢、顶、铲和接球等动作，把对方队员之间传出的地滚球和空中球抢截下来或破坏掉。

（三）堵球

在没有把握抢截球的情况下运用的一种手段。两脚前后开立，两膝稍弯曲，身体重心下降，重心落在两脚上，面向对手，两眼注视对手的下肢动作，随着球的变化，迅速调整防守重心。

(四)铲球

铲球是倒地抢球的一种技术。一般在对手接球前或带球过程中来不及用其他方法抢球时采用。在控球者拨出球的一刹那，或当对手接球时，左脚用力蹬地成跨步，以抢球脚（右脚)的外侧沿地面向前滑出，用脚掌将球蹬出，用脚尖或脚背踢或捅出，然后小腿外侧、大腿外侧和臀部依次着地。

(五)练习方法

一是两人一球，一人脚前放定一个球，另一人做抢球练习。

二是两人一组，相距 4～6 米站立，中间放一球。按教师的手势，两人同时做向前跨步抢球动作。

三是两人一组，相距 10 米，一人带球直线向前，另一人做正面跨步抢球。

四是两人一组，一人直线带球，另一人从侧面做冲撞抢球练习。

五是一人持球做背身护球，另一人在后面堵抢，做一对一的攻防练习。

六是一人一球，将放在前面某一位置，练习者选择适当位置站立，原地蹬出做铲球练习。

七是一人直线运球前进，另一人由后追赶至适当位置，抓住时机进行铲球练习。

六、掷界外球

(一)原地掷界外球

面对出球方向，两脚前后或左右开立，膝关节弯曲，上体后仰成背弓状，重心移到后脚上(左右开立时，重心在两脚间)，两手自然张开，拇指相对，持球的侧后部，曲肘将球置于脑后。掷球后，后脚用力蹬地，两腿迅速伸直，身体重心由后腿移到前脚，收腹曲体，同时两臂急速前摆，当球摆到头上时用力甩腕将球掷入场内。掷球时，后脚可沿地面向前滑动，两脚均不得离地或踏入场内(但允许踏在线上)。(图 6-16)

图 6-16

(二)助跑掷界外球

双手持球于胸前，在助跑迈出最后一步时，上体后仰或背弓，同时将球上举至脑后，掷球时的动作与原地掷界外球动作相同。助跑掷界外球主要是能用助跑的速度把球掷得更远。

七、守门技术

(一)接地滚球

1. 直腿式接球

两腿自然开立，脚尖正对来球，上体向前倾，两臂自然下垂，两手小指靠近，手掌稍向前迎球，两手接球的后底部。在手触球的一刹那，立即后引、曲肘、曲腕，两臂靠近，将球抱于胸前。(图 6-17)

图 6-17

2. 单腿跪撑式接球

身体正对来球，两腿前后开立，前腿弯曲支撑身体重心，后腿跪立，膝盖接近地面靠近前脚脚跟，上体向前倾，手臂下垂，手掌对准来球，稍向前迎，两手接球的后底部。在手触球的一刹那，两手后引，曲肘，曲腕，两臂靠近将球抱于胸前，然后起立。(图 6-18)

图 6-18

(二)接平直球

身体正对来球，两脚左右开立，上体稍向前倾，两臂下垂并曲肘前迎，两手相靠，手掌对球，在接触球的一刹那，两臂后引并曲肘，顺势将球抱于胸前。(图 6-19)

(三)接高球

当判断好球在空中运行路线和确定接球点后，迅速移动并跳起，两臂上伸迎球，两手拇指相靠，手掌对着球。当手触球时，手腕和手指适当用力将球接住，同时曲肘，回缩并下引，顺势翻掌将球抱于胸前。(图 6-20)

图 6-19

图 6-20

(四)发球

守门员获得球后迅速将球发出，使本队由守转攻。发球技术分手抛球和脚踢球两种。

(五)练习方法

一是守门员按教师的手势做左右或前后的移动练习。

二是接同伴抛来或踢来的地滚球、平直球和高空球。

三是守门员接自己对着墙掷出或踢出的各种反弹回来的球。

四是守门员在移动中接教练员抛或踢向球门侧面的，或接教练员抛向守门员前面不到位的平球或高球。

五是在沙坑或垫子上做扑固定球的练习。

六是守门员扑接各种从不同方向传射来的球。

七是守门员单手持球于肩部后上方，挥臂将球抛出。

八是守门员单手持球于一侧腰部以下，挥臂将球沿地面抛出。

九是守门员助跑几步，同时将球向体前轻抛，做踢凌空球的练习。

十是守门员助跑几步，同时将球向体前轻抛，待球落地弹起时，做踢反弹球练习。

十一是守门员练习脚背内侧踢定位球。

第三节 足球基本战术

足球战术是指在足球比赛中，球队为了战胜对方，根据主客观情况所采取的个人行动和集体配合的方法。它包括进攻战术与防守战术。

一、进攻战术

(一)个人进攻战术

个人进攻战术是指队员在比赛中为了战胜对方，完成全队进攻战术任务所采取的行动。个人战术重点介绍摆脱与跑位。

1. 摆脱

摆脱的方法可以采用突然起动、冲刺跑、急停、突然变向、突然变速和假动作等。

2. 跑位

跑位可以起到接应、策动、牵制和突破等作用。跑位的作用是随着场上情况的变化而不断互相转化的，因此，队员应机动灵活，多谋善变，既勤于跑位又善于跑位，做到一举多得。

(二)局部进攻战术

局部进攻战术是指在局部区域，2名或3名队员通过传带球跑位配合，突破1名或2名防守队员的方法。比赛中经常采用的局部进攻配合有传切配合、二过一战术配合、交叉掩护配合等。

1. 传切配合

传切配合是指控球队员直接将球传给空切的队友。

2. 二过一战术配合

二过一战术配合是指在局部地区，两名进攻队员通过两次传递和跑位突破一名防守队员的配合。

3. 交叉掩护配合

交叉掩护配合是指队员运球逼近防守队员时，无球接应队员快速交叉跑动接队友的球，甩掉防守队员的紧逼。远距离的空当传球时，若突破接应的队员速度快，补位的防守队员离得也较远，传球的力量就要大些，以利于发挥突破队员的速度。

(三)全队进攻战术

全队进攻战术是指进攻的面比较广，投入的人数比较多的进攻配合。重点介绍边、中路进攻。

1. 边路进攻

从半场两侧地区发动的进攻为边路进攻。

2. 中路进攻

从场地中间地带发动的进攻为中路进攻。中路进攻主要通过中锋，内切的边锋或插上的前卫运用个人突破、“二过一”配合等方法达到射门得分的目的。

二、防守战术

(一)个人防守战术

1. 选位

防守队员选择的位置，原则上是站在对手与本方球门中心所连接的一条直线上，与对手的距离根据场区以及球所处的位置来决定。另外，防守者的选位还应使自己能够清楚地观察到场上情况和球的移动方向，使球和人都能处于自己的视野之内。(图6-21)

2. 盯人

盯人是指防守者本身所处的位置能够限制、看守对手的活动，达到及时地封堵对手接球或传球路线的目的。

(二)局部防守战术

保护与补位是局部地区集体防守的基础，保护是补位的前提，没有保护就不可能有效地补位。防守队员补同伴在防守中出现的漏洞称为补位，是防守队员间相互协助的集

体防守战术。（图 6-22）

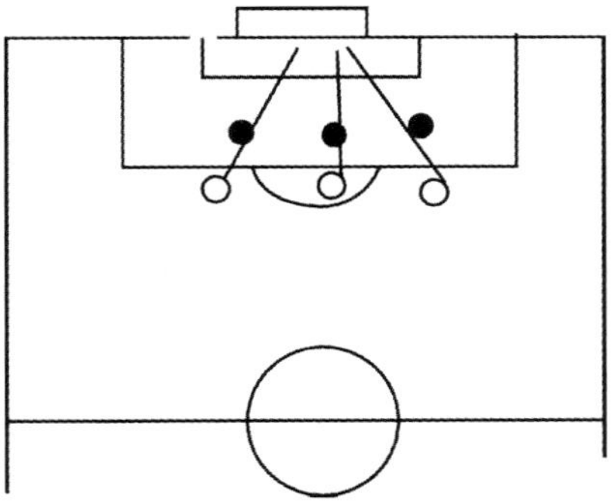

图 6-21

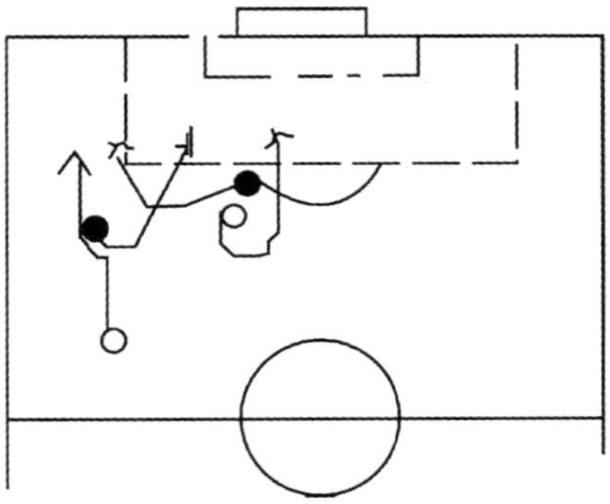

图 6-22

(三)全局防守战术

全局防守战术包括盯人防守、区域防守、混合防守三种。混合防守战术就是盯人防守和区域防守相结合的防守方法。混合防守是目前世界各国所采用的一种防守战术，它集中了盯人防守和区域防守两者的优点，从而在防守中能够根据场上情况进行逼抢、盯人和补位，以达到稳固防守的目的。全局防守战术包括延缓对方进攻，快速退守到位，保持防守层次，紧逼盯人，严密封堵球门前 30 米范围，是全体队员集体防守的关键。

三、定位球战术

定位球战术包括中圈开球、球门球、角球、任意球、点球等攻守战术。根据比赛数据统计，30%～40%的进球属定位球得分，尤其是角球和罚球区附近的任意球。罚球区附近的任意球多采用大力弧线射门或传球配合取得射门机会。防守一方应快速回防，由 2～6 人组成人墙，盯住插上、包抄者，防止补射。定位球战术已经成为一种重要的现代高水平球队的进攻得分手段。

第四节　足球比赛的规则

比赛规则是为了保证运动员的安全，公平合理、条件均等地进行比赛。对故意犯规和不道德行为给予惩罚，促进足球运动健康发展。现将主要规则介绍如下。

一、比赛场地和球

足球比赛场地必须是长方形的平整场地，其长为 90～120 米，宽为 45～90 米。国际比赛的场地长为 100～110 米，宽为 64～75 米；球门宽 7.39 米，高 2.44 米。球为圆形，它的外壳应用皮革或其他材料制成，其周长为 68～71 厘米，在比赛开始时重量为 396～453 克，充气后的压力为 0.6～1.1 千帕。在比赛进行中，未经裁判员许可，不得更换比赛用球。一场正式的比赛最少应准备 2 个用球。

二、队员人数和比赛时间

每一场比赛由两队参加，每队上场的队员不得多于 11 人和少于 7 人，其中必须有一名为守门员。比赛分为两个半场，每半场 45 分钟，每半场因故损失的时间应由裁判酌情补足。例如，竞赛规程规定，比赛结果成平局后仍须决出胜负时，则增加 30 分钟加时赛，也分为相同的上下半场，各为 15 分钟。上下半场之间不再休息，只交换场地，加时赛结束仍为平局，则采用踢点球的方法来决定胜负。

三、比赛开始、进行和死球

比赛开始时间的计算，不是以裁判员鸣哨为准，而是在开球队员将球踢向对方半场，并在球滚动一周后才开始计时。从比赛开始至比赛结束，任何情况下比赛均应在进行中，不可随意中止，包括球碰门柱、横木或角旗杆弹回场内。

当整个球在地面或空中越出边线或端线，或裁判鸣哨停止比赛时，即成为死球。恢复比赛的方式为发球门球、角球、任意球、掷界外球、点球和重新开球。球的整体从两门柱及横木下超过球门线外沿的垂直平面时，即停止比赛，判对方胜一球。

四、越位

(一)越位位置

越位位置有以下几种情况。一是，比赛中队员位于对方半场；二是，角球更接近于对方球门线的位置；三是，在该队员与对方球门线之间，对方队员不足 2 人时的位置。

(二)如何判罚越位

在其他队员踢球的一刹那，该队员干扰比赛或干扰对方，或企图从越位位置取得利益时，应判罚该队员越位。如果队员处在越位位置，直接接到同队队员的球门球、角球、界外球，则不判该队员越位。

五、犯规与不正当行为

比赛中队员犯规有的判罚直接任意球，有的判罚间接任意球。所谓直接任意球，是指罚球队员可以直接将球射入对方球门得分。而间接任意球，是指罚球队员直接射门不能得分。在球进门前被其他任何队员踢或触及后进门，方为胜一球。

(一)直接任意球的判罚

凡队员故意违反以下十种规定的任何一种，均应判罚直接任意球，如果守方队员在本方罚球区内故意违反这十种规定中的一种，应被判罚球点球。

a. 踢或企图踢对方队员；

b. 绊摔或企图绊摔对方队员；

c. 跳向对方队员；

d. 带危险性地冲撞对方队员；

e. 打或企图打对方队员；

f. 推对方队员；

g. 为得到球的控制权与对方队员抢截时，在触球前冲撞对方队员；

h. 拉扯对方队员；

i. 向对方队员吐唾沫；

j. 故意手球(不包括守门员在本方罚球区内)。

(二)间接任意球的判罚

a. 危险动作；

b. 阻挡对方队员；

c. 越位；

d. 阻挡守门员发球；

e. 守门员违例，如故意拖延时间，用手触及本方队员故意踢给他的球，在发出球后未经其他队员触及再次用手触及球，直接用手触及本方队员掷入的界外球。

(三)罚球点球

罚球点球属于直接任意球，可以直接射门得分。当两队比赛成平局(包括延长期)，而比赛必须决出胜负时，则以踢点球来决胜负，其规定和程序如下。

a. 裁判员选定一个球门作为踢点球的球门，双方队员都不准退出场地。

b. 裁判员召集双方队长以投币的方式决定某队先踢球，猜中的一方应先踢球。

c. 双方队员在踢点球决定胜负时的位置要求如下。

第一，除踢点球的队员及两队守门员外，其他队员应停留在中圈以内。

第二，踢点球一方的守门员必须在场内该罚球区外，并至少在距罚球点 9.15 米以外的一条与端线平行的线的后面，并在裁判员的视野之内。

第三，两队交替各踢五次，在各自踢满五次前，如果一队射中的球明显超过另一队即可结束比赛。踢点球时裁判员要记录踢球队的队员号码和顺序。

第四，如两队均已踢满五次，进球数相同或均无进球时，则仍按同样的顺序继续交替踢球，直至双方踢球次数相等(无需踢完五次)而一队较另一队多进一球时为止。

第五，在此期间，除场上守门员受伤可由规定数额以内的未提名的替补队员替补外，其余一律以比赛结束时，在场上的队员参加踢点球，而不得由其他队员替补。

第六，在每方场上所有队员(包括守门员)都踢过一次后，同队的队员方可踢第二次。

(四)掷界外球

小知识

1985 年规则规定掷界外球时双脚不准离地。

a. 掷界外球，直接掷入对方球门不算胜一球，此后应由对方踢球门球。

b. 如掷界外球时不按规定的方法或不在球出界的地区掷入场内，由对方队员在原出界处掷界外球恢复比赛。

(五)球门球和角球

1. 球门球

a. 球门球直接射入对方球门不算得分。踢球门球时，对方队员在球被踢出罚球区前，都应站在罚球区外。

b. 踢球门球时，必须直接将球踢出罚球区，比赛方为开始，否则重踢。

2. 角球

a. 踢角球时，球的整体必须放在角球区内，并不得移动角旗杆。

b. 踢角球时，守方队员距球不得少于 9.15 米，踢角球可以直接射门得分。

第五节　足球比赛欣赏

一、对技术风格的欣赏

足球比赛中，运动员精彩的技术表演一直都是观众欣赏的焦点，进攻中巧妙的传球、精确的射门固然让人拍案叫绝，然而防守时有效的阻抢、出人意料的截断、勇猛果断的铲球同样让人称赞不已。

二、对战术打法的欣赏

技术能力表现了运动员的个人才华，战术能力体现了球队的整体作战能力，它是一支球队能否获得比赛胜利的关键因素。

三、对体育精神的欣赏

如所有体育比赛一样，足球比赛的目的并非单纯是战胜对手。在某种意义上，运动员通过比赛向人们展示了人类不屈服于任何困难和压力、一往无前的精神风貌。

第七章

篮　球

第一节　篮球运动概述

提起篮球，人们就会想起 NBA 精彩纷呈的篮球比赛。明星球员出神入化的篮球技术，让我们赞叹不已。篮球运动起源于美国，是由美国的体育教师詹姆斯·奈斯密斯发明的。最初是将两个竹制桃篮钉在健身房内看台的栏杆上，向桃篮投球的游戏。

1932 年成立的国际业余篮球联合会是国际篮球运动的最高权力机构。目前国际篮球主要赛事有世界锦标赛、世界青年锦标赛和奥运会比赛。NBA 是美国篮球协会的缩写，成立于 1946 年，NBA 联赛是全世界目前公认的篮球水平最高的联赛。CBA 是中国篮球协会的缩写，CUBA 是中国大学生篮球协会的缩写。

一、现代篮球运动的发展趋势

现代职业竞技篮球运动将向高、快、全、准、变和女子篮球男子化，明星更加技术和战术运用精练化、技艺化、智谋化的方向发展。随着现代篮球运动的继续发展，人们会越来越感觉到球场越来越小、比赛时间越来越短、篮架越来越低、篮筐越来越大、场上变化越来越快、队员身体接触越来越频繁剧烈、核心球员的特殊功能越来越突出、女子篮球越来越接近男子篮球。

二、现代篮球的特点

(一)集体性特点

篮球运动是以两队成员相互协同攻守对抗的形式进行的，竞赛过程、集体的智慧和技能协同配合，以及和谐互助的团队精神和协作风格，决定是否能够获得最佳成效。

(二)对抗性特点

1. 地面对抗

由于篮球运动攻守对抗竞争是在狭小的场地范围内快速、凶悍地近身进行的，在获球与反获球的追击、抢夺与限制、反限制的过程中，拼智、拼技、拼体、拼力，必须有高度的智慧，还需要特殊的体能、剽悍的作风和顽强的意志与必胜的精神。篮球运动竞争的过程，即是发扬这种作风和精神的过程。

2. 高空对抗

篮筐悬空 3.05 米，通过进攻与防守向对方篮筐投篮或防止对方向我方篮筐投篮时其特殊的特点。因此，篮球运动要求运动员具有特殊的制球与制空能力。

(三)时空性特点

篮球比赛在一定的时间内围绕空间中的球和篮筐展开攻守对抗，因此在比赛过程中，时间观念和空间意识必须强烈，并运用智慧以各种形式、方法和手段去争取时间，搏夺空间优势，从而使比赛更具有时空性要求，这也是篮球运动的特点。

(四)教育性特点

从社会学的角度来说，篮球运动是一项有广泛群众基础和特殊社会影响的体育项目，篮球竞赛和各种篮球活动过程充满教育因素。现代篮球运动与科学技术的进一步有机融合，加上自身整体的特殊活动形式产生的功效，已使其成为社会文明进步和人们喜闻乐见的人文景观。它能引发种种有趣的竞技史事和人物故事，被人们观赏和赞誉，还能成为在不同人群中进行社会性人本教育的直观课程。

(五)综合性特点

篮球运动属综合性体育运动，它包含着跑、跳、投等身体体能活动，从其本体运动的科学内容体系结构而言，呈现多元化趋势，涉及社会学、人文学、军事学、生物学、科技学、管理学，以及体育学、竞技学、教育学等，从而有利于广大篮球活动者树立特殊的运动意识、气质、修养、品德、体能、技能和能力，达到健身强体的作用。

(六)增智性特点

现代篮球运动竞技日趋凶悍激烈的基础是智慧、技艺、体能的默契配合，所以具有特殊的观赏性。如何扬长避短，克敌制胜，除需自身的身材条件——体能素质水平、技能水平、意志作风等保障外，更需人文修养、智慧、计谋和精湛的技艺做保障，以此调动对方。因此从事篮球活动需要技艺上精益求精，使自己达到“艺高人胆大，胆大艺更高”的境地。同时还需要在实践中刻苦磨炼，博览群书，充实自己的智慧结构。

(七)职业性特点

自 20 世纪中期欧美国家率先成立职业篮球俱乐部以后，现代篮球运动随着竞技水平的提高以及赛制和规则的完善、创新，在全球蓬勃发展，使运动员的智能、体能以及技术、战术水平不断提高，这对推动篮球的职业化进程起了新的催化作用。至 20 世纪八九十年代，职业化篮球俱乐部如雨后春笋在美、欧、澳、亚等国家和地区成立，特别是在国际奥委会同意美国 NBA 职业队员参加国际大赛后，全球篮球的职业化已成为一种时尚的产业化趋势，优秀球队和球星效应的社会商业化价值观发生了新的变化，反映着 21 世纪篮球运动发展的又一新特点。

(八)商业性特点

篮球运动商业化的重要特征是篮球运动的组织体制、竞赛赛制和训练管理机制的商业化气息越来越浓，以及运动员自由人地位的确立和运动技能、价值观的变更，俱乐部产权的明晰，对独立社会法人代表的重新认识，这一系列变革无疑一方面促进了世界篮球运动向更高的竞技水平发展，另一方面有力地推动了职业化篮球向商业化、产业化方向发展。这已成为 21 世纪世界篮球竞技运动发展的总趋势，其社会价值和经济价值必将呈现新的景象。

第二节　篮球运动的基本技术

一、移动技术

(一)起动

从基本站立姿势开始，向前启动时以后脚或异侧脚(向侧起动)前脚掌短促有力地蹬地，同时上体迅速前倾或侧转，向跑动方向移动重心，手臂协调摆动，充分利用蹬地的反作用力，迅速向跑动的方向迈出。

动作要领：移动重心，启动后的前两三步，前脚掌蹬地要短促有力。

(二)变向跑

变向跑是队员在跑动中利用方向的变化完成攻守任务的一种方法。从右向左变向时，最后一步是右脚前脚掌内侧用力蹬地，同时脚尖稍加内扣，迅速曲膝降低重心，腰部随之左转，上体向左前倾，移动重心，左脚向左前方跨出，蹬地脚及时跟上。

动作要领：变方向的瞬间曲膝降低重心、移动重心，异侧脚前脚掌内侧迅速蹬地，同侧脚迅速跨出，蹬地脚及时跟上。

(三)侧身跑

侧身跑是队员在向前跑动过程中，为观察场上情况，侧转上体采取攻守动作的一种方法。队员在向前跑动时，头部与上体侧转向球的方向，脚尖正对跑动的前进方向，内侧腿深曲，外侧脚用力蹬地。

动作要领：面向球转体，切入方向的内侧腿深曲，外侧脚用力蹬地，重心内倾。

(四)急停

1. 跨步急停

急停时向前跨出一大步，腿微弯曲，脚跟先着地，同时上体稍向后仰，重心后移。上第二步时重心下降，用脚掌内侧蹬地，停后重心移至两脚上。

动作要领：第一步要大，第二步要跟得快，脚前掌内侧用力蹬地。

2. 跳步急停

移动中用单脚或双脚起跳，上体稍向后仰，落地时全脚掌着地，两腿弯曲，两臂曲肘微张，以保持身体平衡。

动作要领：重心放在两脚之间，两腿弯曲，两臂曲肘在体侧，保持平衡。

(五)滑步

滑步是防守移动的一种主要方法，可分为侧滑步、前滑步和后滑步。以侧滑步为例：滑步前，两脚左右开立，约与肩同宽，膝微曲，上体稍向前倾，两臂侧伸，目平视。向左滑步时，右脚前脚掌内侧用力蹬地，左脚同时向左跨出，在落地的同时，右脚迅速随同滑行，然后重复上述动作，滑步时身体要保持平稳。

动作要领：重心平稳，移动时做到异侧脚先蹬，同侧脚同时跨出，异侧脚再跟上。

(六)移动技术学练方法

一是，在明确各种移动技术动作要领的基础上做模仿练习，重点体会重心变换和脚用力的部位。

二是，在练习过程中，根据熟练程度，逐渐加快移动速度，直至满足实战需要。

三是，做各种移动技术的组合练习，以提高动作的连接能力。

四是，结合对抗做移动技术练习，以增强对抗性。

五是，在实战中体会移动技术要点，以增强动作的实效性。

二、传球技术

传球是篮球比赛中进攻队员之间有目的的转移球的方法。它是场上队员之间相互联系和组织进攻的纽带，是实现战术配合的具体手段。

(一)双手胸前传球

两手手指自然分开，拇指相对成八字形，用指根以上的部位持球，手心空出，曲肘持球于胸前。传球时，后脚蹬地，重心前移，同时前臂迅速向传球方向伸出。拇指用力下压，手腕前曲，中指、食指用力拨球将球传出。(图 7-1)

图 7-1

动作要领：蹬地，展体，伸臂，扣腕，手腕急促地由下而上、由内向外翻，同时拇指下压，中指、食指用力拨球。

(二)单手肩上传球

以右手传球为例。双手持球于胸前，两脚平行开立。传球时，左脚向传球方向迈出半步，同时将球引至右肩上方，肘向外展，右手托球，左肩侧对传球方向，重心落在右脚上，右脚蹬地，身体向传球方向转动，以大臂带动小臂，肘关节领先，前臂迅速向前挥摆，手腕前曲，通过食指和中指拨球将球传出。球出手后，重心前移，右脚向前迈出半步，保持基本的站立姿势。(图 7-2)

动作要领：转体挥臂，扣腕，自下而上发力。

图 7-2

(三)传球技术学练方法

一是，明确传球的动作要领，做原地徒手的模仿练习。

二是，面对墙壁，做原地传球练习，体会手臂、腕、指的动作及传球路线和掌握落点。

三是，原地将球传给跑动中的队员，体会移动中传球的提前量和落点。

四是，在消极防守的情况下练习传球的落点。

五是，在实战中合理地运用不同的传球技术，控制球的速度、路线。

三、投篮技术

投篮是篮球运动的关键技术，是唯一的得分手段，投篮得分的多少决定着比赛的胜负。

(一)双手胸前投篮

两脚前后站立，与肩同宽。双手持球于胸前，肘关节自然下垂。上体稍前倾，两膝微曲，身体重心放在两脚之间，注视目标。投篮时，两脚蹬地，腰腹伸展，两臂上伸，拇指向前压送，两手腕同时外翻，指端拨球，用拇指、食指、中指投出，腿、腰、臂自然伸直。(图 7-3)

图 7-3

动作要领：动作的关键在于掌握好曲膝蹬地、腰腹伸展、手臂上伸和球出手时手腕、手指用力要连贯协调。

(二)单手肩上投篮

以右手投篮为例。右手五指自然分开，向后曲腕，曲肘持球于肩上，左手扶球，右脚稍前，左脚稍后，重心放在两脚之间，上体稍前倾，两腿微曲，注视目标。投篮时，用力蹬地，伸展腰腹，抬肘，手臂上伸，手腕、手指前曲，指端拨球，用中指、食指将球投出，手臂向前上方自然伸直。(图 7-4)

动作要领：投篮时要自下而上发力，抬肘，手臂上伸，曲腕拨球，将球投出。

图 7-4

(三)行进间单手低手投篮

右手投篮时，一般右脚腾空接球落地。接球时第一步稍大，第二步稍小，用左脚向前上方起跳。腾空时，持球手五指自然分开，托球的下部，手臂向上伸展。接近球篮时，手腕柔和上摆，食指、中指、无名指向上拨球，擦板或空心投篮。(图 7-5)

动作要领：第一步大，第二步稍小，且继续加速，腾空高，投篮瞬间要控制好身体的平衡。

图 7-5

(四)运球急停跳起投篮

在快速运球中，运用跳步或跨步急停方法，突然向上起跳，同时持球上举。当身体接近最高点时，前臂向前上方伸直，手腕前曲，食指、中指用力拨球，通过指端将球投出。(图 7-6)

动作要领：运球急停跳投的关键是在快速运球中急停的步伐要稳，连接起跳技术要协调，身体腾空和投篮出手的动作要协调一致。

图 7-6

(五)投篮技术学练方法

一是，明确投篮动作要领后，徒手做原地投篮的模仿练习。

二是，持球原地对着墙或人做投篮练习。

三是，面对球篮做投篮练习，根据对投篮技术的掌握程度，变换投篮距离和角度。

四是，在消极防守下进行投篮练习。

五是，在实战中体会投篮动作，掌握投篮出手的力量、角度和时机。

四、运球技术

运球是一项重要的进攻技术，是控制球、组织战术配合及突破防守的重要手段。

(一)高运球

运球时，两腿微曲，目平视，运球手用力向前下方推压球，球的落点在身体的侧前方，使球反弹起的高度在腰腹之间，手脚配合协调，使球有节奏地向前运行。(图 7-7)

动作要领：运球手虎口向前，注意球的落点。

图 7-7

(二)低运球

两脚前后开立，两腿弯曲，重心下降，上体前倾，用远离防守队员的手用力向下短促地推压球，使球从地面向上反弹起的高度在膝部以下。(图 7-8)

动作要领：大小臂的发力要协调，手腕用力要柔和，控制好球的反弹高度。

图 7-8

(三)运球急停急起

在快速运球突然急停时，手拍按球的前上方。运球急起时，要迅速启动，拍按球的后上方，要注意用身体和腿保护球。(图 7-9)

动作要领：运球急停急起时，要停得稳，起得快。

图 7-9

(四)转身运球

以右手运球为例。变向时，右脚在前为轴，做后转身的同时，右手将球拉至身体的左侧前方，然后换手运球加速前进。(图 7-10)

动作要领：运球转身时要降低重心，拉球动作和转身动作要连贯一致。

图 7-10

(五)背后运球

以右手运球为例。向左侧变向时，右脚在前，右手将球拉到右侧身后，迅速转腕拍按球的右后方；将球从身后拍按至身体的左侧前方，然后左手接着运球，左脚加速前进。(图 7-11)

动作要领：右手将球拉至右侧身后时，以肩关节为轴，迅速转腕拍按球的后上方。

图 7-11

(六)运球技术学练方法

一是，做原地的各种运球练习，体会手臂、手腕、手指及上下肢配合的协调性。

二是，做左手、右手的直线运球，体会行进间运球的部位。

三是，运球熟练后，做多种运球的组合练习。

四是，结合防守做各种运球练习。

五是，在实战中体会各种运球方法的合理运用。

五、持球突破技术

持球突破是持球队员运用脚步动作和运球技术快速超越对手的一项攻击性技术。

(一)交叉步突破

以右脚做中枢脚为例。两脚左右开立，两膝微曲，降低身体重心，持球于胸腹之间。突破时，左脚前脚掌内侧用力蹬地，上体稍向右转，左肩向前下压，重心移向右前方，左脚向右侧前方跨出，将球引于右侧，右手运球，中枢脚蹬地向前跨出，迅速超越对手。(图 7-12)

动作要领：蹬跨积极，贴近防守队员，转体探肩保护球。

图 7-12

(二)顺步突破

准备姿势和突破前的动作要求与交叉步相同。突破时，右脚向右前方跨出一步，向右转体探肩，重心前移，右手将球运在右脚的外侧，左脚迅速蹬地，向右前方跨出，突破防守。(图 7-13)

动作要领：蹬跨积极，起动迅速，转体探肩保护球。

图 7-13

(三)持球突破技术学练方法

一是，原地徒手做持球突破练习，体会脚步动作的要领。

二是，原地持球做突破练习。

三是，结合球篮做持球突破接行进间投篮练习。

四是，消极防守做持球突破接行进间投篮练习。

五是，在实战中结合比赛的情况，合理运用突破技术。

六、防守对手技术

防守对手是防守队员合理地运用各种步法和手臂动作积极地抢占有利位置，阻挠和破坏对手的进攻意图和行动，并以争夺球的控制权为目的。

(一)防守无球队员

防守时，要保持在对手与球篮之间，偏向有球的一侧。防守队员要根据球和人的移动合理地运用上步、撤步、滑步、交叉步、并步和快跑等步法，配合身体动作抢占有利的防守位置，堵截其摆脱移动路线。在与对手发生对抗时，重心下降，双腿用力，两臂曲肘外展，扩大站位面积，上体保持适宜紧张度，在发生身体接触的瞬间提前发力合理对抗。

动作要领：要抢占“人球兼顾”的有利位置，防守时，要做到内紧外松，近球紧、远球松，松紧结合。防止对手摆脱空切，随时准备协防补防。

(二)防守有球队员

应站位于对手与球篮之间。平步防守时，两脚平行站立，两手臂侧伸，不停地挥摆，适合防运球和突破。斜步防守时，两脚前后站立，前脚同侧手臂向前上方伸出，另一手臂侧伸，适合防守投篮。

动作要领：要及时抢占对手与球篮之间有利的防守位置，并根据进攻队员的技术特点，采用平步防守或斜步防守步法。

(三)防守对手技术学练方法

一是，在对手静止站立的状态下，选择正确的位置和距离。

二是，在对手移动时选择正确的位置和距离。

三是，结合移动技术练习，进行消极对抗下的防守练习。

四是，结合实战，根据场上情况，合理运用技术动作。

七、抢球、打球、断球技术

抢球、打球、断球是防守中具有攻击性的技术，它是积极的防御思想在防守过程中的体现，是积极防守战术的基础。

(一)抢球

抢球动作可分为两种。一种是转抢，防守队员抓住球的同时，迅速利用手臂后拉和两手转动的力量，将球从对方手中抢过来。另一种是拉抢，防守队员看准对手的持球空隙部位，迅速用两手抓住球后猛拉，将球抢过来。(图 7-14)

动作要领：判断准确，下手及时。

图 7-14

(二)打球

打持球队员手中的球时要根据持球的部位采用不同的动作。队员持球高时，打球时掌心向上，用手指和手掌打球的下部；队员持球低时，打球时掌心向下，用手指和手掌

打球的上部。(图 7-15)

动作要领：打球时动作要小而快，切忌过大过猛。

图 7-15

(三)断球

断球方法分两种，一是横断球，二是纵断球。横断球时，降低身体重心，当球由传球队员传出时，单脚(或双脚)用力蹬地，突然跃出(两臂前伸将球断掉)。纵断球时，当防守队员从接球队员的右侧向前断球时，右脚先向右侧前方跨出半步，然后侧身跨左脚绕过对方，左脚(或双脚)用力蹬地向前跃出，两臂前伸将球断掉。(图 7-16)

动作要领：掌握断球时机，动作要快速突然。

图 7-16

八、抢、打、断球技术学练方法

一是，徒手体会抢、打、断球时的手部动作。

二是，练习抢、打、断球时的脚部动作。

三是，抢、打持球队员手中的球。

四是，结合实战，合理运用抢、打、断球技术。

九、抢篮板球技术

比赛中双方队员在空中争抢投篮未中从篮板或篮圈反弹出的球，统称为抢篮板球。抢篮板球技术又分为抢进攻篮板球和抢防守篮板球。抢篮板球技术由抢占位置、起跳动作、抢球动作等组成。

(一)抢占位置

无论是进攻队员还是防守队员，在抢篮板球时，应根据对手和投篮队员所处的位置，判断球的反弹方向，快速地移动脚步，抢占在对手与球篮之间靠内线的位置，力争将对手挡在自己的身后。

动作要领：判断准确，移动及时，抢位得当。

(二)起跳动作

两腿曲膝，重心降低，上体稍向前倾，两臂稍曲，举于体侧。起跳时，两脚用力蹬地，两臂上摆，手臂向上伸展，腹、腰协调用力。防守队员多采用转身跨步起跳，进攻队员则多采用助跑单脚起跳或跨步双脚起跳。

动作要领：起跳迅速，掌握时机好。

(三)抢球动作

双手抢篮板球时，两臂用力伸向球反弹的方向。身体和手达到最高点时，双手将球握紧，腰腹用力，迅速曲臂将球下拉置于身前。单手抢篮板球时，身体在空中要充分伸展，达到最高点时，手臂要伸直，指端触球，用力曲腕、曲指、曲臂拉球于胸前，另一手护球。当遇到对方身材比较高，不能直接得到球的情况时，可用手指点拨的方法，将球点拨给同伴或点拨到自己便于接球的位置。

动作要领：抢到球时，要迅速持球到有利位置，并加以保护或采用下一个进攻动作。

(四)抢篮板球技术学练方法

一是，徒手模仿起跳和抢球练习。

二是，自己向上抛球，练习单脚、双脚起跳抢球动作。

三是，两人一球，站于篮圈两侧，轮换跳起，在空中用单手或双手将球托过篮圈，碰板后传给同伴。

四是，三人一组，一人投篮，另两人练习抢进攻篮板球或防守篮板球。

五是，结合实战，练习抢篮板球。

第三节 篮球运动的基本战术

一、篮球战术概念

篮球战术是指在比赛中为了战胜对手，队员个人合理运用技术和队员之间相互协调的组织形式。

二、组成篮球战术的因素

无论攻、守基础配合，还是攻、守战术，都包含位置(落位)、任务、路线、技术、时间五个因素。

(一)位置(落位)

任何战术都有一定的落位队形，每个队员按一定阵形站位，这就是位置。

(二)任务

在完成战术配合的过程中，每个队员都必须有明确的角色意识(自己是什么角色)，并各尽其职去完成任务。

(三)路线

运用任何技术，人和篮球都应有固定的移动路线。根据战术要求和每个人的任务，队员和篮球有计划、有目的地移动，这就形成了一定的路线。

(四)技术

技术是战术的基础，每个队员都必须有全面的技术。在执行全队战术配合时，每个队员根据具体职责，以娴熟的技术去保证战术配合的完成。

(五)时间

在完成战术配合时，必须根据战术的结构、组成情况，严格地按一定程序去完成，这就是时间上的要求。

以上五个因素互相联系，相辅相成，任何一个环节解决不好都会影响战术的质量。

三、组织战术原则

第一，根据战略指导思想、技术风格和本队的具体条件确定适合本队情况的战术。

第二，应贯彻“积极、主动、勇猛、顽强、快速、灵活、全面准确”的技术风格。

第三，组织进攻战术：一是，组织快攻要体现快速、灵活的风格，并具有本队的特点；二是，组织阵地进攻要坚持“点面结合”“内外结合”“左右结合”“主攻与辅攻结合”“组织抢进攻篮板球与退守结合”，保证战术配合的连续性、队员之间配合的协调性以及队员在场上行动的统一性，充分发挥每个队员的攻击性。

第四，组织防守战术要贯彻攻势防守的原则。重视由攻势转守势的意识和速度，确定各种防守的固定队形和不固定队形，确定由攻转守时的紧逼、找人和封堵的分工、边堵边退的配合以及分布阵等，贯彻以集中优势兵力打歼灭战的原则。组织夹击，回防区域，积极拼抢、打、断和堵防、补防结合，做好内外线防守力量和防守重点队员的分配工作，积极组织拼抢守篮板球，积极反攻。

四、篮球战术基础配合

战术基础配合是两三人之间协同动作组成的简单配合。

(一)进攻战术基础配合

1. 传切配合

传切配合是两三名队员利用传球和切入组成的简单配合。

传切配合的要点：合理选择进攻位置，队形要拉开，按战术路线跑动；持球队员运用投篮和突破等假动作，吸引对手，以便及时把球传给切入的伙伴；切入的队员要先靠近对手，然后突然快速侧身跑，摆脱对手向篮下切入，随时注意接球进攻。

2. 掩护配合

掩护配合是进攻队员选择正确的位置，运用合理的技术，以身体挡住同伴的防守队员的移动路线，给同伴创造摆脱防守、获得进攻机会的一种配合方法。

掩护配合的要点：掩护队员要站在同伴的防守队员的移动线上；掩护配合行动要突

然、快速，运用假动作造成防守队员错觉，完成掩护配合；同伴之间必须掌握好配合动作的时间；当防守队员交换防守时，掩护队员要运用掩护后的第二个动作，突然转身切入篮下或寻找其他的进攻机会；在进行掩护过程中，掩护队员和同伴都要做一些进攻动作，吸引对手，实现掩护配合的意图。（图 7-17、图 7-18）

3. 突分配合

突分配合是持球队员打乱防守部署或吸引防守，并及时将球传给同伴，使同伴获得进攻机会的配合方法。

如图 7-19 所示，⑤从防守者的左侧突破，并吸收⑦上来和⑤“关门”防守。此时⑦及时跑到有利的进攻位置上去接⑤传来的球投篮或进行其他的进攻配合。

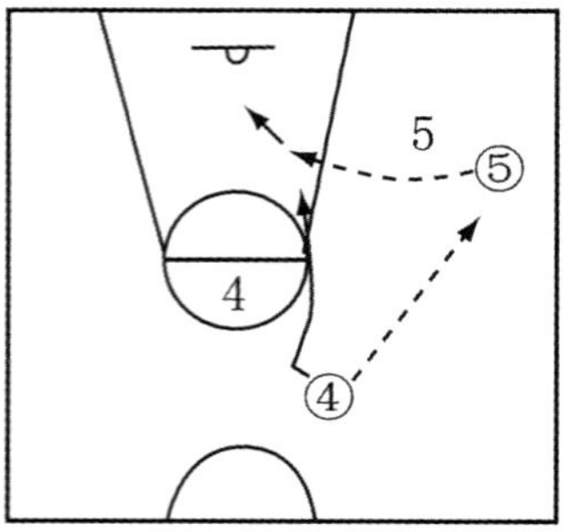

图 7-17

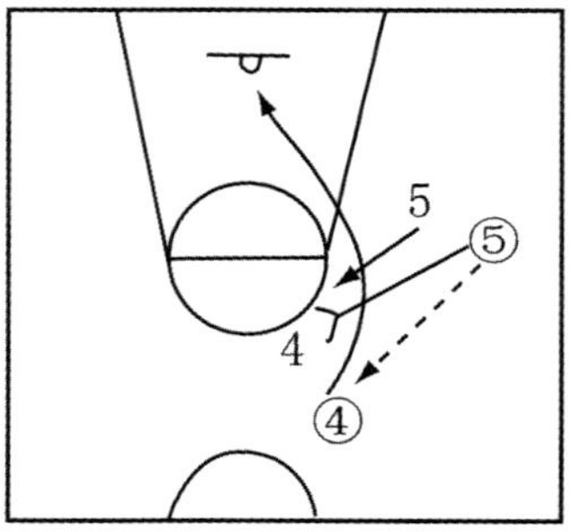

图 7-18

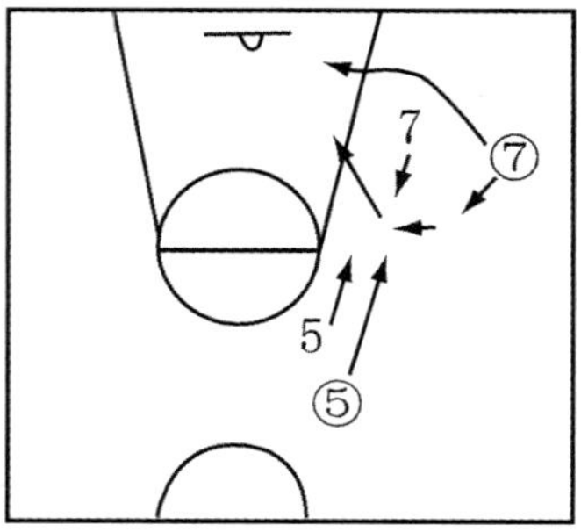

图 7-19

突分配合的要点：突破队员的动作要突然、快速，在突破的过程中，既要有传球的准备，又要有投篮的准备；突破队员在突破过程中，要始终注意观察场上攻、守队员位置变化，及时分球或投篮；场上其他进攻队员要掌握时机跑到有利的进攻位置上去接球。

4. 策应配合

策应配合是指进攻队员背对或侧对球篮接球，并以它为枢纽，与同伴相互配合而形成的里应外合的进攻方法。

策应配合的要点：正确选择策应点，迅速摆脱防守，抢占策应的位置；策应队员接球后两脚开立，两腿弯曲，上体稍前倾，两肘微曲，两手持球于腹前，用臂和身体保护好球，要随时注意观察场上的情况，以便及时将球传给拥有有利进攻机会的同伴或自己伺机进攻；策应队员在策应过程中，运用好跨步、转身来调整策应方向和位置，以便协助同伴摆脱防守或为自己创造进攻机会；同队队员传球给策应队员后，要及时摆脱、接应或切向篮下进攻。

（二）防守战术基础配合

防守战术基础配合是两三名队员在防守中运用的协同防守配合的方法，它包括挤过、穿过、交换防守、“关门”、夹击、补防等防守配合方法，是全队防守的基础。

1. 挤过配合

挤过配合是当掩护队员在进行掩护的一刹那，被掩护的防守队员主动上前，靠近自己的防守对象，并随其移动，从两名进攻队员之间侧身挤过去，继续防守自己对手的配合方法。

挤过配合要点：防守掩护的队员，应及时提醒同伴注意对方掩护，自己随移动应稍向后撤，以便补防；被掩护的防守队员要及时、主动上步贴近自己的对手。

2. 穿过配合

当防攻队员进行掩护时，防守掩护的队员主动后撤一步，让同伴(即被掩护的防守队员)及时从自己和掩护队员之间穿过去，以便继续防守住自己对手，称为穿过配合。

穿过配合要点：当对方掩护时，防守掩护的队员要主动、及时后撤一步；被掩护的队员要快速穿过堵住的进攻路线。

3. 交换防守配合

交换防守是当对手进行掩护或策应时，两名防守队员及时交换自己的防守对手的一种配合方法。

交换防守配合要点：交换防守前，防守掩护的队员要及时地把换人的信号传递给同伴并积极堵截切入队员的路线；被掩护的防守队员接到换人的信号后，积极堵截掩护队员向内线切入的移动路线。

4.“关门”配合

“关门”是当进攻队员持球突破时，防守突破的队员向侧后方滑步。同时，临近突破一侧的防守队员迅速向进攻队员的突破路线滑动，向防守突破的队员靠拢，像两扇门一样地关起来，堵住持球突破队员的一种配合。

“关门”配合要点：防守突破队员要积极防守，堵住进攻队员的突破路线，临近突破一侧的防守队员及时、快速地向同伴靠拢，“关门”，不给突破队员留有空隙；“关门”后，突破队员停球，协助“关门”的队员迅速回防自己的对手。

5. 夹击配合

夹击配合是两个防守队员利用有利的区域和时机，封堵持球队员的传球路线，造成持球队员传球失误或违例的一种协同防守的配合方法。

夹击配合要点：正确选择夹击的区域和时机；夹击配合时，行动要果断、突然，两名夹击队员应充分运用身体、两臂，严密固守持球队员，两人的双脚位置约成 $90°$，不让其对手向场内跨步；夹击时，防止身体接触或抢球，造成不必要的犯规动作；防守的两名队员在夹击配合的过程中，其他防守队员要紧密配合，放弃远离球的进攻队员，严防近球的进攻队员接球。

6. 补防配合

当防守队员被对手突破或绕过时，临近的其他防守队员主动放弃自己的对手，去补漏防守的配合方法，称为补防配合。

补防配合要点：当同伴被对方突破后，临近的防守队员要大胆放弃自己的对手，果断、突然、快速地补防；补防时，应合理运用技术，避免犯规；被对手突破而漏防的队员应积极追防，补防同伴的对手，注意观察对手传球路线，争取断球。

(三)快攻与防守快攻

快攻是一种在由防守转入进攻时以最快的速度、最短的时间，在人数上形成以多打少的优势，或在人数相等以及人数少于对方的情况下，乘对方立足未稳，果断而合理地进行攻击的快速进攻战术。

快攻战术是全队战术的主要组成部分，是篮球比赛中得分的重要方法，为国内篮球队所重视。因此，在快攻训练中，必须加强快攻基础战术的练习以及攻防转化意识的培养，培养勇猛顽强的意志品质和勇于取胜的集体主义精神，不断提高快攻战术质量。

1. 发动快攻的时机

抢到防守篮板球时发动快攻。抢、打、断球，获球时发动快攻。掷界外球时，要想到发动快攻。跳球，获球后发动快攻。

2. 快攻战术的形式和组织结构

快攻的形式分为长传快攻、短传快攻和防守快攻三种。

(1)长传快攻

长传快攻是防守队员在后场获球后，立即快速地用一次或两次传球给迅速超越对手的同伴进行投篮的一种配合方法。

长传快攻的要点：全队要有快攻意识；由攻转守获球队员迅速观察场上情况，机警、快速地传球；快攻队员要全力快跑超越对手，并准确判断来球的方向和落点，在跑动中完成接球和投篮动作。(图 7-20)

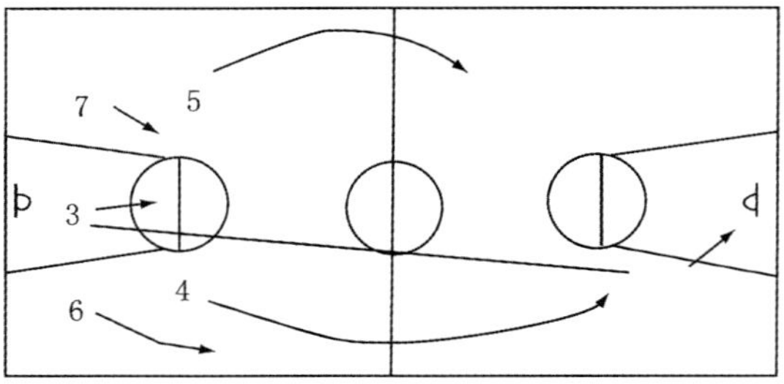

图 7-20

(2)短传快攻

短传快攻是防守队员获球后，立即快速地短传推进和快速跑动以获得投篮机会的一种配合方法。(图 7-21)

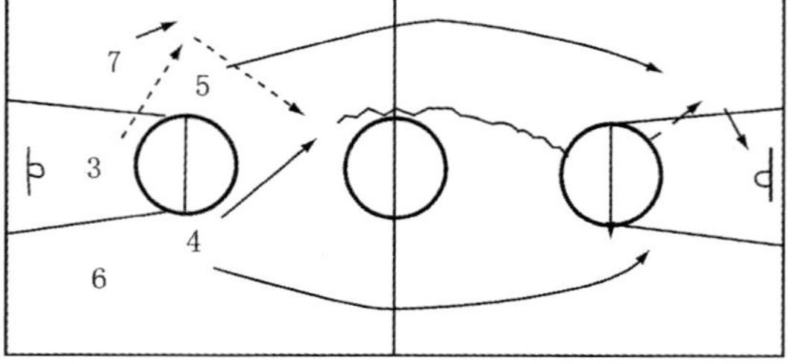

图 7-21　短传快攻

(3)防守快攻

防守快攻是防守战术的主要组成部分。它是在进攻转入防守的刹那间，快速地、有组织地制约对方的反击速度和破坏对方快攻路线的配合方法。

防守快攻的要点：一是提高投篮命中率，拼抢篮板球。从比赛规律来看，抢篮板球发动快攻的次数最多。因此，提高投篮命中率，减少对方抢篮板球的机会最重要。即使投篮不中，也要拼抢篮板球，破坏对方在空中点拨球发动第一传。二是封第一传，堵接应。当对方控制了篮板球时，离持球队员最近的队员要迅速上前封锁对手的传球路线，其他队员应判断好接应点，阻挠对方接应第一传和有组织地退守。三是堵中路，卡好两边。除封第一传，堵接应外，还应组织力量堵截中路，迫使对手沿边线推进。同时，卡好两边，以防对方偷袭快攻。四是提高以少防多的能力。在防守快攻的结束阶段，若遇以少防多时，防守队员要沉着冷静，有信心，充分发挥防守的积极性，判断准确，积极移动，合理运用技术，及时补位，增强防守效果。

(四)防守战术的基础配合

防守战术的基础配合有挤过、穿过、换防、补防、“关门”和夹击配合等形式。

1. 挤过、穿过配合

对方进行掩护时，如果防守者发觉，可根据对方掩护者和被掩护者的距离远近，决定向前一步挤过或向后撤一步穿过及时防住对手。

2. 换防配合

换防配合是为了破坏对方的掩护配合，防守队员之间彼此及时地交换自己所防守的对手的一种配合方法。

3. 补防配合

补防配合是两三个防守队员之间的一种协同防守的配合。当同伴失去有利的防守位置，进攻队员有直接得分的可能时，临近的防守队员要立即放弃自己的对手进行补防。

4. 夹击配合

夹击配合是两个防守队员运用合理的防守技术，积极防守一个进攻队员的配合方法。

5. “关门”配合

“关门”配合是临近的两个防守队员协同防守突破的配合方法。

五、区域联防

区域联防是防守时，每个人分工负责防守一定的区域，严密防守进入该区域的球和进攻队员，并与同伴协同防守的集体防守战术。

区域联防要求合理地分配队员的防守区域，在分工负责防守区域的基础上，五个队员必须协同一致，积极随球移动，加强对有球一侧的防守，做到近球者紧，远球者松；有球者上，无球者补。区域联防常用的战术队形有“2-1-2”“2-3”“3-2”“1-3”等。

区域联防应根据进攻队的特点和本队的条件来决定采用哪种站位队形进行防守。“2-1-2”联防是区域联防的基本形式，五个队员的位置分布较均衡，移动距离短，便于相互协作，能相对减少犯规次数。

六、半场人盯人防守

半场人盯人防守是指在后场每个防守队员盯住一个进攻队员，同时协助同伴完成集体防守任务的全队防守战术。

它的特点是以盯人为主，分工明确，能有效地控制对方的进攻重点。半场人盯人防守分为有球一侧防守与无球一侧防守。有球一侧防守是指球在正面圈顶一带时，要错位防守，以防守对手接球为主；球在45°角一带时，要侧前防守。无球一侧防守是指球在圈顶一带和45°角时，无球侧防守者应回缩球，注意协防和篮下。进攻人盯人防守时有各种阵形打法，主要由传切、掩护策应等局部配合组合而成。

第四节　篮球竞赛的主要规则

一、两人制篮球裁判规则

在篮球比赛中，有主裁判和副裁判。但是在判罚时，主裁判无权改判副裁判的判罚。主裁判有权决定规则中没有明确规定的事项，决定计时员和记录员意见不同的事项等。副裁判员协助主裁判员组织好比赛，并与主裁判共同履行规则。

(一)暂停和替换队员

1. 暂停

每队上半场可请求暂停两次，下半场可请求暂停三次，决胜期可请求暂停一次。

2. 替换队员

在以下情况中，可替换队员：球成死球并停止比赛计时时；在最后一次或仅有一次的罚球成功后，球成死球时(非得分队)；在第四节的最后2分钟或每一决胜期的最后2分钟期间投篮得分时。

(二)违例

违例是违反规则但未造成犯规的行为。场上的违例情况是多种多样的，常见的违例有两次运球，带球走，踢球或用拳击球，球回后场3秒、5秒等。

1. 两次运球、带球走、踢球、球回后场

队员第一次运球结束后不得再次运球，除非他失去了对球的控制，否则为两次运球。持球合法停步后确定了中枢脚，投篮或传球时，可提起中枢，否则为带球走。故意踢球或用腿的任何部分拦阻球为踢球。脚或腿偶然碰球不算踢球，有意用拳击球为拳击球。控制球的队员在前场不得使球回后场，如果球回到后场即为球回后场。一名队员从他的前场跳起，在空中直接从中圈跳球中获得球的控制权，并一脚或双脚落在后场，不是球回后场。

2. 违反时间规定

某队控制球时，该队队员在对方限制区内停留不得超过持续的3秒；当一名持球队员被严防守，在5秒内没有传、投、滚或运球，或掷界外球和罚球时超过5秒；当一名队员在后场控制球时，该队必须在8秒内使球进入前场；当一名队员在场上控制一个活球时，该队必须在24秒内完成投篮。违反上述规则分别为3秒、5秒、8秒、24秒违例。

凡属以上违例，均判由对方在违例地点最近的边线掷界外球重新进入比赛。无论何时，在边线掷界外球时，裁判员必须将球直接递交给掷球队员或将球放置在他可处理处。如果罚球时，秒数违例，不属最末一次或仅有一次罚球，均判为失掉一次罚球机会。

除上述违例外，还有干扰球、使球出界与掷界外球违例，罚球和跳球违例等。

(三)争球与跳球

当双方球队中一名或数名队员用一只手或双手紧紧地握着球，以致如不采用粗野动作，任一队员都不能获得球权时，应判争球。当出现下列情况—双方同时触球使球出界时，当球夹在篮圈支颈上时，当出现双方犯规时，都判为争球，除第一节比赛开始跳球外，以后所有争球都按交替拥有原则进行处理。

(四)犯规及罚则

犯规是指违反规则的行为，包括身体接触和不道德举止犯规，有侵人犯规(包括违反体育道德犯规、双方犯规)和技术犯规两大类。

1. 侵人犯规

第一种是一般性经常发生的犯规。在球进入比赛状态，活球或死球时，队员使用不合理的动作，造成与对方的身体接触(如推、撞、打、拉、绊、顶和阻挡等)，有碍于比赛的正常进行，应判为侵人犯规。这种犯规有推人、徒手和带球撞人、打手、拉人、阻挡等犯规。在所有情况下，都应登记犯规队员一次侵人犯规，并按下列情况处理。

如被犯规队员未做投篮动作，应由被侵犯队的队员在犯规地点最近的边线掷界外球继续比赛。如被犯规的队员在做投篮动作：A 如投中，得分有效，再判给一次罚球；B 如2分的投篮未中，判给两次罚球；C 如3分的投篮未成功，判给三次罚球。

第二种是违反体育道德犯规。队员蓄意地对持球或不持球的对方队员造成侵人犯规为违反体育道德犯规。它不取决于动作的激烈程度，而取决于这个接触是有预谋或是有企图的。

罚则：登记犯规队员一次侵人犯规。如果对未做投篮动作的队员犯规，则判给两次罚球；如果对在做投篮动作的队员犯规，如投中，应判得分，并再判给一次罚球；如果对在做投篮动作的队员犯规，投篮未得分，则根据投篮的地点判给两次或三次罚球。上述三种情况罚球后，无论罚球成功与否，均由罚球队的任一队员在记录台对面边线的中点处掷界外球。

第三种是双方犯规。双方队员同时互相犯规为双方犯规。

罚则：如双方犯规，不罚球，应登记每个犯规队员的一次侵人犯规。由双方犯规队员在就近的圆圈内跳球继续比赛，如在犯规的同时某方投篮，得分有效，从端线掷界外球继续比赛。

2. 技术犯规

对场上或球队席上的球队成员实施的没有体育道德的行为与违例的行为，是技术犯规。在球成活球前，与对方队员发生非法的接触，也可被判为技术犯规。

一是没有体育道德的行为。对任何队员、教练员或训练员的没有体育道德的行为最多可判罚两次技术犯规。任何违犯者只要有一次没有体育道德的行为，就可被驱逐；有两次没有体育道德的行为必须被驱逐。没有体育道德的行为如：与裁判员讲话无礼貌；以身体接触裁判员；对宣判公开表示不满；使用亵渎的言语；未经裁判员允许教练员进入场地；故意伸肘或试图动手脚，但不包含接触。还有一些技术犯规不是由不符合体育道德的行为造成的，如延误比赛；球队席区域的违例；进攻队员故意吊在篮圈或篮板上；等等。在死球期间发生非法接触，如果在性质上被认为是不符合体育道德的，可判为一次技术犯规；如果接触是不必要的和过分的，可判为恶意犯规。

二是打架犯规。比赛中或死球期间，队员、教练员或训练员打架，要登记技术犯规，不判给罚球，参加打架的人员应立即被驱逐。技术犯规的罚则与违反体育道德犯规的罚则一样都是两罚一掷。

二、三人制篮球裁判简单规则

(一)说明

在1999年国际篮联中央局会议上通过决议，将于2000年奥运会之后在国际篮联举办的正式比赛中实行三人制裁判法。为尽快与国际接轨，使我国篮球裁判员及早了解和掌握三人制裁判法，中国篮球协会在2000年4月举行的全国男篮乙级联赛和全国男篮甲B联赛中首次实行了三人裁判制，并在赛前举办了学习班，还将逐步在全国其他比赛中推行三人裁判制。

(二)术语

前导裁判：意为裁判员的位置在端线。

中央裁判：意为无球位置内的外侧裁判。中央裁判可站在记录台同侧或对侧。

追踪裁判：意为站在离中场线最近的外侧裁判，在28英尺(约8.5米)线的附近。如果出现进攻转换，追踪裁判将成为新的前导裁判。追踪裁判可站在记录台的同侧或对侧。

28英尺线：是从端线沿边线向中线量出28英尺所得出的线，全场共有四条。

轮转：意为在活球的情况下，球的位置决定前导裁判发动轮转，前导裁判向球侧的移动，命令追踪裁判和中央裁判改变位置。当球换边时完成此轮转。

交换：当一位裁判员宣判犯规或违例成死球时出现。

球侧：从端线到端线，(以球篮为中心点)把球场划分为两部分，以进攻队的前场球所在的位置为球侧。

强侧：前导裁判的位置决定强侧。

弱侧：前导裁判的对侧。

记录台一侧：记录台所在位置一侧。

记录台对侧：记录台所在位置的对面。

(三)基本原则

在任何情况下，三位裁判之间必须保持宽广的三角形，面向场内监控所有队员。

宣判犯规的裁判员向记录台报告犯规后，他必须移动到记录台对面的位置上。因此，前导裁判员和靠近记录台的裁判员不宣判犯规不换位，如宣判犯规则就要和记录台对面的裁判员换位；记录台对面的裁判员宣判了犯规不换位，不宣判犯规则要和宣判犯规的裁判员换位。

执行罚球的裁判必须面向记录台，他肯定是宣判犯规的裁判，也一定成为中央裁判。

裁判员宣判了犯规，他只要跑出人群就可以向记录台报告，而要换位的裁判员则要慢慢地移向新的位置并捡球，另一裁判员则应选择一合适位置，监控所有队员直到向记录台做出报告的裁判员转身观察队员为止。

掷前场时，前导裁判员应位于篮板与球之间；掷后场端线球时，追踪裁判则应位于边与球之间。正常攻守转换时，三位裁判员的换位原则是：追踪→前导，中央→中央，前导→追踪。

裁判员们要始终知道的是，第一，球的位置；第二，其他裁判员的位置；第三，队员们的位置；第四，裁判员的落位与移位前导裁判应落于端线外 1～2 米处，以保持宽广的视角。一般情况下应在罚球线梯形线与端线的两交点之间(6 米)移动，为了找到更好的观察角度，在特殊情况下也可越出此范围；当球在罚球线以外，裁判员从强侧转移到弱侧时要快速移动，以获取最佳的观察位置；一般情况下，他应与追踪裁判在同一侧；他应根据球的位置决定自己所处的位置，从而发动裁判员们的轮转；正常的攻守转换时，他成为新的追踪裁判。追踪裁判一般情况下在有球一侧的约 8.5 米处附近移动；通常与前导裁判在一侧；当中央裁判移动换位后，他移动到同侧中央裁判的位置上；在正常的攻守转换时，他成为新的前导裁判。中央裁判员通常在无球区；移动范围在罚球线延长线与罚球区弧顶之间；始终是罚球的执行者；正常攻守转换时仍为中央裁判。

第八章

排　球

第一节　排球运动简介

排球运动起源于美国，由美国的威廉·摩根于 1895 年发明。它最初是一种游戏项目，参加活动的人数和击球的次数都不受限制。随着技术水平的提高，规则也逐渐形成。1900 年排球运动传入亚洲，1905 年排球运动传入中国。排球运动在亚洲的发展过程中先后经历了 16 人制、12 人制、9 人制的比赛形式，直到 1947 年国际排联成立，才正式开展 6 人制排球运动。

国际排联成立至今，发展迅速，有崇高的威望。目前在五大洲有 200 多个会员国，是国际体育单项组织中成员最多的一个组织。国际性的重要排球赛有奥运会排球赛、世界排球锦标赛、世界杯排球赛、世界青年排球锦标赛。

第二节　排球运动基本技术

基本技术分为六大项 ：准备姿势和脚步移动、传球、垫球、发球、扣球、拦网。

一、准备姿势和脚步移动

合理的准备姿势是指要使身体重心处于相对稳定的状态，又要便于移动和完成各种击球动作，为迅速起动、快速移动及击球创造最好的条件。按照身体重心的高低，准备姿势可分为半蹲准备姿势(图 8-1)、稍蹲准备姿势和低蹲准备姿势三种。

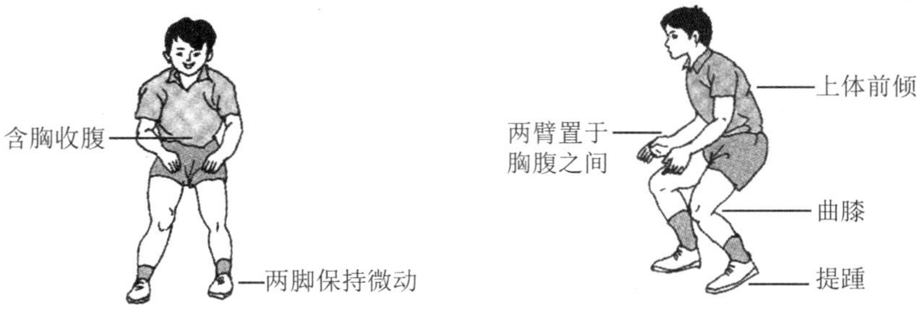

半蹲准备姿势正面图　　半蹲准备姿势侧面图

图 8-1

滑步：短距离的移动，来球距身体体侧 1.5 米左右。

交叉步：用于体侧 2～3 米的来球，或在二传手和拦网者在网前移动及防守两侧来球时运用。

二、传球

传球是在胸部及以上部位通过双手(或单手)借助蹬地、伸臂动作，用手腕手指的弹击力量来完成的击球技术动作。传球的主要作用是把接起的球传给其余队员进攻或直接进攻。一个队的进攻能力能否充分发挥，在很大程度上取决于该队的传球水平。为了争夺网上优势，使进攻战术快速多变，二传手更起着核心作用。传球的动作要领如图 8-2 所示。

图 8-2

准备姿势：采用稍蹲准备姿势，抬头目视来球，双肘弯曲自然抬起，双手置于脸前。

手形：手触球时，两手应自然张开成半球形，使手指与球吻合，手腕稍后仰，拇指相对，小指在前；传球时用拇指内侧，食指全部，中指的二、三指节触球，无名指和小指在球的两侧辅助控制出球方向，两肘适当分开，自然下垂。

迎球：当球接近额前时开始蹬地、伸膝、伸臂，两手微张，从脸前向前上方主动迎击来球。

击球：击球点应保持在额前上方约一球远处，击球部位一般在球的后下方。

用力：传球主要靠伸臂力量，与下肢蹬地力量协调配合，通过把球压在手上，使手指、手腕产生反弹力将球传出。

击球后身体重心随击球动作前移，全身放松呈准备姿势状态，准备下一个击球动作。

三、垫球

垫球是借助蹬地、抬臂动作，用双手前臂的前部，利用来球的反弹力将球击出的技术动作。垫球在比赛中多用于接发球、接扣球和接拦回球，是比赛中争取多得分、少失分，转被动为主动的重要技术。正面双手垫球的动作规格与要领如图 8-3 所示。

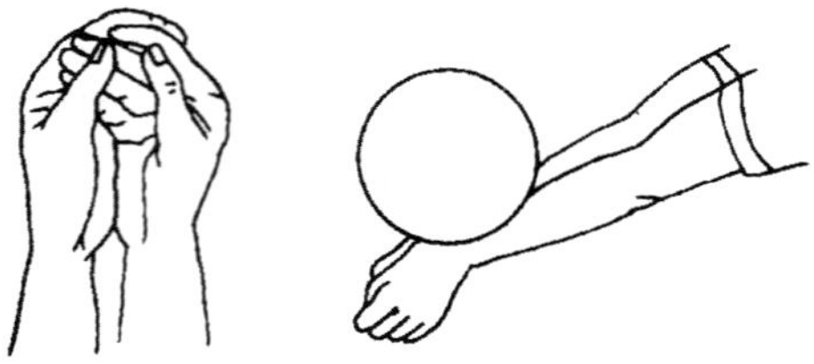

图 8-3

垫球的准备姿势：比赛中应根据不同情况采用相应的准备姿势。初学垫球时，由于是垫击一般的轻球，故可采取一般准备姿势。上体稍向前倾，两脚开立，两脚间的距离稍宽于肩，两臂微曲，置于腹前，两肘稍内收，两眼注视来球。

垫击手形：目前常用的方法有叠指法、包拳法两种。叠指法是指两手手指上下相叠，两拇指对齐平行相靠压在上面一手的中指第二指节上，掌根紧靠，两臂伸直相夹。注意手掌部分不能相叠。包拳法是指两手抱拳互握，两拇指平行放于上面，两掌根和两小臂外旋紧靠，手腕下压，使前臂形成一个垫击平面。

击球点、击球部位：正面双手垫球的击球点，一般应尽量保持在腹前约一臂距离的位置。用腕上 10 厘米左右的两小臂桡骨内侧所构成的平面击球。

垫球的动作要领：及时移动取位，降低重心，两臂前伸插至球下，使两前臂的垫击面对准来球，并初步取好手臂的角度。夹—两手掌根紧靠，手臂夹紧，手腕下压，用平整而稳定的击球面去迎击球。提—由下肢蹬地，提肩、顶肘、压腕的动作去迎击来球，身体重心要随球前移，两臂在全身协调动作的配合下伴送球。

四、发球

由队员自己抛球，用一只手将球击出，从网上两标志杆内进入对方场区的技术动作。发球是比赛和进攻的开始，是排球技术中唯一不受别人制约的技术动作。攻击性强的发球不仅可以直接得分，还能削弱乃至破坏对方的进攻，打乱对方的部署，在心理上给对方造成威慑。根据一般教学水平，介绍两种基本方式：下手发球、上手发球。

（一）正面下手发球

发球时，手臂由下向前上方摆动，并利用身体的转动将球击出。按其动作，可分为正面下手发球和侧面下手发球。发出的球速度慢，力量小，攻击性差，适合于初学者（图 8-4）。

1 2 3 4 5 6

图 8-4

(二)正面上手发球

1. 准备姿势

发球学生面对球网，两脚前后自然开立，左脚在前，右脚在后，左手持球在腹前。

2. 抛球摆臂

左手将球平稳抛至右肩前上方，高度适中。在抛球的同时，右臂曲时抬起并后引，肘关节与肩部齐平，手掌自然张开，呈勺形，上体稍向右侧转动，抬头，挺胸，展腹，身体重心移至左脚。

3. 挥臂击球

击球时，两脚蹬地，上体迅速向左转动，迅速收腹，带动手臂向右肩上方加速挥动，以全手掌击球的后中下部。击球时，手臂要充分伸直，手掌和手腕要迅速明显做推压动作，使球向前呈上旋飞行。击球后，迅速进场比赛(图 8-5)。

1 2 3 4 5 6 7 8 9

图 8-5

五、扣球

跳起在空中用一只手臂做弧形挥动动作，用手将本方场区上空的球，从两标志杆内的球网上空击入对方场区的技术动作。扣球在比赛中是进攻最积极有效的武器，因此是得分、得权的主要手段。

两步助跑：助跑开始时，先以左脚向球的落点自然迈出第一步，其作用是确定助跑和接近球。接着向球的落点迈出第二步。第二步要先使右脚跟在起跳点着地，接着左脚迅速并上来，在右脚的左侧约与肩宽并稍靠前半脚的位置着地，准备起跳。助跑时的摆臂动作配合是很重要的。它不仅保证助跑和起跳时身体的稳定性，而且有助于加快起跳速度，增加弹跳高度。

摆臂的方法：当助跑的第一步迈出时，两臂稍臂弯曲自然前摆；当第二步迈出时，两臂以肩关节为轴，由体前经体侧斜下方向身体的侧后方迅速摆动，在右脚跟着地时后摆完成。

起跳：当起跳脚完成制动后，身体即成两膝变曲(弯曲程度与腿部力量成正比，一般大小腿的夹角为100°～110°)，两膝内扣，上体呈稍前倾的起跳准备姿势。随即两脚迅速而有力蹬地起跳。起跳时，两臂配合由体侧下方继续曲臂向体前上方摆动，同时迅速展腹、伸膝、曲踝提踵，使身体腾空而起。

空中击球：击球前身体在空中的姿势是当起跳使用全身体腾空后，左臂摆至身体前方(或前上方)，击球臂曲臂置于头侧，肘高于肩，展腹、挺胸、敞肩，身体呈反弓形，眼睛注视球。击球臂挥臂的方法是在击球时，大臂前旋肘节向前上方小臂放松迅速后振(似有失重的感觉)，手腕放松。随之，小臂借后振加速之势上摆，整个手臂甩直并成弧形前摆至击球点击球。击球时整个手掌要包住球，并有一个向前推压的动作。

击球后和击球部位：击球点与发挥扣球力量的大小关系很大。正确的击球点应在右肩的前上方，击球臂与躯干的夹角约为160°的位置。正确的击球部位，是击球的后中上部。

落地：扣球后要求平稳落地，因此应力争双脚同时着地。

六、拦网

拦网是队员靠近球网，在高于球网处阻挡对方来球的行动，与触球点是否高于球网无关，但其触球时身体必须有一部分高于球网上沿。只有前排队员可以完成拦网。拦网是防守的第一道防线，是反攻的重要环节。拦网可将对方有力的扣杀拦起，减轻后排防守的压力，为本方组织反攻创造条件。拦网主要是给对方扣球手以心理压力迫使其出现失误，拦网可以减缓球速，甚至能把对方的扣球直接拦回、拦死，是在比赛中是得分、得权的重要手段之一。

第三节 排球运动基本战术

运动员在比赛中，根据排球规则和排球运动的规律及临场竞赛情况的发展变化，有意识地运用合理技术和互相配合所采取的有目的、有针对性的行动就是排球战术。排球战术分为进攻战术和防守战术两种。

一、进攻战术

(一)“中一二”进攻战术

由前排中间的3号位队员担任二传，其他5名队员将来球垫传给二传队员，再由二传队员将球传给 4 号位或 2 号位队员扣球的进攻形式，称为“中一二”进攻战术。这种战术的特点是一传的目标明确，二传队员易于接应，加之战术配合简单，便于组织进攻。所以“中一二”战术是排球进攻最基本、最简单的战术(图 8-6)。

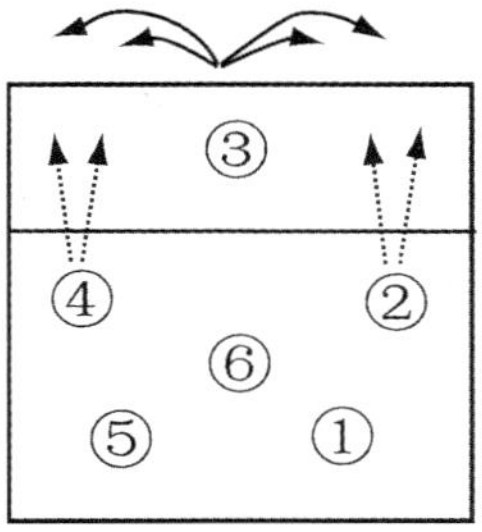

图 8-6

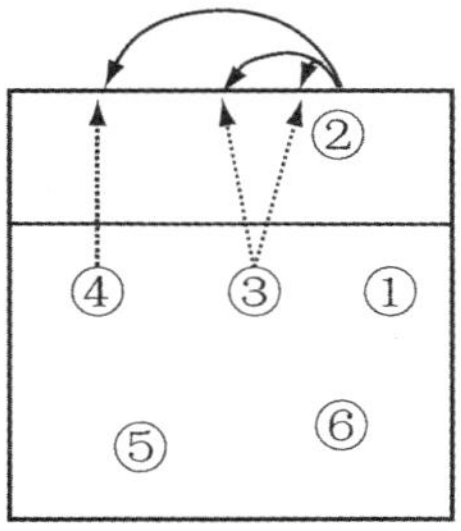

图 8-7

(二)“边一二”进攻战术

由前排边的 2 号位队员担任二传，将球传给 3 号位或 4 号位队员扣球的进攻战术，称为“边一二”进攻战术(图 8-7)。

这种战术也比较简单，容易掌握。并且由于两名进攻队员的位置相邻，便于进行互相掩护，增强了突然性和攻击性。

(三)“插上”进攻战术

由后排的队员插到前排担任二传，将球传给前排 3 名队员扣球的进攻战术，称为“插上”进攻战术。

“插上”进攻战术能保持 3 名队员参加进攻，可以充分利用球网的全长，有利于进攻队员发挥多种互相掩护战术配合，突破对方的防线，因此，更具有突然性和攻击性。

二、防守战术

(一)接扣球防守战术

接扣球防守是由前排拦网和后排防守两部分组成。有效的拦网不仅可以抑制对方的进攻，而且还可以直接拦死对方的扣球，起到进攻的效果。后排防守是前排拦网的后盾，起到保护拦网、弥补拦网的作用，把没有拦到的球接起来后，再组织进攻。

1. 集体拦网

集体拦网是在个人拦网技术的基础上进行两三人的协同拦网配合。在集体拦网时，要以一人为主，另一人或两人配合其行动；主拦队员要抢先移动正确取位，以便同伴配合；起跳时相互之间要保持好距离，避免相互冲撞或干扰。

2. 后排防守

后排防守是第二道防线，是组织反攻战术的基础，是关系到能否得分的重要问题。后排防守必须与前排拦网密切配合，互相弥补。后排防守中队员要做好接应的准备，而且要具有良好的心理品质。

3. 防守阵形

防守阵形有无人拦网下的防守阵形、单人拦网下的防守阵形、双人拦网下的防守阵形、3 人拦网下的防守阵形。

(二)接传、垫球

在比赛中，以传、垫球方法击球过网，一般都是在不得已的情况下采取的。接球的一方有充裕时间组织进攻，但有时对方有意识对利用各种方法给接球一方制造困难，如平传空当、垫高球、迫使二传队员接球等。因此，防守队员要及时调整位置，组织起有效的进攻。

第四节 排球比赛与欣赏

一、排球的场地及竞赛方法

(一)比赛场地

排球比赛的场地如图 8-8 所示，长 18 米，宽 9 米，场地四周至少有 2 米(室外至少 3 米)为无障碍区，从地面向上至少 7 米为无障碍空间。

比赛场地的地面必须是平坦的。比赛场地界限的长线叫边线，短线叫端线。连接两条边线中点的线叫中线，它将场地分成均等的两个场区。中线两侧 3 米处与中线平行的线叫进攻线。进攻线前为前场区，进攻线后为后场区。两端线后为发球区。场上所有线宽均为 0.05 米，被视为场区的一部分。场地各条线应为白色或黄色。球网张挂在中线的垂直面上空。正式比赛中男子网高 2.43 米，女子网高 2.24 米。(儿童和少年的球网高可根据实际情况另做规定)

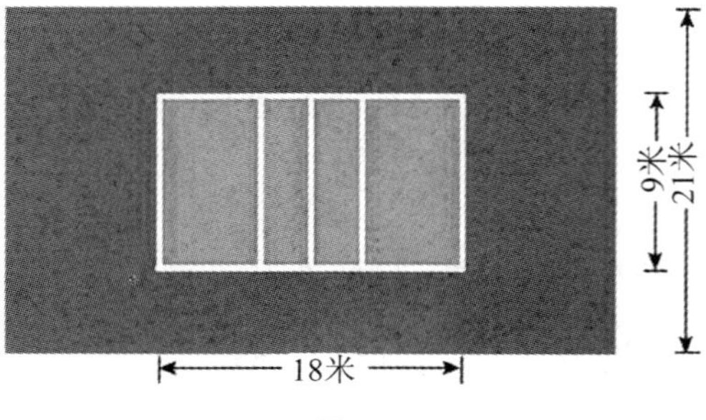

图 8-8

(二)比赛方法

正式的排球比赛中，每队上场队员 6 人，在用球网隔开的各自的场地上，按照规则运用发球、垫球、传球、扣球、拦网等技术进行攻防对抗，不使球在本方落地。因双方是按“排”站位的，故称为排球。由一方后排右边队员在发球区内将球直接发过网开始，每方最多击球 3 次(拦网除外)就必须击球过网，不得使球在本方场内落地，不能连击。比赛过程中，队员不能触网和越过中线触及对方场区。每球争夺结束后，由胜队发球，如原发球队胜球，就由原发球队员继续发球；如对方夺得发球权，则要先顺时针轮转一个位置再发球。比赛应该连续进行，直到球落地出界或某一队不能将球击回。不管哪方发球，胜方均得 1 分，同时由胜方发球。某方先得 25 分为一胜局，如果双方都得 24 分，则必须有一方领先 2 分(即 26∶24，27∶25)方算胜一局。然后交换场地进行比赛。正式比赛采用五局三胜制。决胜局为 15 分。

二、排球欣赏

排球是两队在由球网分开的场地上，遵照规则将球击过网使其落在对方场地上的得分制集体比赛项目。排球与足球、篮球并称为世界“三大球”。排球作为三大球中唯一一个隔网项目，比起足球、篮球的激烈对抗和激情四射，相对要宁静、柔和许多，这份宁静和柔和也是体育球类运动中不同于足球、篮球的另一种味道。

从 1895 年正式诞生至今，排球的颜色由最初的纯白色逐渐过渡到了活泼的蓝、黄、白三色，而排球运动本身也经历了百余年的发展过程。近年来，足球世界杯、欧洲四大联赛和美国 NBA 职业联盟的逐渐火爆冲击了排球在世界范围内的影响力，但由于排球规则的改变、世界排球竞技水平尤其是女子排球水平的提高、沙滩排球兴起等原因，排球仍然拥有庞大且稳定的球迷群体；因其运动强度适中、简便易行，在全球范围内也仍然具有广泛的群众运动基础(据统计，世界上有 8 亿人口热衷于排球运动)。

而且，因为老中国女排在 20 世纪 80 年代缔造的辉煌和新一届女排逐渐取得的骄人战绩，大多数国人心中都会有一份无法割舍的排球情结。对于国人来说，排球在所有体育运动中享受着特殊的地位。即使你弄不懂足球的“越位”如何界定，也不清楚篮球的“挡拆”是何概念，但你一定不会看不懂排球。不过，我们对排球的熟悉程度和情有独钟，并不源于它的“简单”，而是来自 20 世纪 80 年代的老中国女排，以及已两度夺得世界冠军的陈忠和教练挂帅的新一届国家女排。新老两代中国女排，代表了我们熟悉的拼搏进取精神，承载了一个民族的希望和骄傲。

所以，我们欣赏排球，首先寻找的是一种亲切感，看着熟悉的身影在熟悉的场地上移动、跳跃，遵循着熟悉的规则，赢得熟悉的结果。看女排，大多是为了一种情结和感觉，由眼前的场景延伸到记忆中那些熟悉的影像。其次，我们就该把注意力集中到排球的各项技术环节了，比如发球、一传二传、进攻、得分等。衡量发球好坏的标准就是看其是否能够有效破坏对方一传；一传是看其是否到位，能否为二传和其后的进攻提供有力的铺垫；二传则是看其是否调动了强大的攻击力，且灵活多变、出其不意。衡量进攻的标准自然是看其是否得分，或是打乱了对手反击的节奏。最后，我们要了解一下世界各地女排的技术特点。因为不同流派的队伍的碰撞，相生相克，反而令排球有了更多的看点，也让排球的欣赏有了更多内容。

第九章

羽毛球

第一节 羽毛球运动概述

世界许多国家和地区很早就有类似羽毛球运动的游戏。据《大不列颠百科全书》记载，两千多年前原始羽毛球游戏活动在世界一些地区就流行了，由于民族地区和语言的差异，对这项活动的叫法不一。如法国称“羽毛球”，美国、瑞典、丹麦等国称“毽子板球”，印度称“普娜”。该书还记载了两千年前在中国、日本、印度、泰国等国家流行这项游戏活动。据我国《民族体育集锦》记载：这种活动主要分布在我国西南地区（云南、贵州、广西等地），存在于苗族、基诺族、壮族、仡佬族、哈尼族、瑶族、拉祜族，由于我国少数民族人民受历史、社会及文化的影响，很多活动难以找到文字记载，也难以准确地考证这项游戏活动源于我国的时间，这些原始的羽毛球游戏活动就是现代羽毛球运动的源头。

现代羽毛球运动的起源，世界上说法也不一致。综合世界上各种说法，基本上可以认为：现代羽毛球运动源于 1860 年，在英格兰格拉斯哥郡的伯明顿庄园举行的一场游戏活动。因此，这个庄园的名称就被定为现代羽毛球的名称。

1934 年成立了国际羽毛球联合协会。1948—1949 年举行了首届世界男子羽毛球团体锦标赛——“汤姆斯杯”赛。1956 年举行了世界女子羽毛球团体锦标赛——“尤伯杯”赛。1978 年 2 月世界羽毛球联合会于香港成立。1981 年国际羽毛球联合会和世界羽毛球联合会正式合并。1992 年羽毛球运动被列为奥运会正式比赛项目，至此，羽毛球运动进入了一个新的发展时期，受到了世界各国的重视。

20 世纪 70 年代，中国开始正式参加各种洲际和世界性比赛，多次获得“汤姆斯杯”和“尤伯杯”及各单项世界冠军、奥运冠军，是世界羽坛的劲旅，为羽毛球运动发展，做出了不可磨灭的贡献。

第二节　羽毛球运动基本技术

一、握拍法

基本握拍法有两种，即正手握拍法和反手握拍法。

1. 正手握拍法(右手握拍为例)

先用左手拿住球拍的腰杆，使拍面与地面垂直，然后用右手虎口对准球拍侧面内沿，以握手式握住拍柄，小指、无名指和中指并握，食指稍分开，大拇指与中指相近，掌心不要贴紧，拍柄端和小鱼际肌平齐(图 9-1)。

2. 反手的握拍法

第一关节的内侧要紧贴在拍柄内侧的宽面上，同时要把柄端紧靠小指的根部，而手心则要留有空隙(图 9-2)。

图 9-1

图 9-2

二、发球

羽毛球运动的发球技术，按其动作可分为正手发球和反手发球两种。按球在空中飞行的弧线可分为高远球、平高球、平快球和网前短球四种。按比赛项目划分，则有单打发球和双打发球两种(图 9-3)。

图 9-3

1. 发球站位及姿势

单打时可站位于中线附近，离前发球线约 0.75 米处。左肩侧面对准网，左脚在前，脚尖朝向球网，两脚距离与肩同宽，身体重心落在后脚上。发球前球拍向右后方斜举时微曲，左手持球，用拇指、食指、中指夹住球托同羽毛的相接处，举在腹部右前方，双眼注视对方的站位和准备情况。

2. 发球种类

(1)高远球：用爆发力把球发得又高又远，球几乎垂直落在底线上，击球的右侧腰下，拍面的仰角在 45°以上(图 9-4)。

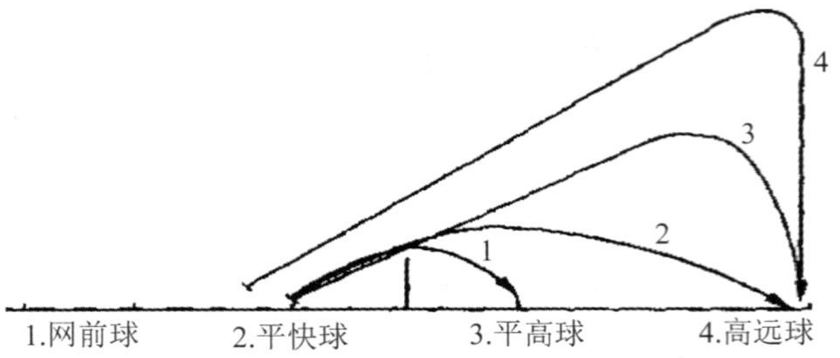

图 9-4

(2)平高球：用前臂和手腕发力，球速快、弧线低，拍面仰角在 45°以下。

(3)平快球：以快而平的球直冲对方底线，击球时用爆发力击球腰部以下的最高处，拍面仰角在 35°以下。

(4)网前球：动作和力量小。用手腕和手指的力量把球从右到左横切推送，使球刚越网就落在对方接球区前发球线附近(图 9-5)。

图 9-5

三、接发球

1. 接发球站位

左脚在前，侧身向网，重心落在前脚掌，双膝微曲，收腹含胸。球拍置于身前右方，密切注视对方。站位在离发球线 1.5 米处(图 9-6)。

图 9-6

2. 接发球方法

接平快球时，可以用平推球、平高球还击，这是以快制快。接高远球、平高球时可用高球、吊球或杀球还击。接网前球时可用平高球、高远球、放网前球、平推球来还击。

四、击球

1. 高手击球

这是快攻打法的最基本技术。它具有击球点高、速度快、力量大、主动性强、攻击威力大等优点。为了体现练远战的目的，初学者可先学高手击球。

（1）高远球

击出的球不仅弧线高，而且飞至对方底线，逼迫对方远离中心位置，削弱对方的进攻威力。防守时，可以延长回击时间，借以调整步法，改变局势。动作要领是手臂要自然伸直，击球时用类似抽鞭的动作把球击出去。发力时要以肩为轴，通过大臂带动小臂，最后闪动手腕而产生爆发力。主要方法有正手击法、反手击法、头顶击法三种（图 9-7）。

图 9-7

（2）吊球

吊球是把对方击过来的高远球还击到对方的网前球。目的是在区域、落点节奏、力量上突然变化，以调动对方，打乱对方阵脚。吊球的动作要隐蔽、突然，使对方不易事先觉察到，然后再配合杀球和高远球，就显得威力更大了。高手吊球中可分为劈吊球和拦截吊球。

（3）扣杀球

扣杀球是把高球在最高的击球点上斜压下去，因而发出的球力量大、弧线直、下落快，是一项主要的进攻技术，往往能使对手措手不及。在动作上，分为正手扣杀、反手扣杀、头顶扣杀三种；在线路上，又可分为长杀、短杀、杀直线、杀斜线等（图 9-8）。

图 9-8

2. 网前击球

网前击球的主要技术有网前放、搓、推、勾、扑、挑球等。

（1）放球

放球是用球拍将球轻轻一托，使球如同俯卧式跳高一样，恰好一过网顶就向下坠落，既能调动对方，又能使对方无法发力扣杀。

（2）搓球

搓球是网前技术中的高难度技术。它动作细腻，击球点一般与肩同高，利用控、切、挑的动作摩擦球托的底部，改变球在空中正常运行的轨迹，使球沿横轴翻滚越过网顶，既能给对方的回击造成困难，也为自己进攻制造机会（图 9-9）。

图 9-9

(3)推球

推球的动作与搓球相似，只是在触球的一刹那，拍面几乎与网呈平行状，将球快速推往对方的底线，使球的运行路线低而且平。用这项进攻技术击球时，手臂向前伸，身体向前倾，转动手腕配合手指力量向前闪动击球。

(4)勾球

在网前回击对角线的网前球。在击球的刹那，拍面斜向对方右或左的网前，用腕部带动手指，从伸腕到收腕，肘部也随着回收，球拍触及球托的侧后部(图 9-10)。

图 9-10

对方来球至网顶时，立即用前倾拍型向斜下方扑压，叫做扑球，这种球短促、快速、线路短、落地快，动作要求出手快，幅度小而爆发力强。

(5)挑高球

这是在被动形势下采取的一种防守性过渡技术。把对方击来的吊球或网前球挑得又高又远，落到对方的后场，利用球较长的飞行时间，迅速调整自己的步伐并积极准备进攻。

3. 低手击球

低手击球是一种防守性的技术，它没有高手击球所具备的威力，技术难度较大，如果掌握得好，在防守中会孕育进攻威力。

(1)抽球

它是应付对方长杀、半场球以及平球对攻的反攻性技术。以躯干为竖轴，做半圆式的挥拍击球动作。抽球可分为正手反抽底线球、正反手抽半场球。击球时需由小臂带动手腕，手指像抽鞭子似地用爆发力向前闪击(图 9-11)。

图 9-11

(2)接杀球

这也是一种防守性战术，是接对方杀球的回击动作。首先要判断清来球的落点、力量、速度，迅速根据情况分别采用挡网前、抽后场、挑高球的方法应对。

五、步法

常用的步法有并步、垫步、交叉步、单足跳步、跨步、蹬步、腾跳步等。

1. 上网步法

根据自己的站位，用一步、两步或三步移动至网前回击球的步法。最后一步时要求与持拍手同侧的脚在前边，而重心也要落到前脚上。

2. 后退步法

根据自己的站位采用 1～3 步后退击球的步法。身体重心应落在右脚掌上，而右脚也应在后。

3. 两侧移动步法

两脚开立，脚跟提起，根据来球向旁侧移动的步法。向左移动时，若来球较远，左脚可先向左侧移动半步，上体向左转的同时右脚向前方交叉跨出一大步；若来球较近，右脚掌内侧起蹬，左脚同时向左侧跨出一大步。向右侧移动时，若来球较近，用脚掌内侧起蹬，右脚向右侧跨出一大步；若来球较远，左脚可先向右垫一小步再起踏，右脚同时向右跨出一大步。

4. 起跳腾空步法

在步子到位后，为了争取战机和更高的击球点，单脚或双脚起跳，居高临下，凌空一击，称为起跳腾空步法。上网，后退，两侧移动都可以运用腾空跳步。

第三节　羽毛球运动基本战术

从战术原则上讲，就是要充分发挥自己的特长和技术去攻击对方的虚弱阵线，同时也要尽量避免自己的缺陷被对手盯住，在打法上应坚持快、准、狠、活的技术风格，做到积极主动、以我为主。

一、单打技术

(一)发球抢攻战术

要善于根据不同的对手采用不同的发球方法。发出不同性能的球以取得主动权，目的就是利用发球的威力使对方被动，出现机会球，然后组织进攻的一种战术。

（二）进攻后场战术

这种战术主要是在对方后场的还击力量差、后退步伐较慢，后场反击力差或急于上网的情况下，连连压住对方的后场，使之被动后，伺机突击。

（三）打四方球战术

这是以快速、准确的落点来攻击对方四个角落的战术。发现对方反应较慢，步法迟缓的缺点后，运用这个战术使其向四角奔波而来不及回到中心位置，待出现机会球时，抓住战机大力扣杀。

（四）打对角战术

这种战术的目的很明确，不论是进攻还是防守，都以打对角线为主。判断清楚对方身体的灵活性差、转体慢的弱点后，用这种战术反复让对方的弱点暴露出来，使对方在疲于奔跑左右两侧时，由于重心不稳而造成被动，从而有利于对方抓住战机攻击。

二、双打战术

双打是两人协同作战，在思想上要团结一致，在技术上需能攻善守，关键性的技术如发球、接发球、平抽快打、连续扣杀等要高超，在身体素质上要求速度快、力量大、灵敏度高、协调性好、耐力强，在战术的配合上要求行动一致、配合默契。

（一）发球、接发球战术

发球是争夺主动权的关键。双打的后发球线比单打短，不宜发高球，以防止对方的大力扣杀，一般以发网前球为主。发球要根据对方的情况选择好自己的位置，充分发挥球路、力量的变化，力求争得主动权。接发球时，首先要把来球性能判断准确，起动要快，动作要敏捷、迅速，要有较好的击球手法，往往可以用扑球使对方陷入被动，或是以搓、推获得主动和进攻的机会。

（二）攻人战术

攻人技术也被称作二打一战术。在双打中对方两个人的技术水平往往是不平稳的，所以要集中力量攻击对方的弱者或弱区，具体方法是先通过下压球路取得进攻机会，当对方不得不采用分边防守时，就集中力量攻其弱者，若对方有意保护弱者，那就两个人轮番攻击对方的强者，消耗其体力，削弱其进攻威力，伺机突击空挡。

（三）攻中路战术

这是攻击对方配合能力的战术。方法是当对方分边站位时，把球击到两人之间的空隙区；当对方前后站位时可将球击到两人之间的边线位置，目的是造成两人都要回击或都不回击，即使回击也犹豫不决，导致漏接或失误。

（四）攻后场战术

这是一种先牵制后攻杀的战术。方法是用平高球、平推球、接杀挑底线等把对方一个人紧紧地压在底线或后场两角。当对方被动还击时，即可以大力扣杀。当对方同伴后退支援时，可立即攻击其网前空挡，或向正在后退者攻打追身球。这种战术常用来对付反手扣杀能力差的对手。

(五)杀后封前战术

这是一种连续攻击的战术。当争得主动进攻的机会时，站位在后边的队员要强攻杀直线，而站位于前者要立即移动到对方回直线球的位置，准备立即封网扑杀。

(六)守中反攻战术

这是在防守之中积极寻找或制造反攻机会的战术，是摆脱被动、争取主动的打法。不管对方进攻哪一点，都要把球挑到进攻者的另一侧。如对方后场攻直线，就挑对角线；如攻对角线球，就挑直线。目的是摆脱干扰，破坏对方的进攻，使对方在应变过程中出现失误，抓住时机大力反攻。

(七)双打的合作方法

1. 轮转合作法

在防守时每人各站在场内的一边，这样就使防守范围缩小了，也便于还击对方扣杀过来的高远球、网前球。进攻时则采用一前一后的站位方法，以求加强攻势。

2. 前后固定法

两个选手中善于打网前球的站在前场，而扣杀能力强、防守技术好的站在后场，使两个人的优势都充分发挥出来，起到扬长避短的作用。

第四节　羽毛球竞赛的主要规则

一、交换场区

(1)以下情况运动员应交换场区：

第一局结束。

第三局开始。

第三局中或只进行一局的比赛进行至一方达到 11 分时。

(2)运动员未按以上规则交换场区，一经发现立即交换，已得分数有效。

二、合法发球

(1)发球时任何一方都不允许非法延误发球。

(2)发球员和接发球员都必须站在斜对角线发球区内发球和接球，脚不能触及发球区的界线，两脚必须都有一部分与地面接触，不得移动，直至将球发出。

(3)发球员的球拍必须先击中球托，与此同时整个球必须低于发球员的腰部。

(4)击球瞬间球杆应指向下方，从而使整个球筐明显低于发球员的整个握拍手部。

(5)发球开始后，发球员必须连续向前挥动球拍，直至将球发出。

(6)发出的球必须向上飞行过网，如果不受拦截，应落入接发球员的发球区。

三、羽毛球的违例

(1)发球不合法违例。

(2)发球员发球时未击中球。

(3)发球时，球过网后挂在网上或停在网顶。

(4)比赛时，球从网孔或从网下穿过；球不过网；球碰到屋顶、天花板或四周墙壁；球碰到运动员的身体或衣服；球碰到场地外其他人或物体(由于建筑物的结构问题，必要时地方羽毛球组织可以制定羽毛球触及建筑物的临时规定，但其国组织有否决权)。

(5)比赛时，球拍或球的最初接触点不在击球者网的这一方(击球者击球后，球拍可以随球过网)。

(6)比赛进行中，运动员球拍、身体或衣服触及网或网的支持物；运动员的球拍或身体，以任何程度侵入对方场区；妨碍对手，如阻挡对方仅靠球网的合法击球。

(7)比赛进行中，运动员故意分散对方注意力的任何举动，如喊叫、故作姿态等。

(8)比赛进行中，击球时，球夹在或停滞在拍上紧接着又被拖带；同一运动员两次挥拍连续击中球两次；同一方两名运动员连续各击中球一次；球碰球拍继续向后场飞行。

(9)运动员违反比赛连续性的规定。

(10)运动员行为不端。

四、重发球

(1)遇到不能预见或意外的情况，应重发球。

(2)除发球外，球挂在网上或停在网顶，应重发球。

(3)发球时，发球员和接发球员同时违例，应重发球。

(4)发球员在接发球员未做好准备时发球，应重发球。

(5)比赛进行中，球托与球的其他部分完全分离，应重发球。

(6)司线员未看清球的落点，裁判员也不能做出决定时，应重发球。

(7)“重发球”时，最后一次发球无效，原发球员重发球。

五、死球

(1)球撞在网上并挂在网上，或停在网顶上。球撞网或网柱后开始在击球这一方落向地面。

(2)球触及地面。

(3)“违例”或“重发球”。

六、发球区错误

(1)发球顺序错误。

(2)在错误的发球区发球。

(3)在错误的发球区准备接发球，且对方球已发出。

七、发球区错误的裁判方法

(1)如果错误在下一次发球击出前发现，应重发球；只有一方错误，并且输了这一回合，则错误不予纠正。

(2)如果错误在下一次发球击出前未被发现，则错误不予纠正。

(3)如果因发球区错误而重发球，则该回合无效，纠正错误，重发球。

(4)如果发球区错误却未被纠正，比赛也应继续进行，并且不改变运动员的新发球区和新发球顺序。

第十章

乒乓球

第一节　乒乓球运动概述

乒乓球运动于 19 世纪起源于英国，是用球拍在中间隔网的球台上双方击球的一项球类运动。它是将网球打法改在桌台上进行的，俗称“桌网球”，乒乓球以其击打时发出的“乒乓”声音而被形象地命名。1926 年国际乒乓球联合会成立，负责每两年举行一次的世界乒乓球锦标赛和世界杯赛。我国是 1952 年加入国际乒乓球锦标赛的。自从在第 25 届世界乒乓球锦标赛上容国团夺得首个男子单打冠军后，我国乒乓健儿在历届世界大赛上取得越来越辉煌的成绩。在第 36 届世界乒乓球锦标赛上囊括了全部 7 项冠军和 5 个单项冠军，为祖国赢得荣誉，为世界乒乓球运动的发展做出了积极贡献。1988 年乒乓球运动被列为奥运会正式比赛项目，比赛设置男女单打和男女双打四项，对推动乒乓球运动的发展，起到了促进作用。

第二节　乒乓球运动基本技术

一、准备姿势与步法

(一)握拍法

世界上流行的握拍法有直握和横握两种。不同的握拍法各有不同的优缺点，从而产生了各种不同的打法。初学者可以根据各自的习惯和爱好，选择适合自己的握拍方法。

1. 直拍握法

(1)近台快攻型握拍法：拍前，以食指第二指关节和拇指第一指关节扣拍。拍后，三指弯曲贴于拍的 1/3 上端(图 10-1)。

图 10-1

(2)弧圈球型握拍法：拍前，拇指紧贴在拍柄的左侧，食指扣住拍柄，形成一个小环状，紧握拍柄。拍后，三指自然弯曲顶住球拍的中部(图 10-2)。

图 10-2

(3)直拍削球握拍法：大拇指弯曲，紧贴拍柄的左侧，用力下压，其余四指自然分开握住拍的后面。正手削球时，尽量使球拍后仰，减小来球的冲力。反手削球时，拍后四指灵活地把球拍转动兜起使拍柄向下(图 10-3)。

2. 横拍握法

虎口贴拍，食指在拍前，拇指在拍后。正手攻球时，食指稍向上移动；反手攻球时，拇指稍向上移动(图 10-4)。

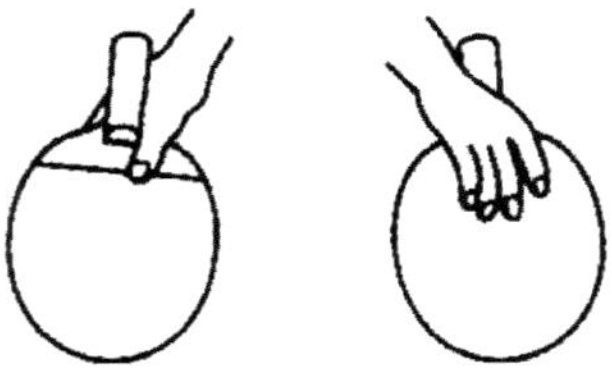

图 10-3

图 10-4

(二)站位类型与姿势

1. 站位

(1)左推右攻打法：站位在近台中间偏左。

(2)两面攻打法：站位在近台中间偏左。

(3)弧圈球为主打法：站位在中台偏左。

(4)横拍攻削结合打法：站位在中台附近。

(5)削球为主打法：站位在中远台附近。

2. 准备基本姿势

正确准备的基本姿势是：两脚平行站立，提踵，前脚掌内侧用力着地，两脚间距略宽于肩，膝微曲，稍内扣，上体略向前倾，重心在两脚中间。下颌稍向内收，两眼注视来球，持拍手臂、手腕自然放松，肘略外张，将球拍置于腹前。

(三)基本步法

1. 单步

以一脚前脚掌为轴，另一脚向前、后或左、右移动一步。在来球角度不大的情况下击球，常采用这种步法(图 10-5)。

2. 换步

一脚向来球方向移动，另一脚随即跟着移动一步，从基本站位向左右移动时多采用这一步法(图 10-6)。

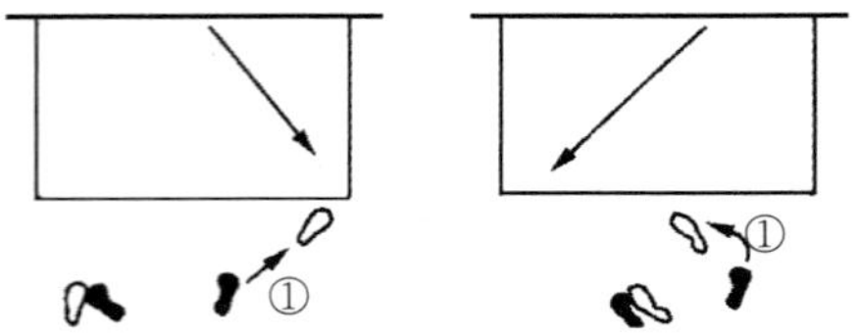

图 10-5

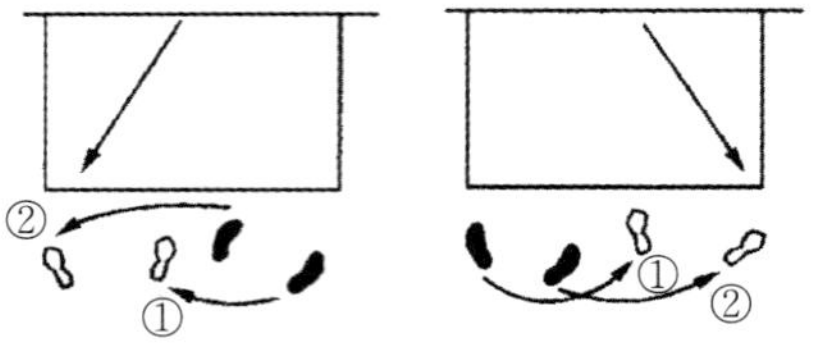

图 10-6

3. 跳步

一脚用力蹬地，使两脚离地，同时向前、后、左、右跳动。在来球较快、角度较大的情况下，多采用跳步(图 10-7)。

4. 跨步

与来球同方向的脚先向侧跨一大步，另一脚再跟着移动。这一步法常用来回击速度急、角度大的来球(图 10-8)。

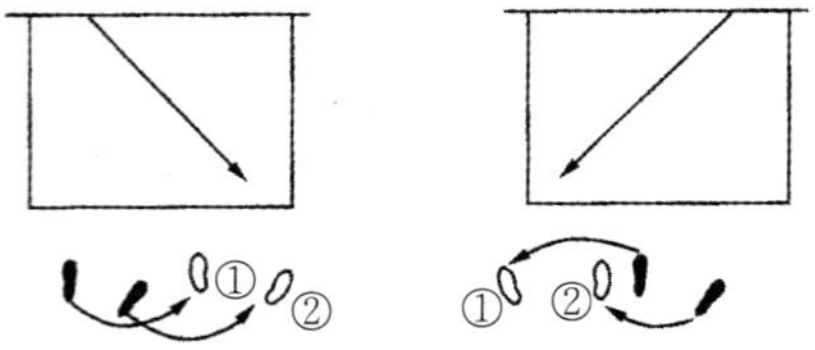

图 10-7

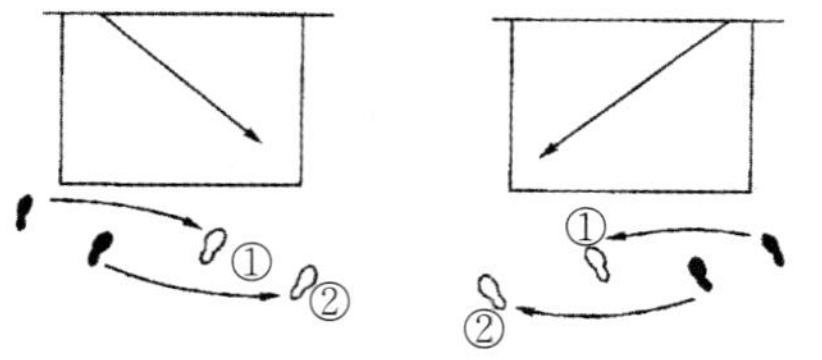

图 10-8

5. 侧身步

左脚先向左跨出一步，然后右脚向左后方移动；或左脚先向前插上，右脚向左后移动。当来球逼近身体时，击球多采用“侧身步”。

6. 交叉步

与来球异侧的脚先向来球一侧移动，并超过另一脚，接着另一脚向来球一侧移动(图 10-9)。

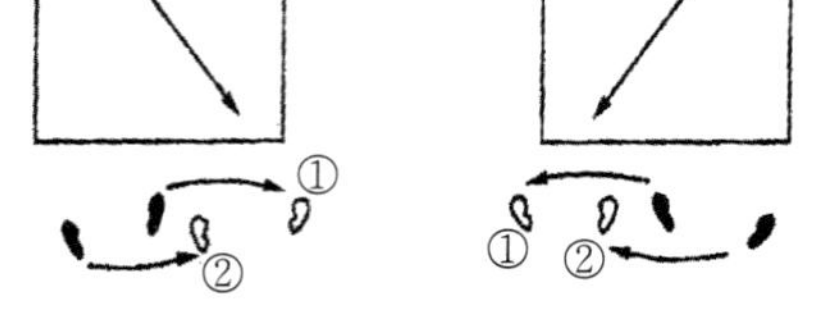

图 10-9

二、发球和接发球

发球和接发球是乒乓球的重要基本技术，两者是相互推动向前发展的。

(一)发球

发球是由抛球和挥拍击球两个动作组成的，抛球是前提，击球部位和挥拍方向是决定发球性质的关键，而用力大小和第一落点的远近则是发球变化的条件。

1. 平击发球

(1)将球置于掌心上，手掌伸平，然后将球抛起。

(2)向前挥拍时，拍形稍向前倾，击球的中上部。

(3)击球的第一落点应在球台的中央。平击发球一般不带旋转，它是初学者应掌握的最基本的发球方法(图 10-10)。

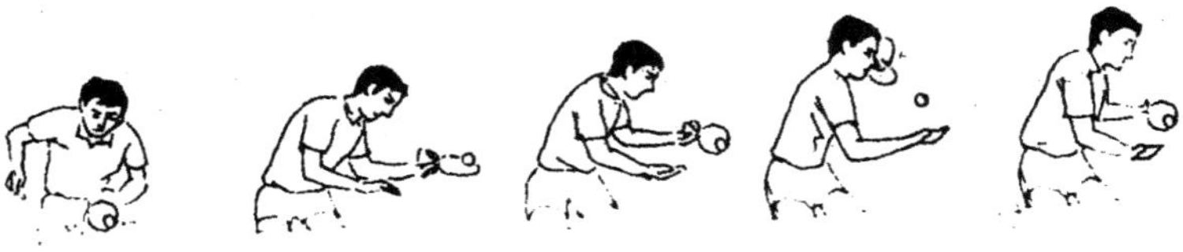

图 10-10

2. 反手发急球

(1)抛球，当球降至约与网同高时击球。

(2)击球时，拍形稍向前倾，击球的中上部，同时手臂向前迅速挥拍(发急球时，拍形稍向后仰，击球的中下部)。

(3)发球的第一落点要靠近本方球台的端线。

3. 反手发侧上(下)旋球

这种发球方式向右侧上(下)的旋转力强，对方挡球后，会向其左侧上(下)方反弹。

(1)击球前，拍形稍向右倾斜，前臂和手腕由左向右挥动。

(2)击球时，拍从球的正中部向右侧下方摩擦，击出的球是右侧下旋球；拍从球的正中部向右侧上方摩擦，击出的球是右侧上旋球(图 10-11)。

(3)击球时，拍从球的正中部向左上方摩擦，击出的球为左侧上旋球。

4. 正(反)手发转与不转球

这种发球方式球速较慢、前冲力小，主要是发球手法接近，以旋转变化来迷惑对方，使其回接困难。发转与不转球的区别在于拍触球的刹那间拍形角度的变化(图 10-12)。

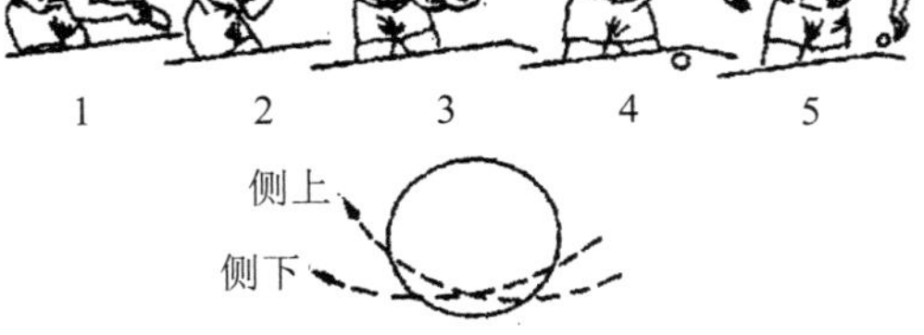

图 10-11

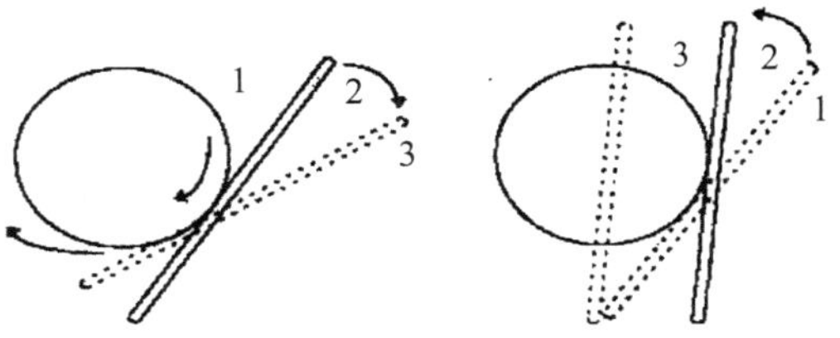

图 10-12

(1)抛球不宜过高，发球前手腕和前臂放松，击球时向前下方摩擦用力。

(2)发转球时，拍形稍向后仰，从中下部向底部摩擦；发不转球时，拍形减少后仰角度，稍加大前推的力量。

5. 发短球

这种发球方式的击球动作小、出手快，球的第二落点不出台(图 10-13)。

(1)抛球不要太高，等球下降时击球。

(2)击球时，拍面稍向后仰，前臂手腕向落下方挥动，轻击球的中下部。

(3)尽可能和发长球的动作相似，使对方不易判断。

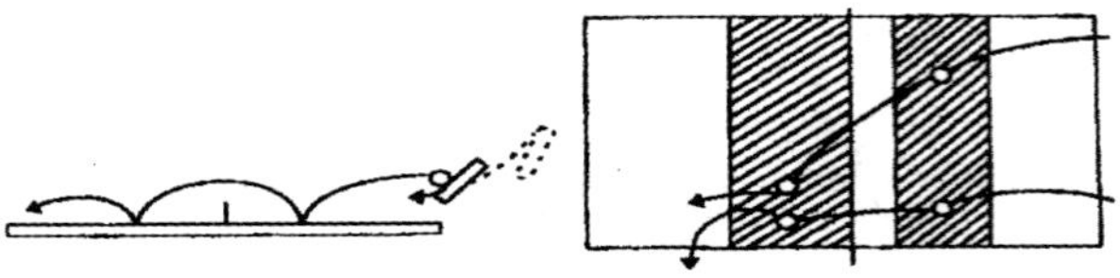

图 10-13

6. 正手高抛发球

把球抛高可迷惑对方，利用球下降的速度可使发出的球速度快、变化多、旋转快。

(1)球要抛得高而平稳；发球前，手臂和手腕要放松。

(2)击球点在近腰偏右 15 厘米左右位置，击球时靠手腕发力。

(3)发侧上旋球时，在触球的刹那，手腕要迅速上勾，摩擦球的中部或中下部；发侧下旋球时，要集中摩擦球的中下部，力求动作与发侧上旋球相似，使对方不易判断。

(二)接发球

接发球技术的运用往往是被动的，但被动也可以转化为主动，只要在接发球时能正确判断并合理运用技术，就能摆脱被动。接发球的要点是：

第一，根据对方发球时的位置选择自己的站位；

第二，根据对方发球时触球一瞬间的动作变化迅速判断来球的旋转性能和落点，按自己的打法特点，运用推、搓、拉、攻等技术回接来球；

第三，对两面不同性能的球拍(一面反胶，一面防弧圈或长胶)，可以从拍面的颜色来判断来球的旋转性能。

接发球的方法可根据对方球拍开始运动的方向来选择。如对方球拍由左向右触球，就应向对方球台的左方回接；由下向上触球则为上旋球，由上向下触球则为下旋球，但要注意对方可能用假动作进行迷惑。因此，在接发球时应密切注意对方在触球时的动作变化。

三、挡球和推挡球

推挡球是左推右攻打法的主要技术之一。

(一)挡球

挡球主要是借助对方来球的反弹力将球挡回，应在上升期击球的中部，拍面与台面接近垂直。挡球回球速度慢、力量小(图 10-14)。

图 10-14

(二)减力挡

挡球时，根据来球情况在触球的刹那间，调节好拍面角度把球拍轻轻后移，用以减弱来球的反弹力，使回球反弹力变弱(图 10-15)。

图 10-15

(三)快推

借力还击，回球速度快，力量较小，落点变化大。击球前，持拍手上臂和肘关节靠近右侧身旁。击球时，前臂稍向外旋并向前推出，拍面向前倾，在上升期击球中上部(图 10-16)。

图 10-16

(四)加力推

回球力量大，球速快，击球点较高。在准备推挡时，前臂向后收，使球拍稍微提高一些，并及时根据来球弹起的高度，在上升期后段或高点期击球中上部。此动作主要靠前臂向前推压发力(图 10-17)。

图 10-17

(五)下旋推挡

回球下旋，弧线较低，球下沉快。在击球时，拍面保持一定的后仰角度，在上升期后段击球中下部。推击时增大向前、向下的力量，以压低回球弧线(图 10-18)。

图 10-18

四、攻球

在比赛中争取主动和获得胜利的最重要的攻击技术，有正、反手攻球之分。按站位远近可分为近、中、远台攻球，按击球点和时间又可分为抽、拉、扣和杀高球等技术。

(一)正手近台快攻

站位近，动作小，球速快。在击球前，引拍至身体右侧，球拍成半横状，上臂与身体成 35°夹角，与前臂约成 120°夹角。当球弹起时，前臂和手腕由右侧向左前方挥动。击球时，食指放松，拇指压拍，拍形向前倾，以前臂发力为主，并结合手腕的内转动作，在上升期击球中上部。击球后顺势挥拍至头部高度。

(二)正手拉球

站位稍远，动作较慢，由下向上挥击，球速不是很快，靠主动发力击球。击球前，持拍手臂向右下方引拍，拍面近手垂直。在触球时，前臂加速用力向前上方提拉，同时配合手腕动作向前上方摩擦球，在下降期击球的中部或中下部。

(三)反手攻球

站位近，动作小，球速快。击球前，引拍手臂自然弯曲，引拍于腹前偏左处。击球时，前臂和手腕向右前上方挥动，同时配合外旋转腕动作，使拍形向前倾，在上升期击球中上部。

五、搓球和削球

这是比赛中最重要的防守技术，通过球的旋转和落点变化调动对方，伺机反攻。

(一)搓球

近台还击下旋球的一种基本技术，有正(反)手快(慢)搓，搓转与不转球之分。击球时，拍面稍向后仰，在来球上升期摩擦球的中下部为快搓，在来球下降期击球为慢搓。用拍面摩擦球中下部，球则旋转；把球托出，球则不旋转(图 10-19)。

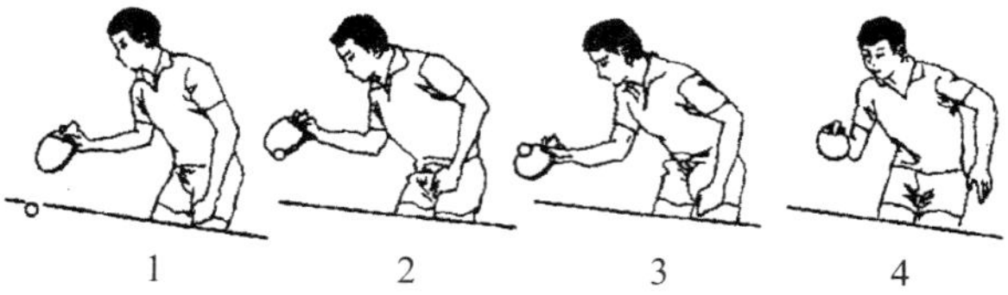

图 10-19

(二)削球

有正(反)手远(近)削、正(反)手削追身球和削弧圈球等几种方式。

1. 正(反)手远削

动作大，球速慢，弧线长，回球下旋。站位在离台一米之外，击球前手臂自然弯曲，将球拍向右(左)上引至与肩同高。击球时，手臂向左前下方挥动，在下降期击球中下部，拍面稍向后仰，触球刹那间前臂加速削击，同时手腕向下辅助用力。

2. 正(反)手近削

动作幅度较小，球速较快且前进力较大。站位离台 50 厘米左右，击球时前臂用力向左(右)前下方切削，手腕配合下压，在高点期击球的中部或中下部。

3. 削追身球

当来球飞近身体时，持拍手臂迅速上提，将球拍引至胸前，使拍面稍竖起，同时收腹、提踵。击球时，前臂和手腕随向后收腹用力动作向前下方用力，并配合内旋转腕的动作，将球削出。

4. 削弧圈球

有两种削球方法可以还击弧圈球，一种是减少削球时间，使击球点低一些；另一种是用各种拍形角度变化击球。如果使用防弧胶皮拍或长胶粒拍，就可不必过多调整拍形角度。

六、弧圈球

弧圈球是一种使球的上旋力非常大的进攻技术，可分为正手加转与不转(高吊弧圈球)、正手前冲、正手侧旋及反手弧圈球。

(一)正手加转弧圈球

击球前，持拍手臂自然下垂，并向后下方引拍，拍面略前倾。当来球从台面弹起时，手臂向前上方挥动，前臂在上臂的带动下很快收缩，在来球下降期用拍摩擦球的中部或中上部。击出的球速度较慢、弧线较高、上旋性特强，着台后会迅速向下滑落(图 10-20)。

图 10-20

(二)正手前冲弧圈球

击球前，将球拍引至右下方与台面齐高处，拍面前倾。当来球弹起时，腰部由右向左转动，前臂在上臂带动下发力，手腕略微转动，在高点期摩擦球的中上部。击出的球弧线低、上旋力大、速度快、前冲力大(图 10-21)。

图 10-21

第三节 乒乓球运动基本战术

运动员在比赛中根据自己和对方的具体情况，有目的有意识地运用技术，就构成乒乓球的战术。

一、发球抢攻战术

反手发右侧上(下)旋球至对方中路靠右近网处，伺机抢攻；反手发急上(下)旋球至对手左角，配合发近网短球，伺机抢攻；正手发左侧上(下)旋球，配合发转与不转球抢攻；正手高抛发左侧上(下)旋球(长、短球)至对方左角，伺机抢攻。

二、推挡侧身抢攻战术

用推挡技术压住对方反手，伺机侧身抢攻。

三、对攻战术

这是进攻型打法。互相对垒时常用的战术主要有紧压对方反手结合变线、连续压中路及正手、调右压左、变化力量大小等。伺机抢攻、近台打(拉)回头和远台对攻(拉)及放高球的战术，可以争取变被动为主动。

四、攻对削战术

可以拉两角杀中路，拉中路攻右(左)角，拉右(左)杀左(右)，或拉远台迫使对方远离。然后放短球，扰乱对方步法，伺机攻杀。

五、以削为主，削中反攻战术

以旋转和落点变化迫使对方回球偏高，伺机反攻或使对方失误；以稳削变化旋转和落点为主，适当配合反攻；连续削加转球至对方左角，然后配合送不转球至对方右角；

连续削对方正手，突变为削对方反手，迫使对方用搓球回接，伺机反攻；削转与不转球，配合控制落点，伺机反攻；交叉削两角，伺机反攻。

六、双打战术

为了加强配合、协同作战，双打选手在发球时可用手势相互暗示发球意图，尽量为同伴创造抢攻条件，力争主动权。在接发球时则应以抢攻、抢拉为主。在发球或接发球时，可运用打一角的战术，迫使对方两人在一角匆忙换位，再突袭另一角；亦可用交叉攻两角或以长短结合的战术，打乱对方两人的基本站位迫使对方两人不断地左右移动，从而创造进攻机会。

第四节 乒乓球竞赛的主要规则

一、球台

1. 球台的上层表面叫做比赛台面，应为与水平面平行的长方形，长 2.74 米，宽 1.525 米，高 76 厘米。

2. 比赛台面不包括与球台台面垂直的侧面。

3. 比赛台面可用任何材料制成，应具有一致的弹性，即当标准球从离台面 30 厘米高处落至台面时，弹起高度应约为 23 厘米。

4. 比赛台面应呈均匀的暗色，无光泽，沿每个 2.74 米的比赛台面边缘各有一条 2 厘米宽的白色边线，沿每个 1.525 米的比赛台面边缘各有一条 2 厘米宽的白色端线。

5. 比赛台面被一个与端线平行的垂直的球网划分为两个相等的台区，各台区的整个面积应是一个整体。

6. 双打时，各台区应被一条 3 毫米宽的白色中线划分为两个相等的“半区”。中线与边线平行，并应视为右半区的一部分。

二、球网装置

1. 球网装置包括球网、悬网绳、网柱及将它们固定在球台上的夹钳部分。

2. 球网应悬挂在一根绳子上，绳子两端系在高 15.25 厘米的直立网柱上，网柱外缘与边线外缘的距离为 15.25 厘米。

3. 整个球网的顶端与比赛台面的距离为 15.25 厘米。

4. 整个球网的底边应尽量贴近比赛台面，其两端应尽量贴近网柱。

三、球

1. 球应为圆球体，直径为 40 毫米。

2. 球重 2.7 克。

3. 球应用赛璐珞或类似的材料制成，呈白色或橙色，且无光泽。

四、球拍

1. 球拍的大小，形状和重量不限，但底板应平整、坚硬。

2. 底板厚度至少应有85%的天然木料。加强底板的黏合层可用诸如碳纤维、玻璃纤维或压缩纸等纤维材料，每层黏合层不超过底板总厚度的7.5%或0.35毫米。

3. 用来击球的拍面应用一层颗粒向外的普通颗粒胶覆盖，连同黏合剂，厚度不超过2毫米；或用颗粒向内或向外的海绵胶覆盖，连同黏合剂，厚度不超过4毫米。

(1)“普通颗粒胶”是一层无泡沫的天然橡胶或合成橡胶，其颗粒必须以每平方厘米不少于10颗、不多于50颗的平均密度分布在整个表面。

(2)“海绵胶”即在一层泡沫橡胶上覆盖一层普通颗粒胶，普通颗粒胶的厚度不超过2毫米。

4. 覆盖物应覆盖整个拍面，但不得超过其边缘。靠近拍柄部分以及手指执握部分可不予以覆盖，也可用任何材料覆盖。

5. 底板、底板中的任何夹层以及用来击球一面的任何覆盖物及黏合层均应为厚度均匀的一个整体。

6. 球拍两面不论是否有覆盖物，必须无光泽，且一面为鲜红色，另一面为黑色。

7. 由于意外的损坏、磨损或褪色，造成拍面的整体性和颜色上的一致性出现轻微的差异，只要未明显改变拍面的性能，均可允许使用。

8. 比赛开始时及比赛过程中运动员需要更换球拍时，必须向对方和裁判员展示他将要使用的球拍，并允许他们检查。

五、合法发球

1. 发球时，球应放在不执拍手的手掌上，手掌张开和伸平。球应是静止的，在发球方的端线之后，比赛台面的水平面之上。

2. 发球员须用手把球几乎垂直地向上抛起，不得使球旋转，并使球在离开不执拍手的手掌之后上升不少于16厘米，球下降到被击出前不能碰到任何物体。

3. 当球从抛起的最高点下降时，发球员方可击球，使球首先触及本方台区，然后越过或绕过球网装置，再触及接发球员的台区。在双打中，球应先后触及发球员和接发球员的右半区。

4. 从抛球前球静止的最后一瞬间到击球时，球和球拍应在比赛台面的水平面之上。

5. 击球时，球应在发球方的端线之后，但不能超过发球员身体(手臂、头或腿除外)离端线最远的部分。

6. 运动员发球时，应让裁判员或副裁判员看清他是否按照合法发球的规定发球。

(1)如果裁判员怀疑发球员某个发球动作的正确性，并且他或者副裁判员都不能确信该发球动作不合法，一场比赛中此现象第一次出现时，裁判员可以警告发球员而不予判分。

(2)在同一场比赛中，如果发球员或其双打同伴发球动作的正确性再次受到怀疑时，不管是否出于同样的原因，均判接发球方得一分。

(3)在任何时候，只要发球员明显没有按照合法发球的规定发球，他将被判失一分，无须警告。

7. 运动员因身体伤病而不能严格遵守合法发球的某些规定时，可由裁判员做出免予执行的决定，但须在赛前向裁判员说明。

六、合法还击

对方发球或还击后，本方运动员必须击球，使球直接越过或绕过球网装置，或触及球网装置后，再触及对方台区。

(一)比赛次序

1. 在单打中，首先由发球员合法发球，再由接发球员合法还击，然后两者交替合法还击。

2. 在双打中，首先由发球员合法发球，再由接发球员合法还击，然后由发球员的同伴合法还击，再由接发球员的同伴合法还击，此后，运动员按此次序轮流合法还击。

(二)重发球

1. 回合中出现下列情况应判重发球

(1)如果发球员发出的球，在越过或绕过球网装置时，触及球网装置，此后成为合法发球或被接发球员或其同伴阻挡。

(2)如果接发球员或接发球方未准备好时，球已发出，而且接发球员或接发球方没有企图击球。

(3)由于发生了运动员无法控制的干扰，而使运动员未能合法发球、合法还击或遵守规则。

(4)裁判员或副裁判员暂停比赛。

2. 可以在下列情况下暂停比赛

(1)由于要纠正发球、接发球次序或方位错误。

(2)由于要实行轮换发球法。

(3)由于要警告或处罚运动员。

(4)由于比赛环境受到干扰，以致该回合结果有可能受到影响。

第十一章

轮　滑

第一节　轮滑运动概述

轮滑运动可以分为速度轮滑、花样轮滑、轮滑球。作为体育项目，轮滑在我国正处于发展阶段；作为一种休闲运动，轮滑早已在全国各地普及了。轮滑是借助半机械性轮滑在路面上展示自己体能与风采的运动，深受青少年的喜爱。

轮滑是一项休闲运动。但同时也是一种竞技项目，随着它的不断完善，目前已经形成多项轮滑竞技项目。2010 年速度轮滑成为广州亚运会的竞赛项目，共设 6 块金牌。

一、轮滑运动的起源和发展

轮滑运动是从滑冰运动过渡而来的，据有关资料记载，轮滑在 18 世纪由一名荷兰人发明。他为了在不结冰的季节继续进行训练，尝试把木线轴安在皮鞋下，在平坦的地面上滑行。从此，轮滑运动在欧洲诞生、兴起并得到了较快的发展。

现代轮滑是由美国的詹姆斯普利姆普顿于 1863 年发明的。他用金属轮子代替木质轮子，他的发明推动了各国轮滑运动的发展。1892 年，国际轮滑联盟在瑞士成立，轮滑运动进一步向正规化、国际化方向发展。以后，轮滑运动逐渐演化为花样轮滑、速度轮滑和轮滑球三种不同形式的运动项目。1936 年，在德国的斯图加特举行了首届世界轮滑球锦标赛。1937 年，在意大利蒙扎正式举办了首届世界速度轮滑锦标赛。5 年后，第 1 届世界花样轮滑和花样舞蹈锦标赛在美国华盛顿举行。1940 年，在罗马举行的第 43 届国际奥林匹克委员会会议上正式承认了轮滑项目的国际联合会。这一决定，使轮滑运动很快地从欧洲传到北美、南美、非洲、大洋洲等地，各洲也相继开展了轮滑锦标赛。在经过第二次世界大战的停顿后，于 1947 年又恢复了轮滑运动的世界锦标赛，并由战前的三年一届改为每年一届。目前，美国、德国、意大利是世界轮滑的强国。

我国轮滑运动开展较晚。轮滑运动在19世纪末传入我国，当时在沿海个别城市流行，且只作为娱乐活动。直到20世纪80年代初期，我国才有正式的比赛出现。现在，轮滑运动已经成为我国青少年最喜爱的运动项目之一。

二、轮滑运动的价值和功能

轮滑是一项融健身、竞技、娱乐、趣味、技巧、休闲于一身的全身运动。轮滑运动的器材和设备相对比较简单，有一双轮滑鞋就可以在坚实的地面上滑行起来。从事轮滑锻炼可以不受季节、时间、温度的影响，不受性别、年龄、体质水平的限制。所以，轮滑运动是一项便于普及的体育项目。

轮滑运动是一种全身运动，健身性强，不仅能增强臂、腿、腰、腹肌肉的力量和各关节的灵活性，提高平衡能力，而且能对心脑血管和呼吸系统机能的改善起到良好的作用。青少年参与其中，更会从摔倒和爬起中得到启发和磨炼，有利于他们心理健康的发展。

轮滑运动有三大特征：一是健身性。轮滑能促进心脑血管系统和呼吸系统机能的改善和代谢作用的加强，能增强臂、腿、腰、腹等肌肉的力量和身体各个关节的灵活性，特别是对提高平衡能力有很大作用。二是娱乐性。轮滑有很强的娱乐性和趣味性，通过运动可使人们从平时紧张、压力繁重的学习和工作中解脱出来，达到心身放松的目的。三是工具性。除了上述的两个特点外，轮滑具有很多项目所不具有的一个特性，就是它可作为交通工具。一般情况下，在平整的路面上，轮滑都可以代步成为交通工具。不过，要穿梭于车来人往的大街上，滑着轮滑要注意交通安全。

第二节 轮滑运动的基本技术和学练方法

一、轮滑基本技术入门阶段的学练方法

(一)轮滑的基本站立姿势及学练方法

正确地站立是滑行的基础。初学者初次穿上轮滑鞋站起来，会因轮子意外的滑动而站立不稳，因此应掌握以下3种基本站立方法：

1. 基本站姿

(1)丁字站立法

两脚成丁字步站立，前脚跟卡住后脚的脚弓，两膝微曲，重心稍偏于后脚上，上体稍微前向倾。由于前脚跟卡在后脚两轮之间，不能使其滑动，因此比较稳定(图11-1)。

(2)八字站立法

两脚脚尖自然分开，形成自然开角，两脚跟靠近。上体稍向前倾，两膝微曲，两臂自然下垂。重心落在两脚中间，可避免两脚的前后滑动(图11-2)。

(3)平行站立法

两脚分开，相距10～20厘米，两脚尖稍内扣，保持两脚平行。膝部微曲，上体稍向

前倾，身体重心落在两脚中间，平稳站立(图 11-3)。

图 11-1

图 11-2

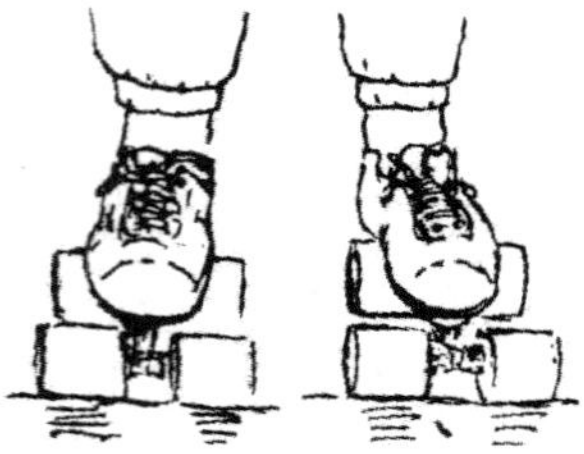

图 11-3

2. 学练方法

这 3 种基本站立法，对于穿双排轮轮滑鞋练习比较容易。如果是穿单排轮轮滑鞋，则要注意站立时两脚向内侧微倒，就是用轮子的“内刃”着地。因为一般人踝关节的内侧韧带力量比外侧强，两脚向内侧倾倒，可以较稳定地支撑住，因此不能站稳时应将双脚向里侧倾倒。在以后的练习中可逐渐努力使脚变为正直站立。

(二)走步基本类型及学练方法

1. 走步类型

(1)原地踏步

双脚成 V 字形站立，脚跟靠拢，脚尖打开，上体保持直立，原地上下踏步。原地踏步时最好扶着栏杆练习或由教练协助练习(图 11-4)。

图 11-4

(2)行进间踏步

两脚先以 V 字形姿势站好，两脚依次抬起，要求每步靠近脚跟，不离中线，腿直、轮正，落地有声(图 11-5)。

图 11-5

(3)踏步走路

首先左右脚打开、合并，脚掌力量平放在整个轮滑鞋上，踩直轮滑鞋，尤其轮刀要正，上半身要保持平衡。然后脚后跟靠拢，脚尖打开约 60°，成外八字形状，脚尖平均张开。上身保持自然外八字向前步行，身体不要晃动，重心踩在一脚上，另一脚运用大腿力量抬起，向前走一个脚掌距离，前脚踏出后，重心转移至前脚，接着后脚抬起走到前脚之前，如此一步步踏步而走，踏步走路时脚后跟应尽量踩在一条直线上(图 11-6)。

图 11-6

2. 学练方法

(1)原地踏步练习

动作要领：在八字站立的基础上，重心转移到左脚上；另一腿微曲上抬，使脚离地 5～10 厘米，再将重心移到右脚上，左脚再抬起，交替练习。

(2)原地单腿支撑练习

动作要领：在双脚平行站立的基础上，将身体重心完全移到一条腿上，然后慢慢将另一条腿抬起，脚稍离地，并停留片刻。支撑腿微曲，重心要平稳地落在支撑腿上。平稳地停留一定时间后，抬起的脚落地，再换另一条腿反复练习。

(3)向前八字走

在丁字步站立或八字步站立的基础上，一脚抬起，向前迈出一小步，脚尖稍偏外，成八字形落地，同时身体重心迅速跟上，待重心完全落于前脚时，后脚抬起再向前迈出，移动身体重心。

(三)直道滑行技术动作及学练方法

直道滑行的基本动作由蹬地、收腿、着地、摆臂及全身动作配合构成。

1. 技术动作

(1)滑步侧蹬

在基本姿势的基础上，上体向左(右)侧倾倒，重心落在左(右)腿上，左(右)膝关节位于胸下方，右(左)腿向侧平行蹬出，然后引腿(收腿)顺势向右(左)倒重心，摆双臂进行滑步动作(图 11-7)。

图 11-7

(2)收腿技术

大腿带动小腿以最短的路线收回，膝关节内收，弯曲形成自然的钟摆动作。

(3)着地技术

着地的动作方法是以大腿曲的动作为主，从后向前提拉，以后轮领先在靠近蹬地腿内侧的前方着地。

(4)摆臂动作

摆臂动作的节奏要与蹬地腿保持一致，臂腿的配合动作是蹬地腿的同侧臂向前，异侧臂向后摆动。摆臂时，两臂以肩关节为轴，以曲伸肘关节的动作完成前后自然摆臂动作。手可以半握拳或保持微曲状态，摆臂的方向应与躯干的纵轴线之间成 40°为宜。

2. 学练方法

(1)单脚蹬地双脚滑行练习

右脚用内刃蹬地，将重心推送至向前滑行的左腿上，右脚蹬地后迅速与左腿并拢成两脚滑行；接着用左脚蹬地，将重心推送至向前滑行的右腿上，左脚蹬地后迅速与右腿并拢，两脚滑行。

(2)单脚蹬地、单脚滑行

上体前倾，两臂自然下垂，两脚稍分开，成外“八”字站立，重心移至右腿上，用右脚内刃蹬地，左脚用力向前滑出，随着蹬地动作结束，把重心推送至左腿上，左腿成半蹲姿势支撑惯性滑行；接着向前收右腿，同时左脚蹬地，随着左腿蹬地动作的结束，把重心推送至用半蹲支撑惯性滑行的右腿上。反复进行。

(3)初步体会直道滑行

上体前倾，肩背稍高于臀部，两手互握放于背后或自然摆动，腿部弯曲，上体与地面成 15°～20°，膝关节成 90°～110°，踝关节成 50°～70°。保持这种姿势做单脚蹬地、单脚支撑惯性滑行练习。

(4)直道滑行的摆臂动作

有力的摆臂是顺着身体纵轴前后加速摆动，当两臂向上摆动时，可增加蹬地腿的蹬地力量。同时，两臂摆动越快，身体重心的移动也越快。所以要提高滑动的频率，就必须减小摆臂的幅度，加大摆臂的频率。

(四)制动停止方式及学练方法

1. 制动方式

(1)单脚跪刹

两脚平行前溜，成一脚在前，一脚在后的状态。两脚膝盖慢慢蹲下，身体微向后倾；后脚膝盖蹲下时，利用护具与地面摩擦而产生刹车效果。

(2)“T”形制动法

“T”形制动法，即在向前滑行中，将重心放在左脚上，左膝微曲，同时抬起右脚，右脚脚尖外转，横放在左脚后成“T”形，以右脚的4个轮内侧面摩擦地面，减小滑行速度，此时，重心下降并逐渐移向右脚，加大摩擦直到停止滑行。

(3)“八”字刹

“八”字刹适用于平缓、长度较大的下坡。八字刹还用于维持等速，避免加速太多，亦可用于速度较慢时刹车。

(4)内“八”字

内“八”字刹适用于平缓的长下坡，两脚张开，成内“八”字，两腿弯曲蹲低，身体微向前倾，抬头两眼直视前方。由于脚是内“八”字，所以会往内滑，此时两脚用力往外撑，就可以慢慢刹车。需要多练习才能将煞车力道均匀地施于两足(图11-8)。

图 11-8

(5)外“八”字

内“八”字刹是将重心置于后方，外“八”字刹则是置于前方。

2. 练习方法

每学一种滑行方式，同时应学一种相应方式的停止方法。原地练习停止，然后在有人扶持下进行练习，再进入慢滑行的停止练习。在任意滑行中完成停止动作的练习。

二、轮滑基本技术提高阶段的学练方法

(一)前滑转弯技术及学练方法

1. 转弯技术

(1)向左转弯

首先使身体重心落在左脚上，身体略向左倾斜；右脚向右侧后方蹬地结束，收腿提至左脚的左前方着地；左脚再向右脚的后侧后方蹬地，推动右脚向左滑行，重心随着推

移到右脚上，上体略向左转(图 11-9)。

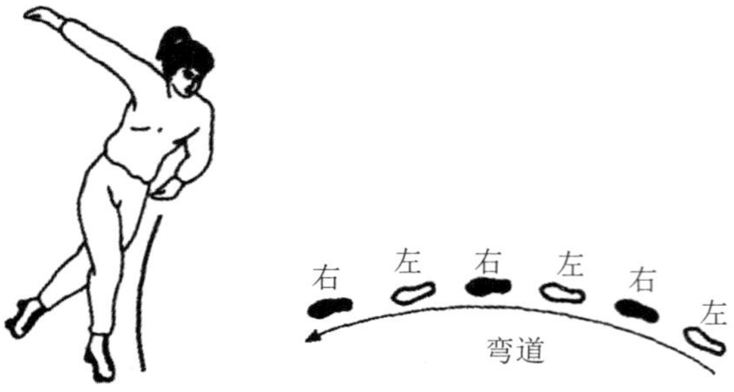

图 11-9

(2)向右转弯

动作、方向与向左转弯相反。转弯时，两手伸开、两臂自然摆动，以保持身体平衡；两脚沿弧线向左或右前方滑行，身体不要过分倾倒，以免重心不稳而滑倒；初学者的步子不宜过大，以防难以移动重心。

2. 学练方法

(1)原地做向左交叉和向右交叉步练习。

(2)在任意半径的圆弧上用左脚支持，做右脚连续蹬地的练习。

(3)在固定的圆弧上做不连续的交叉压步练习。

(4)做小弧度的前滑转弯练习。

(二)后滑技术及学练方法

1. 两脚平行后滑

两脚平行后滑的要求是：两脚平行站立，相距一拳宽，两膝微曲，两臂侧伸，身体重心在两脚的前脚掌上，眼看前方。两脚后轮稍用力向两边撇开，当两脚之间的距离滑至与肩同宽时，两腿夹拢(两脚后轮向里扣)；两脚后轮将靠拢时又向外撇开。这样双腿不断地向外撇和向里夹拢，身体重心也随之向后移动，就能向后滑行(图 11-10)。

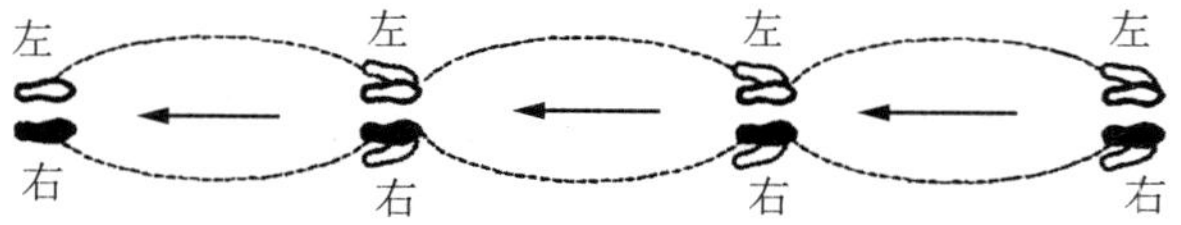

图 11-10

2. 练习方法

(1)在正确站立的基础上两膝微曲。

(2)后滑时，前轮着地，后轮向外撇开时，前内轮蹬地，向里扣时，前外轮蹬地。伸开足趾，用全脚掌控制滑轮。

3. 后滑转弯

先两脚前后分开，然后滑，左脚在前，右脚在后，身体重心落在左脚上。右脚提起，在左脚的左后方落地，身体重心移到右脚上；用右脚四轮向左侧蹬地，左膝弯曲，左脚移至右脚前，两脚交叉，形成向后压步动作，身体重心移至右脚上，上体向右倾斜；右脚再移至左脚的右后方。重复上述动作，身体就向右后方转弯了。如果向左后转弯，则两脚动作、方向相反。

4. 练习方法

(1)协调身体重心的移动和两腿蹬地的方向。

(2)原地做后压步练习。

(3)在帮助下进行练习。

(4)直接进行完整动作的练习。

(三)横滑技术及学练方法

两脚成外“八”字形站立，脚尖向外，脚跟相对，利用两脚向前后蹬地，推动身体侧向滑行。横滑时，上体略向前倾，两臂向左右自然伸开，靠大腿肌肉用力使两膝部与脚尖向左右张开。向右侧横滑时，两脚先平行前滑，在右脚向前滑行的同时，左脚以前轮为圆心，左脚跟前移，与右脚跟相对，同时身体左转，向右滑行。左脚后轮向后蹬地，推动右脚滑行，左脚跟迅速紧跟右脚跟，这样连续做，身体就不断向前进(图 11-11)。

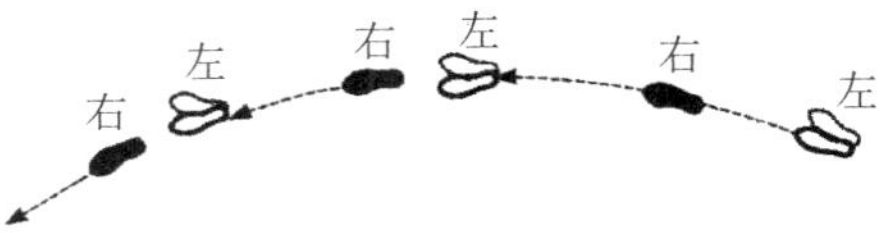

图 11-11

练习方法：

(1)扶持栏杆练习右横滑。

(2)2～3 人手拉手地练习向左、向右成“S”线横滑。

(3)独立练习快速横滑。

第三节　轮滑运动的竞赛组织与管理

一、轮滑运动的场地要求

从事轮滑锻炼时，应十分注意安全。轮滑运动的技术特点主要是移动身体重心，保持身体的动态平衡。滑行时必须使身体重心的垂直投影点落在支撑底面内，滑行时一旦失去平衡，应迅速曲膝下蹲，顺势滚翻，进行自我保护。从事轮滑锻炼时，必须穿戴护具及头盔，以免发生意外。

每次锻炼时，都要注意选择好场地，最好在允许滑行的公园和广场内练习。要找一块光滑、平坦的地方，远离斜坡和山地，远离车辆。在学会急停和控制速度之前，千万不要在人行道和街区内滑行。

在台阶及马路沿前要减速。在上台阶时将鞋倾斜一些，像螃蟹一样侧身行走。

地上的每一个裂缝、碎石、小树枝都会锁住轮子，有发生意外的可能。如果在这样的地面上，双腿分开可以站得稳一些。能控制速度和制动后，才可以练习下坡。如果是初学者，下坡时，还是脱下鞋走，这样比较安全。

二、轮滑运动的竞赛基本规则

轮滑运动已被国内外列为正式比赛项目，竞赛包括三大项，即速度轮滑、花样轮滑和轮滑球。其滑行技术与滑冰技术基本相同。另外，还有其他形式的竞赛。

(一)速度轮滑竞赛

速度轮滑竞赛分为场地跑道比赛和公路比赛两种。

场地跑道的标准长度为 200 米，宽为 6 米以上(但根据情况长度最短不低于 125 米，最长不超过 400 米，宽度最短不低于 5 米，学校自己修建的旱冰场不受此限制)。地面平坦，弯道可有一定倾斜度。

公路比赛路线有起点和终点不衔接的直线开放式及起点和终点相衔接的封闭环行式。

速度轮滑的竞赛类型有计时赛、淘汰赛、定时赛、分段赛、追逐赛、计分赛、群滑赛、接力比赛。

竞赛组别：甲组年龄在 16 岁以上(以出生日为准)。

乙组在 12～15 岁(以出生日为准)。

速度轮滑正式比赛距离为：300 米、500 米、1 000 米、1 500 米、2 000 米、3 000 米、5 000 米、10 000 米、15 000 米、20 000 米、21 000 米、30 000 米、42 000 米、50 000 米。

竞赛的程序按照男、女短距离，男、女中距离，男、女长距离的顺序进行。所有比赛的起跑均为站立式，用发令枪或哨子发出起跑信号。

全国轮滑锦标赛速度轮滑项目，每个参赛单位均有 4 个团体总分名次，即男子甲组团体总分名次、男子乙组团体总分名次、女子甲组团体总分名次、女子乙组团体总分名次。团体总分名次根据各项比赛得分总和来确定，得分最高者为优胜者。

团体总分具体核分方法为：每项比赛第一名运动员的得分应与其参加该项比赛的运动员人数相等，第二名运动员的得分比第一名运动员少 1 分，第三名运动员的得分比第一名运动员少 2 分……依此类推，最后一名运动员只得 1 分，被取消比赛资格的运动员不得分。

(二)花样轮滑竞赛

花样轮滑竞赛有单人滑、双人滑和舞蹈。

竞赛组别：

甲组：经过系统训练，年龄不小于 16 岁。

乙组：经过系统训练，年龄不满 16 岁。

丙组：未经过系统训练，年龄一般应小于 18 岁。

单人滑(男子、女子)包括规定图形和自由滑(短节目、长节目)。双人滑包括短节目和长节目。舞蹈包括规定舞、创编舞、自由舞。

1. 花样轮滑评分等级

最高分 6 分，最低分 0 分。允许保留小数点后一位数。

完美无缺：6.0 分。

优秀：5.0～5.9 分。

良好：4.0～4.9 分。

合格(一般)：3.0～3.9 分。

差：2.0～2.9 分。

很差：1.0～1.9 分。

特差：0.1～0.9 分。

未滑：0 分。

2. 花样轮滑滑行时间

短节目：单人 2 分±5 秒，双人 2 分 30 秒±5 秒。

长节目：单人 4 分±10 秒，双人 4 分 30 秒±10 秒。

创编舞：1 分 50 秒～2 分 40 秒。

自由舞：3 分 30 秒±10 秒。

3. 花样轮滑计分

花样轮滑的记分为每位运动员准备 2 张计分卡，由两名计分员分别记录并计算。

四个规定图形(三个规定舞)分数相加所得总分，即为规定图形(规定舞)总分；技术和表演艺术分相加，即为短节目(创编舞)、长节目(自由舞)总分；短节目得分和长节目得分×3，两项得分之和即为单人自由滑和双人滑总分；规定图形总分×2 和自由滑总分相加，所得总分即为单人滑全能总分；

三个规定舞得分，创编舞得分被 2 除，自由舞得分×2，三项得分之和即为舞蹈全能总分。

花样轮滑每一部分结束后，必须确定每名运动员的名次，其胜负是根据每名裁判员给予每一个运动员的总分确定，总分高者，可从裁判员处得 1 分，负者得 0 分，平者得 0.5 分。从裁判员处得分超过裁判员总数一半者，则可获优胜，得 1 分，低于一半者得 0 分，相等者各得 1 分，总得分最高者名次为 1，依次为 2，等等。如果总得分相等，则根据他们从一名裁判员处获得的分别得胜分确定名次，分别得胜分如果还相等，则将所有裁判员的得胜分全部相加，其总分多者名次在前，如果还相等，则名次相等。

第十二章

游　泳

第一节　游泳运动概述

游泳是人体在水中凭借肢体运动同水相互作用而进行的一种活动技能。它是人类在长期生产劳动和同大自然斗争中产生的。早在远古时期，捕鱼捞虾曾是人们取得食物的主要手段之一，人们为了生存，学会在水中作业的本领，以猎取水鸟、鱼类及水中的其他生物，开始模仿水栖动物的姿势与动作进行泅水锻炼。经过漫长的实践，产生了人类在水中活动和生存的方法——游泳。

游泳是一项很好的体育运动，它能充分利用日光、空气、水来进行身体锻炼，以促进身体的全面发展。其运动负荷量可大可小，无论是男女老少、体力强弱，甚至某些慢性病患者都参加，从中得到锻炼或治疗。因此游泳运动深受人们的喜爱。

一、游泳运动的发展

新中国成立前，我国游泳运动发展缓慢，技术水平低，当时游泳项目的全国纪录只相当于现在二级运动员水平。新中国成立后，在党和政府的领导和关怀下，群众性的游泳运动发展很快，游泳技术水平迅速得到了提高，不到5年的时间，新中国成立前的游泳最高纪录全被刷新。在1953年第4届世界青年学生联欢节的游泳比赛中，吴传玉获得男子100米仰泳冠军，这是新中国体育史上在国际比赛中夺得的第一枚金牌。1957—1960年，我国著名游泳运动员戚烈云、穆祥雄、莫国雄3人先后5次打破男子100米蛙泳世界纪录，从此我国运动员陆续走向世界体坛。1988年亚洲游泳锦标赛和1990年亚运会上，我国金牌总数超过了日本，结束了日本长期独占亚洲泳坛的历史；1988年在第3届亚洲游泳锦标赛上，杨文意打破女子50米自由泳的世界纪录，同年在汉城举行的第24届奥运会上，庄泳获女子100米自由泳亚军，从而打破了我国在奥运会游泳史上奖牌“零”的纪录。1992 年在巴塞罗那举行的第 25 届奥运会上，庄泳获女子 100 米自由泳冠军，为中国在奥运会上夺得了第一枚金牌，从此掀开了中国游泳史新的一页。在第 25 届奥运会上，中国游泳运动员共获 4 枚金牌、5 枚银牌、2 个第 4 名、1 个第 6 名。1994 年在罗马举行的第 7 届世界游泳锦标赛中，中国女队在 16 个比赛项目中获得 12 枚金牌，破 5 项世界纪录。2002 年 4 月在莫斯科举办的世界短池游泳锦标赛上，我国运动员发挥出色，共获得 3 枚金牌、4 枚银牌和 5 枚铜牌，在女子 4×200 米自由泳决赛中，中国队以 7 分 46 秒 30 的成绩获得冠军，并打破了该项目的世界纪录，说明该项目已具有相当的实力。

我国运动员取得的成绩，令世界各国刮目相看。虽然我国游泳成绩提高快、进步大、取得的成绩显著，但总体水平还较差，男女队发展还不平衡。目前女子短距离项目虽处于世界领先地位，但长距离项目和男子项目离世界先进水平都还有一定的差距。为了赶超世界先进水平，要更加广泛地开展群众性的游泳活动，不断增强全民的体质，不断提高我国游泳技术水平，为开创我国游泳事业的新局面，为早日建成体育强国而努力奋斗。

二、游泳的意义、种类和注意事项

(一)游泳的意义

游泳集健身、娱乐、医疗于一体，是一项很有价值的体育运动。经参加游泳活动，可以增强内脏器官的功能。游泳时，人体胸部在水中要承受 12～15 千克的压力，因此呼吸比陆上困难得多，这就要求呼吸肌必须用更大的力量克服水的压力来完成呼吸动作，从而锻炼了呼吸肌，增大了肺活量。实践证明，一般人的肺活量约为 3200 毫升，呼吸差为 8～14 厘米，而游泳运动员的肺活量可达 4000～7300 毫升，呼吸差可达 12～15 厘米。

游泳时，因消耗的能量较大，需要血液把大量的氧气和营养物质不断地输送给全身，这就迫使心率加快，心输出量增加，因而锻炼了心脏，使其收缩更加有力。研究表明：一般人心率为 70 次/分左右，每搏输出量为 60～80 毫升，而游泳运动员心率为 40～50 次/分，每搏输出量为 90～120 毫升。因此经常参加游泳活动，对增强心血管机能，预防心血管疾病都有积极的作用。

由于水的导热性比空气强 25 倍，加之人在水里运动比在陆地上消耗的热量大得多，这就要求必须尽快补充所散发的热量，以抵抗冷水的刺激，从而促进体内新陈代谢，改善体温、调节功能，以适应外界温度变化，抵御寒冷、预防疾病。所以经常参加游泳锻炼的人，不易伤风感冒。游泳与医疗体育配合还可以治疗一些慢性疾病，如慢性肠胃病、神经衰弱、哮喘、习惯性便秘、轻度脊柱侧弯等。

由于游泳时所有的肌肉和内脏器官都参加了活动，因而能有效地促进身体全面、匀称、协调地发展，并能使肌肉发达、光滑、柔软而富有弹性，使人体形态更加健美。另外，游泳在国防建设、生产建设和水中生存等方面还具有很高的实用价值。

(二)游泳的种类

游泳的泳式多种多样，其中有的是模仿动物的动作而命名的，如蛙泳、蝶泳(海豚泳)；有的是以动作的现象命名的，如爬泳(自由泳)；有的还是以身体的姿势命名的，如仰泳、侧泳等。另外，流传在民间的游泳姿势还有狗爬式、踩水等。

由于游泳运动不断地发展，现已包括游泳、跳水、水球、花样游泳和蹼泳等 5 大类，并形成了各有特色的竞赛项目。目前，游泳大致分为竞技游泳和实用游泳两大类。竞技游泳包括爬泳(自由泳)、仰泳、蛙泳、蝶泳(海豚泳)。实用游泳包括侧泳、踩水、反蛙泳、潜泳等。现在世界游泳锦标赛男、女子共设有 34 个项目(表 12-1)。

表 12-1　世界游泳锦标赛比赛项目

游式	男子	女子	备注
自由泳	50 米，100 米，200 米，400 米，800 米，1500 米	50 米，100 米，200 米，400 米，800 米，1500 米	
仰泳	100 米，200 米	100 米，200 米	
蛙泳	100 米，200 米	100 米，200 米	
蝶泳	100 米，200 米	100 米，200 米	
个人混合泳	200 米，400 米	200 米，400 米	蝶、仰、蛙、自
混合泳接力	4×100 米	4×100 米	蝶、仰、蛙、自
自由泳接力	4×100 米，2×100 米	4×100 米，2×100 米	

(三)游泳的注意事项

1. 游泳是在特定环境—水中进行的，因此教师必须要有高度的责任感，一定要把安全工作放在首位。

2. 游泳前应认真进行体检，凡身体不合格者，不得参加游泳。女生在月经期间，也不宜游泳。

3. 教师在课前、课后均应清点人数，并在严格的管理下统一下水和起水。未经允许，学生中途不得随意离开。

4. 游泳课人数不宜过多，并实行分组教学。教师应精心组织，从严要求，以确保安全和教学工作的顺利进行。

5. 下水前认真做好准备活动，在游泳中不准乱跳水、潜泳和开玩笑，以免发生危险。

6. 出现头晕、呕心、打冷战等情况应及时上岸，立即擦干身体穿衣保暖。

7. 在江河中游泳要注意水的深度、流速，不要在有污泥、乱石、树桩、旋涡、杂草丛生和船只来往频繁的地方游泳，以免发生危险。

第二节　蛙泳

一、蛙泳技术

蛙泳，因模仿青蛙游水动作而得名，是最古老的一种游泳姿势。蛙泳时身体要俯卧，两臂须与水面平行，两腿要在同一水平面上做向外翻腿及蹬腿动作，两手应在水面下同时向后划水，并同时从胸前伸出。在整个游程中，头的一部分应始终露出水面。由于蛙泳时呼吸方便、省力，实用性较强，因此深受人们的喜爱。

(一)身体姿势

蛙泳时，身体水平地俯卧在水中，两臂向前伸直并拢，掌心向下，头略向前抬，前额保持水平，身体纵轴与前进方向成5°～10°(图12-1)。

图 12-1

(二)腿部动作

蛙泳的腿部动作是推动身体前进的主要动力。腿部动作由收腿、翻腿、蹬腿和滑行4个不可分割的阶段组成。

1. 收腿

收腿时，两膝向下自然弯曲，边收边分，两膝内侧约与肩宽；收腿时，力量要小，两脚和小腿要收在大腿的后面，以减小回收时的阻力。收腿结束时，脚跟靠拢臀部，大腿与躯干约成140°(图12-2之1～3)。

2. 翻脚

收腿将结束时，脚仍向臀部靠拢，这时膝关节内扣，同时两脚外翻，使脚和小腿内侧正对蹬水方向(图12-2之4)。

3. 蹬腿

蹬腿时，大腿发力，先伸展髋关节，然后伸展膝关节，最后伸展踝关节，使蹬水方向尽量向后，做到边蹬边夹(图12-2之5～9)。

4. 滑行

蹬腿结束后，双腿伸直并拢，使人体保持水平姿势，依靠蹬水获得的速度向前滑行。

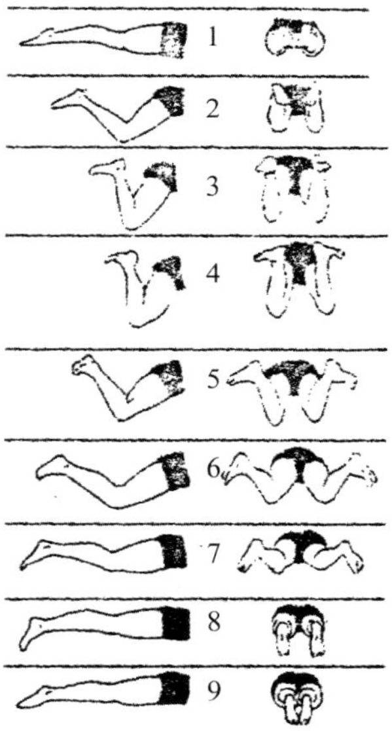

图 12-2

(三)臂部动作

蛙泳时臂部的动作可分为开始姿势、抓水、划水、收手和伸臂5个阶段。

1. 开始姿势

蹬水结束时，两臂自然向前伸直与水面平行，手指自然并拢，掌心向下(图12-3之1)。

2. 抓水

手向前伸出后，臂立即内旋，掌心转向外斜下方并稍勾手腕，两手分开向外下方压水。其目的是为划水创造条件，同时还使身体位置升高，便于抬头吸气和推动身体前进

(图 12-3 之 2)。

3. 划水

当抓水结束时，立即开始划水。划水时肘关节逐渐弯曲，并保持较高位置。划水的路线是向侧、下、后、内划水，当手划至肩前，两臂夹角约成 120°时，两手转向后、内划，并过渡到向里收手动作，整个划水动作应在一定速度下进行，这样划水效果才好(图 12-3 之 4)。

4. 收手

收手时，臂外旋，肘向下内方收在体侧下，两手掌心由向后转向内，再向上收到头前下方，收手结束时，肘关节低于手，大小臂成锐角(图 12-3 之 5)。

5. 伸臂

伸臂动作是由先伸肩，后伸肘关节来完成的。伸臂时，掌心由相对逐渐转向下方，使臂靠近水面，沿平直的路线向前伸直，伸臂结束时，两手并拢尽量靠近水面(图 12-3 之 8)。

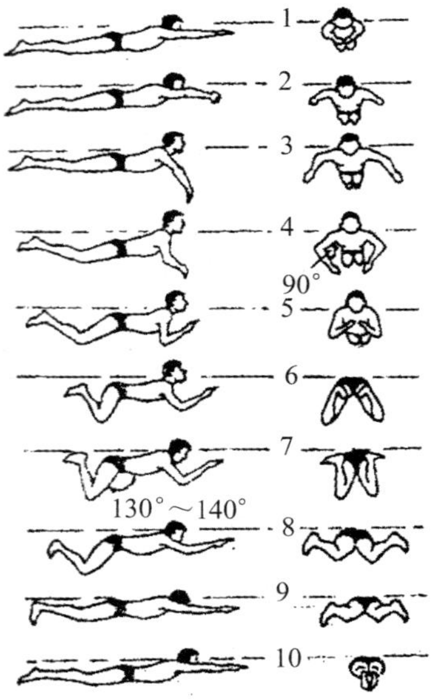

图 12-3

(四)配合技术

1. 呼吸与臂部动作的配合

两臂开始划水时，抬头迅速吸气；在收手时，低头闭气；伸臂向前滑行时，逐渐呼气；滑行将结束时，结束呼气；臂开始划水时，又抬头吸气。

2. 腿、臂动作的配合

蛙泳腿、臂配合是十分重要的。如果配合不协调，将直接影响到臂、腿动作的效果和前进的速度。一般的臂、腿配合技术是臂划水时，腿保持放松并成伸直姿势(图 12-3 之 2～4)。收臂、手的同时完成收腿动作(图 12-3 之 5，6)；臂前伸时做蹬水动作(图 12-3 之 7，8)；伸蹬之后，臂腿伸直滑行(图 12-3 之 9)。

二、蛙泳的教学方法

蛙泳的教学顺序是先学腿部动作，后学臂的动作(含呼吸)，最后学习腿臂配合和完整的配合动作。

(一)腿部动作的教学

1. 陆上模仿练习

练习一：坐在岸上或池边，上体后仰，两手后撑，按口令做收腿、翻脚、蹬夹、伸直、停的动作(图 12-4)。

练习二：俯卧凳上或俯卧扶池边，做蛙泳腿的模仿练习。也可以由同伴帮助体会和纠正动作(图 12-5)。

图 12-4

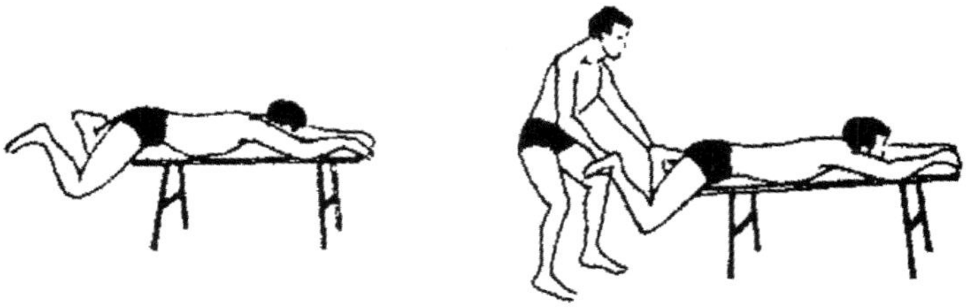

图 12-5

2. 水中练习

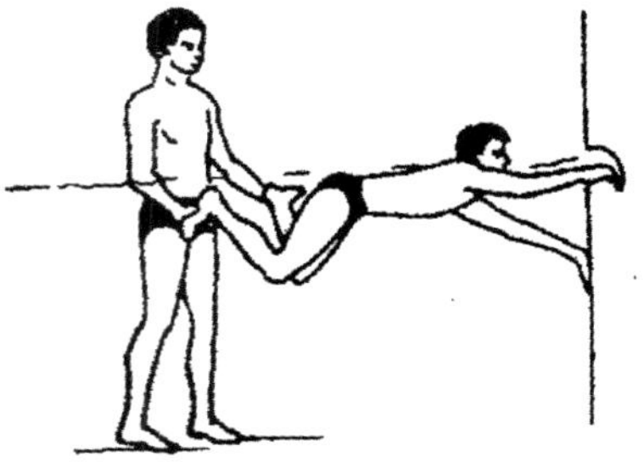

图 12-6

练习一：俯卧扶池边，可在同伴的帮助下，先练习分解动作，然后练习完整的腿部动作，连续反复做(图 12-6)。

练习二：边蹬边滑行做腿的练习。滑行中做收腿、翻脚、蹬夹的动作，要求收腿时边收边分，注意放松，收完后要及时蹬脚，蹬水时要适当用力，蹬夹动作要连贯。

(二)臂部动作及其呼吸配合的教学

1. 陆上模仿练习

练习一：两脚开立，上体向前倾，两臂向前伸直，两手并拢，掌心向下，按口令做抓水、划水、收手、伸臂动作，并过渡到 1 拍完成。

练习二：基本掌握臂的动作后，即可配合呼吸；开始或划水时抬头呼气，收手时低头闭气，伸臂时呼气。

2. 水中练习

练习一：站在齐胸的水中，上体前倾做陆上臂部动作的练习。

练习二：在走动中做臂部动作与呼吸配合的练习(图 12-7)。

练习三：俯卧，由同伴托住腹部，练习臂部动作与呼吸配合。

练习四：两腿夹浮板，练习臂部动作与呼吸的配合。

图 12-7

(三)完整配合动作的教学

1. 陆上模仿练习

练习一：原地站立，两臂上举并拢伸直，按口令做“1”，两臂向两侧下方做弧形曲臂划水动作“2”，两臂向上将要伸直时，翻脚的一腿向下做弧形蹬夹水的动作，并还原成预备姿势(图 12-8)。稍停后再重复练习，然后连做。

图 12-8

练习二：同上练习，加抬头配合呼吸动作。

2. 水中练习

练习一：滑行后闭气做臂和腿的分解配合练习，即划一次臂后，再做一次腿的收、蹬夹水的练习，臂腿依次交替进行。

练习二：在练习一的基础上，过渡到收手的同时收腿，臂将伸直时蹬夹腿，做连贯的练习。

练习三：在练习二的基础上，加呼吸配合练习，即开始腿、臂动作几次，呼吸一次，逐渐过渡到腿、臂动作一次，呼吸一次。

练习四：反复练习，逐渐增加游泳的距离，并在游进中不断改进技术。

第三节 自由泳

一、自由泳技术

(一)身体姿势

自由泳时，身体自然伸展，平直地俯卧在水中，为保持良好的流线型姿势，背部和臀部肌肉适当紧张，微挺胸收腹，身体与水面接近水平。身体纵轴与水面成3°～5°迎角。要保持正确的头部姿势，头与身体纵轴成20°～30°夹角(图12-9)。在水中，目视前下方，水面与发际齐平，使头部的三分之一露出水面。头的姿势对身体姿势有直接影响：头抬得过高会造成挺胸塌腰、下肢下沉，增加迎面阻力；头部过低，把头埋入水中，会造成吸气困难，同样不利于发挥运动水平。

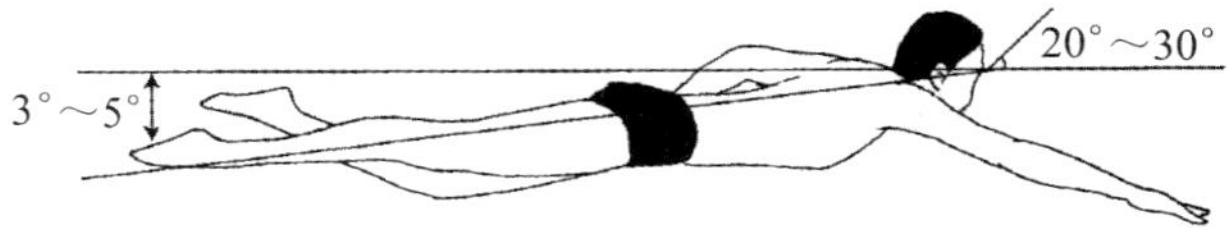

图 12-9

游进时，由于受划臂和转头吸气动作的影响，躯干应绕身体纵轴有节奏地左右自然转动，这种转动是与划臂动作密切相连的，其好处是：可以加大臂划水的力量；有助于按最佳划水路线完成曲线划水动作；有利于手臂以最小的阻力出水和空中移臂；有利于使移臂产生的身体偏离与打腿产生的侧向分力互相抵消，维持身体平衡；有利于实现侧向转头吸气。

身体自然转动的幅度取决于各人的技术特点、游速和肩带柔韧性等因素。一般转动角度(两肩连线与水平面的夹角)为35°～45°，绝大多数人身体左右转动幅度不同，吸气一侧比另一侧大10°～15°。在短距离比赛中，因速度和动作频率快，头的姿势稍高，身体转动幅度变小；而长距离比赛或慢游时，情况则相反。

(二)腿部动作

在自由泳的完整配合动作中，腿部动作起着重要作用。它除了可以产生一定的推进力外，还能协调配合手臂划水动作和加强划臂力量，有利于维持身体稳定和平衡，有助于身体保持良好的流线型姿势。

自由泳的腿部动作是以髋关节为轴，大腿发力，带动小腿和脚做上下交替打水动作。整个下肢做以髋关节为主运动轴，以膝、踝关节为分运动轴的多轴链状运动。由于力量的依次传递和速度的叠加，最后使脚部获得强有力的快速打水效果，因而这个动作被称作“鞭状”打水，简称为“鞭水”。

自由泳两腿交替打水的动作是完全相同的，每一次打腿动作都是由向上打水(上打)和向下打水(下打)两个动作组成的。

1. 向上打水(以右腿为例)

向上打水是在小腿和脚向下打水动作尚未结束时，大腿就已经开始了上打的发力动作，正是这个大腿向上和小腿继续向下的重叠动作，促成了下打的结束和上打的开始。在大腿的带动下，上打时，下肢基本上保持伸直状态，当小腿和脚上打至接近水面时，大腿停止向上而改为向下发力，开始向下打水。这时，小腿和脚随上打的惯性作用继续向上，造成膝关节被动弯曲成160°角左右，使脚掌露出水面，达到上打最高点，上打结束(图 12-10 之 1～4)。

2. 向下打水(以右腿为例)

在向上打水结束之前(脚接近水面时)，大腿已经开始了向下打水的发力动作，因此，向下打水开始时成曲膝状态，在大腿的带动下，踝关节放松，两脚在水的阻力作用下，脚背对水向后下打水，这是打水的最有效阶段。在小腿和脚继续向下打水尚未结束时，大腿打至身体最低水平线时，停止向下而改为向上打水。这一重叠动作促进了脚向下完成快速有力的鞭水动作，最后伸直膝关节，完成向下打水动作(图 12-10 之 5～7)。

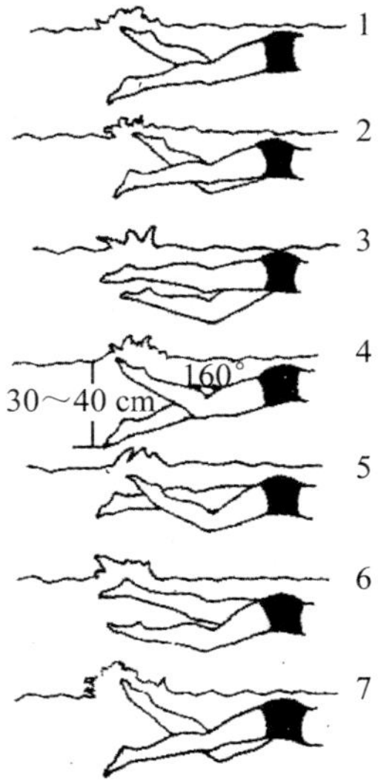

图 12-10

至此，完成了一次完整的打腿动作，又重新开始下一次打腿动作，如此不断地交替打水。自由泳两腿上下交替打水应是不停顿、协调、连贯而有节奏的。向下打水应快而有力，向上打水相对慢而轻松。两腿的打水幅度为30～40 厘米(图 12-10 之 4)。在完整配合游泳时，打腿的节奏和力度要服从于手臂动作，由于身体绕纵轴转动，两腿会出现交叉打腿现象，这是正常的，有利于维持正直的身体姿势。只有专门做打腿练习，才不会有交叉打腿动作。

自由泳打腿动作效果与踝关节的灵活性有直接关系。踝关节灵活性好，打腿时自然放松，脚会在水流作用下自然完成曲、伸动作。在向下打水时，也会自然做出脚尖稍内转，使外脚背达到最佳对水角度，增强打水效果。

(三)臂部动作

自由泳技术中，两臂划水动作是推动身体前进的主要动力。自由泳的手臂技术包括单臂技术和两臂配合技术。

1. 自由泳的单臂技术

为了便于分析，通常将一个手臂的完整动作分为入水、抱水、划水、出水和空中移臂五个动作过程进行分析。

(1)入水

手臂入水动作应做到轻松自然，是尽量减少阻力和有利于衔接下面的抱水动作。入水时，手臂保持空中移臂结束时的微曲肘姿势，肘关节稍向外展，略高于手。手臂内旋手掌朝外下与水面约成45°角。手指自然伸直并拢，拇指和食指首先入水。入水点在头前偏外，即身体纵轴与肩延长线(指通过肩关节与纵轴平行的线)之间(图 12-11)，最先是手指，紧接着手腕、前臂、上臂依次插入水中。入水后，手掌转向下，手臂伸直向前滑行。

在手臂入水的同时，身体继续绕纵轴转动，手掌触水时，两肩连线与水面夹角在10°～30°，在手臂完全入水后，这个夹角减至0°，身体平卧于水中，目视前下方(图12-12)。

图 12-11

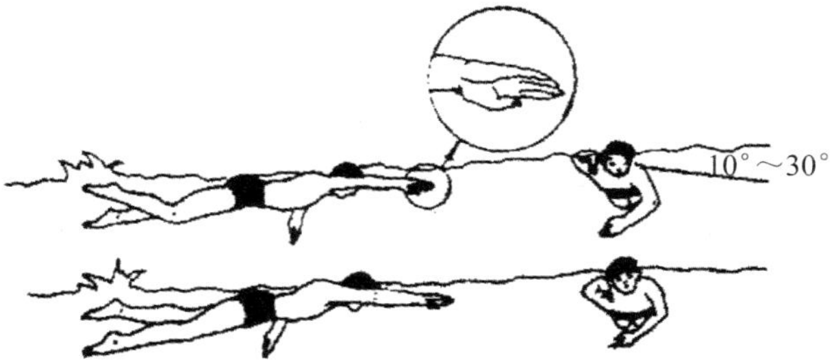

图 12-12

(2)抱水

手臂完全入水后，抱水动作随之开始。开始抱水，手臂先伸直向前滑行至与水平面成15°～20°时，开始逐渐曲腕、曲肘，使肘高于手，向前下方做抱水动作，抱水结束时，手臂成高肘曲臂姿势，上臂与水平面约成30°，肘关节曲至130°～150°，手腕微曲。此时，手处于头的前侧方，身体最低部位在水平线以下，手掌和前臂处于接近垂直对水部位，整个手臂就像抱着一个大圆球，充分拉开了肩带肌群，手和前臂有水压感，为顺利进入有效的划水阶段做好准备(图12-13)。

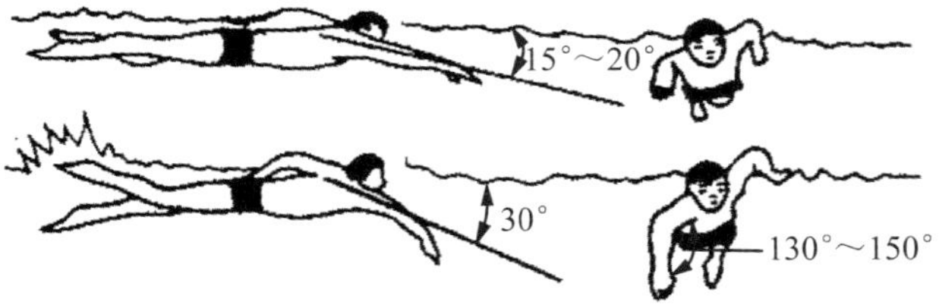

图 12-13

(3)划水

自由泳手臂的划水动作是指从抱水结束开始，直到手臂向后划至体侧，上臂与水面成15°～20°为止的这一动作过程。划水的全过程以肩部横断面为界，又分为前、后两部分，前半部叫“拉水”，后半部叫“推水”。

拉水：抱水结束后，保持曲臂高肘的抱水姿势，手臂稍外旋，做由外向下、向内、向后的曲线拉水动作。拉水开始，手和前臂动作速度要继续领先于上臂，继续曲肘做匀加速的拉水动作。当手臂拉水至接近肩下垂直部位时，拉水结束。此时手在体下，靠近身体纵轴投影线，肘关节达到最大弯曲度，成90°～110°(图12-14)。

图 12-14

推水：当手臂拉水至肩下垂直部位时，拉水结束，紧接着推水开始，这是手臂划水最有力的阶段。此时，手和前臂应不失时机地在胸腹下方绕身体纵轴投影线向后曲线推水，其动作路线是稍向内上、向后，再向外上，紧接着出水。这个动作应是不停顿地连贯加速进行的，使划水动作达到最大速度。为了使手和前臂能同时以最大的面积保持接近垂直正对后方的推水姿势，上臂动作速度应领先于前臂和手，肘关节要随之上提和内收并靠近体侧，逐渐伸展肘关节，使前臂在推水过程中保持与水面成 90°～120°。推水的最后阶段为保证手掌对水效果，应随着推水的进行，逐渐向上提肘和伸展手腕，使手掌与前臂成 200°～220°。推水结束时，肘关节并没有充分伸直，此时，前臂与水面成 15°～20°，手靠近大腿，在水面下 10～20 厘米处(图 12-15)。划水阶段虽因动作形式不同而分为拉水和推水两个部分，但这是一个完整的划水动作，要求划水速度逐渐加快，推水结束达到最高速。整个过程保持高肘、曲臂、曲线划水。其划水路线在身体下方由前向后呈“S”形(图 12-16)。从侧面观察，手划水路线的运动轨迹呈现前深后浅状；从正面观察，可以看到划水路线的运动轨迹呈左右曲线状(图 12-17)。随着抱水开始，身体对侧转动，当拉水时，身体转动角度达到最大，曲肘不大，所以划水较深。拉水结束进入推水动作时，身体逐渐向同侧回转，划水由深变浅，推水结束时，身体继续回转，手划水轨迹明显向上。从图中可以看出，自由泳手臂划水不是在单一运动面上绕单个运动轴做简单动作，而是同时在三个运动面上绕三个运动轴做复合动作，手的动作路线是三维空间中的一条复合曲线，有前后、左右、上下方向的运动，因而在水平面、横断面和纵切面上分别呈现出不同的运动轨迹。手臂划水动作就像螺旋桨那样，沿着三维曲线不断改变运动方向，尽可能在相对静止的水中划动，以便获得较稳定的支撑和较好的推进效果。

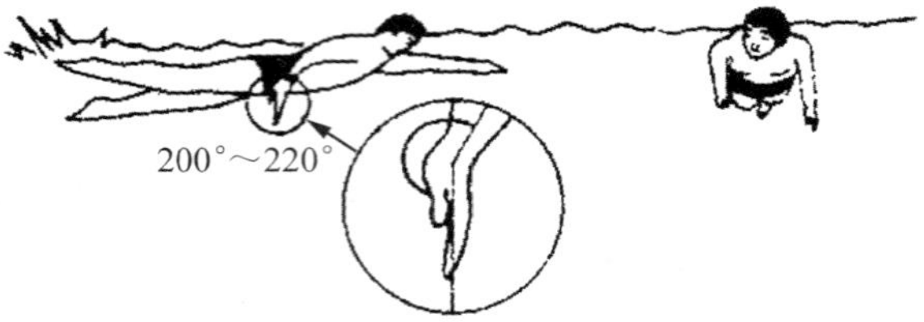

图 12-15

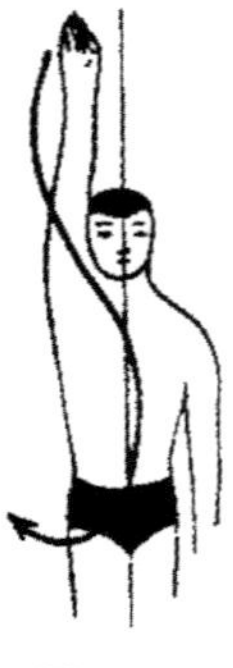

图 12-16

图 12-17

(4)出水

划水动作结束后，借助推水的惯性，以最小的阻力，不破坏完整动作节奏为原则，依靠三角肌力量提肩带动手臂迅速出水。出水时，手臂应放松，肘关节自然微曲，由于肩的带动，首先是肩和上臂几乎同时出水，然后是前臂，最后手在臀后靠近大腿侧出水(图 12-18)。出水时，前臂和手自然放松，出水瞬间，肘关节稍提向外上方，手掌自然向内转，小手指向上，顺势出水。此时，身体绕纵轴向同侧转动，有利于出水和维持身体平衡。

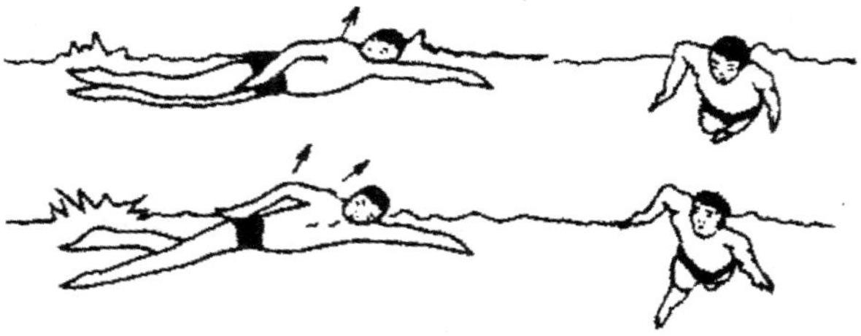

图 12-18

(5)空中移臂

手臂出水后，即进入空中做移臂动作。移臂动作有助于加强另一手臂划水力量，有助于顺利入水和进行抱水动作，有利于与另一手臂协调配合维持平直的流线型身体姿势。移臂动作应与出水动作协调连贯，主要靠出水的惯性和肩带肌肉的控制，整个手臂较为轻松自然，保持肘关节高于手的曲臂姿势由后向前移。曲肘角度取决于个人肩关节的灵活性、身体绕纵轴转动幅度和技术风格，角度一般在 80°～135°(图 12-19)。手臂移至肩的部位为移臂的前半部分，主要靠肩带肌肉带动上臂前移，其动作速度领先于前臂和手，肘关节逐渐弯曲。从肩部到入水为移臂的后半部分，是手和前臂主动前伸，故其移动速度领先于上臂，肘关节逐渐伸直，手臂稍内旋，直至手掌斜对水面入水为止，完成移臂动作(图 12-20)。

图 12-19

图 12-20

空中移臂动作的速度取决于整体配合动作的频率，应以不破坏完整手臂动作节奏为原则。移臂应做到连贯协调，自然轻松，速度均匀。

总之，在一个完整的自由泳手臂动作周期中，各阶段动作是紧密相连的。其中，手臂从入水到出水是一个完整的不断加速的动作，而出水、移臂到入水相对划水动作速度有减小的趋势。在一个完整的手臂动作周期中，各阶段动作速度都有一定的比例关系。手臂的抱水、拉水和推水阶段是产生牵引力的有效阶段，故应做到逐渐加速用力划水。而出水、移臂和入水阶段是不产生牵引力的准备动作阶段，动作应自然轻松、顺势完成，动作速度相对减小。因此，一个完整的手臂动作既要协调连贯，又要有严格的动作节奏。

2. 自由泳的两臂配合技术

合理的两臂配合技术应保证两臂不停顿地轮流交替划水，使划臂能产生持续的牵引力，保持身体匀速前进。因此，两臂配合时，必须是一臂处在手臂动作周期的准备阶段，另一臂则处在有效动作阶段。两臂配合时，根据两臂所处位置不同，可以分为三种配合形式。

(1)前交叉配合

当一臂入水时，另一臂处在前下方，抱水阶段结束，手臂与水平面约成30°(图12-21)。

图 12-21

(2)中交叉配合

当一臂入水时，另一臂处在肩下垂直部位划水中间阶段，手臂与水平面约成90°(图12-22)。

图 12-22

(3)后交叉配合

当一臂入水时，另一臂在推水阶段的后半段，手臂与水平面约成150°(图12-23)。

图 12-23

以上三种配合形式都有各自的特点，前交叉配合由于一臂入水后，在水中滑行时间过长，会破坏动作的连贯性，影响游速，因此优秀运动员已较少使用。但这种配合却适合于初学者，较长的滑行能使初学者得到较长时间的支撑，有利于维护身体平衡和完成转头吸气动作。因此，前交叉配合技术更容易让初学者掌握。中交叉和后交叉配合均减少了手臂入水后的滑行时间，能较快地进入有效的划水阶段，使两臂配合更加协调连贯，保证了游进速度的均匀性，更能发挥两臂划水效果，增加频率，提高速度。

此外，还有介于上述三种交叉之间的配合形式，即中前交叉和中后交叉配合技术。在实践中，无论哪种配合技术，只要结合个人特点，正确运用，都属合理技术。

(四)完整配合技术

自由泳的完整配合技术包括呼吸与臂的配合和腿与臂的配合技术，手臂动作是推动身体前进的主要动力，在完整配合技术中，呼吸和腿部动作都应服从于手臂动作。

1. 呼吸与臂的配合技术

自由泳时，正确的呼吸动作和恰当的呼吸时机，保证了肌体对氧的需求，有助于充分发挥肌肉力量。正确的呼吸动作是通过上体绕身体纵轴转动和头部的侧转动共同完成的。头相对于上体的侧转幅度小于上体相对于身体纵轴的转动幅度。头转动的同时两臂轮流交替划水，它们与身体绕纵轴的转动是协调一致的，所以，头侧转不应破坏手臂动作的连续性，不应抬头破坏身体的平衡姿势。呼吸动作应自然，水上张口吸气，水下口鼻共同吸气。游进时，口在低于水面的波谷中吸气(图 12-24)。

图 12-24

自由泳时，呼吸与臂的配合是在两臂各划水一次的过程中呼吸一次(包括吸气、短暂闭气和呼气)。现以向右侧转吸气为例：在右手臂划水至肩下后，进入推水阶段的同时，身体开始绕轴向右转动，头部同时向右侧转，并加快向水中呼气，最后呼气与推水同时结束。此时，口已接近水平面，用力呼气可避免呛水或喝水，为顺利吸气做好准备(图 12-25 之 1～5)。推水结束后顺势提肩，带动手臂出水，此时身体绕轴向右转动达到最大幅度。随着头部的侧转，口已完全处在波谷的水面之上，这时迅速张口吸气，随着移臂动作继续吸气，当移臂至一半时，吸气结束(图 12-25 之 6～8)。在继续完成后一半移臂动作的同时，随身体绕纵轴向对侧回转，头部也逐渐回转还原，直至面部浸水，头部完全恢复到正常位置，右臂入水，这一过程应做短暂的闭气(图 12-25 之 9～11)。右臂入水后，随着抱水动作开始慢慢呼气，当手臂进入拉水阶段时，逐渐加快呼气，当进入推水阶段时，随之转头，最后用力呼气与推水动作同时结束，又为下个手臂动作周期的呼气做好准备(图 12-25 之 12～16)。

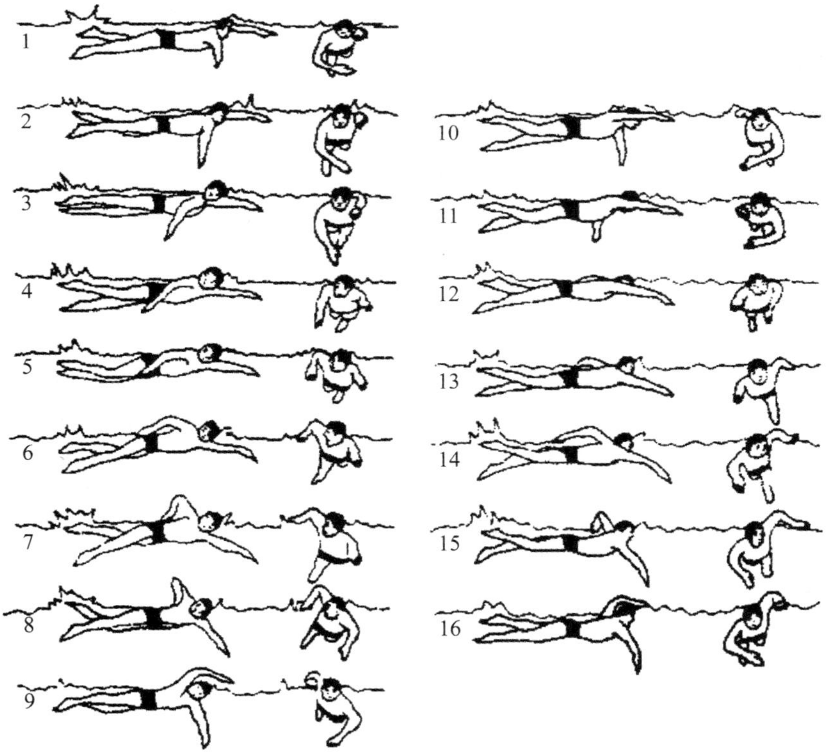

图 12-25

自由泳时，每一个手臂动作周期呼吸一次的配合技术是最基本的配合方法。采用这种方法时，可根据个人习惯始终选择向一个方向转头吸气。在实践中，优秀的中长距离运动员则采取每划 3 次手吸气 1 次的配合技术，即向两个不同方向交替转头吸气。这种方法便于观察对手，也可缓解由于单一方向多次重复转头吸气造成的局部肌肉疲劳。在短距离比赛中，运动员往往采用 2 个或 3 个手臂动作周期吸气一次的配合技术。在比赛的开始和最后终点冲刺时，采用憋气游的运动员也相当普遍。

2. 腿与臂的配合技术

自由泳腿与臂的配合是保证良好的身体姿势和匀速游进的基础。两臂划水是身体前进的主要动力，配合时，腿部动作要完全服从手臂动作。根据一个配合动作周期内的打腿次数，可把自由泳腿、臂配合技术分为 2 次打腿、4 次打腿和 6 次打腿三种配合技术。

(1)2 次打腿配合技术

2 次打腿配合技术是在一个配合动作周期内，打腿 2 次、划手 2 次(两手各划 1 次)、呼吸 1 次，即 2∶2∶1 的配合技术。这种技术，打腿次数相对减少，打腿频率较低，可减轻腿部负担，但打腿动作幅度稍大，打腿有力而富有弹性。推动身体前进的动力主要来自两臂连续有力地快速划水，故能充分发挥手臂的作用。臂部动作的任何停顿都可造成身体下沉。因此，2 次打腿配合技术适合浮力好、平衡能力好、上肢力量强、手臂技术好，有较好的身体素质和有一定水平的运动员采用。

(2)4 次打腿配合技术

4 次打腿配合技术是在一个配合动作周期内，打腿 4 次、划手 2 次、呼吸 1 次，即 4∶2∶1 的配合技术。这种技术介于 2 次打腿和 6 次打腿配合技术之间。

(3)6 次打腿配合技术

6 次打腿配合技术是在一个配合动作周期内，打腿 6 次、划手 2 次、呼吸 1 次，即 6∶5∶1 的配合技术(图 12-17)。这种技术增加了打腿次数，故打腿积极连贯、幅度小、频率高，相对减小了手臂动作频率，但使抱水动作更加充分，划水路线延长，从而增强了划水效果。它和 4 次打腿配合技术一样是初学者和运动员普遍采用的配合技术。

自由泳的三种不同技术，不同水平的运动员在不同距离的比赛中均可采用，从自由泳发展演变历史中可以出，采用任何一种配合技术，都可以获得成功。目前，自由泳腿、臂配合形式多种多样，即使同一个运动员，在比赛的过程中也经常变换配合形式。有的运动员在中长距离比赛中，采用 2 次或 4 次打腿技术，而在转身前后和终点冲刺时，又采用 6 次打腿技术。这说明各种配合技术都有其优点，只要根据个人特点和不同距离比赛的需要而采用恰当的配合技术，最大限度地发挥自己的潜能，就是合理的技术模式，应根据个人实际情况，掌握其中一种或几种配合技术。

二、自由泳的教学方法

(一)腿部技术教学

1. 陆上模仿

(1)坐在地上、池边或凳上，上体稍向后仰，两手后撑，眼看腿部动作做两腿上下交替的打水动作(图 12-26)。

图 12-26

(2)俯卧在凳上或出发台上，模仿自由泳腿部动作(图 12-27)。

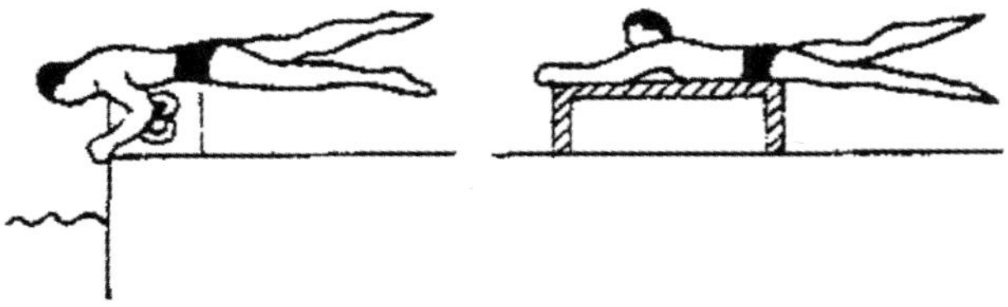

图 12-27

以上两个练习要求注意以髋为轴，大腿发力，小腿和脚要放松，两腿自然伸直，踝关节放松，脚尖稍内扣。

2. 水中练习

(1)仰卧水中，两手反抓水槽，头后紧贴槽沿，眼看脚尖，展髋，身体成水平姿势，两腿上下交替打水(图 12-28)。注意打腿时膝关节不能露出水面。

(2)俯卧水中，扶池边做打腿练习。两臂伸直扶池边，按要领进行打腿练习(图 12-29)。练习时应低头憋气。

(3)俯卧水中抓水槽打腿。一手曲肘抓水槽，一手直臂反撑池壁，使身体成水平姿势，进行打腿练习(图 12-30)。抬头、低头均可。

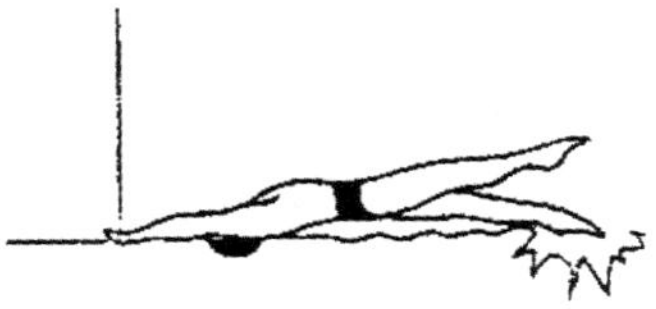

图 12-28

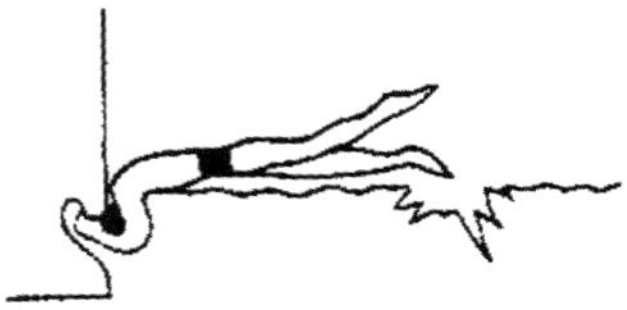

图 12-29

图 12-30

(4)蹬边滑行后做打腿练习。蹬边滑行减速后即开始打腿，两手臂并拢向前伸，低头，身体保持平直的流线型姿势，憋气进行打腿练习(图 12-31)。

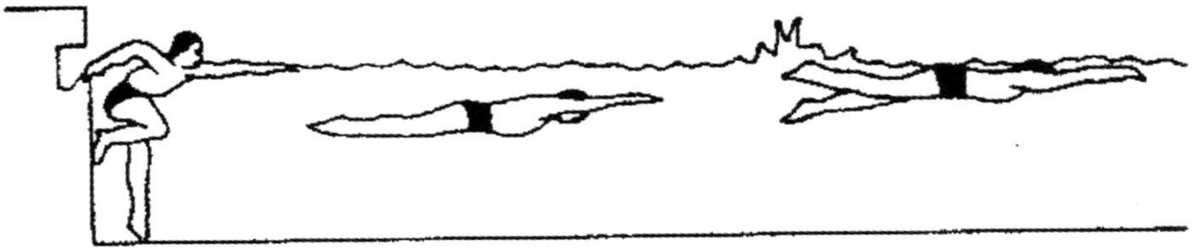

图 12-31

(5)扶板打腿。双手握住泡沫塑料打水板两侧中部，身体成展体平卧姿势，可低头憋气，可抬头换气，也可始终抬头自由呼吸进行练习(图 12-32)。

图 12-32

以上几个水中练习的重点是体会和掌握以髋为轴，大腿发力带动小腿和脚的用力动作。练习时均可先练习直腿打水，有助于体会大腿的带动动作，待有了初步体会后自然过渡到曲腿打水，在基本掌握后应不失时机地增加练习距离。在疲劳的情况下，腿部打水动作特别是小腿和脚腕会更加放松、自然，更有利于体会打腿技术。

(二)臂部技术及臂与呼吸配合技术教学

1. 臂部技术教学

(1)陆上模仿

单臂技术模仿。预备姿势为原地两脚开立，上体前曲，两手臂前伸。练习时一手前伸不动，另一手做抱水、拉水、推水、出水、空中移臂和入水的模仿动作。练习顺序应先分解做，后完整做；先一臂连做数次，再换另一臂做，最后是每臂做一次。还原成预备姿势后，再交换另一臂，即最后做两臂分解配合的划水模仿(图 12-33)。

(2)两臂交叉配合技术模仿

预备姿势同练习(1)。练习时，做两臂交叉连贯配合动作模仿。在教师的带领下，分别进行前交叉、中交叉和后交叉三种配合技术的模仿练习，使学生初步掌握三种配合技术的动作概念和方法。最后，只要求学生熟练地掌握其中一种即可(图 12-34)。

图 12-33

图 12-34

图 12-35

(3)转头呼吸练习

原地两脚开立，上体前曲，两手扶膝，做向侧转头呼吸练习。练习从面朝下开始，一边呼气一边向侧面转头，当完全转向侧面时，加速呼气，紧接着张口快吸气，然后头向下回转还原，回转时有短暂闭气，头部还原后，开始慢慢呼气并向侧面转头，下一次吸气动作又开始了，反复进行练习(图 12-35)。

(4)臂与呼吸配合技术模仿

先做陆上模仿(1)的练习，在划臂的同时配合侧转头呼吸动作，然后做陆上模仿(2)的练习，加上侧转头呼吸动作。

2. 水中练习

(1)站在浅水中，依次进行陆上模仿(1)～(4)的练习。

(2)在浅水中边向前走边做陆上模仿(1)～(4)和练习。

(3)做夹板憋气，单臂划水练习。将泡沫塑料浮板夹在两大腿之间，深吸一口气，俯卧水中成两手臂前伸的展体姿势后，憋气做陆上模仿(1)的练习。先做一臂划水 2～3 次，还原后，交换另一臂划水 2～3 次的单臂练习，然后做每臂划水 1 次，还原后再换另一臂划水 1 次的分解划手练习(图 12-36)。

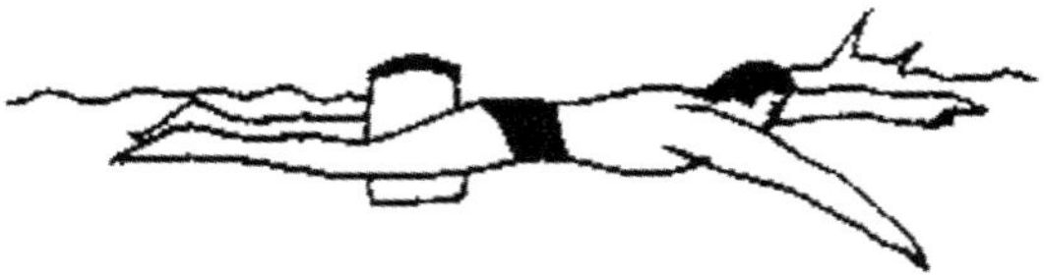

图 12-36

(4)做夹板憋气，两臂交叉配合划水练习。练习形式同(3)，能做出任何一种交叉配合技术即可。

(5)做呼吸与臂配合的技术练习。在浅水中，由同伴抱住大腿边向前走边做(4)的练习。要求同伴在练习者吸气时，帮助提高身体位置并向吸气一侧转动身体，完成吸气动作(图 12-37)。

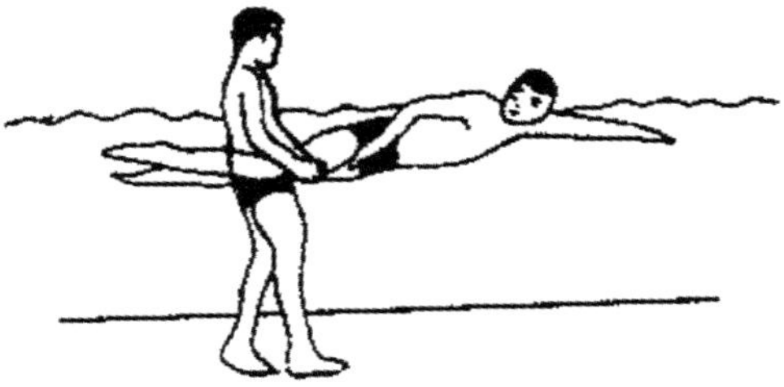

图 12-37

(6)夹板做与(5)相同的练习，在泡沫塑料板助浮的情况下，做呼吸与臂配合的动作。

(三)腿臂配合及完整配合技术教学

自由泳腿臂配合完整配合动作比较简单，教学时，可直接在水中进行而不必在陆上模仿，这样可节省时间，增强教学效果。水中练习方法如下：

(1)蹬边滑行后，两腿不停顿地打腿，一臂前伸不动，另一臂连续划臂 2～3 次，依次交替进行练习。注意在整个练习过程中，首先要两腿始终不停顿地打腿，在此基础上做单臂与腿的配合练习。

(2)蹬边滑行打腿，做两臂分解划水配合动作，即一臂前伸不动，一臂划水，每划一次后前伸不动，变为另一臂划水，依次进行配合练习。

(3)蹬边滑行后，在积极打腿的基础上，两臂开始做交叉配合划水动作，可根据个人特点，任选三种交叉配合中的一种进行练习。

以上三个练习，均是憋气进行，练习首先要保证不停顿地打腿，在此基础上做划水动作，注意划水动作要轻松自然、频率稍低，保证划水效果。

(4)做单臂划水与呼吸的腿臂配合练习。一手扶板一手划水，同时与转头呼吸动作相配合，两腿积极打水(图 12-38)。该练习只需做与转头方向同侧的手臂的练习。

图 12-38

(5)同练习(2)一样，在腿与两臂分解配合的基础上，增加与呼吸动作的配合。

(6)完整配合技术练习。同练习(3)一样，在腿与两臂连贯配合的基础上增加与呼吸的配合。

第四节 仰泳

一、仰泳身体位置

在仰泳时，身体要自然伸展，仰卧在水面上，头和肩部稍高，腰部和腿部保持水平，身体纵轴与水平面构成的迎角约为 10°，腰部和两腿均处在水面下(图 12-39)。

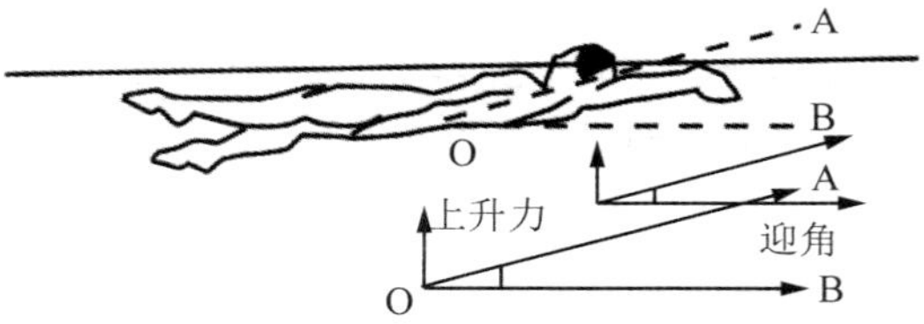

图 12-39

二、仰泳腿部动作

腿部动作主要作用是维持身体平衡，控制摇摆，产生一定的推进力。以髋关节为支点，由大腿发力，带动小腿和脚做上下提水动作。

陆上模仿练习有水中练习、仰卧漂浮练习、徒手打腿练习。

三、手臂动作

目前一般采用两臂交替的体测臂划水技术。

陆上模仿练习有水中夹板练习。

四、全身动作配合

仰泳时身体呈仰卧姿势，脸一直露出水面，注意控制用嘴有节奏地呼吸。动作配合时，两臂各划水 1 次，呼吸 1 次，两臂和两腿的配合的次数比例为 6∶2∶1，即在一个动作周期内打腿 6 次，划臂两次，呼吸 1 次。

陆上模仿练习包括水中绑漂练习和完整配合练习。

第五节 蝶泳

一、蝶泳身体姿势

蝶泳的身体姿势与其他泳姿不同，它没有固定的身体位置。在游进中，躯干各部分和头不断改变彼此间的相对位置。头和躯干有时露出水面，有时潜入水中，形成类似波浪的上下起伏的位置变化。

二、蝶泳腿部技术

蝶泳打水时，两腿自然并拢，脚跟稍微分开成“内八字”，当两腿在前一划水周期向下打水结束时，两脚处于最低点，膝关节伸直，臀部上抬至水面，髋关节弯曲成约 160°（图 12-40）。然后两腿伸直向上移动，髋关节逐渐展开，臀部下沉。（图 12-41）

图 12-40

图 12-41

三、蝶泳手臂技术

蝶泳时手臂的划水动作是产生推进力的主要因素，并且相对其他姿势来说，产生的推进力是较大的。蝶泳时臂的划水是两臂在头前入水，同时沿身体两侧做曲线划水动作。它的技术环节分为入水、抱水、划水、推水和空中移臂。

1. 入水（图 12-42）
2. 抱水（图 12-43）
3. 划水
4. 推水（图 12-44）
5. 出水（图 12-45）
6. 空中移臂（图 12-46）

图 12-42

图 12-43

图 12-44

图 12-45

图 12-46

四、蝶泳配合技术

(一)臂和呼吸的配合动作

蝶泳的呼吸是借助于两臂划水的后部推水动作，同时需后部肌肉大幅度伸展，在头抬至口露出水面时吸气。吸气的速度要快，头必须在臂入水前回到原来的位置，慢呼气或者稍憋气后呼气。蝶泳的呼吸一般是一次划水一次呼吸，但是为了加快游进的速度，也可在采用两次以上的划水动作之后，再做一次呼吸的技术。

(二)臂腿呼吸的配合(即完整的配合动作)

蝶泳臂、腿、呼吸的配合比例一般为 1∶2∶1，即一次手臂动作，两次腿的动作，呼吸一次。当然在某些情况下，也有做 N 次($N>1$)臂、腿配合再做一次呼吸的技术。两次打腿的力量一般是第一次轻，第二次重，要有所区别。完整的配合技术是两臂入水时做第一次向下打腿；臂抱水时腿向上；当两臂划至腿部下时，开始做第二次向下打水的动作，并且抬头吸气。推水结束时打腿也结束。

第六节 游泳的救护知识

游泳救护分为自我救护和救护溺水者两大类。其中救护溺水者又分为间接救护和直接救护两种。

一、自我救护

自我救护是指会游泳者在没其他人员帮助的情况下，自己排除意外事故来解救自己。游泳时，突发事件的原因很多，常见的是身体某局部肌肉抽筋。抽筋的原因较多，通常是因下水前没做好准备活动，技术动作过分紧张、僵硬、不协调等造成的。出现抽筋时，应保持镇静，不要惊慌，相信自己能够解救自己。

常出现抽筋的部位多在大腿和小腿，个别的也有手指、脚趾，但不管哪个部位出现抽筋，均应立即上岸，擦干身体，注意保暖，按摩抽筋部位。如果离岸较远不能立即上岸，应在水中进行自我解救。解救的原则是将发生抽筋的肌肉向其收缩的反方向拉长，使其得到伸展和松弛。具体方法如下：

(一)手指抽筋

手握拳，然后用力张开，这样反复快速连续地做，直到不再抽筋为止(图 12-47)。

(二)小腿或脚趾抽筋

先吸一口气，仰浮在水面上，用抽筋肢体对侧的手握住抽筋肢体的脚趾，用力向身体方向拉，同时用同侧手掌压在抽筋肢体的膝盖上，使抽筋腿伸直(图 12-48)。

图 12-47

图 12-48

(三)大腿抽筋

如果大腿后群肌肉抽筋，解救的方法同(二)一样。如果大腿前群肌内抽筋，则应先吸一口气仰浮水面，使抽筋腿曲膝，双手从背后握住抽筋腿的踝关节，用力拉紧小腿，使大腿折叠(图 12-49)。

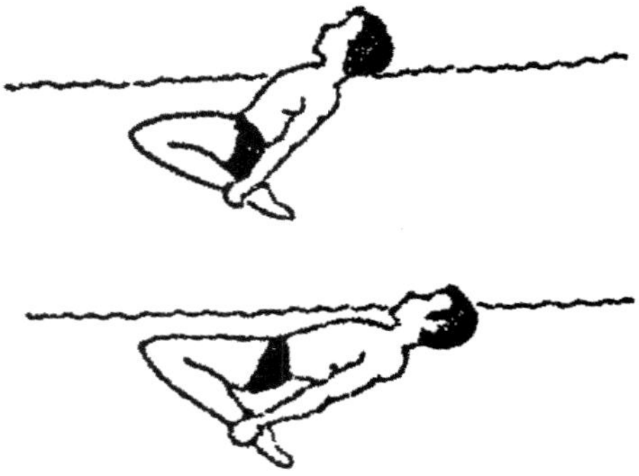

图 12-49

发生抽筋后不宜继续游泳。如果离岸较远，则应首先解除肌肉的抽筋状态，使之恢复正常，然后决定用最省力的技术动作游回。特别是发生过抽筋的肢体动作更不能紧张用力，要尽量放松以防再度发生抽筋。如果在水中不能消除抽筋状态，应游回岸上解救，游回时尽量使抽筋肢体放松不动，利用没有抽筋的肢体以最省力的动作游回岸边。

二、间接救护

间接救护是指利用救生器材对较清醒的溺水者施救的一种方法。这种方法既简便省力又安全迅速。常用的救护器材和使用方法如下。

(一)救生圈

最好的救生圈上系好一条绳子，当发现溺水者时，可将救生圈掷给溺水者，待溺水者抓到救生圈后，将其拖到岸边(图 12-50)。

图 12-50

(二)竹竿

溺水者离岸较近时，可将竹竿伸给溺水者。待溺水者抓住后将其拖至岸上(图 12-51)。

图 12-51

(三)绳索

使用绳索时，在绳索的一头系上一个明显的软质漂浮物，将绳索盘成圆圈，救护者握住绳索的另一端。救护时将盘起来的绳索同漂浮物一起掷在溺水者的前方，便于溺水者抓住绳索上岸。

(四)木板

在没有其他救护器材的情况下，木板(树干或其他浮物)也可以作为救生工具。使用时可将木板掷给溺水者，也可扶木板游向溺水者，让溺水者扶住木板，再将其拖带游回上岸。

三、直接救护

直接救护是指不利用任何救生器材，救护者亲自下水直接对溺水者施救的一种方法。这种方法是在没有任何救生器材或由于各种原因不能使用器材的情况下(如溺水者距离较远或溺水者神志不清)而采用的。这种方法要求救护者必须具备舍己救人的精神，有较好的游泳技术和救护的基本知识的技能。直接救护技术包括入水前观察、入水、游近溺水者(包括使其解脱)、拖带、上岸(包括急救)。

(一)入水前的观察

发现溺水者时，首先应发出求救信号，争取更多的人参加救护，在自己准备下水的同时，应对周围环境作简单的观察并迅速做出判断，如了解水域情况和判断溺水者与自己的距离方位等。在江河等天然水域中还要辨别水流方向和流速、水面宽度、岸边及水底情况等。要选择最靠近溺水者的地方入水，以便迅速游近溺水者。

(二)入水

入水时要求安全、迅速、注意目标。根据不同情况采用不同的入水方法。

1. 在熟悉的水域，如游泳池，可以用游泳出发的跳水姿势入水，要求入水要浅，出水要快。

2. 对不熟悉的水域，应采取跨姿势入水(图 12-52)。动作要领是：两腿前后分开，两膝自然弯曲，两臂自然向两侧张开，上体正直，目视目标。当身体入水后两腿迅速向下蹬夹水，两手臂迅速向下压水，使身体立即浮出水面。这种方法的优点是安全，入水浅，出水快，容易看清目标。

图 12-52

(三)游近溺水者

为了迅速准确，游近溺水者时一般多采用速度较快的抬头爬泳或抬头蛙泳。当游到距离溺水者2米左右时应停下来观察一下溺水者情况，然后决定采用什么方法接近和控制溺水者，并利用这瞬间调整一下自己的呼吸以保存体力。溺水者有三种情况：一是会游泳，突然发生抽筋或其他事故；二是已经昏迷；三是正在求生挣扎。第三种情况对救护者来说特别危险，要选择合适的方法接近溺水者，避免自己被溺水者抱住。接近溺水者有三种方法：

第一，游在溺水者背后。这是最理想的情况，可直接从后面靠近溺水者，双手托其腋下，使其口鼻露出水面后进行拖带。

第二，溺水者面向自己。一般来讲，溺水者均会不同程度地表现出挣扎的求生欲望。为避免被溺水者抓住，救生者除大声要求溺水者保持“安静”外，应先吸一口气潜入水中，在水下两手扶住溺水者髋部(图12-53)，将其扭转180°至背向自己，然后用第一种方法接近溺水者。

图 12-53

第三，溺水者面向自己，而且有单手或双手上举的求救动作。这种情况可以从正面接近。其方法是从正面用左(右)手准确果断地抓住溺水者的左(右)手腕，用力向自己的左(右)后方拉，借助这个惯性力使其转体180°背向自己，然后用同第二种一样的方法控制溺水者(图12-54)。

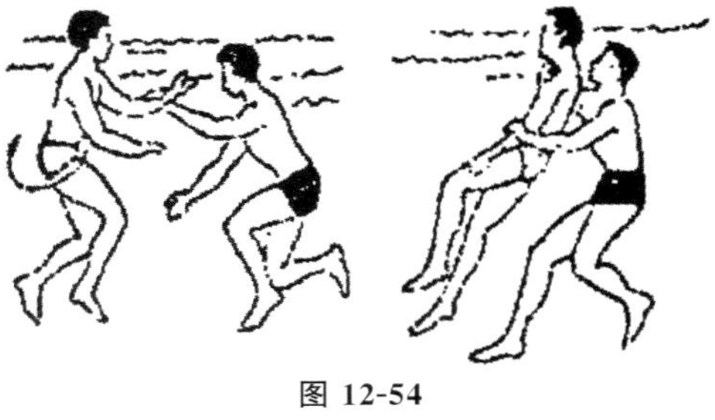

图 12-54

(四)水中解脱

水中解脱是指救护者在执行救护过程中，被溺水者抓住或抱住身体而进行解救的一种专门技术。溺水者在水里神志不清，挣扎乱抓，救护者万一被抓，应根据被抓的部位，采用各种解脱方法。解脱方法主要是利用反关节和杠杆原理，动作要熟练、迅速和突然。下面介绍几种常见的水中解脱方法。

1. 虎口解脱法

虎口是指拇指之间相连的部位。当救护者的手腕或前臂被抓住时，救护者运用压迫其虎口的方法使其脱手而得到解脱。例如，溺水者双手从上面同时抓救护者的双手腕或前臂，救护者应双手握拳曲肘、臂外旋、肘内收，用前臂压迫其虎口使之脱手而解脱出来(图 12-55)。如果溺水者双手从下面同时抓住救护者的双手臂时，救护者用上面相同的解脱方法，只是动作方向相反，即可得到解脱(图 12-56)。如果救护者的一只手臂被溺水者双手抓住，则救护者一手可握紧拳头，另一手从溺水者两臂中间穿过，握住自己的拳头，同时突然向下压，即可解脱(图 12-57)。

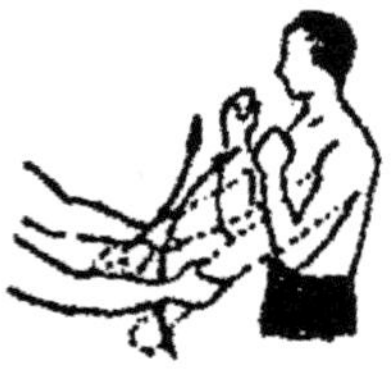

图 12-55

图 12-56

图 12-57

2. 托肘解脱法

(1)溺水者从背后抱住救护者的颈部，救护者首先握住溺水者靠近自己胸前的一只手腕，另一手从下向上托其同一手臂的肘关节，自己收颌低头顺势从溺水者腋下滑脱出来。解脱后不要放开溺水者的手腕，要顺势将其扭转至背向自己。(图 12-58)

图 12-58

(2)溺水者从前面抱住救护者的颈部，救护者用左(右)手向上推其右(左)肘关节，右(左)手握其同一手臂的手腕并向下拉，同时收颌低头从其两臂间解脱出来，然后推转溺水者使其背向自己(图 12-59)。

图 12-59

3. 推扭解脱法

救护者被溺水者从正面拦腰抱住，可一手按住其头后部，另一手托在其下颌并向外扭转头转，使溺水者放手，并使其转向背对自己(图 12-60)。

4. 扳指解脱法

救护者被溺水者从后面拦腰抱住，可用两手分别抓住溺水者同侧其中一根手指(最好是中指)，同时向外侧用力扳开，然后放开一只手，另一只手继续用力向侧上牵拉，使其背对自己(图 12-61)。

图 12-60

图 12-61

(五)拖带

拖带指救护者把溺水者从水中拖运靠岸的方法。

1. 两手托头部反蛙泳拖带

一般采用侧泳或反蛙泳两种泳式进行拖带。救护者和溺水者均仰卧在水中，救护者两臂伸直，两手托扶住溺者的头后部至两颊，两腿做反蛙泳蹬腿动作进行拖带。

2. 托双腋拖带

双臂伸直托住溺水者双腋，采用仰卧蛙泳蹬腿拖带，救生员拖带时稍含胸收腹。

3. 单手抓托颈部拖带

溺水者仰卧在水中，救护者直臂单手抓住其颈后部，另一手臂划水和两腿做反蛙游泳或侧泳动作进行拖带(图 12-62)。

4. 夹胸拖带

溺水者仰卧，救护者侧卧，一手臂从其肩上斜经过胸前抓住对侧腋下，另一手臂帮住两腿做测泳动作进行拖带(图 12-63)。

图 12-62

图 12-63

5. 穿背握臂拖带

救护者一手从溺水者腋下穿过，经背部握住另一只手臂，即可用单手侧泳拖带溺水者，这种方法易于观察游向。

(六)上岸

这是指处于昏迷状态的溺水者被拖上岸的方法。在天然水域，虽岸边情况不同，但均有一定斜坡，上岸相对较容易。遇到游泳池或类似游泳池的陡岸时，上岸较困难。下面介绍两种游泳池内上岸方法。

1. 池边上岸方法

救护者将溺水者一手压在池边上，自己先上岸，然后抓住其两手腕，拉上池边。溺水者面向池壁和背向池壁均可(图 12-64)。

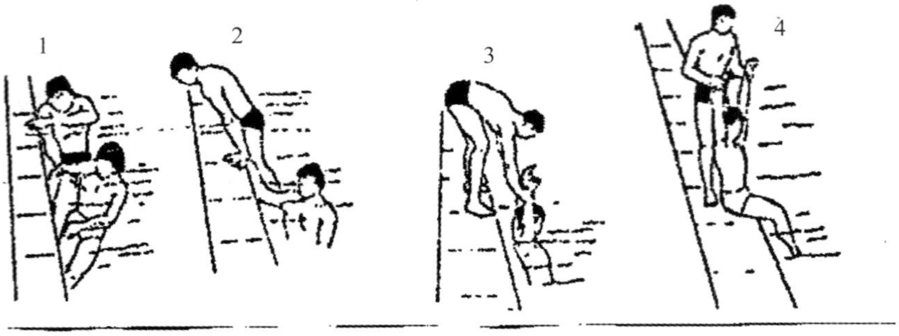

图 12-64

2. 扶梯上岸方法

将溺水者拖带至扶梯前，使其面向自己，并把其扛在肩上，双手握住扶梯，稳步爬梯上岸；当溺水者臂部移到池边时，应扶其头后，慢慢坐下来放倒(图 12-65)。

图 12-65

(七)岸上急救

溺水者被救上岸后，首先要观察其症状，然后再决定采取哪些措施。如果溺水者神志清醒，只需一般性引吐、保暖和休息便可逐渐恢复正常，无需做其他救护。如果溺水者处于昏迷状态、神志不清，一方面应立即与医疗急救单位联系，同时要进行急救。急救措施主要有以下两种方法。

1. 人工呼吸

当溺水者处于昏迷状态时，首先判断其有无呼吸。方法是：把脸贴在溺水者的鼻、口处，感受呼吸的气流，观察胸腹部的肌肉是否上下起伏。经过观察与判断，确认溺水者已无呼吸时，应立即进行人工呼吸。在进行人工呼吸前，先要清除溺水者口、鼻中的异物，保持呼吸道通畅。如有活动的义齿应取出，以免堕入气管。如溺水者牙关紧闭，救护者应从其后面用两手大拇指向前上方顶住下颌关节，同时用两手食指和中指向下压下颌骨，便可掰开溺水者牙关。

清理好口鼻中的异物后，接着进行控水。其方法是：救护者一腿跪着，另一腿曲膝，将溺水者的腹部放置在曲膝的大腿上，一手扶其头部使其口向下，另一手压其背部，使溺水者将水排出(图 12-66)。

图 12-66

图 12-67

控水后，立即进行人工呼吸。实践证明，口对口吹气法效果好，且简便易行。操作方法是：救护者在仰卧的溺水者侧面，一手捏住鼻子，另一手扶着下颌(图 12-67)，深吸一口气，然后对紧溺水者的口将气吹入。吹完一口气后，口手离开，用手压下溺水者的胸部，帮助其呼气。如此有规律地反复进行，每分钟做 14～60 次，开始时稍慢，以后可适当加快速度。在抢救已经停止呼吸的溺水者时，需要做很长时间的人工呼吸，最好有两人以上轮流进行。

2. 心脏按压

当溺水者处于昏迷状态时，在判断其有无呼吸的同时也要判断其有无心跳。其方法是：把摸溺水者的手腕动脉或颈动脉血管，如无脉搏或微跳，应立即做心脏按压。下面介绍胸外压放心脏按压法；救护者跪在仰卧的溺水者体侧，双手重叠按在溺水者的胸剑突部分，两臂自然伸直，借助于身体重量按正常心跳节奏向下按压(图 12-68)。

如果溺水者被救上岸后，呼吸与心跳均无，可以同时进行人工呼吸和心脏按压(图 12-69)。经历了人工呼吸或心脏按压抢救，溺水者虽已脱离危险，仍须送医院进行全面检查，以防因溺水而引起其他并发症。

图 12-68

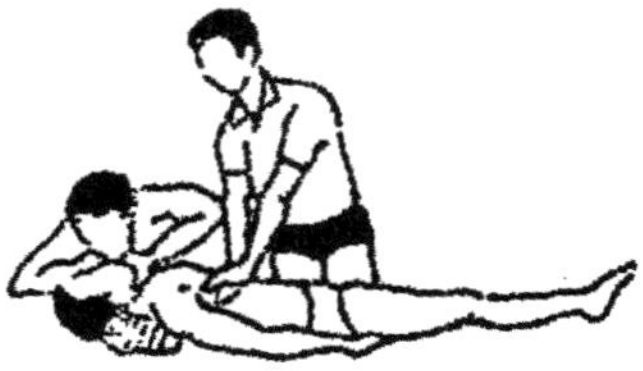

图 12-69

第十三章

民族传统体育项目

传统导引术是由养生和体疗两类功法体系所组成的体育方法体系，现存的文献典籍记录了上千种古代导引功法，内容博大精深，内涵深厚，是中华民族传统体育文化的宝贵遗产。本节限于篇幅无法进行全面的详述，只能精选几项具有典型代表意义的导引术功法进行简单介绍。

练习导引术这套功法，仅仅做对动作还远远不够，关键是要达到内三合的状态。所谓内三合，就是外形动作→配合意念→带动气血循环达到协调和谐的有机统一。动作标准规范，可以运动到每一个穴道和经络，练习时专心致志则能激发潜意识去感觉气在身体内部的运行。在进行练功过程中，要正确地理解、掌握导引术功法要领，在结合运动练习活动中逐步体会和应用其动作结构、意念及动作速度等要点，以期达到功力内收、疏通经络、祛病强身的导引术功效。

下面主要以养生导引功法为主，结合医疗导引术，对导引术具有代表性的一些方法流派和影响较大的功法技术，加以简略介绍。

第一节 民族传统体育运动竞赛性项目内容

一、抢花炮

抢花炮是流行在侗族、壮族、仡佬族等民族中的一项具有浓郁民族特色的民间传统体育活动，已有500余年的历史，深受相应少数民族同胞的欢迎。抢花炮是一项勇敢者的运动。由于抢花炮具有强烈的对抗性、娱乐性和独特的民族风格，在湘、鄂、渝、黔等省边境地区有着雄厚的群众基础，深受该地区少数民族同胞的喜欢，所以数百年来长盛不衰。

据资料考证，抢花炮起源于华南地区，源于商人为招揽生意、扩大贸易，在水陆码头等交通要道举行的群众性体育活动。此后由侗族先民传承至湘、黔、桂三省及毗邻地区，每逢三月三开展竞赛，一直延续至今，已有500余年的历史。

(一)民间风俗的抢花炮

抢花炮，在农历三月三或秋收以后最为踊跃。侗乡流行这样的诗句："侗乡三月风光好，天结良缘抢花炮，要得侗家姑娘爱，花炮场中称英豪。"在抢花炮的日子里，远近侗寨的男女老少，穿上节日的盛装，天刚亮就争先恐后地拥向节日聚会场地，有的是为了给本村寨的花炮选手呼喊助威，有的姑娘却是为了寻找如意郎君，但大多数侗胞还是去看热闹。凡是主持抢花炮的村寨，事先请编织手艺高的人用青细竹篾或藤条编织三至五个茶杯口大小的圆圈，外面缠以红布，再以红绿丝线扎牢。主持人宣布抢花炮开始时，将红炮圈放在铁炮的筒口上，然后点上火药放炮，红炮圈被射上高空中，各村寨的选手争先抢夺，顿时全场欢声雷动。红炮圈有时落地，有时也可能落到水塘里或山崖上、屋顶上、树枝上……不论落在哪里，大家总是争先恐后地跳到塘里，爬到山崖、屋顶、树枝上去寻找，个个奋不顾身，人人勇往直前。

侗族抢花炮一般放三炮，即头炮、二炮、三炮，抢完头炮，再抢二炮，依次类推。抢得先炮者，象征人财兴旺；抢得二炮者，象征五谷丰登；抢得三炮者，则象征万事如意。抢花炮多以村寨为单位，按传统习惯，抢到花炮的村寨，奖给一个镜屏，但是到了次年，这个村寨若要继续参加抢花炮，就必须将另外一个镜屏送到抢花炮指挥部，谁能夺冠，镜屏则归谁所有，俗称还炮。此赛过程中谁抢到红炮圈之后，还必须在人人争抢中，一路"过关斩将"将其送到规定的裁判台上才算获胜，因此，抢一炮一般都要争夺两个小时左右。当选手把红炮圈送到规定的裁判台上后，庙里顿时钟鼓齐鸣，并鸣炮三响，以表示"头炮"胜利结束。接着还要进行二炮、三炮的争抢。一般是抢三炮结束比赛，但有的地方抢到四炮、五炮后，还钟鼓齐鸣，鞭炮声不绝，最后放三炮才宣告抢花炮活动结束。

凡是抢得"头炮"者，来年的抢花炮活动便由该村寨主办，并要求下一届奖品和本届相同。如果今年的奖品是一头染红的大肥猪，明年该村寨仍得准备这些奖品，这叫做"还色"。哪个村寨连续抢到花炮，说明该村寨连年五谷丰登，也是侗家姑娘向往的村寨。

(二)抢花炮的历史沿革

光绪《贵县志卷》中描述壮族抢花炮情景为："城厢初二日，众会社前放花炮，大小不等，大者高丈余，小者亦尺许，通体糊以花纸，名曰花炮。有头、二、三等名目，结草环为标，识轰起时。接得者谓之得炮头。会董用鼓吹，仪仗送琉璃镜一座，至其家香花酒烛供奉堂中……"广西三江侗族自治县《民国志卷二》记述："花炮会，六甲人，幢人皆盛行，而全县率参加……于集会地点演剧舞狮及各种游艺助兴，届时男女咸集。其竞赛以冲天铁炮内装铁环，若实弹然。燃炮后，铁炮直冲霄汉，观众闻炮声，即以铁环为目标蜂拥争取，以夺得铁环者按头、二、三炮依次领奖，其友族皆簇拥庆贺，欢声如雷。"

传统的抢花炮不限人数，也不分队数，每炮必抢，三炮结束，属于"单打独斗"。场地通常设在河岸或山坡上，无一定界限，漫山遍野皆为活动范围，对抢花炮者提出了更高的要求。要求抢花炮者必须具有健强的体魄、顽强的意志、坚忍不拔的毅力、快速敏捷灵活的反应，以及高尚的道德品质等。一旦花炮分清得主，顿时唢呐声、欢呼声、锣鼓声、鞭炮声响成一片，有享受胜利后的喜悦，有祝贺别人的胜利，谈笑风生久久不愿离去。

仡佬族每逢重大节日所举行的抢花炮活动，通常由上届花环得主(共有五名)联合主持。每届放五炮，每炮为一个花环。当主持者宣布“花炮节”开始时就依次点燃五只土炮，土炮响后，抢花环者随着花环飘落的方向移动、追逐，第一个抢到花环的人在其队友的掩护下，奔向裁判后，以将花炮交到裁判手中为胜，抢得花环的优胜者被视为村中的英雄，受到男女老少的崇敬。

从第三届全国少数民族传统体育运动会开始，抢花炮已列为正式比赛项目之一。1986 年，国家民委、体委认为抢花炮既有民族传统体育特色，又具有较强的竞技性与观赏性，将抢花炮列入第三届全国少数民族传统体育运动竞技项目，使抢花炮运动在全国范围内进一步普及推广。

改革后的抢花炮，规定了每场比赛时间为 40 分钟，分为上、下半场，每半场 20 分钟，中间休息 10 分钟；比赛不受三炮的限制，在规定时间内，以将花炮攻入对方花篮的次数多少来判定胜负；比赛以队为单位，每队上场队员为 10 名；比赛场地长 60 米，宽 50 米，两端设炮台区，各放一花篮。

经过十多年的实践，抢花炮的技巧、战术不断发展，竞赛规则逐步改进和完善，对抗竞争的激烈程度有增无减，为了更具观赏性和公平竞争性，将花炮由原来的 5 厘米铁环改为 15 厘米的橡皮扁圆形，类似田径赛的铁饼。因而，抢花炮这项民族传统体育运动与现代竞技体育运动逐步接轨，有人称为中国式的“橄榄球”。抢花炮有强烈的对抗性、娱乐性和独特的民族风格，数百年来长盛不衰。

(三)抢花炮竞赛规则

1. 场地

(1)比赛场地

为表面平坦的长方形草坪或土地，长 60 米，宽 50 米。线宽 12 厘米。线的宽度包括在场地之内，长线叫边线，短线叫端线。

(2)接炮区

以场地的中点为圆心，画一半径为 5 米的圆圈为接炮区。

(3)炮台区

在距离端线中点两侧 4 米处各向外画一条 4 米与端线垂直的线，再画一条线把其顶点连起来，与端线平行，这个区为炮台区，在炮台区两侧架设高 2 米以上的网墙。

(4)罚炮区

以端线中心点为圆心，画一条长 20 厘米、宽 12 厘米的平行线，为罚点炮线。该线包括在距离花篮架的 2 米之内。

2. 器材

(1)花炮

花炮为直径 14 厘米的彩色圆形外饼状，外圆程轮胎形，厚 2.5～3.0 厘米，用不会伤及队员的橡胶做成，重20～240克。

(2)送炮器

能把花炮冲上10米以上高度并落在接炮区内，并能发出声响的发射器。

(3)花篮架

高80厘米，放在炮台区内端线中心点处。花篮架用直径不超过20厘米的圆木做成。

(4)花篮

篮口内沿直径为40厘米，高为30厘米的圆柱体，用竹或塑料做成，花炮固定在花篮架顶端。

3. 队员

一场比赛有两个队参加，每队上场人数不得多于8人或少于5人，其中1人为队长。全场比赛替换队员不能超过5人次。

4. 比赛

无论何方抢得花炮，可用传递、掩护、假运动、奔跑等方法，力图攻进对方炮台区；另一方可用拦截、阻挡、追赶、搂抱(合理部位)、抢截等方法，抢到花炮和阻止持花炮运动员前进。持花炮运动员越过端线进入对方炮台区，把花炮投入花篮内即为得分。每投进一次花炮得一分。进炮后，由司炮员重新发炮。持花炮队员误将花炮投入本方花篮内算对方得分。

第六届全国少数民族运动会，为了加强竞赛安全、避免人身伤害事故，提高竞赛质量，组织工程技术人员研制了科学、安全的电动发炮器。采用以电机旋转为动力带动花炮高速飞旋，其发炮方向、角度均可调节。既保持了原始方法发炮、声音、炮烟三者齐出的民族项目特色，又增强了比赛的安全性。经过技术改革，抢花炮项目更能适应现代体育的发展，使这一具有悠久历史的民族传统体育运动项目更加蓬勃发展。

至今抢花炮项目已在全国得到普及推广，今后抢花炮这一民族传统体育运动项目将会随着时代进步、发展得到升华，跨出国门走向世界。

二、毽球

毽球俗称"踢毽子"，又称为"攒花"，是一种用鸡毛插在圆底上做成的运动器具，是流传于湘、鄂、渝、黔地区的民间传统体育运动项目。毽球在中国一向流传很广，是有着悠久历史的民族传统体育活动。进行毽球活动，可以活动筋骨、促进健康。毽球是一项新兴的体育项目，20世纪80年代中期才亮相国内赛场。毽球的比赛场地类似排球场，中间挂网，两项团体赛每方各3人，每局15分，决胜局为每球得分制。比赛时运动员用脚踢球，不得用手、臂触球，在本方场区内最多只能击4次球。

(一)毽球运动概述

踢毽子源于古代的蹴鞠，与蹴鞠同宗同源，是蹴鞠的一个分支。据文史资料考证，蹴鞠起源于五千多年前新石器时代的黄河流域，其原始形态为用脚在地面蹭蹴石球相撞击。西汉是比赛型蹴鞠和表演型蹴鞠成型的时期，而六朝、隋、唐、宋乃是蹴鞠盛行的年代。现代毽球类运动包括毽球和花样踢毽子两个项目类别，起步于20世纪中期。现代毽球类运动从最初的兴起时就得到了政府及社会各界的积极倡导和大力支持，到20世纪80年代，现代毽球类运动得到迅速普及，广泛开展于学校、工厂和机关事业单位中。随着毽球运动的蓬勃兴旺，全国和地方性毽球组织相继成立。与此同时，竞赛体制逐步改进与完善，全国性的锦标赛、职工赛、学生赛、国际邀请赛等竞赛制度相继建立。进入20世纪90年代，毽球类运动又先后跻身于全国少数民族运动会、全国农民运动会和全国中学生运动会等大型综合性运动会。同时，毽球运动跨出国门走向世界，先后在亚欧美等多个国家开展起来，并成立了相应的国际毽球协会组织，建立了世界锦标赛制度。

踢毽子是在中国流传很广，具有悠久历史的民族传统体育活动。经常进行这项活动，可以活动筋骨促进健康。在古都北京，踢毽子还有个富有诗意的名字称为"翔翎"。有一种传说认为："毽"创自轹黄帝，当时叫"毬"不叫毽，是武士练习的一种器具。据历史文献和出土文物证明，踢毽子起源于我国汉代，盛行于六朝、隋、唐，唐《高僧传》二集卷十九《佛陀禅师传》中记载：有一个叫跋陀的人到洛阳去，在路上遇到了12岁的惠光，在天街井栏上反踢毽子，连续踢了五百次，观众赞叹不已。跋陀是南北朝北魏时(467～499年)人，为河南嵩山少林寺的祖师，他非常喜欢惠光，并将他收为弟子，惠光便成了少林寺的小和尚。慧光可以站在十分危险的井栏上，一连反踢五百次毽子，可见控制键子落点的技术是十分熟练的，而佛陀以踢毽子为边戏，也表明作为一种游戏，踢毽子在当时社会已是较为流行。

宋朝高承在《事物记源》一书中，对踢毽子有较详细的记载："今时小儿以铅锡为钱，装以鸡羽，呼为毽子，三四成群走踢，有里外廉、拖抢、耸膝、腴肚、佛顶珠等各色。"明、清时期，踢毽子进一步发展，关于踢毽子的记载也就更多了。明代进士、我国历史上有名的散文家刘侗在《帝京景物略》中写道："杨柳儿青放空毽，杨柳儿死踢毽子。"踢毽子已成为民谚的内容，而且发展为数人同踢的技巧运动。至清末踢毽子已达到鼎盛时期，参加的人越来越多，不仅用来锻炼身体以作养生之道，而且把踢毽子和书画、下棋、放风筝、养花鸟、唱二黄等相提并论，一些人以会踢毽子而自荣。民间踢毽子爱好者更是用功苦练，以口传身授的方法代代相传，因此踢毽子的活动更加广泛，特别是青少年参加者更为普遍，当时就有这样的童谣："一个毽儿，踢两半儿，打花鼓，绕花线，里踢外拐，八仙过海，九十九，一百……"。说明踢毽子已经到了相当普及的程度。以北京为例，每遇城乡庙会各路能手，步行相聚，观摩、比赛，培养新手，甚是热闹。

潘荣陆在《帝京岁时纪胜》中形容踢毽子时说："手舞足蹈，不少停息，若背若面，若背若胸团转相击，随其高下，动合相宜，不致坠落。"可见当时踢毽子活动很盛行。到清代，踢毽子不仅是娱乐游戏，而且还是一项竞赛活动，在社会上得到广泛的开展，北京、上海、广东、浙江、山东等省、市都举行过规模较大的踢毽子比赛。

清末，学校以传统体育项目作为教材，其中踢毽子就是最受学生欢迎的一个项目。1931年，福建国民体育运动会设踢毽子赛。山东为提倡、发展踢毽子这一民族传统体育活动，于1935年3月举行了全市第一届踢毽子比赛。旧中国第六届全国运动会上，也把踢毽子列为国术比赛项目。但是，此后踢毽子运动衰落了，直到新中国成立后，这项民族体育运动才逐渐得到了恢复和发展。

新中国成立后，毽球运动得到了更广泛的开展，1950 年北京市吸收了在街头靠踢毽子糊口的艺人参加了杂技团，专设了踢毽子节目，并组织出国进行表演，受到了国外观众的热烈欢迎。

1963 年，踢毽子和跳绳等运动，一同被列入国家提倡开展的体育活动，踢毽子运动还被编入了小学体育教材。1961 年 6 月，中央新闻电影制片厂拍摄了“飞毽”的电影，介绍了踢毽运动的历史和踢法，推动了这一运动的发展。

1984 年国家体委将毽球运动列入全国正式比赛项目，使古老的毽球进入了一个新的发展阶段。1985 年 4 月国家体委在苏州市举办了全国第一届毽球锦标赛，全国各地掀起了开展毽球运动的热潮。1988 年 2 月正式成立中国毽球协会，1991 年国家体委审定并颁布了第一本《毽球竞赛规则》，此后又制定了《毽球竞赛裁判法》。毽球这一民族传统体育项目，不仅在国内得到迅速发展，而且很快传播到亚洲、欧洲、美洲等十几个国家和地区。1999 年国际毽球联合会成立，目前有 13 个成员。欧洲还成立了毽球联盟，2000 年第一届毽球锦标赛在匈牙利举行，此后国际毽球联合协会每年都举行一次世界毽球锦标赛，可见毽球运动正一步步走向世界。

踢毽子是一种良好的全身性运动，它简单易行，不需要任何专门的场地和设备，运动量可大可小，男女老幼都可练习。经常参加踢毽子活动和比赛，不仅对增强下肢肌肉力量、提高柔韧性具有良好的效果，而且对增进和提高灵巧、反应、协调、平衡等都有积极的作用，尤其是青少年经常参加这项活动，有利于身体的全面发展。

(二)毽球的基本技术

毽球运动的基本方式是在流行于东南亚藤球运动的基础上演变与发展而形成的，发球、主要的攻防基本技术动作和集体项目设定方面都与藤球十分接近。在进攻技术动作方面，目前毽球的“高腿踏毽”和“外摆脚背倒勾攻球”，就是藤球在 20 世纪 60 年代盛行的进攻动作。在防守动作方面，都允许进行跳起封网和以头击毽过网，也与藤球的规则完全相同。花样踢毽子，是踢毽子运动中的一种，分规定动作赛和自选动作赛两项。规定动作有盘踢、磕踢、落、上头、交踢五个套路，自选动作则由运动员即兴发挥，花样更繁难度更高。在竞赛分类上，花毽属于动作技巧竞争性比赛，具有很强的观赏性，与毽球所属的对抗性竞争比赛属于完全不同的竞赛类型。

踢毽子的基本活动方法有脚踢、膝垫、身触、头顶等，其中踢的方法有远踢、近踢、高吊、前踢、后勾、倒勾、侧身勾踢、旋转、穿环等百余种，踢的形式有单踢、对踢、集体踢等。

现在的毽球比赛，两队各上场 3 名队员，在用球网隔开的各自的场地上，按照规则运用发球、踢球、垫球、传球、拦网等技术进行攻防对抗，不使球在本方落地。比赛由站在靠近端线的队员在发球区用脚将球踢向对方场区即比赛开始。每方最多只能有三人共击球四次就要过网，每名队员可以连续击球两次。手、臂触球或身体触网均属违例。比赛应连续进行，直到球落地、出界或某一队不能合法将球击回对方时，对方得 1 分。某方先得 15 分为胜一局，比赛采用三局两胜制。毽球技术是运动员在参加键球比赛中所采用的合理动作，为了适应比赛场上不断变化的复杂情况，运动员必须熟练掌握毽球的各种技术。毽球技术有踢球、垫球、挺球、顶球四种。

1. 踢球基本技术

主要有脚内侧踢球、脚外侧踢球、正脚背踢球和膝盖踢球四种。

(1)脚内侧踢球

两腿自然开立，左手持毽子于胸前，然后将毽子垂直向上抛起，下落至膝部时，右腿曲膝外展并正摆，用脚内侧中上部向上击毽子，等毽子下落后，再重复用右脚内侧上踢毽子。每踢一次，右脚落地保持身体平稳，然后，再继续踢毽子，踢中高度可在肩以上，熟练后可两脚交替踢。在比赛中，可踢上飞高球和斜飞高球，这种踢法主要用来传球，也可将球踢往对方场区，但攻击力不强。

(2)脚外侧踢球

两腿稍分开，左手自然垂下，右手持毽子于身体右侧，上体微向右转，右手将毽子向上抛起，当毽子下落至膝部外侧时，右腿曲膝，小腿向右侧上摆用脚外侧将毽子向上踢起，等毽子下落至膝外侧时再重复踢毽。在比赛中，可踢上飞高球和斜飞高球。

(3)正脚背前端踢球

右手持毽子，两腿自然开立，右手将毽子向正前上方抛起，等毽子下落到膝盖下方时，屈踝，脚背抬平向上踢毽，上体微向前倾，注意体会球感并控制踢毽高度，脚背垂直向上用力。熟练后可两脚交替踢。其动作有踢上飞高球、侧身扣球和踢倒勾球三种。

(4)膝盖踢球

右手持毽子，两腿自然开立，右手将毽子向正前上方抛起，左腿支撑，右腿曲膝向上抬起(约与地面平行)，用膝盖上方平面部位击毽子，当毽子下落至膝部上方 20 厘米时，大腿再向上摆发力击键。动作熟练后可两膝交替进行。

2. 垫球基本技术

主要是指大腿正面垫球。垫球时，体重在支撑脚上，垫键腿似髋关节为轴，大腿上抬并曲膝，小腿和踝关节放松，用大腿前端将毽球垫起。

3. 挺球基本技术

主要是指胸部挺球。面对来球，两脚平行开立或前后站立，双膝微屈，上体后仰，当球与胸部接触时，两脚蹬地(若两脚前后站立，则先蹬后脚)，用胸部迎球上挺，将球挺起。

4. 顶球基本技术

主要是指头顶球，包括前额正面顶球和额侧面顶球两种。

(1)前额正面顶球

身体正对来球，两脚前后站立，两膝微屈，上体和头后仰，身体重心放在后脚上，双臂曲肘自然张开，当头快触及球时，后脚用力蹬地，迅速收腹收胸，快速甩头，用前额正面将球顶出。

(2)前额侧面顶球

两脚前后站立，两膝微屈，上体往出球方向的异侧侧屈，两臂自然张开，头与球接触时，与出球方向异侧的脚先蹬地，同时上体迅速向出球方向摆去，用力甩头，用额侧面将球顶出。

(三)场地、器材和竞赛方法

毽球是一项新兴的体育项目，20 世纪 80 年代中后期才亮相国内赛场。它的比赛场地类似排球场，中间挂网，两项团体赛每方各 3 人，每局 15 分钟，决胜局为每球得分制。比赛时运动员用脚踢球，不得用手、臂触球，在本方场区内最多只能击 4 次球。

1. 毽球比赛场地

毽球比赛场地采用羽毛场双打场地，长 11.88 米，宽 6.1 米。场地上空 6 米以内(由地面计算)和场地四周 2 米以内不得有障碍物。球网居中将比赛场地分割为左右两个场区，每个场区内均设有发球区、限制区等，场地上标有明显的界线，中间有一条中线，距中线 2 米处叫限制线，长边叫边线，短边叫端线，中间挂网(见图 13-1)。

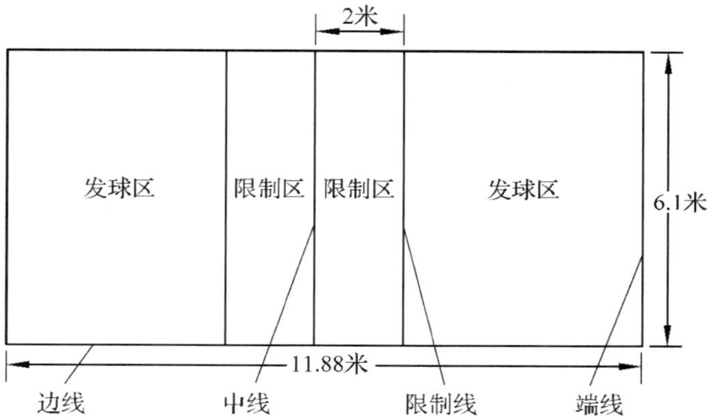

图 13-1

比赛场地应按平面图(见图 13-1)画出清晰的界限，线宽 4 厘米，线的宽度包括在场地面积之内。连接场地两边线的中点与端线平行的线叫中线。中线将场地分为均等的两个场区。在中线两侧各画一条与中线平行的线叫限制线(此线包括在限制区内)。中线至限制线的距离为 2 米。

2. 发球区、球网与毽球规格

发球区距两端线中点两侧各 1 米处向场外各画一条长 20 厘米与端线垂直的短线叫发球区线(此线不包括在发球区内)。发球区线向后无限延长的区域叫发球区。

球网长 7 米，宽 76 厘米，网孔 2 厘米见方。球网上沿缝有 4 厘米宽的双层白布，用绳穿起，将球网张挂在网柱上。球网必须挂在中线的垂直上空。球网为深绿色。网柱装在中线以外，距边线 50 厘米处。

球网的中部顶端距地面垂直高度为 1.60 米(男子)，1.50 米(女子)。网的两端距地面的垂直高度必须相等，两端的高度与中间的高度相差不得超过 2 厘米。

在球网的两端，垂直于边线和中线交接处，各系有一条宽 4 厘米，长 76 厘米的白色带子，叫标志带。在球网上连接标志带外侧应系有两根有韧性的杆，叫标志杆。两杆内侧相距 6 米。标志杆长 1.20 米，直径 1 厘米，用玻璃纤维或类似的材料制成。标志杆应高出球网上沿 44 厘米，并用鲜明对比的颜色画上 10 厘米长的格纹。

毽球由毽毛、毽垫构成。毽毛为四支白色或彩色鹅羽成十字形插在毛管内，每支羽毛宽 3.20～3.50 厘米。毽垫直径 3.80～4 厘米，厚 1.30～1.50 厘米。毛管高 2.50 厘米。毽球的高度为 13～15 厘米。毽球的重量为 13～15 克。

3. 毽球比赛规则要点

(1)比赛队由 6 人组成，上场队员 3 人，其中队长 1 人(左臂应佩戴明显标志)

比赛设单人、双人毽球竞赛项目，规则与 3 人制大体相同，记分可采取直接得分法。

(2)双方队员必须站在本方场区内

站在靠近球网的两名队员从左至右分别为 3 号位和 2 号位队员，靠近端线的队员为 1 号队员。场上队员的位置必须与登记的轮转顺序相符合。

(3)发球的位置

发球的一方，2、3 号位的队员在发球队员的前方，彼此间相距不得少于 2 米。球发出后，双方队员可以在本方场区内任意交换位置。

(4)每局比赛结束之前，队员的轮转顺序不得调换

(5)比赛成死球时，教练员和队长有权要求暂停或换人

在暂停时间内，教练员可以进行场外指导，但不得进入场区。比赛进行中，场上队长有权向裁判提出询问或要求解释，但必须服从裁判的最终判决。

(6)服装

比赛队员应穿着整齐划一的运动服和毽球鞋或运动鞋。上衣的前后须有明显的号码，号码颜色须一致，并与上衣颜色有明显的区别。背后的号码至少高 20 厘米，胸前的号码至少高 10 厘米，笔画至少宽 2 厘米。

(7)比赛赛制

比赛采用三局两胜制，第三局采取每球得分制。比赛前选择场区或发球权。第一局结束后双方交换场地和发球权。决胜局开始前，正裁判员召集双方队长重新选择场区或发球权。决胜局比赛中，任何一队先得 8 分时两队应交换场地。

三、珍珠球

珍珠球来源生产劳动——采珍珠，是满族人民传统的体育项目，现为全国民运会竞赛项目，珍珠球是在有水区、限制区、封锁区和得分区的场地内，双方运动员各 7 名的一种体育比赛，珍珠球比赛不仅要求水区内的 4 名队员具有良好的个人技术、良好的配合意识，还要求水区运动员与抄网队员默契配合，珍珠球比赛具有很高的观赏价值。

(一)珍珠球项目来源及比赛方法

珍珠球是满族传统体育项目，是由模仿采珠人的劳动演变而来。珍珠，满族称“尼楚赫”，满族人把珍珠当成光明和幸福的象征。满族先世女真人曾在牡丹江里采珍珠。满族人民群众中还流传着许多关于采珍珠的传说，蕴藏着丰富多彩的以模仿采珍珠生产活动为内容的儿童游戏和体育活动。采珍珠这项体育活动来源于满族民间，运动器材比较简单，场地的选择也不严格，具有广泛的群众性，适合在山区和农村开展。至今，在一些

满族聚集的村屯，仍有开展这项体育活动的习惯。

珍珠球竞赛具有激烈的对抗性，又具有娱乐性。珍珠球运动竞赛方法是在参考篮球、手球规则的基础上制定而成，它具有场地、器材的简易性和游戏形式的大众性等特点，其在水区的运动与篮球、手球运动有一定的共性，而在封锁区持拍防守队员又具有足球守门员和排球拦网队员的特点，珍珠球的比赛双方各派出7名运动员出场，用球拍和网兜争夺一个颜色为珍珠白色的圆球，被喻为“球篮移动的篮球赛”，比赛时间共40分钟，分上、下半场，双方的争夺甚至比篮球更激烈。因而具有较强的观赏性。

珍珠球竞赛方法比较简单，双方对垒，每队出6名运动员，其中1名队员站在一端准备持网捕捞，3名手拿蚌形木拍的队员站在对方捕珠者前面拦截珍珠球，其他三名队员与那名队员争夺珍珠球，夺到后把珍珠球投向自己队的持网人，而对方的队员又要设法用蚌形木拍把投来的珍珠拦截回去，只有让珍珠球躲过对方蚌形拍的拦截，把珍珠球投入自己队的持网人网里才算得分，投入一次即得一分，投入十分为一局，三局决定胜负。

参加比赛的队员个人既要有高超的技艺，又要具备全队整体配合的战略战术。比赛时，水区内双方各有四名运动员负责进攻或防守，进攻者可将球向任何方向传、拍、滚、运，目的是向站在本队得分区内的持抄网队员投球得分。封锁区内有两名持蛤蚌(球拍)的对方队员，用封、挡、夹、按等动作，阻挡进攻队员向网内投球。每队有1名持抄网队员在得分区活动，用拍网试图抄(采)中本方队员投来的珍珠(球)。每抄中一球得一分。在规定的比赛时间内，得分多者为胜队。

场上攻守往复，银球穿梭飞舞，4只蛤蚌急张忽合，一对抄网频频有所斩获……其紧张激烈、精彩绝妙，令人目不暇接。珍珠球象征为民族体育之珠，将体育运动之矫健与生活劳作之优美，两者紧密融汇在一起。

(二)比赛规则简介

比赛在长28米、宽15米的场地上进行(场地分水区、封锁区、得分区)，比赛分上、下两个半场，每半场20分钟，中间休息10分钟。

1. 器材规格

珍珠球的圆长为54～56厘米，重300～325克。

2. 比赛场地

珍珠球场地长28米、宽15米，分为水区(内场区)、哈蚌区(封锁区)和威呼区(得分区)。

3. 队员组成

每场珍珠球比赛有两队参加，每队上场7名队员。

水区(内场区)内双方各有4名队员负责进攻和防守，进攻者可将球传到任何方向，向抄网内投球争取得分。

哈蚌区(封锁区)内双方各有2名运动队，持哈蚌(球拍)，用封、挡、夹、按等技术动作阻挡对方进攻队员向抄网内投球。

威呼区(得分区)内双方各有1名手持抄网的运动员，他们的任务是用抄网抄(夺)本方队员投来的珍珠球。

4. 比赛方式

比赛分为上下两个半场，每半场比赛时间为 20 分钟。竞赛采用单循环赛制。珍珠球比赛不仅要求水区内的 4 名队员具有良好的个人技术、良好的配合意识，还要求水区运动员与抄网队员配合默契，珍珠球比赛具有很高的观赏价值。水区内双方各有 3 名运动员负责进攻或防守，进攻者可将球向任何方向传、拍、滚、运，目的是向站在本队得分区内的持抄网队员投球得分。封锁区内有 2 名持蛤蚌(球拍)的对方队员，用封、挡、夹、按等动作，阻挡进攻队员向网内投球。每队有 1 名持抄网队员在得分区活动，用拍网试图抄(采)中本方队员投来的珍珠(球)。每抄中一球得一分。在规定的比赛时间内，得分多者为胜队。

5. 裁判用具及器材规格

裁判用具：

①比赛计时钟和计秒表各一块，比赛计时钟为比赛时间计时，计秒表为暂停计时。

②25 秒钟装置。具备数字倒计数型，用秒来指示时间从停住的时间处继续计时的功能。

③信号。至少要有两种信号，一种是计时员、记录员所用信号，另一种是 25 秒钟计时员所用信号。

④记分牌能让与比赛有关的每一个人看清楚。记录使用珍珠球比赛特定的记录表。

⑤队员犯规次数标志牌。共有 5 块，牌上数字的最大尺寸为高 20 厘米，宽 10 厘米。1～4 数字为黑色，5 为红色；全队犯规标志。2 个。最小尺寸高 30 厘米、宽 20 厘米。

6. 珍珠球球拍与球体

(1)拍柄为椭圆柱形

长 15 厘米，最大直径 4 厘米。珍珠球球拍外壳用皮革或橡胶制成，内装有球胆，表面应有珍珠(白)色。比赛球拍为蛤蚌壳形状，用具有韧性的树脂材料制成，颜色最好与蛤蚌壳颜色相仿。球拍部分长 35 厘米，最宽部分 25 厘米，厚度 0.3～0.5 厘米。球拍边缘要用橡胶或软质材料包裹，宽度不超过 0.4 厘米，厚度不超过 0.2 厘米。拍柄为椭圆柱形。长 15 厘米，最大直径 4 厘米。球拍总长 50 厘米，重量 390～410 克。

(2)球体的圆周长 54～56 厘米，重量 300～325 克

一个符合比赛标准的用球是当球充气后从 1.80 米(球的底部量起)的高度自由落地，反弹起的高度不能低于 1.20 米，也不能高于 1.40 米(球的顶部量起)。

7. 比赛抄网

抄网兜口为圆形，网圈用圆形金属条制成。圈条直径 0.4～0.42 厘米，兜口直径 25 厘米。网兜用细绳或尼龙绳织成，网深 30～35 厘米，网眼为 3～3.5 厘米。网兜颜色应为深色。网柄为圆柱形，长 15 厘米，直径 3～4 厘米。抄网重为 180～250 克。

8. 竞赛规则要点

(1)违例及判罚

水区违例及判罚：水区队员的违例及判罚基本与篮球相同，可参照篮球裁判法执行，只有两种情况除外：

①珍珠球规则规定进入前场的球可以传回后场，因此在珍珠球比赛中没有回场球和其判罚。

②5 秒违例与篮球有所区别。珍珠球规则规定罚球队员、发界外球队员、在场内外的接球队员或球落入本方封锁区内，裁判员认为属于可控制球，开始计算时间，如果在 5 秒内，不运、传、射球，不论是否有防守都判为违例。

(2)封锁区违例及判罚

以下三种情况均由副裁判员参照珍珠球规则判违例，由对方队员在就近的边线发界外球：

①持拍队员踏线或越出线外触及地面后夹球。

②持拍队员用手或腰部以下部位主动触球。

③持拍队员挡夹住的球或挡下落入限制区内的球，在 5 秒内未传给本方水区队员。

判罚注意事项：持拍队员挡下的球落入限制区内，持拍队员可以进入限制区内夹球抛给本方水区队员。持拍队员在封锁区内向前、向边线、向后起跳越出线外时，只要在落地前将球传出，又未接触水区和得分区的队员或空中没有犯规动作，不判违例。

(3)得分区违例和判罚

出现下述三种情况副裁判员应根据珍珠球竞赛规则判罚违例：

①抄网队员踏线。

②抄网队员身体的某一部位抄球时越过得分区前线。

③抄中的球入网后弹出或在副裁判员宣布得分有效前将网中的球拿出。

判罚注意事项：抄网队员向边线、端线外跳出时，只要起跳前在界内、落地前在空中将球抄入网中，不判违例，得分有效。抄网队员在得分线前的空中或在持拍队员的拍上方将球抄入网中，不判违例，得分有效。

(4)犯规和判罚

当违反规则涉及与对方队员发生不合理的身体接触或不道德行为时称犯规。在判断身体接触是否犯规时，应参照以下两条基本原则：

①每个队员都要尽可能避免与其他队员发生身体接触。

②任一队员只要在占位时不发生身体接触，都可以占据没有被对方队员占据的位置。

水区队员的侵人犯规和判罚：根据以上两条基本原则，水区队员的侵人犯规可参照篮球裁判竞赛规则进行。

在判罚时应注意：

①防守队员在进攻队员射球时造成的侵人犯规，以及技术犯规均判罚点球。

②队员有意识地接触对方队员身体造成侵人犯规，判故意犯规，出示黄牌，并判罚点球；再次故意犯规，出示红牌，取消比赛资格。

③凡属十分恶劣的不道德行为，出示红牌，取消其该场的比赛资格。

(5)封锁区、得分区的侵人犯规与判罚

①持拍队员进入得分区，通过臂、肩、髋、膝或身体用不正当的顶、推、撞、拉等动作阻挠抄网队员，甚至与抄网队员相撞阻碍抄网队员抄球，裁判员记持拍队员侵人犯

规一次，并判罚点球。

②抄网队员采球时进入封锁区与持拍队员发生相撞或用球拍阻碍持拍队员挡、夹球，判抄网队员侵人犯规一次，由对方发界外球。

③如果发生了身体接触犯规，应判造成身体接触的队员犯规。

④队员在每场比赛中犯规累计达6次必须自动退场，该队换人后继续比赛。每个半场中，本队犯规累计达9次后的犯规均判罚点球。

(三)珍珠球基本技战术

战术的基础配合中针对水区队员有采取篮球的传切、掩护、反掩护、策应、“8”字绕进等战术。

珍珠球的部分动作训练类似于篮球。以持拍为例有：多点移动挡球练习要求做到手快脚快起跳快移动快。多点移动挡夹球要求持拍队员根据来球的高远情况选择并起跳或后撤垫步起跳。右侧站位练习与左侧相同方向相反。多点移动夹挡球练习要求正确应用夹挡技术，对边线界外球和后抛球，采用同侧单拍可增加封锁的高远度；而对前高抛球、中低平球或反弹球，采用双拍夹挡可扩大封锁面。持拍队员移动、转身均要求用前脚掌完成动作，并且转身要尽量减少转动的角度。

1. 个人战术

在珍珠球比赛中个人应用的方法和谋略称为个人战术。个人战术是根据本队战术的需要，针对对手的攻、防特点以及临场变化的情况所运用的策略行为，是队员有针对性地运用身体、技术、战术进行独立作战的行为。

水区队员的个人战术行动包括：

①水区无球队员的个人战术行动有变速摆脱、变向摆脱、转身摆脱、虚晃摆脱与抢位。

②水区有球队员的战术行动包括持球突破、运球突破。

③抄网手个人战术包括多球多点的抄网、假摆脱跳起抄时差快球、假跳起、真摆脱错位抄快球、假摆脱后跨跳接高抛球以及同侧移动、反向错位移动抄球或跳抄球和边线外腾空接应抄球。

④持拍队员的个人战术包括多点移动挡球、多点移动夹球和多点移动夹挡球。

2. 移动技术

移动技术是珍珠球各区运动员应具备的基本技术，通过各种快速、突然的脚步动作，达到进攻时摆脱防守、防守时防住对手争取攻防主动的一种手段。

内容主要有：

①基本站立姿势与启动包括跑、急停、转身。

②基本移动时的假动作。

③基本防守姿势。

④防守步法包括侧滑步、碎步、前滑步、后滑步、后撤步、攻击步、交叉步、绕前步和绕后步。

3. 运球技术

运球是控制球、支配球、组织战术配合及突破防守的重要手段，同时也是珍珠球运动员熟悉球性，提高水区单兵攻击能力的重要手段。

运球的主要方式为：

①快速高、低运球；运球急停、急起。

②正面变向运球、正面单手虚晃变向运球突破。

③背后运球突破、转身运球突破；胯下变向运球突破、胯下接背后变向运球。

(四)珍珠球运动价值

1. 较强的实用和观赏价值

珍珠球运动是在参考篮球、手球规则的基础上制定而成的，它具有场地、器材的简易性和游戏形式的大众性等特点，其在水区的运动与篮球、手球运动有一定的共性，而在封锁区持拍防守队员又具有足球守门员和排球拦网队员的特点，因而具有较强的观赏性。同时，珍珠球运动的场地面积不大，所用器材较为简单，对场地器材要求不高，除正规比赛需要标准的场地与器材外，比赛可随意在街头空地或别墅花园、草坪之内进行，不受场地大小和地面质地的限制，无论男女老少、亲朋好友、中小学生，都可以找一块平整的空地，根据场地规定人数进行比赛，具有较强的实用价值。

2. 强身育心价值

珍珠球运动是综合的非周期性集体运动，其技术、战术系统的实践操作与实践运用过程，是通过在对抗变化着的特定时间、位置、距离、场地、设施、环境条件要求下，运用跑、跳、投等手段来完成的，在这一过程中，无论智力、生理、心理都要承受各种复杂因素的影响，因此，科学地参加珍珠球活动，对提高人体内脏器官与感受器官的功能和中枢神经系统的支配能力，增进健康、提高身体素质、促进心理修养、培养集体团队精神等都有积极的作用。

3. 教育价值

少数民族传统体育是民族精神的象征。通过对珍珠球运动的学习，让学生了解我国少数民族存在着多种多样的民族文化，树立民族自豪感、增强民族凝聚力、加强民族团结、弘扬民族精神。同时，通过参与珍珠球比赛，可以有效强化参与者的拼搏意识，敢于进取，学会尊重规则，尊重对手，使竞争心态更为健康，实现身体和个性的健康发展。

四、龙舟

龙舟就是船上画着龙的形状或做成龙的形状的船。赛龙舟是中国民间传统水上体育竞赛项目，已流传两千多年，多是在喜庆节日举行。龙舟是一项在各民族中广泛开展的传统体育活动，壮族、苗族、傣族、白族、土家族等诸多南方少数民族均有在节日赛龙舟的风俗，是集体性多人划桨竞赛。史书记载，赛龙舟是为了纪念爱国诗人屈原而兴起的。由此可见，赛龙舟不仅是一种体育娱乐活动，而且体现了人们心中的爱国主义和集体主义精神。

各个民族在赛龙舟时都将舟装扮成龙形，并以锣鼓为号令或助阵。比赛过程中群舟竞发、锣鼓喧天、百桨击水、舟行如飞。两岸观众欢心笑语，加油助威，充满欢乐祥和的节日气氛。

(一)龙舟运动概述

龙舟最早是做成龙形或刻有龙纹的船只，古代时帝王行于水路时一般都要乘龙舟。《隋书·炀帝记》记载“上御龙舟，幸江都”。皇帝乘坐的龙舟，高大宽敞，雄伟奢华，舟上楼阁巍峨，舟身精雕细镂，彩绘金饰，气象非凡，南宋画院待诏李嵩画的大龙舟，即是一例。民间用来竞渡的龙舟和皇家龙舟不可比肩，一般都做得窄小狭长一些，以利赛事。

龙舟，其形制因时代而变化，因地域而不同。据资料记载，古代的龙舟约四五丈长，头尾高翘，彩画成龙形。中舱上下两层，船首有龙头和秋千架，旁列弓、弩、剑、戟等十八般兵器和各式旗帜。尾有蜈蚣旗，中舱下层敲打锣鼓。

1. 各地龙舟特色

苏州的龙舟分成各色，四角插旌旗，鼓手伏在中舱，两旁划手十六人。篙师执长钩立于船头，称作挡头篙。船头亭上，选面端貌正的儿童，装扮成台阁故事，称龙头太子。船尾高丈余，牵系彩绳。

当代用来竞渡的龙船，形制比旧时简化了许多。船以色彩划分赤龙、青龙、黄龙、白龙、黑龙等。船身、船上的罗伞旌旗等装饰，以及划手们的服装乃至船桨，都要求同一颜色。湖北、湖南等地的龙舟短则七丈多，长则十一丈余，划动时有如游龙戏水。福建的龙舟，船首雕刻龙头，口能开合，舌能转动。贵州的龙舟由三只独木船联合而成，中间较长的一只称“母船”，船上有鼓手指挥，两边的两只船身稍短，称“子船”。

温州各乡都有龙船，各庙宇设香官神，专管划龙船。每逢端阳节，有些地方要做新龙船，四月初一就擂鼓开殿门，祭香官神，开始造船。各地乡风一般都是五月初一才开殿门，祭神后即开划，俗叫“上水”，斗龙结束叫“散河”或“洗巷”。龙船头各处大同小异。有的在船身绘画龙鳞，头尾安置活动的龙头龙尾，形状较小，有的船身稍画上几笔龙鳞，也无头无尾，但形状较大。每乡龙船，各有固定颜色的旗帜。

傣族是每年清明节后十日左右的“泼水节”举行龙舟赛，每船有 60 名水手、4 名舵手和 4 名引道手，比赛时，由一人敲锣指挥，水手按锣声节奏划桨前进。

2. 竞赛龙舟的制作

杉木和樟木是造龙舟的上好木料。造大龙舟，最困难的是寻找木材。要寻找 25 米长以上的整木，将其切分成5片接成船底，这样造出的龙舟才会坚固结实。这样的木材现在只能在深山老林中才能找到，树头的直径必须有 20 厘米才能符合条件。

3. 龙舟船体规格

龙舟船的大小因地而异。比赛是在规定距离内，同时起航，以到达终点先后决定名次。我国各族的龙舟赛略有不同。汉族多在每年“端午节”举行，船长一般为 20～30 米。苗族是在每年 5 月 24～27 日的“龙船节”举行，船长约 20 米，宽 1 米，由三根直而粗的杉树挖成槽形，捆绑而成，中间是母船，两边为子船。比赛时，炮声响处，各水手即按锣鼓节拍划桨前进。

1983 年我国首次派队参加国际龙舟大赛，一举夺得全部两项冠军。1984 年国家体委决定将龙舟赛列为体育比赛项目，举办了“屈原杯”龙舟赛。1984 年国际龙舟大赛在中国香港举行，有美国、德国、日本、英国、新西兰、新加坡、泰国、马来西亚、澳大利亚、中国澳门、中国香港等 16 个队参赛。龙舟赛历史悠久，传入国外后，深受各国人民的喜爱并形成了国际比赛，2010 年广州亚运会将龙舟赛列为运动项目之一。

(二)龙舟运动基本技术

龙舟竞赛时通常人数额定为 23 人，在竞赛时不调头，而是人转身反方向坐。龙舟的鼓声很有节奏，转身的鼓声为密集点鼓，鼓在船面最中，两旁划的人要听鼓声，两头是梢桨，即船舵，靠此端正舵向，旗用粉各船，使岸上观众能够辨认。

龙舟运动由划手、鼓手、锣手、舵手组成，每人的姿势各不相同。划手的姿势大概可以分为坐姿划、立姿划、单腿跪姿划，鼓手的姿势可分为站立打鼓、坐着打鼓、单腿跪姿打鼓，锣手的姿势可分为站立打锣、坐着打锣，舵手的姿势有站立把固定舵、站立把活动舵和坐着把活动舵。

划手动作方法包括握桨、坐姿、划桨技术、集体配合等基本技术。

1. 握桨

右排坐姿的握桨是左手在桨把的上端，掌心紧贴桨把，四指并拢从外向内弯曲握住，拇指从内向外握住桨把；右手在桨的下端（桨叶与桨把的交界处），四指弯曲并拢从外向内，拇指从内向外握住桨把，划行时要自然放松。左排坐姿的握桨要领与右排一样，只是左右手上下位置相反，通常把握在上端的手叫“上手”或“推手”，握在下面桨柄处的手叫“下手”或“牵引手”，上手臂的肩叫“推肩”或“上肩”，下手臂的肩叫“牵引肩”或“下肩”。

2. 坐姿

右排坐姿是左脚在前，全脚掌踏实在舟板上，左腿半屈；右脚在后，位于臀部下方，前脚掌踏在舟板上，脚跟提起，大腿和臀部的外侧紧贴在舟的内沿。左排坐姿的技术方法和要求与右排坐姿相同，只是左右腿动作相反。

3. 划奖技术

划桨时桨入水的角度一般以 80°～90°为宜，用力划行时，身体前倾，上手向前推，下手向后拉，形成高肘动作。在桨入水瞬间，上手臂用力向下压桨至拉水完毕。向上抬提桨时要求上手臂放松，下手腕内扣，使桨叶卸水。

4. 集体配合

赛龙舟很讲究集体配合，要求握桨的技术动作一致、入水角度一致、入水深浅一致和用力均匀协调一致，全体参赛者要听从指挥，随哨声或鼓声划行，其节奏是咯（鼓声）、喳（划水声）。划桨动作要与呼吸协调配合，起桨时吸气，划桨时呼气。

(三)龙舟制作和比赛方法

龙舟的制作较为简单，一般说来，龙头大多用整木雕成，不管是专业龙舟还是业余龙舟，竞渡前才装在船上，它是区别各队龙舟的主要标志。龙尾也用整木雕成，刻满鳞片。龙舟的装饰，包括旗帜和船体上的绘画，以及锣、鼓、神位等。赛龙舟分为民间比赛和正式比赛。

1. 民间比赛

民间比赛时龙舟的龙头、龙尾都装饰成龙的形状，其大小因地而异，龙船的形状、重量也不一样。比赛时，以龙头的颜色和划船者的头巾与服装的颜色为准分为黑龙、黄龙、白龙、青龙、红龙，比赛距离根据场地情况由组织者确定，在规定的距离内，以先到达终点者为胜。

2. 正式比赛

正式比赛按照竞赛规则的要求，龙舟长 11.59 米、宽 1.07 米、高 0.64 米，人数（包括鼓手和舵手)不得超过 23 人。比赛设有男女 400 米、500 米、600 米、800 米、1 000 米直道竞速。比赛在静水水域（航道是直的，起航线与终点必须平行，并与航道线垂直)进行，每队登舟队员为 23 人，包括舵手、锣手、鼓手各 1 人，划手 20 人。比赛采用两船一组对抗赛的传统竞赛方式，根据参赛队数安排预赛、复赛、决赛等不同赛次，最终以到达终点的先后顺序及时间来判定名次。

3. 主要规则

(1)竞赛项目

按照第八届全国民运会龙舟竞赛规程的规定，龙舟竞赛项目包括标准龙舟和小龙舟两个项目，标准龙舟比赛有男子直道竞速、女子直道竞速、男女混合直道竞速 250 米、500 米、800 米、1 000 米等比赛项目；小龙舟比赛有男子直道竞速、女子直道竞速、男女混合直道竞速 250 米、500 米等比赛项目。

(2)航道

根据河道条件，设男女 400 米，500 米，600 米，800 米，1 000 米直道竞速(可按当地条件变更距离)。比赛应设在静水水域，航道是直的，起航线与终点线必须平行并与航道线垂直。根据参赛队数及场地条件，设 2、4、6 或 8 条航道，每条航道宽度可按 9 米，11 米，13.5 米布置。航道最浅处水深不得少于 2.50 米，航道内不得有水草、暗礁和木桩，航道外 5 米内应无障碍物。

(3)器材与附属装置

按各地传统龙舟式样规格制造，制作材料不限。舵桨及划桨规格按有关规定要求统一制作。

传统龙舟可按各习惯制作龙头和龙尾，并备有锣、锣架、鼓和鼓架等，另可带水标 2 个，预备划桨若干个。

(4)队员

队员必须身体健康，会游泳，熟悉水性。龙舟参赛队员为 25 人。每队设队长一名(运动员兼)，比赛时必须佩戴标志。每队登舟比赛队员为 23 人，包括舵手、锣手、鼓手各 1 人，划手 20 人。每队替补队员 2 人。替换时需经裁判员验明资格，并于检录登舟前替换完毕，登舟后不得替换。

(5)小龙舟

根据中国龙舟协会竞赛规则要求：龙舟长度为 12 米(由龙头至龙尾)。船身长度为

9.6米。龙舟宽度为96厘米(中舱最宽处)。龙舟重量不设统一标准(要求同一赛事所用之最重龙舟与最轻龙舟差距不得超过5公斤)。

五、木球、蹴球和秋千

(一)木球

木球是回族传统体育项目，是由回族青少年放牧时“打篮子”“赶毛球”活动演变而来。木球比赛近似曲棍球和冰球。运动员持击球板快速奔跑、传接配合，被击出的木球快速飞出，瞬间入门得分。木球竞赛充分显示个人高超技巧与集体配合默契水平，深受回族青少年喜爱。

木球比赛在长40米、宽25米的场地上进行。每队上场队员5人，手握击球板，运用传、接、运、抢和击球射门等技术，避开对方防守，将球击入对方球门得分。全场比赛时间40分钟，每半场时间为20分钟，两半场中间休息10分钟。木球的形状为长圆柱体，球体长9厘米。击球板由竹、木或非金属合成材料制成，全长70厘米，由板柄和板头两部分组成。球门宽1.20米，高0.8米，球门后装球网。

目前的竞赛器材在试制改进中，从加强对运动员的安全防护出发，选定韧性较强的槐木作为球板材料，在板头部位做了包胶处理，以防止板体开裂伤人和增加缓冲力。对木球也做了相应改进，在保留其木质球体的基础上，以软海绵和橡胶在外层做了双重防护。

在紧张激烈的对抗性活动中，在安全方面有诸多改进，使木球运动竞赛更安全、实用，木球运动将更易于在群众中流传，具有更强的生命力。木球又俗称为平民高尔夫，作为一项体育运动，木球在大多数人眼中还很陌生，这项颇具民族特色的传统体育项目在中国的台湾地区、香港和澳门特区发展迅速，在全世界也吸引了越来越多爱好者的参与。红色的木球，绿色的运动是木球运动发展的主题思想。

木球运动起源于中国台湾地区，从1990年开始，翁明辉经过两年时间精心设计和反复修改、试验，直至1992年5月将球具和球道完成。由于木球适合各年龄层的人参与，很快风靡台湾省。目前，世界上已有21个国家和地区成立了木球协会，在东南亚一带尤其盛行。亚洲之外的奥地利、意大利、匈牙利、英国、加拿大、美国等国也有不少的木球爱好者，亚洲木球总会也已获得亚奥理事会的承认。

在木球比赛中，每4人一组轮流挥杆击球，选手需完成12道的比赛，每一赛道终点有一球门，累计各赛道将球击进球门的杆数，杆数少者为优胜，规则酷似高尔夫球。木球是一种集休闲与娱乐于一体的运动，倡导环保理念，运动量适中，老少皆宜，使人们更能亲近自然。木球运动不受年龄、性别的限制，将竞技、休闲和健身性融为一体，公园、学校草地都可作为场地，非常适合在学校及民间推广。

(二)蹴球

蹴鞠流传了两千三百多年，它起源于春秋战国时期的齐国故都临淄。唐宋时期最为繁荣，经常出现“球终日不坠”，“球不离足，足不离球，华庭观赏，万人瞻仰”的情景。

宋《文献通考》载："蹴球盖始于唐。植两修竹，高数丈，络网于上，为门以度球，球工分左右朋，以角胜负"。唐德宗、唐宪宗、唐穆宗、唐敬宗都喜蹴球，《州府元龟》载："唐德宗贞元十二年二月寒食节帝御麒殿之东亭，观武臣及勋戚子弟会球，兼赐宰臣宴馔"，宋代也有《太祖蹴鞠图》。

蹴球比赛是在一块10米×10米的正方形平整土地上进行，分两队进行比赛，每队两名运动员。有单人赛、双人赛、团体赛等形式，竞赛项目分男子单蹴、男子双蹴、女子单蹴、女子双蹴、混合双蹴球等。使用地掷球，每队两只球，分蓝红两色。甲队编为1号和3号，乙队编为2号、4号，比赛按1、2、3、4号的顺序轮流蹴球。比赛时脚跟着地，脚掌触球，用力蹴球。击中对方球，得1～2分，把对方球击出场外得4分，先积50分者为胜方，三局两胜。

蹴鞠类似于中国古代的足球运动，是我们中华民族的体育明珠，蹴球的挖掘整理成功，使千年古书上记载的蹴鞠以新的面目得到新生，为新形势下的全民健身运动作出了贡献。蹴球是北京市民族传统体育协会挖掘整理的一个传统体育项目，它来源于清代的踢石球，经过十几年来不断的表演、比赛，现已形成了比较完善的规则，进入了在群众中推广普及的阶段。蹴球由于器材简单，场地面积小，可进行单人、双人、团体赛，竞赛起来既有锻炼身体价值，又有趣味性和观赏性，老少皆宜，很受群众欢迎，是开展全民健身运动的一个好项目。

（三）秋千

秋千在我国的汉族、壮族、土家族、朝鲜族、彝族、纳西族、傈僳族、景颇族、维吾尔族、普米族、锡伯族、高山族、怒族等民族都十分流行，有着悠久的历史，各民族开展的秋千活动各有特色。在各民族流传的荡秋千活动中，最享有盛誉的当首推东北地区的朝鲜族。朝鲜族姑娘荡秋千驰名中外，她们荡秋千突出的特点是高、飘、悠、巧、柔、美等，显示了朝鲜族妇女的美丽、善良、健康、勤劳的风貌。

荡秋千是中国古老的民族传统体育活动，据《古今艺术图》记载，中国古代中原地区的秋千，是从生活在北方的一个少数民族山戎族那里引进的。山戎族很喜欢荡秋千，用秋千来培养人的矫健、敏捷等这些特别重要的战斗素质。春秋时代，齐桓公北伐山戎时，看到当地人踩着两根带子吊在空中晃来荡去锻炼身体，于是就把这种游戏带回中原。相传这就是后来盛行于民间的秋千游戏的来历。秋千是一些少数民族的传统体育项目，而且各地的秋千活动形式不一，具有不同的称谓，如荡秋、磨秋、观音秋、纺车秋、转轮秋、二人秋、担子秋等。

在我国汉族和西南少数民族地区流行着一种名曰"转秋"的秋千，也称"转转秋"或"纺车秋"，其活动特点是：在两根立柱中间挂一个十字交叉的秋千架，十字交叉的每头置一副秋千坐板，上各坐一人，当转到下面这个人的蹬地力量和空中另外三个人下拉、下坐的力量结合，作上下旋转运动。贵州东南苗族地区的转秋，每块坐板上坐两人，四块坐板上可坐八人，谓之"八人秋千"。每逢节日，男女青年身着盛装，在转秋千上飞快旋转，人影绰约，欢快无比。到高潮时，对歌之声此起彼伏，热闹非凡。我国北方汉族间也多有打转秋千之举。山东荣成一带称为"龙门秋千"。打龙门秋千时，人们要选择一条冬季干涸的小沙河，然后在河两岸各竖一柳木桩。两柳木桩间横架一木轴，轴两端装摇把，轴上穿一个大纺轮，轮上有六个小横梁，由小横梁上各垂下两条绳索拴踏板。然后让六名青年女子分别坐在踏板上。此时柳木桩下的数名小伙子合力摇动木摇把，使木轮飞快转动，于是秋千踏板上的女子便上下翻飞不止。居住在湘西的苗族，在每年的“赶秋节”上要举行荡八人秋千活动，这是一项男女青年尤为喜爱的传统体育运动。

秋千的另一种形式就是磨秋，它流行于土族、哈尼族和彝族等少数民族地区。磨秋按其特点又分转磨秋和磨担秋两种。转磨秋是中立一柱，其顶端有轴，上系数条绳索，下以绳索拴数块踏板或铁环。转磨秋的人们坐在踏板上或抱环旋转为戏。转磨秋在不同地区的制作方式及玩法有所不同，我国青海省的土族人就地取材，因地制宜，拆下大板车轮，将车柱竖起，下轮压重物固定重心，上轮绑一架梯子，在梯子两端拴上等长的皮绳(似秋千索)即成，故又称为“轮子秋”。比赛时，参赛双方各坐在梯子两端的皮绳套环上，再用手握紧皮绳两侧，然后旋转轮子。比赛结果以转得时间长、头不晕、眼不花者为胜。磨秋的另一种形式为磨担秋。磨担秋是竖一直木于地，直木顶端有圆形尖顶，再以一横木杆(中心处有一圆孔)合在上面。横木杆两端各坐一人(也有趴在上面的)，以蹬地作动力，使之绕直木上下或转圈活动，很像“跷跷板”。节日里，男女青年骑上磨担秋，互相追撵比赛，气氛欢快热烈。这一活动主要在我国云南哈尼族、彝族等少数民族中流行。

新疆维吾尔族的秋千比较高大，维吾尔语叫“沙合尔地”，汉语称“空中转轮”，它类似土族的轮子秋。所不同的是在平坦的广场上竖立一根约 15 米左右高的木柱为主轴，主轴上端安装一个木轮，木轮边圈上对称地系着两根或 4 根约 20 米长的吊绳，活动者牵附吊绳，众人向一个方向边跑边蹬地，身体渐渐升高盘旋起来。有时主轴下面有人帮助转动横木，人在悬空旋转时，脚不能蹬地，由他人推动横木，使活动者不停盘旋，越来越高，颇有一番扣人心弦的惊险性。

荡秋千可以锻炼身体和意志品质，尤其是能有效地提高人体在急速升降和悠荡时的适应能力，以及身悬高空时的心理平衡感。在许多少数民族的风尚习俗中，荡秋千还有着祈求丰收，祝愿老人长寿吉祥和为未婚青年男女搭鹊桥等种种含义。现代大城市中的许多游乐中心，所设的电气化大型高空转椅、转塔等游戏器械，可以说都是传统秋千的延伸和发展。

传统秋千比赛只限女子参加。第七届全国民运会设个人高度和触铃、双人高度和触铃及团体赛五个项目。高度比赛是以在规定的试荡次数内荡达的最高点计算成绩。触铃比赛则是以在规定的高度上和时间内以运动员触铃的次数计算成绩。

六、射弩、打陀螺、押加和武术

(一)射弩

射弩是一项古老的射箭活动，在中国有着悠久历史，在我国南方的瑶族、傈僳族、怒族、苗族、彝族等民族中，都有着使用弩箭的悠久历史。少数民族的先民们为了生存和自卫，在狩猎、觅食的原始生活中，发明并逐渐完善使用弩箭，不断培养与提高族人的射弩技能，他们不仅用弩狩猎，还将弩作为装饰品和定情信物。据史料记载，山地民族“善用竹，人林射飞禽无不中，用木竹为弓”，相传贵州苗族弩箭是苗族先民作为作战武器而留存的，称为“药弩”，人或鸟兽中箭即中毒而死，见血封喉。据元代《秋涧先生大全文集》记载：“百夷兵械有刀枪、弓弩。”今日之射弩活动和古代相比，在方法上没有多大改变，所不同的是，古代的弩主要作为狩猎工具和防御外侮和自卫的兵器，而今日随着社会的发展，原作为生产工具和防卫兵器的射弩已演变为竞技体育项目活动，成为人们寻求竞技、健身、娱乐的手段。许多地区的少数民族每逢节日都组织开展射弩活动，并以具有射弩技能为荣。如居住在中国西南怒江峡谷两岸的傈僳族人，弯弓和箭就是傈僳族男子的标志。他们有句谚语：“拉不开弓的人不算男人”，所以男孩五六岁就开始射弩。每年在新年节日进行射弩比赛，射程为男子20米、女子10米，每人射20箭，分立姿和跪姿两种，每种姿势射10箭，均为无依托，以射中的环数计算成绩。

20世纪80年代以后射弩运动在少数民族中得到广泛开展，1982年第二届全国民族传统体育运动会上，射弩作为表演项目参赛，1986年第三届全国少数民族运动会上射弩被正式列为比赛项目，这项古老的运动焕发了新的活力，随着时代的变迁及社会文化与科学的发展，民族传统体育的射弩运动将绽放出绚丽多彩的光彩。

(二)打陀螺

打陀螺，是用鞭子抽击圆锥物体的陀螺，使其在平滑地面上旋转的一种民族传统体育活动。各民族对陀螺具有不同的称呼，如“地黄中”“冰猴儿”“老牛”“牛牛儿”“菱角”“格螺”等。20世纪20年代在山西夏县西阴村灰土岭文化遗址曾出土一个陶制小陀螺，经考证表明在4000多年前我国就有这种与现代陀螺形状大致相似的娱乐玩具。陀螺至宋代时已十分流行，那时陀螺与现在的形制已基本相同。

陀螺也称为“格螺”，有木制、竹制、石制、陶制及砖瓦磨制的不同质地，通常以木制陀螺为多见，一般用质地坚硬的木质材料制成，其形状均匀利于旋转。在我国的很多民族每逢年节来临时，都要举行打陀螺的竞赛活动，不同地区民族的打陀螺活动，其形式也有所区别。

拉祜族的陀螺多用紫杨木制成，既大又沉，有的重一公斤，打陀螺的场地长4米左右，地上划2条线，分前、中、后三场。前场较大为旋转陀螺的地方，中场是打陀区，后场是甩陀区。参加活动的人轮流旋陀螺与打陀螺。开始比赛时放陀人先在前场旋转陀螺，打陀人要在打陀区外，扔出自己旋转的陀螺来打击前场的旋转陀螺，以将其砸出界外，自身又保持旋转者为胜。打不中，第二人接着打，如打中，但未砸出界外，接打的人就要退到甩陀区去打陀螺。这种活动可以一对一比，也可进行团体赛，但人数要相等。

瑶族人打陀螺有近距离和远距离两种。近距离比赛是由一个队先放一只陀螺，另一个队在距离4米左右的地方用旋转的陀螺去打击，击中后仍旋转者为胜。远距离的打法先商定距离是5米或10米，由一队在划好的圆圈内把陀螺全部放转，让另一队在规定距离外逐个用陀螺旋打，以击中的多和陀螺旋转时间长者为胜方，第二轮由负方旋转，胜方打击，不断打下去，时间可长可短。瑶族人打陀螺用的鞭子是用沙皮树的树枝搓成的一头粗一头细的绳索。把绳索细的一头缠绕在陀螺底尖的上部，把粗的一头捆握在手的虎口上，用力脱手甩开旋放，陀螺便会在平整的场地上飞快地旋转起来。瑶族青壮年打的陀螺一般重约2斤，少年儿童打的陀螺虽然较轻，但也有1斤左右重。

打陀螺在佤族、瑶族、壮族等西南少数民族中流传已很久，玩法多样，陀螺形式各异，最大的可达四五斤重，比赛时间用鞭绳缠绕陀螺，互相旋放击打，互撞之后，以陀螺旋转时间较长者为胜。

（三）押加

押加又称"大象拔河"或"藏式拔河"，藏语叫"浪波聂孜"，意为大象颈部技能，在西藏已有百年的历史。在四川藏区，类似的活动称为"责牛"。甘孜藏族自治州还有一种把腰带套在脖子上、面对面站立的拔河游戏，称为"格吞"。

押加这一民族传统体育项目在藏区最普及，现已被列为全国民运会比赛项目。押加的活动形式为颈力比赛、腰力比赛和手力比赛等。在藏区每逢节假日庆典活动各地都举行押加比赛。平日农牧闲暇时，在牧场上或田间，人们相互把两条背带或腰带连在一起，以游戏的形式练习和比赛。由于押加的基本技术、比赛规则和场地设备比较简单，因此是一项比较容易开展的民族传统体育项目。押加比赛按体重分级别，此项运动不受年龄的限制，男女老少都可以参与，因此它可以吸引更多的群众来参加这项运动。

押加比赛在平整硬质地面上进行。先在地上划两条平行线作为河界，中央又划一条中界线，准备一条长约4米的绳子式布带并两端打结。比赛场地为长方形，宽2米，长9米。比赛时，由两名运动员在比赛场地上，将一条长绸布带做成的圆环分别套于颈部(带子从两腿间通过)，两人相背，将赛绳经过腹胸部从裆下穿过，然后趴下，双手着地，赛绳拉直，绳子中间系一红布为标志，垂直于中界。听到比赛开始的口令后，两人用力互拉前爬(爬拉动作模拟大象)。用腿腰肩颈的力量拖动布带奋力向前爬，以将红布标志拉过河界者为胜。

传统的押加项目是在西藏特殊的自然环境和独特的民族生活习俗基础上产生的，并以独特的形式世代相传，深受广大藏族群众的喜爱，具有深厚的群众基础，因此得以保存和发展。在第一届至第五届全国民族运动会中押加为表演项目，在1999年第六届全国民族运动会上押加被正式定为竞赛项目。

第八届全国少数民族传统体育运动会的押加比赛只设男子项目，按体重分级别参加比赛，设有55公斤级、61公斤级、68公斤级、76公斤级、85公斤级、95公斤级以及95公斤级以上等级别。

押加比赛要求运动员要着民族服装，胶底鞋，双手不能增加任何辅助器材。一场比赛的参赛者为2人，年龄不受限制，每场比赛均采用三局两胜制。比赛时间一般也不受限制，但在一局比赛中如遇双方相持达一分半钟不能决出胜负，应暂停比赛，休息一分钟后重新比赛。

（四）武术

武术源于古代民间自然搏击与打斗方法的演变，古代时期由于人类社会生存区域的争夺与战争，逐渐形成了各种搏击方法与武技，如徒手搏击(拳术)和器械搏击(刀、枪、剑、戟等兵器技击术)。武术是中华民族传统体育的经典运动项目，通常是指徒手搏击和使用兵器按照一定技击规律与动作结构所组成的各种攻防格斗动作、套路和武技练习等进行械斗的技术，其内容包括踢、摔、打、拿、跌、击、劈、刺等攻击性动作和闪、展、腾、挪等防守性动作。武术在我国具有极其广泛的群众性基础，是中华民族在长期社会实践中不断积累和丰富起来的宝贵文化遗产。

武术的文化性质既体现了中华民族对技击之道的理解与观念，又体现了民众强身、健体、育心的目的性，在一定层面上彰显了民众对武术练习的多种价值追求，并从中折射出中华民族的发展历程及其道德品值。

武术作为一个名词概念，最早始见于南宋朝的《皇太子释奠会作》:“偃闭武术，阐扬文令”，但其中的武术主要是针对军事而言。作为一个属于体育文化范畴、并包含多种价值功能的技艺名词概念，武术一词始于晚清。1908 年 7 月的《东方杂志》第 6 期上引载了《神州日报》的一篇文章，其名曰“论今日国民宜崇旧有之武术”。在相当长的历史时期内，被后人称为武术的人体运动方式，史料中记为“技击”或通称“武艺”，有时又写成“技勇”等。

武术是以技击动作为主要内容，以套路和格斗为运动形式，注重内外兼修的中国传统体育项目。武术的概念是人们认识武术的一个重要逻辑起点，在充分理解、把握武术概念的基础上，才能加深对武术运动理论与实践的学习、掌握与应用，才能更加深入地对武术运动理论与实践进行研究和探索。

武术是中华民族文化的重要组成部分之一，是我国民族传统体育文化的典型代表，它的文化属性随着社会历史的变迁而发展，在古代，社会军事武艺是古代武术形成、发展的一个重要文化源泉。随着社会的发展，人们逐渐认识到武术的价值取向具备多元的影响因素，武术的价值取向和结构内涵丰富，除了军事武艺的技击属性外，还具有强身健体、修身养性及娱乐等文化价值和功能。在武术科学的结构体系中武术对武艺的吸取，必然要经过与民族文化的融合与筛选，在武术的传承与发展过程中受到军事武艺、文艺舞蹈、戏剧艺术、杂技娱乐及导引健身等多种文化形式的影响。中华民族的传统武术是在军事武艺、文艺舞蹈、戏剧艺术、杂技娱乐及导引健身等多元因素的促进与制约条件下，在与外来文化的融合过程中逐渐形成、发展和完善的。

武术运动项目的组成有两部分，一是套路，即各种拳术的套路，别看没有什么技击作用，但这是武术的基本组成部分，套路可以锻炼身体的柔韧性、灵活性、协调性、平衡、力量、耐力等；二是攻防，你打我防，我打你防，只要哪一方防不住，哪一方就输了。从攻防再延伸出来，就可以去思考、模拟。虚拟一对手，对你进行各种攻击，你来怎么样的去防守和反击，把这些防守和反击动作组合起来，加以一定的动作技术原理，配合身体的灵活性、柔韧性和力量，充分发挥动作的速度、力度达到运动的目的(武术运动内容详见本书第四章，此处不再赘述)。

七、马术、高脚竞速、摔跤、板鞋竞速和独竹漂

(一)马术

马术也称为赛马，是众多民族喜爱的传统体育项目。在西藏、内蒙古、新疆、青海、

甘肃、云南、贵州、四川等地区尤为盛行。由于各地民族习俗不同，赛马项目与形式各有千秋。历届运动会马上项目设有速度赛马、走马、跑马射击、跑马射箭和跑马拾哈达五个项目的比赛。

赛马是藏族人民最喜爱的体育运动项目，藏语称“达久”，在所有民间传承的藏族节日中，几乎都少不了赛马。据藏史记载，第一次赛马会是在779年，桑耶寺落成庆典时举行的。藏区每年均举办各种赛马会，如羌塘赛马会、那曲赛马会、昌都赛马节等。其中那曲赛马会规模最为盛大，是藏北草原规模最大的传统节日，每年公历8月1日举行，为期5～15天。这一传统节日近年得到进一步发展，除赛马、射箭和马术表演等传统项目外，还增加了举重、拔河、说唱格萨尔等活动。在藏历五月至六月，昌都地区的江达、类乌齐、贡觉、察雅、八宿一带都要举行各种形式的赛马盛会，这种盛会已成为昌都农牧民群众中最持久、最普遍的社会性活动，1974年在第二届西藏自治区运动会上，赛马被纳入现代竞技体育比赛项目中。

马术包括马上技巧性体育活动，主要有骑射、骑马拾哈达、骑马敬献青稞酒等项目内容。参赛者头戴大红帽，身着民族盛装，在飞驰的马背上做行礼、仰卧起坐、左右转身、左右弯腰、倒骑马背等各种惊险动作。

骑射是在相距50米处各放置一个红底黑心的射靶，由射手高举火枪飞速射向第一靶，然后迅速将火枪背起，左手取弓，右手抽箭射向第二靶；骑马拾哈达是骑手身跨在马背的一侧，在马飞奔中将跑道上的哈达拾起。

骑马敬献青稞酒由三名骑手共同配合完成，第一名骑手擎着空杯飞马驰过跑道，把酒杯放在跑道上，第二名骑手擎着酒壶飞马从酒杯旁驰过，将酒杯斟满酒，第三名骑手驰马端起酒杯，不得将杯中酒洒泼，把这杯酒献给在场最受尊敬的人。马术活动多在藏区的望果节上表演。经过规范化的骑射和骑马拾哈达已经成为全国少数民族传统体育运动会上的正式比赛项目。

(二)高脚竞速

高脚竞速俗称高脚马，即截竹为马，故又称竹马。高脚竞速是在湘、鄂、渝、黔四省边境各县市广大土家、苗寨盛行的一项民间传统的体育活动。多少年来一直为该地区各民族青少年儿童所喜好。高脚竞速是由运动员双手各持一个高脚马，同时脚踩马上的脚踏蹬，在田径场上进行的比赛，以在同等的距离内所用的时间长短决定名次，是队员在高脚马上进行速度的比赛。

高脚竞速是现在的名称，以前叫做“高脚马”或“竹马”，它与我国北方的踩高跷有近似之处。高脚竞速是比赛运动员双手各持一杆，听到出发令时脚快速踩上杆的脚踏蹬，在田径场上进行的以追求速度的比赛，以在规定距离内所用的时间最少、最先到达终点者为优胜，高脚竞速是比赛运动员在高脚马上进行速度和力量的竞赛。

2003年，在第七届全国少数民族传统体育运动会上，高脚竞速首次被列为竞赛项目。此前的第五届、第六届民族运动会上高脚竞速还只是作为表演项目。第七届全国少数民族传统体育运动会上出现的高脚竞速，其使用的比赛器具仍为传统的用竹制成的代步工具，但却是以竞速为主的民族体育比赛项目。高脚竞速在土家语中称其为“吉么列”。相传在新中国成立前的少数民族地区，由于浅水河流比较多，在雨季或过浅水河流时为了不湿鞋袜，而以此作为代步的工具，特别是对于喜欢穿布鞋的土家族群众来说，它不失为一种极好的趟水工具。

到目前为止，各省市、自治区少数民族传统体育运动大会比赛的项目中都有高脚竞速，进行竞速和对抗两项比赛。高脚竞速就是比谁跑得快，可在平地或田径场上进行。比赛的距离有 50 米、100 米、200 米、400 米和 2×200 米接力跑，除此以外，高脚竞速比赛也可以因地制宜，跑适当的距离，在条件相等的情况下，看谁首先跑完全程。

高脚竞速所使用的器材称为“高脚马”，高脚杆为竹、木或其他硬质材料制成。高脚杆高度不限，从杆底部向上 30～35 厘米处加制踏蹬，踏蹬高度的丈量从杆底至杆枝点的上沿。所有场地为标准田径场。

根据第八届少数民族传统体育运动会高脚竞速竞赛规程规定，高脚竞速竞赛项目包括男子、女子 100 米、200 米和 2×200 米接力。高脚竞速作为一项在田径场上进行的运动，其技术要求比较复杂，需要参与者具备良好的身体素质和勇敢、坚毅的意志品质。这种运动的最大特点是运动中肌肉活动达到最大强度，整个机体处于极其紧张的状态中，尤其是大脑皮层兴奋抑制过程要迅速频繁地转换交替。在竞速过程中人的位置感能得到有效改善，对提高人体平衡能力有显著的作用。

1. 高脚竞速的方法特点

人们根据这一活动可以用来比赛耐力和技艺、比赛速度的特点，将其加以发挥，逐步发展为一种民间体育运动——高脚竞速。因这一运动是削竹为马，类似于以竹代马，故此项运动又称竹马，是高脚马上速度和力量的比赛。比赛时，两脚分别踏在两个竹马的脚蹬上，前进或后退。比赛主要有竞速和对抗。竞速，是比谁跑得快，可在平地或田径场上进行。

高脚马的比赛，除了竞速和对抗外，还可以进行越野、障碍和竞艺比赛。越野赛跑，就是在郊外赛跑，需要跨过溪沟、通过泽沼或稻田、走过沙滩、穿过小林等。有上坡，也有下坡。障碍赛跑，就是在竞速的途中设几个障碍物。竞艺，就是骑到竹马上，在规定的场地上，在不下竹马的条件下比谁骑的姿势多、姿势优美、难度大等。

目前高脚竞速训练所采取的方法和田径训练方法基本相似。田径训练跑采取的是异步路，出左脚，伸右手。高脚竞速是一根竹竿上面绑了两个脚蹬，右脚动，左脚也要动，所以是顺步跑，技术难点、要求关键在这个地方。因为竹竿比较细，接触点比较小。再一个是顺步跑，就是同步跑。对运动员灵活性、协调性和平衡性的要求是比较高的。

2. 高脚竞速的基本技术

高脚竞速作为一项对人的肢体平衡、肌肉控制强度均有较高要求的竞技活动，对于初学者有一定的难度。高脚竞速基本技术包括：握马、上马、起跑、起跑后加速跑、途中跑和终点跑等几个阶段。

高脚竞速运动强度大，特别是在有弯道的 200 米跑的过程中，需要合理地分配体力，要根据自己的实际情况、对手的速度、耐力和能力，以及根据比赛名次来确定自己的跑法。通常 100 米跑的比赛中应力争每次都尽力取得好名次，决赛跑出最好成绩。200 米跑中要合理安排前后 100 米的体力，前 100 米要以接近自己平时最好成绩的速度完成，进入直道时要以惯性放松自然跑，然后再次加速跑。在接力比赛中，要将起跑速度快的队员安排在前面，弯道要安排相对个子小，弯道技术好的队员，最后安排冲刺速度好的队员。高脚竞速的完整技术完成关键是在高脚杆上从平衡到行走，直至奔走的过程。为了提高骑马跑动的技术，就要增强腰部、臀部和相关肌肉的力量，提高神经系统的灵活性及全身协调用力的能力。

3. 高脚竞速的基本规则

高脚竞速在标准的田径场上进行比赛可分为无直接对抗比赛和角斗比赛。

无直接对抗比赛的规则为：参赛队员必须站在起跑线后起跑，并在规定的跑道内进行比赛。在何处落下必须在何处上高跷。2×200 米接力时必须在接力区内完成交接。运动员必须是两脚踩在高跷上完成比赛。

在一些民族地区节庆活动中，高脚马还有另一种表演形式，即所谓“高脚马对抗”，是指表演者在规定的场地上，骑在竹马上，各自在规则允许的范围内运用各种攻防技巧，将对方撞倒下地或打下高脚马，自己仍骑在竹马上为胜利。

高脚马可用木质、竹质、铁质或其他材料制成，高脚马踏镫可用绑马褂或用绳索系成。马脚高度为 30～35 厘米(马脚高度是从马脚底部量至踏镫上沿靠近马身处)，马脚底部可配金属防滑耐磨的材料。

(三)摔跤

摔跤在我国源远流长，历史悠久。根据文字记载，早在四千年前原始社会就有了摔跤活动的雏形。当时的人们为了求得生存，在与自然界进行斗争和在部落之间的冲突中，利用自己的力量、技巧取得食物和进行自卫而产生了古代的摔跤。

摔跤是我国不少民族共同喜欢的体育活动，是民族节日活动中不可缺少的活动内容之一。如彝族的传统节日“火把节”要进行摔跤比赛，朝鲜族每逢端午、中秋等节日要举行摔跤，哈尼族在苦扎扎节要组织摔跤，蒙古族在那达慕大会上更离不开摔跤活动。侗族还专为摔跤定节日，如侗族的摔跤节分别在农历二月十五日和三月十五日，源于一个古老的传说：古时有一位侗族英雄与老虎摔打搏斗，在二月十五日和三月十五日打死了两只猛虎，周围侗寨的人们为了纪念他，便在每年的这两天举行摔跤比赛，再现英雄与老虎相搏的场景。

我国辽阔的疆域自古就繁栖着许多生活习俗不同的民族，由于这些民族居住地理环境的差异，生活特点的不同，所以各民族的摔跤方式方法也各有不同，并各自具备较完整的比赛规则和奖励办法。

1. 民族式摔跤的类别与方法

藏族式摔跤叫北嘎，藏式摔跤比赛有固定式、自由式、背抵背式和马上摔跤四种形式。固定式摔跤要求双方互相交叉抓住对方的腰带，或搂抱对方腰部以上的部位，用摔、拉、掀、提等方法将对手摔倒，使对手背部着地，连续三次摔倒对方者为胜；自由式摔跤要求双方互相抓住对方的肩膀，用脚勾、踢对方的脚，将对方踩倒即为胜；背抵背式要求双方背抵背而立，双方向后与对方双手相挽，同时用力，将对手背起双脚离开地面为胜；马上摔跤要求在奔驰的马上两人互摔，谁先从马上摔下为输。

早在唐代，松赞干布年间即已盛行。比赛时不能用脚绊，比赛者上身赤裸，有时还涂酥油，下穿短裤，腰束布带，足登藏靴。两两相搏或捉臂握腕或拦腰绊足。以被摔倒者为负，一局决胜负。比赛结束，败者献给胜者一条哈达。

现时比赛，比赛场地一般选择较平坦、松软的草地或田地(也可用摔跤垫)。比赛采用方形或圆形场地均可，方形场地为边长14米的正方形，圆形场地半径为7米。场地各线宽均为10厘米。比赛时，运动员必须双手抓好对方腰带(可一手在前，一手在后，或双手在对方背后握抱)。运动员仅靠腰臂之力提起对方将其旋转摔倒，禁用脚绊或蹬踹对方。比赛中一方运动员肩、背、腰、臀、髋、头、体侧任何一个部位着地即为负，对方即胜一局。比赛采用三局两胜制，胜一局得1分，根据得分，确定一场比赛的胜负。平局的处理为先得分者胜；受罚次数少者胜，体重轻者胜，各项条件相同时抛币决定胜负。蒙古族式摔跤也称博克，比赛有个人赛和团体赛。个人和团体赛均不分体重级别，以两人相遇进行一搏(摔跤)定胜负。比赛中的胜负标志是，先倒地或膝关节以上任何部位先着地者为负。

彝族式摔跤也称为格力，贵州、云南山区的彝族式摔跤采用从站立摔转为跪撑摔的循环式动作。采用抓对方腰带、抱单腿、过背、夹背拐等主要动作使对方肩着地而获胜；四川凉山彝族式摔跤比赛的方法是双方先抓好腰带，然后用肩、臂和腰等动作将对方摔倒为胜。

维吾尔族式摔跤叫做且里西，比赛方法是先抓好对方腰带，用扛、勾、绊脚等动作将对手摔倒(肩、背、或侧身着地和臀着地为摔倒)为胜。比赛不分年龄，主要按体重划分为五个级别分别进行比赛。

2. 摔跤运动竞赛规则简介

摔跤运动历史悠久，开展广泛，深受各民族喜爱。每逢年、节及重大喜庆日都要举行摔跤比赛或表演。

摔跤已作为全国民运会的比赛项目，比赛分为个人赛与团体赛。个人比赛以个人在所属级别内竞赛所得的成绩，确定个人名次。团体比赛以每个团体所有被录取名次的运动员的成绩总和，确定团体名次。比赛采用循环制或淘汰制，运动员年龄不受限制，按体重分为五个级别，为52公斤级、57公斤级、62公斤级、74公斤级和90公斤级。全部比赛只称量一次体重，开赛前一天称量。每场比赛三局，比赛时间为每局净摔3分钟，中间休息1分钟，每局中谁胜一跤即停止比赛，获胜者即胜一局，如运动员需连续比赛，场与场之间至少有10分钟休息时间。比赛中双方运动员同时倒地分不出上下、先后则判平跤，互不得分。进攻者膝先着地，判进攻无效。

(四)板鞋竞速

板鞋竞速是壮族民间传统体育项目，起源于明代。相传明代倭寇侵扰我国沿海地带，广西河池地区的瓦氏夫人率兵赴沿海抗倭。瓦氏夫人为了让士兵步调一致，令3名士兵穿上一副长板鞋齐跑。长期如此训练，士兵的素质大大提高了，斗志高涨，所向披靡，打败了倭寇。后来南丹那地州壮族人民模仿瓦氏夫人练兵方法，开展3人板鞋竞技活动自娱自乐，挖掘了这项民间体育活动。2005年，国家民委、国家体育总局批准将“板鞋竞速”项目列为全国少数民族传统体育运动会的正式比赛项目，主要还是三个人要齐心一致才能胜利。

板鞋竞速在各省市、自治区少数民族传统体育运动会和全国第四届、第五届少数民族传统体育运动会上表演时均受广大观众赞誉并获奖，在全国第七届少数民族传统体育运动会上被定为竞技项目。北京亚运会期间，该项目被指定进中南海表演，党和国家领导人观看后给予高度评价，认为该项目体现了通心协力、同舟共济、团结奋进、拼搏进取的时代精神。专家们认为，该项目思想内容健康，同时具有浓厚的民族性、传统性、竞技性、开放性、普及性，是全民健身运动的理想项目。该项目作为一般的竞技体育和趣味体育项目，已影响到法国、美国、加拿大、日本、澳大利亚、泰国等国家，有较高的知名度。

1. 板鞋竞速的方法

板鞋竞速是由多名运动员一起将足套在同一双板鞋上，在田径场上进行的比赛，以在同等距离内所用的时间多少决定名次。板鞋竞速在标准的田径场地上进行，场地线宽为5厘米，跑道分道宽2.44～2.50米。比赛板鞋以长度为100厘米、宽度为9厘米、厚度为3厘米的木料制成(以三人板鞋为例)。每只板鞋配有三块宽度为5厘米护足面皮，分别固定在板鞋规定的距离上，护皮以紧酵面为宜。第一块护皮前沿距板鞋前端7厘米，第二块护皮在第一块护皮与第三块护皮的中间，第三块护皮后沿距板鞋末端15厘米。

2. 板鞋竞速的竞赛项目

男子组有60米、100米两个单项和2×100米接力，女子组有60米、100米两个单项和2×100米接力。

(五)独竹漂

独竹漂比赛是指运动员赤着脚站在漂于水面的单棵竹漂上，利用手中的划竿划水使其前进，以在同等距离内所用时间的多少决定名次。竹漂和划竿可根据比赛的需要选用天然竹子或用复合材料制作。第九届全国少数民族传统体育运动会中所用的竹漂和划竿是用玻璃钢制作的，竹漂长度7.5米，直径16厘米，重30公斤；划竿长度4.5米，直径4厘米，重3.5公斤。

独竹漂是发源于赤水河流域的一种独特的黔北民间绝技。独竹漂高手们脚踩一根楠竹，漂行水上如履平地。“独竹漂”是指运动员脚踏漂流在水面上的单棵楠竹，依靠小竹竿划动实现水上漂行的一项民族传统体育项目，选手表演时赤着脚选择的竹子大头直径约20厘米，无扭曲，手执一根细竹竿为“桨”，表演“乘风破浪、倒退、转身、绕弯、换竿”等绝技，颇有一苇渡江之妙。

独竹漂所用的竹子，是大头直径在15厘米以上无扭曲的大毛竹，其浮力足以承载一个人的重量。这种大毛竹要在毛竹林海的深处，水土丰茂的阳坡上才能选到，大的直径可达20厘米左右，长度大于10米。用作独竹漂时，截取8米左右的长度，无须任何加工，自然风干20多天。划行用的划竿则选用直径约5厘米，长约4米匀称笔直的斑竹或水竹，独竹漂手上竿后就靠这根划竿前行倒退，平衡转向。“赤水独竹漂”已被列入贵州省第三批省级非物质文化遗产保护名录，在第九届全国少数民族传统体育运动会上，独竹漂第一次被正式列入运动项目，此项比赛于2011年9月在贵州著名风景区红枫湖进行。

第二节 民族传统体育表演类运动项目内容

由各民族传承与发展的表演类民族传统体育运动项目，主要来源于少数民族生产、生活的民间传统体育项目，具有浓郁的民族风格与特色，这些表演类民族传统体育运动项目内容健康，充分体现了民族传统文化内涵和历史底蕴，通常是指民族特色项目、健身韵律操、民族体育舞蹈、硬气功等具有民族性、体育性、观赏性的各类传统体育运动项目。

一、舞龙

舞龙起源于中国的传统舞蹈，古时是在一年中的大型节日举行舞龙表演。随着华人移民到世界各地，现在的舞龙文化，已经遍及中国、东南亚，以至欧美、澳大利亚、新西兰各个华人集中的地区，成为我国民族传统体育文化的一个标志性运动。世界上凡是有华人居住的地方都把龙作为吉祥之物，在节庆、贺喜、祝福、驱邪、祭神、庙会等期间，都有舞龙的习俗。

龙在神话中是海洋的主宰，威力无穷，而海洋主水，龙也就很自然的做了农作物的司雨神。民以食为天，谷物是维持生命的根本，间接也就操纵了人类的生命。在古代先民看来，龙的重要性超逾了祖宗——帝舜、尧和后羽。龙是华夏民族世世代代所崇拜的图腾，中国人就把龙看成能行云布雨、消灾降福的神奇之物。数千年来，炎黄子孙都把自己称为“龙的传人”。

公元前206年至公元220年的汉代，就有杂记记载为了祈雨，人们身穿各色彩衣，舞各色大龙。渐渐地舞龙成为了人们表达良好祝愿、祈求人寿年丰的祈祷仪式进行表演，全国的舞龙有上百种，经过几千年的流传和发展，表现的形式更是多种多样、丰富多彩。

龙在我国古代历史文籍记载中出现的时间极早，而且舞龙包含风调雨顺、国泰民安，原有“祈年”的意思。舞龙的时候，少则一两个人，多则上百人舞一条大龙。最为普遍的叫“火龙”，舞火龙的时候，在夜里常常伴有数十盏云灯相随起舞，所以舞火龙又称为“舞龙灯”。舞龙灯时有几十个大汉举着巨龙在云灯里上下穿行，时而腾起，时而俯冲，变化万千，其间还燃放烟火、鞭炮、大有腾云驾雾之势。旁边簇拥着成百上千狂欢的人们，锣鼓齐鸣，蔚为壮观和热闹。这种气势雄伟的场面，极大地激发了人们的情绪，振奋和鼓舞了人心。因此舞龙成为了传承与发展民族传统体育文化不可缺少的标志性运动，充分体现了中国人民战天斗地、无往不胜的豪迈气概。

灯节虽始于汉初，盛于唐宋，但舞龙的习俗，则源于继承殷周“祭天”的遗风。中华民族是一个富有创造力的民族，综观各地、各族人民的舞龙表演，种类繁多，各具特色。常见的有火龙、草龙、毛龙(贵州石阡)、人龙、布龙、纸龙、花龙、筐龙、段龙、烛龙、醉龙、竹叶龙、荷花龙、板凳龙、扁担龙、滚地龙、七巧龙、大头龙、夜光龙、焰火龙等近百种之多。龙灯的节数一般为 7 节、9 节或 13 节。从久远的年代起，舞龙活动经久不衰，代代流传，使舞龙属于全民族的体育文化。

舞龙主要包括以下几类：

1. 舞龙头

舞龙头是福建畲族祭祖活动中的一种仪式，由日、月、星等组成仪仗队。龙头用木雕成，涂上色彩，显得古朴、庄严。祭祖时，执龙头者随着鼓点做出各种动作，或进或退，或舞或止，或跳或蹲，有一定章法。舞龙头表现了“九龙”出世及成长的过程，包含了“九龙出世”“东海嫁水”“行云布雨”“深潭求亲”“九龙归位”等套路的表演。

2. 舞麻龙

舞麻龙流传在四川济州龙溪一带羌族人民之中，是祭祖中的一项体育活动。近年来羌族人民对舞麻龙这项活动加以改进，取其精华，弃其糟粕，保留了要花棒、龙凤相会、神棍戏麻龙、跳神棍、麻龙追彩霞等套路动作。表演者腰间系一串铜铃，女的手执一根扎有彩球和彩带的彩花棒，棒上镶铁环扣和铜铃；男的手中的彩棍，一端用麻扎成精美龙头，另一端用拖有 7 米余长的麻鬚为龙身。锣鼓声起，龙首时低时昂，麻龙飞舞，花棍旋转，龙击花棍，球戏麻龙。龙身甩动中发出的啪啪响声，与腰间的铃声、棍上的铁环声、歌声、鼓声、呼喊声交织混合，风格独特。

3. 舞草龙

舞草龙是仡佬族游艺习俗。草龙用禾秆草编成。编织者先编一条长长的草帘，编到最后分三个叉略往上翘起象征龙尾；把草帘的另一头反折一层做两个弯角翘起，形似龙头；中间每隔约 2 米扎一小捆椭圆形禾草，串上一根竹子做龙身。在龙头前面单独做一个圆形草团作为龙宝(龙珠)，再进行一些装饰，在龙头、龙身、龙尾挂上一些彩纸，便在村头村尾舞起来。平时如果村子里遇到什么灾害，或者久旱不雨，也扎草龙去河边焚烧，祈求“龙王”消灾、降福或降雨。

4. 苏庄舞草龙

浙江省衢州市开化县苏庄镇的舞草龙又称草龙、稻草龙或香龙。草龙捆扎以稻草搓成粗大绳索，再扎成龙首龙尾，形同长龙，绳索上插上点燃的香枝。相传唐代便有迎草龙送龙神活动，一直延传至今。中秋节晚上舞草龙，是浙江省开化县苏庄镇各村村民的一件“要紧事”。每年中秋之夜，苏庄镇各村农民高擎香火草龙，或穿梭于村中大道，或起舞于晒场田野。

传说朱元璋在苏庄镇毛坦坞口村休整时，当地百姓为他献了宝马，并在中秋佳节迎舞草龙。朱元璋非常高兴，认为这是龙位做天子的预兆。登基后御敕当年舞草龙的毛坦坞口村为富楼村，并赐联“百世安居金溪富楼胜地，千年远脉越国传裔名家”。

5. 泼水龙

泼水龙是湖南湘西土家族祭神求雨的仪式，一旦出现旱灾，当地头面人物就会出来组织泼水龙，演出极其隆重。表演时有龙头 1 个，龙身 9 节或 11 节，都不糊纸，不披布，只通插柳条，取“愿得柳枝甘露水”之意，并有鱼、虾、蚌、蛤等执事陪衬。表演时赤膊者沿街舞龙，围观者以水泼之，舞龙人被淋得全身湿透，以此祈求天降大雨，水越多则预示雨越大，故周围村寨人人参加。舞龙和执事者无特殊要求，但龙前执龙珠者须有武功，按“四门架子”“八虎拳”“苏公背箭”“猛虎跳涧”等套路表演，相沿民间民俗新年有闹龙灯之戏。闹龙灯时因龙灯长而且重，锣鼓声中昂首摆尾，蜿蜒游走，由几十个壮汉，举竿来回奔走，不足以操御。舞龙之日，以旌旗、锣鼓、号角为前导，接上龙头龙尾，举行点睛仪式。龙身用竹扎成圆龙状，节节相连，外面覆罩画有龙鳞的巨幅红布，每隔五六尺有一人掌竿，首尾相距约莫有数十丈长。龙前由一人持竿领前，竿顶竖一巨球，作为引导。舞时，巨球前后左右四周摇摆，龙首作抢球状，引起龙身游走飞动。龙灯的节数一般为 7 节、9 节和 13 节。

6. 香火龙

香火龙流传已久，在湖南汝城县志早有记载，其南乡一带较为盛行，多在元宵佳节举行。表演香火龙时，必有两龙(母龙和子龙)、两狮(母狮和子狮)陪随而舞，一狮在龙前引路，一狮在龙尾跟随。

香火龙的全身用竹子和稻草扎成。“母龙”长度一般为七节，“子龙”长度一般为五节，用当地特制的“罗汉香”(约 0.53 米长)插满龙的全身。当夜幕降临时，以土炮三响为号，管弦乐器、花炮齐鸣，众人手持火把点燃龙身全部香火，抬龙出游。情景十分壮观。香火龙的表演程序上有：翻滚、喷水、沉海底、跳跃、吞食、睡眠等动作。“沉海底”和“吞食”表演技巧上难度较高。引路和尾随的两头狮子，除各自作翻滚跳跃的动作外，还作些引龙和随龙“护驾”动作。民间舞香火龙常在虫灾发生时举行，点燃的香火插在龙身上，点点火光组成了一条光闪闪的龙在夜空遨游，虫萤追逐龙身的点点火光飞来，“香火龙”穿过街巷，舞至田边地头，飞虫追逐香火，越集越多，突然，舞龙队伍在水塘边停下，猛地将草龙连头带尾，深深扎入水中，水淹没了龙，也淹没了飞扑香火的虫群。香火龙在除害虫这一点上，较其他形式的舞龙有更高的实用价值。

7. 百叶龙

浙江省流行的百叶龙，是一种构思、制作均极奇巧的龙。舞者手执荷花灯、荷叶灯、蝴蝶灯，翩翩起舞。人们只见朵朵盛开的荷花，在片片荷叶中飘移、舞动，似一只美丽的蝴蝶在花丛中飞翔。一段优美抒情的舞蹈后，舞者齐聚场中，突然间，一条巨龙在人们的眼前腾跃而出。原来那一朵特大的茶花灯(或聚宝盆)，背面绘制的是一个辉煌壮丽的龙头，朵朵荷花紧紧相扣，组成龙身，片片花瓣，变成龙身上的片片鳞甲，美丽的蝴蝶成了抖摆的龙尾，而荷叶则成了朵朵白云。舞龙的姑娘们喜欢一尘不染的荷花，就把天性神秘、时而神形毕露、时而隐身藏形、时而又依附在各种物体上招摇过市的龙与荷花连缀一体，舞起了荷花龙，让气吞万里的神龙平添一股妩媚之气。

8. 烧火龙

烧火龙又叫舞火龙，是流传于广东丰顺一带的独特的民间传统项目，一般在春节和元宵夜举行。烧火龙是用纸扎成的，长 15～20 米，分为五节，四周扎满五颜六色的鞭炮。起舞前，先燃响鞭炮，以引龙出海。然后一队赤膊袒胸、举着火棍的舞火龙者，随着快速的锣鼓声在场上快跑，反复三次，名叫“请龙”。接着火龙出场在场上绕着大圈子，先从龙嘴中喷出火来，然后，龙身上扎着的鞭炮被点燃了，从头至尾，火光四射，霹雳连声。巨大的龙身就在烟火和爆响的包围之中，上下翻飞，左右腾舞，煞是好看。此时，预先准备在场上的烟花架，朝天射出串串烟花，五彩缤纷，璀璨夺目，从而把舞火龙推向高潮。整个活动持续十多分钟，待烟火熄灭，火龙也被烧掉了。

从久远的年代起，舞龙活动经久不衰，一代又一代流传下来。舞龙不再是某一民族独有的项目，而是属于各个民族共同的体育文化，在我们祖国这个多民族的大家庭里，龙已成为整个中华民族的象征，舞龙的创造和流传是中华民族光辉历史的一部分，为我们的民族和人民所喜爱。

二、舞狮

舞狮，又称“狮子舞、狮灯、舞狮子”，多在年节和喜庆活动中表演。狮子在中国人心目中为瑞兽，象征着吉祥如意，从而在舞狮活动中寄托着民众消灾除害、求吉纳福的美好意愿。舞狮历史久远，《汉书·礼乐志》中记载的“象人”便是舞狮的前身，现存舞狮分为南狮、北狮两大类。

舞狮在南北朝时期开始流行，至今已有一千五百多年的历史。表演者在锣鼓音乐下，装扮成狮子的样子，作出狮子的各种形态动作。中国民俗传统认为舞狮可以驱邪辟鬼，舞狮代表着欢乐，代表着幸福，代表着人们心中的祝福，是美好生活的象征。故此每逢喜庆节日，如新年庆典、迎春赛会、传统节日等，都喜欢敲锣打鼓，舞狮助兴。舞狮这一民族传统体育文化亦随着华人移居海外而传播至世界各地，马来西亚、新加坡等地相当盛行舞狮。聚居欧美的海外华人亦组成不少舞狮协会，每逢春节或重大喜庆、节庆活动，都会在世界各地团聚并举行舞狮活动以示庆祝。

舞狮最早是从西域传入的，狮子是文殊菩萨的坐骑，舞狮的活动也随着佛教传入中国。据资料记载，中国早期没有狮子，在中华文化中，狮是和龙、麒麟一样都只是神话中的动物。到了汉朝时，才首次有少量真狮子从西域传入。当时的人模仿其外貌、动作做戏，至三国时发展成舞狮，将狮子当成威勇与吉祥的象征，并希望用狮子威猛的形象驱魔赶邪，制造狮形以镇压或以示威武。南北朝时舞狮随佛教兴起而开始盛行。狮舞的技艺是引自西凉的“假面戏”，也有人认为舞狮是5世纪时产生于军队，后来传入民间的。到唐代时舞狮已成为盛行于宫廷、军旅、民间的一项重要社会娱乐活动。唐段安节《乐府杂寻》曰：“戏有五方狮子，高丈余，各衣五色，每一狮子，有十二人，戴红抹额，衣画衣，执红拂子，谓之狮子郎，舞太平乐曲。”舞狮是唐朝大型宫廷舞蹈的一种表演形式，当时的“太平乐”亦称为“五方狮子舞”，出于天竺与狮子国等国。白居易在《西凉伎》诗中对此有生动的描绘：“西凉伎，西凉伎，假面胡人假狮子。刻木为头丝作尾，金镀眼睛银帖齿。奋迅毛衣摆双耳，如从流沙来万里。”

中国社会历来以农为本，配合节气变更与农事生活，各种节日或迎神喜典应运而生，在这些节庆中，人们为了所求生活平安祥和，以神或瑞兽来驱鬼娱神演变下来，这种形式便渐渐具有娱乐民间的意义。随着人们对狮子的喜爱，就不满足于立门墩、屋檐、石栏、印章、年画上静止的狮子艺术形象，他们要让狮子活起来，于是便创造了模拟狮子行为的舞蹈，再加以改进和发展成为中华民族的一门独特艺术。舞狮在亚太地区广泛流行，作为民间传统体育文化表演，舞狮的表演者在锣鼓音乐下，装扮成狮子的样子，模仿狮子的各种形状与生态动作。

民间舞狮活动虽然由来已久，但这门艺术起源却是众说纷纭。行家遍翻群书，追根究底也只能从各种记载中悟出一些头绪，这又包括种种的传说。最初北狮在长江以北较为流行，而南狮则是流行于华南、南洋及海外。现代亦将二者的舞法相互融合，主要是用南狮的狮子，北狮的步法，故称为“南狮北舞”。

（一）北狮

北狮的造型酷似真狮，狮头较为简单，全身披金黄色毛。舞狮者（一般二人舞一头）的裤子，鞋都会披上毛，看起来已经是惟妙惟肖的狮子。狮头上有红结者为雄狮，有绿结者为雌性。北狮表现灵活的动作，与南狮着重威猛不同。舞动则是以扑、跌、翻、滚、跳跃、擦痒等动作为主。狮一般是雌雄成对出现，由装扮成武士的主人前领。有时一对北狮会配一对小北狮，小狮戏弄大狮，大狮弄儿为乐，尽显天伦。北狮表演较为接近杂耍。配乐方面，以京钹、京锣、京鼓为主。

河北是北狮的发源地。徐水县北里村狮子会创建于1925年，以民间花会形式存在，新中国成立后得以迅速发展。徐水的舞狮活动主要在春节和寺庙法会期间举行，表演时由两人前后配合，前者双手执道具戴在头上扮演狮头，后者俯身双手抓住前者腰部，披上用牛毛缀成的狮皮饰盖狮身，两人合作扮成一只大狮子，称太狮；另由一人头戴狮头面具，身披狮皮扮演小狮子，称少狮；手持绣球逗引狮子的人称引狮郎。引狮郎在整个舞狮活动中具有重要作用，他不但要有英雄气概，还要有良好的武功，能表演前空翻过狮子、后空翻上高桌、“云里翻下梅花桩”等高难度动作。引狮郎与狮子的默契配合，形成北方舞狮的一个重要特征。北狮的基本特征是外形夸张，狮头圆大，眼睛灵动，大嘴张合有度，既威武雄壮，又憨态可掬，表演时能模仿真狮子的看、站、走、跑、跳、滚、睡、抖毛等动作，形态逼真，还能展示“耍长凳”“梅花桩”“跳桩”“隔桩跳”“亮搬造型”“360度拧弯”“独立单桩跳”“前空翻二级下桩”“后空翻下桩”等高难度技巧动作。

（二）南狮

南狮又称醒狮，造型较为威猛，舞动时注重马步。南狮主要是靠舞者的动作表现出威猛的狮子形态，一般只会二人舞一头。狮头以戏曲面谱作鉴，色彩艳丽、制造考究，眼帘、嘴都可动。严格来说，南狮的狮头不太像是狮子头，有人甚至认为南狮较为接近年兽。南狮的狮头还有一只角，传闻以前会用铁做，以应付舞狮时经常出现的武斗。舞狮之前通常由主礼嘉宾进行点睛仪式，把朱砂涂在狮的眼睛上，象征给予生命。舞狮动作要配合音乐的节奏，舞南狮时会配以大锣、大鼓、大钹，有时还会有一人扮作“大头佛”手执葵扇带领。南狮的狮头以佛山装狮为代表，狮头较大而圆，额位宽而有势，嘴较平阔；传统上，南狮狮头造型上有“刘备狮”“关羽狮”“张飞狮”之分。三种狮头，不单颜色，装饰不同，舞法亦根据三个古人的性格而异。

南狮的舞动造型很多，有起势、常态、奋起、疑进、抓痒、迎宾、施礼、惊跃、审视、酣睡、出洞、发威、过山、上楼台等。舞者透过不同的马步，配合狮头动作把各种造型抽象地表现出来。故此南狮讲究的是意在和神似。南狮有出洞、上山、巡山会狮、采青、入洞等表演方式，当中“采青”最为常见。相传“采青”原有“反清复明”之意，现代一般是取其生意兴隆之意。为了增加娱乐性，采青有时还会用上特技动作，如上肩(舞狮头者站在狮尾者肩上)、叠罗汉、上杆(爬上竹竿)，或者过梅花桩(经过高低不一的长木桩)等。

南狮比赛种类可分为高桩狮艺竞赛和传统狮艺竞赛，其中较主流的为高桩狮艺竞赛。马来西亚、中国和美国等地，每年都会举办世界性的醒狮大赛。而较著名的国际比赛有两年一度在马来西亚举行的云顶世界狮王争霸赛。

舞狮是一门集武术、舞蹈、锣鼓于一体的综合性艺术，舞狮的形式有单狮、双狮、地狮、高桩狮、高桩单狮、高桩双狮等，形成独具特色的舞狮文化风格。遂溪醒狮属于南狮，曾代表中国出访多个国家，遂溪醒狮协会多支舞狮队在全国大赛上获奖，还到法国巴黎参加“中法文化年”展演，2003 年 12 月遂溪县被中国民间文艺家协会命名为“中国醒狮之乡”。

三、斗牛

斗牛在民族民间节日中是一项主要的娱乐性项目，有其悠久的历史。据说古代先民为了庆祝丰收，将象征丰收的牛作为求神、酬神的祭品。在祭祀活动中为了表示对神的崇拜，通过人与牛、牛与牛之间的斗力、斗技并表演各种各样的动作，这种为敬神而表演的动作便是斗牛活动的起源。关于斗牛的起源虽然众说纷纭，但作为一个传统体育文化现象的斗牛活动，显示了当社会生产力和人们的生活水平发展到一定水平时的体育文化价值。根据考古资料研究表明，在汉代一些画像和扣饰中出现了人与牛斗的题材，如南阳汉代画像中的斗牛图，画中一人赤裸上身，头戴假面，作下蹲状，左手执物力斗一牛，牛惊恐回视，狂奔而逃。1996 年云南晋宁石寨山出土的一件双人斗牛琉金扣饰，反映的就是双人与牛相斗的形象。

数千年来，随着社会的政治、经济、文化、宗教和人民生活方式、生产形式及民族习俗的变化和发展，斗牛活动在形式规模等方面虽也产生了一定变化，但数千年后的今日，在中华大地上流传、盛行的斗牛活动，仍然是在古代斗牛活动基础上传承与发展形成的具有民族特色的体育娱乐活动。斗牛活动表演前要给牛身披红戴花、梳妆打扮，斗牛者则身穿民族服装进行表演斗牛。斗牛时，斗牛者先走到牛的前面，用双手分别抓住牛的两角为预备式，也有的在抓住牛角后用头顶住牛的天灵盖等为预备式，接着斗牛者做一些假动作和牛玩耍一阵，这主要是激发观众的兴趣和寻找进攻的机会，然后斗牛者开始与牛较劲，用劲硬把牛头向一侧拧，再用一手握住牛角，另一手握下额，继续向一侧拧，直至牛失去重心摔倒在地；也有的用劲将牛首拧向一侧后，再用劲把牛翻倒在地。这种主要依靠斗牛者的力量和技巧把牛摔倒在地的斗牛活动，在不少地区也称损牛。斗牛的“损”含义较广，有抛、扔、擦、摔等多种意思。斗牛比赛中，分“单臂摔、双臂摔、肩摔、扛摔”等多种方式。根据将牛摔倒状态将成绩分为“失蹄、倒地、四脚朝天”三个等级，能使牛“四脚朝天”的成绩最高。这种活动在我国的甘肃、宁夏、河北、浙江、广西、云南的民族地区及汉族居住的一些省市农村较为流行。

除上述斗牛活动外，在我国的陕北地区，还流行着一种与众不同具有独持风格的斗牛活动。斗牛时斗牛者先用右手拇指和食指猛地一下套坍牛鼻孔，把牛拉到观众跟前，再牵着牛绕场踱步一圈，以示炫耀。接着伸出粗壮的胳膊忽地把牛拦腰抱住，“嗨”的一声，身子向后仰将一头壮牛抱离地面拧着身子转一圈然后放下，此时围观者齐声喝彩与欢声如雷，笑声似潮。

四、跳板

跳板同秋千一样有着悠久的历史，它是朝鲜族妇女喜爱的一种以蹬跳为特征的全身运动游戏。在每年元宵节、端午节和中秋节等节庆日子里举行跳板活动。妇女们通过这种活动，锻炼体魄。在朝鲜族民间流传着：“姑娘谁不跳跳板，出嫁之后准难产”等俗语，可见跳板活动是朝鲜妇女十分重视和喜爱的活动。

跳板是一块长约 5 米、宽约 0.5 米的木板，中间垫一稻草捆或结实的东西即可。跳板中间坐一人，两端各站一人，彼此轮番跳起，借一方跳起后下落的重力将另一方弹起腾跃空中。有直跳、屈腿跳、剪子跳、旋转跳、空翻跳、曲体跳、左右分腿跳等，动作各式各样，充分显现其跳跃技巧。

跳板竞技比赛通常有两种形式：一是比跳起的高度。比高度常用抽线的方式进行，聪明的朝鲜族妇女利用一根长线，一端系在跳板者脚踝处，当跳板者腾空而起时，将线绳抽出，从抽出线长度来测定高度；二是比赛腾空过程中完成各种动作的姿势和造型，也就是比跳跃技巧，有自选和规定动作之分。自选动作要求参赛者创造性地编排和完成各种有连贯性的新颖的动作，可以选用一些精巧的轻物器，如花扇、藤圈、花环等，拿在手中映托出姿态的优美和动作的灵巧。裁判员按技术标准给予评分。几位裁判打出成绩，除去最高分和最低分，其余成绩取平均分数，作为参赛者的最后所得成绩。

五、布鲁、踢毽子

(一)布鲁

布鲁为蒙古语译音，即投掷的意思。居住在草原上的蒙古族牧民，常用布鲁打低空飞行的鸟或击地上的走兽，它既是一种投打飞禽走兽的狩猎工具，又可作随身防卫的武器。布鲁是一种像镰刀似的弯状木制品，用铅皮、铜皮、铁皮或其他金属包扎在外层。精制的布鲁在其表面还雕刻上花纹或吉祥文字，然后再用烧熔的铜汁、铅汁、铁汁等浇铸而成。根据所要投击目标不同，布鲁的形状大小不同，重量也不一样，通常较重的为 450 克，次重的为 300 克，较轻的也有 150 克。

蒙古族的布鲁比赛表演有两种方式：一是比投掷的距离长短，类似标枪、手榴弹的掷远比赛一样，以投得最远的人为优胜；二是投准比赛，类似击木比赛。一般在投掷线外一定距离，放置三个高 5 厘米，下底面直径 60 厘米，上底面直径 4 厘米的圆柱体，3 个圆柱之间相隔 10 厘米。参赛者投出布鲁，同时击倒 3 个目标者计 10 分，击中两个者计 6 分，击中 1 个得 2 分，每人投掷 3 次，以累积得分多少确定名次。有些地方比赛要求十分严格，规定间接击中和直接击中的不同计分标准不同。

根据用途，布鲁一般可分为三种，即吉如根布鲁、图拉嘎布鲁和海木勒布鲁，吉如根布鲁，在市鲁的头上绑有铜或铁制物，主要用作打大野兽。图拉嘎布鲁，在布鲁头刻上花纹，用熔化了的铅灌在花纹里，主要用来打小动物。海木勒布鲁是一种日常练习用的投掷器具，用木棒制成，呈扁形。投掷布鲁活动不论是投远还是投准，对锻炼和发展臂力和灵巧性等身体素质有良好的作用，是一项力量加技巧型的传统体育活动，因而深为蒙古族人民喜爱，常在庆典等节日活动中开展。

(二)踢毽子

毽子也叫“毽儿”或“鸡尾毽儿”。踢毽子在我国有悠久的历史，相传在古代踢毽子源于蹴鞠(类似今天的足球)，宋代人高承在《事物纪原》中述为：“今时小儿以铅锡为钱，装以鸡羽，以为毽矣……亦蹴鞠之遗事也。”据考古发现，汉代画像砖上已有踢毽子的形象了，由此可见踢毽子具有悠久的历史，其后发展成为民间普遍开展的一项传统体育活动。毽子的制作极为简单，它由毽座和毽羽两部分组成，毽座多用圆形的铅、锡、铁片或铜钱制成；毽羽多用翎毛。通常人们制作毽子是把一根或几根禽鸟的羽毛插在铜钱的方孔里，用皮条缚牢即成，也有的还要在铜钱下面垫一个小皮钱。

各地区少数民族也有各自独特的踢毽子活动，如聚居在湖南和湖北的土家族踢毽子要分大门和小门。小门分踢、抬、挺、平、约五种技法。大门比小门的运动量大，动作难度高，分跳、撑、跆、磕、拉、扒、踩七种技法，有丰富多变的技能技巧。

踢毽子运动是一项灵巧、简便、有趣和十分经济的健身运动，它可一人踢、两人踢，或多人轮流不断地用各种动作姿势接传，活动时间可长可短，所用活动场地可大可小，男女老少皆宜。在踢毽子活动中充满了创造和变化的意味，既讲究动作的优美、也注重动态的美感。人们从事这项活动，不仅益于增强体质促进发育生长，而且有助于培养灵敏矫捷的作风，所以数千年来，踢毽子活动一直广泛流传于民间，盛行不衰。

踢毽子比较适合在民间开展，不需要投入较多的体育经费，对运动场地要求不高，是一项很适合民众开展的健身运动。踢毽子运动分南北两派，南方叫踢毽球(一般毽子是用鹅毛制作的)，北方叫踢手毽(一般是用鸡毛制作的)。北方以京、津两地水平最高。天津地区的天穆村开展此项运动的最普及，水平也最高。踢手毽有单人踢、双人踢、四人踢(也叫转轮子)。

概括地讲北方手毽有四种基本踢法，分别称为盘踢、磕踢、拐踢、绷踢。

1. 盘踢

用足内侧互换踢毽，膝关节向外张，大腿向外转动，稍有上摆，不要过大，髋和膝关节放松，小腿向上摆，踢毽时踝关节发力。踢起的毽子一般不超过下颏。

2. 磕踢

用两腿膝盖互换将毽子磕起(撞起)的踢法。髋关节、膝关节放松，小腿自然下垂，膝关节发力，将毽子磕起，大腿不要外张或里扣，踢起的毽子一般不超过下颏。

3. 拐踢

用两足外侧互换踢毽，大腿放松，小腿发力向体后斜上方摆动，勾足尖，踢毽时大腿不得摆到体前，小腿向体后斜上方摆动不要过高，毽子和足外侧相碰的一刹那，踢毽脚的内侧离地面一般不越过30厘米，踢起的毽子高度随意。

4. 绷踢

有的地方叫做“绷尖”，是用两足尖外三趾部分互换踢毽，单足踢毽也可以。绷踢能踢起即将落地的毽子，毽子被踝关节的发力一绷而起，所以叫绷踢。其动作是，大腿向前抬起，和身体成150°～160°夹角，小腿向前摆动，髋关节、膝关节要放松，踝关节的发力，要在踢毽子的一刹那，足尖外三趾向上猛地用力，将毽勾起。踢起的毽子高低都可，但应避免忽高忽低，这种踢法为以后的花样踢法打下了基础。

六、跳火绳、叼羊

(一)跳火绳

四川凉山彝族聚居区，每逢节日夜晚，青年男女常常喜欢举行“跳火绳”的民族传统体育活动。所谓跳火绳，就是采用当地野生的细藤编制而成，再在藤条外缠上浸泡过松油、桐油或煤油的布条，长短因人而异，一般通常用的单人跳绳，比赛时将其点燃即为火绳。

跳火绳比赛时，选择一块平地为赛场。平地的两端画上比赛界限，即起点线和终点线。比赛者站在起点线上，手持火绳，待比赛号令响，各自点燃火绳，像单人跳绳一样，几个人一边从起点跑出，不停地摇跳入绳前进，途中不能断跳，先达终点者为胜。在比赛过程中，只能跳绳前进，若带着火绳(违规)奔跑，则判为犯规，跳火绳比赛在黑夜进行尤为壮观。如一个个金光耀眼的人环向前翻滚，火环中映现出一个个充满生气，活泼健壮的年轻人，宛如将人带入一个神奇的童话世界。

(二)叼羊

叼羊是维吾尔、哈萨克、柯尔克孜、塔吉克等民族所喜欢并普遍盛行的马上体育项目，一般多在节日或欢乐喜庆的集会时举行。此项活动可以说家喻户晓，妇孺皆知，被誉为“草原上勇敢者的运动”。不少民族还流传着一些关于该活动的民间谚语。如“摔跤靠力气，叼羊要勇气”“雄鹰要在天空中展翅飞翔，小伙子要在叼羊上显示英勇刚强”“姑娘要有摘葡萄能力，小伙子要当叼羊能手”等。

各民族、各地区叼羊比赛方式各不相同，但都需要参加叼羊比赛的人具有强健的体魄、勇敢的精神和娴熟的马术。赛前由若干名骑手分为几队，聚集在平坦开阔的草坪上等候，将一只羊放置于数百米外作为目标。比赛开始后，众骑手疾驰上前，先得羊者将羊夹抱着或置于马背上左躲右闪，其余人纵马追逐，施展各种技巧夺取，羊常为数人所争得，以最后得羊并首先到达预定终点者为胜。参加叼羊的人事先都结成团伙，有的就是两队的比赛。每一队都有冲群叼夺、掩护驮遁和追赶阻挡等分工，并且讲究战略战术。比如一旦夺得羊羔，其他同伴有的前拽绢绳，有的后抽马背，前拉后推，左右护卫才能冲出重围。它既需个人娴熟的技巧，又要集体的密切配合。

综观各民族叼羊活动的方式，大体上可分为以下三种。

1. 柯尔克孜式叼羊

参加者自愿分成两队，平行立于相距 30 米左右处。准备好的羊由另外 1 人驮着，由 5 人一同向预先商定的起点出发。走到半途每方各留下一人作为接应。其他人到达起点后，驮羊的人把羊丢在地上。双方开始争夺。先把羊抓到手的一方向终点奔跑，另一方进行追赶，双方接应者开始争夺羊，以一方先把羊丢在对方队前为胜方。

2. 哈萨克叼羊

把宰杀好的羊丢在场地上，参加者骑马蜂拥而上，不择道路地奔跑，直到最后一队把羊叼到手并不被对手追上，而且要把羊丢到指定的毡房前，就是胜利者。

3. 单骑式叼羊

把准备好的羊丢在场地上，由代表各队的两个单骑从马背上抓起羊开始叼夺，叼夺者不得奔跑，只能在相当于两个篮球场大的场地范围内叼夺，这种方式可视参加人数多少分别选用淘汰制或循环制。

表演类少数民族传统体育运动项目众多，内容丰富多彩，其他如“上刀梯”“高空走索”“硬气功”等，由于篇幅所限，这里就不一一叙述，请参阅有关资料。

第三节　民族传统体育健身娱乐性运动项目内容简介

健身娱乐性的民族传统体育运动一般是指各族人民出于对身体健康的追求、对生活的向往、对爱情的渴望、对友情的珍惜和对心灵的礼赞，利用各种年节假日，进行以健身愉心为目的，寻求快乐的情感体验为主要过程，从而在身心上得到满足的身体活动形式。这种健身娱乐性的民族传统体育运动通常不是以某一项技艺比赛决胜为终极目的，而是一种通过活动使人精神爽快、遣兴适怀、消愁解闷、恢复体力的体育方式，如哈萨克族的“姑娘追”，姑娘用鞭子抽打小伙子或他的马，小伙子只能在前边骑马奔驰，这是游戏娱乐，而不是赛速度。又如高山族的背篓球，小伙子往姑娘们背的藤篓中投槟榔果，比的不是投准、投多，而是通过这一活动选择意中人，类似的活动还有荡秋千、抛绣球、打扁担、跳竹竿、打铜鼓、打手毽等。

一、抛绣球、打扁担、跳竹竿

(一)抛绣球

抛绣球也叫“投绣球”，是我国壮族、苗族、白族等少数民族地区的民间娱乐体育活动，在壮族中开展得最为普遍，一般多在壮族的“歌圩”“春节”等传统节日的庆祝活动中进行。“歌圩”壮语称“窝埠坡”“窝坡”等，即“去赶唱歌坊市”的意思。

抛绣球用的球，多以彩绸所制成，有圆形、方形、菱形、月牙形、鱼仔形等造型，内装木棉子、谷壳等，外绣花鱼树木、日月星辰或谷穗等图案，饰以彩带和彩丝穗子。绣球大小不一，重 50～500 克。绣球上端连着 30～40 厘米长的彩色丝线，底部缀着流苏，非常漂亮，是令人爱不释手的精美刺绣工艺品。

不同民族地区抛绣球活动的具体方式、方法都有所不同，综观各地的抛绣球活动大体上可分为三种形式。

第一种形式是在草坪或空地上竖起一根高10米以上的木杆，杆端钉一块1米左右的木板，板中挖出约60厘米直径的圆洞，投时力争让绣球穿过洞孔。

第二种形式是在空旷的场地上，竖根7米或8米高的木杆，竿顶架置一个竹篾编织的喇叭，喇叭的一端大口直径为40～50厘米，朝着姑娘们，另一端小口直径约30厘米，冲着小伙子们，在大、小喇叭口的周围，还有一些小圆洞，直径约15厘米。在大小洞孔的周围糊上颜色不同的绸布或纸，一则目标显著；二则比较美观。投掷目标是让绣球穿破用各种颜色的绸布(纸)糊起的洞孔和喇叭口。

第三种形式不竖木杆，也不要投掷的目标，只是要求投掷出的绣球能飞越搭起的歌棚的棚顶，落入对方的场地内就行。凡是抛不过棚顶的，或用力过大，抛出规定场地界限外，或接不着对方抛来的绣球都算负方。

抛绣球活动不论采用哪种方法，都是男女分开各站一方，人数大体相等。每次都是一男一女相向投，凡没投中，就被投中的一方“俘虏”去，直到一方全被俘虏为止，被俘虏一方为输。有的地区判断胜负方法不同，是以投中目标的孔洞一次为得1分。在规定的单位时间里(一般是一场比赛分为两节，每一节5分钟)，投中目标，积累的分数多则为获胜。

抛绣球起源古代，出自民间，历史悠久。宋人朱辅在《溪蛮丛笑》中作了这样的记载：“土俗节数日，野外男女两朋，各以五色彩囊、豆粟往来抛接。名日飞纯。”所谓飞纯就是绣球。宋代的周去非也在他所写的《岭外代答》中明确说：“男女目成，则女爱而男婚已定。”由此可见，我国西南少数民族中流行的抛绣球这一民族娱乐体育活动至少有千年以上的悠久历史。

(二)打扁担

打扁担，壮语称“谷榔”或“谷鲁榔”，是以农家挑东西的扁担敲打木板、木凳，或将扁担与扁担直接相互击打，故称打扁担，这项活动远在唐代就盛行民间。唐代刘询所著《岭南录异》中记述：“广西有舂堂，以浑木到为槽，一槽两边约十样，男女间立，以舂稻谷，敲磕槽弦，皆有偏柏，槽声若鼓，闻于数里。”后来由于木柞太笨重，改用扁担。

据史料介绍，最初是用扁担一头，敲打盖在舂米槽上的木盖。敲打节奏有快有慢，一阵接一阵地有板有眼。由于舂米槽是大石块凿成的，很重，难以搬动，故对该活动有限制。后来，壮族民众为了方便，就改舂米槽为一般家用的长条板凳。这样不仅活动方便，而且一起活动的人数也增加了，人数多敲打的声音也就响，气势也更雄壮，这便要求大家动作协调一致，敲打的声音不断变化，更富韵律。每逢春节，从正月初一至十六，村村寨寨都要打扁担，这预示当年庄稼丰收、人畜兴旺。打扁担活动绝大部分是妇女参加，她们自愿结合，站在一条或两条长板凳的两边，每人一条扁担，双手握在扁担中部。人数以四、六、八、十人不定，都是双数。打扁担时，大家分立在几条长凳的两边，每人一条扁担，双手握住扁担中部，面对面的按传统节奏，用扁担的两头，敲打凳子或互击扁担。节奏有快有慢，打法多式多样，它表现出打谷、车水、插秧、舂米、织布、赶牛下地等劳动的过程，由此组成了一个完整的表演程式。

由于各个地区民族、风俗有所不同，打扁担活动的形式也有所不同，有的地方用竹竿代替木杆和扁担，竹竿两头还系上数枚古铜钱，以祈求风调雨顺、五谷丰登、人畜兴旺、吉祥如意等。打扁担不受场地、器材、年龄、性别、人数等条件限制，它既便于开展，又能强身健体，提高人的灵敏性，于是深受人们的喜爱，至今仍流传在广西桂西一带的马山、都安、武鸣、上林、忻城、平果县等一带的壮族聚居区。

(三)跳竹竿

京族，百分之八十聚居在南海北部湾内的巫头、山心、尾三丁小岛上，故素有“京族三岛”之称。京族人与海为伴，世世代代与风浪搏斗，以渔业为主，闲暇时则在海滩上、丛林中，拿起抬网的竹竿在地上敲打，小伙子与姑娘们在竹竿上跳来跳去，慢慢地形成了一种有趣的“跳竹竿”娱乐性体育活动，至今已有数百年的历史了。

跳竹竿时用两条长木平放在地上，中间距离 3 米左右。两条长木上横放着 8 根竹竿，分成 4 对，由 8 个男子(或女子)分为两排，每排 4 人，分别蹲于两条长木边，对方相向，双手各拿一根竹竿的一端。旁边一人打着有节奏的鼓点，操竿人按拍节敲木杆，合竹竿，一敲一合，或两敲一合，时高时低，抑扬顿挫，发出节奏感很强的欢快悦耳的响声。跳者是年轻姑娘，人数不定，跳的方式分“单跳”和“双跳”两种。单跳由各人在竹竿中间，一个跟着一个沿着 4 个空格一步一跳，边舞边跳，向前向后，均按照每一对竹竿的开与合的间歇中巧妙地跳动。跳完 4 个空格后，又重复返回，从头开始，往返不停，直跳到尽兴为止。如果是双跳，则两个人一组，双双动作必须统一协调，互相照顾，也跳到尽兴而止。随着竹竿的分合、高低灵巧地跳跃其间，并做出各种优美的姿势，如磨刀、筛米、交叉、小憨、穿门、鹿跳等，动作优美、舒展，十分耐看。跳竹竿活动不论是双人跳或多人跳，它的节奏铿锵有力、欢乐奔放，小伙子和姑娘们用轻盈的步伐在竹竿上表演各种动作，有的穿着木鞋、手持红绸、头戴彩帽翻跟斗，也有的踩着高跷做各种高难动作，整个活动动作协调整齐，前后互相照应，舒展而优美。参加跳竹竿的人，不仅要求有良好的身体素质，还要具备一定的音乐素养和舞蹈技巧。

二、打铜鼓、背篓球、打手毽

(一)打铜鼓

铜鼓是一种用铜铸成的击打乐器，故而得名。瑶族的打铜鼓与苗族的铜鼓舞基本相似，自宋代以后一直流传至今，并成为一项传统的民间文体娱乐活动项目。它主要在瑶族人民最大的传统节日如达努节(亦称祖娘节，盘古王节或瑶年)等节庆活动中开展。

铜鼓，已有两千多年的历史，是我国中南、西南民族地区珍贵的文化器物。壮、黎、侗、苗、彝、布依等族都打铜鼓，形式也基本相同。一般在广场搭一木架，木架的横梁两端分别挂一面或两面铜鼓，每面铜鼓由一人(男女均可)击打伴奏。木架正中设一面皮鼓，由一人边击边舞，他既是指挥者也是舞者，另有一人双手执竹签或簇箕为击皮鼓者扇风伴舞。击皮鼓者一会儿侧身击鼓，一会儿反背击鼓，动作粗犷有力，舞姿古朴大方。而持竹签者时而学猴子偷桃，时而学猴子攀崖跳树，动作诙谐，逗得围观者捧腹大笑。

舞蹈由缓慢到紧张激烈，最后节奏不断加快，谁跟不上节奏便算输，赢者便欢呼庆贺胜利，整个舞蹈便在欢笑中结束。

铜鼓有大小轻重之分，一头封闭饰有花纹，一头空心。敲击时发出洪亮悦耳之声，经久不息。打鼓时，铜鼓数量不限，每个铜鼓空心的一头套一只木桶，以控制音量，另以牛皮大鼓的鼓声来指挥铜鼓齐鸣，其声音洪亮，节奏感强。打铜鼓是边打边舞，表演各种动作，相互之间进行比赛，对最佳鼓手要敬酒祝贺，赠送礼品。

打铜鼓具有动作粗犷、节奏固定、滑稽诙谐等特点，它可以促进民族团结，弘扬传统文化，同时作为一种全民健身活动方式，也可提高人的灵敏、协调、柔韧等素质，使人的各器官、各系统机能得以改善。

在娱乐观赏类体育活动中，除上述一些活动外，歌舞类体育活动在民间节日中占据一定的比重。我国不少民族歌舞蔚然成风，任何重大活动、庆典、节日都离不开规模宏大的载歌载舞。早期的舞蹈，是以反映狩猎和捕鱼等农耕兼渔猎为主要内容的农业劳动舞。后期的舞蹈主要是以休闲娱乐、消遣为主，蕴含着参与者的理想情操和生活情趣。

(二)背篓球

背篓球又称背篓会，原是高山族男女青年之间求爱的一种游戏方式，后来逐渐演变成为一种民族传统体育活动。台湾地区台北、花莲一带高山族人，每逢八月十五这一天，举行传统的节日背篓会，其主要的庆祝活动内容就是背篓球游戏。

在举行背篓会时，部族首领把村里的少男少女们招集到槟榔树下，高声地祝福他们，在美好的夜色里年轻人要唱歌跳舞，勇敢地追求各自的意中人。然后小伙子就开始攀槟榔树，攀树时肚皮不能贴着树干，仅用手脚，要显示出小伙们的力量和技巧，爬到树上后，要摘下30个象征生活幸福美满的槟榔，再迅速滑下树干，同时要观察自己的意中人。这时部族首领又对姑娘们鼓励一番，那些穿着艳丽的彩裙、背着藤篓的姑娘们，在一片欢乐的嬉笑中跑开了，小伙就在后头追逐，往姑娘的背篓中丢槟榔。小伙子们不断将槟榔果投入背篓中，姑娘回头瞧瞧向自己篓中投槟榔果的小伙子，如果不是意中人，便面露歉意地含笑将篓里槟榔果倒出来，又唱又跳跑开去。如果是意中人，便跑出一段路停下来，掏出藏在身边的绣花小荷包，连同一片柔情蜜意，一起送给小伙子。然后两个人手拉手跑到“卡吉达安”那里。“卡吉达安”向他们敬酒祝福，姑娘和小伙子跪着同声感谢，接过酒杯，同饮而尽，手拉手又跑进槟榔树林的深处。背篓会从日落月升开始，一直要进行到月落日升。整整一夜，小伙姑娘的歌舞不绝，奔跑不停，整个活动从头到尾，呈现在一片欢乐的海洋之中。

(三)打手毽

打手毽在苗族也称“麻古”，居住在贵州都匀、三都、丹寨等地区的苗族男女青年，到了每年春节期间都进行传统的手毽活动。从正月初二到十五日，身着盛装的苗族姑娘和小伙子手拿手毽，三五成群，聚集在毽塘（打手毽的活动场所）上，对抛对打，有情有趣，十分活跃。打手毽与吹芦笙、阿细跳月齐名，并称为苗家的三大民俗体育文化活动。

相传，远古时代苗族先人在正月期间总要杀鸡宰牛，祭祖辞旧迎新，常把一些五颜六色的鸡毛送给姑娘、小伙子玩耍，免得干扰祭祖活动。姑娘们把鸡毛做成五彩缤纷的手毽，小伙子则将野鸡尾羽插在芦管上。他们成群结队到野外吹芦笙、跳月、打手毽，尽情地欢度新年。天长日久便成为习俗流传至今。

三都县都柳江大桥一带，每年春节，大桥上打手毽的苗族青年多达600多人，成为方圆数十里最大的毽塘。各村寨的毽塘往往都由未婚姑娘们把持着，作为东道主，本寨的小伙子通常是不准入内，只允许外村寨的小伙子进塘打毽。毽塘上，姑娘们和小伙子相对成行。一般由持毽姑娘首先向小伙子抛出手毽，小伙子立即用手将毽子打回姑娘一方，一来一往，尽量不使手毽落地，如同打羽毛球一样。所不同者，双方之间，既无隔网，又无场线，没有拍子，都用手掌打。对打中可以边打边答话或者互相对歌。许多素不相识的姑娘与小伙子，通过打手毽而相互结识，有的被邀请一同跳月，有的被挽留在寨子里作客，并会受到热情欢迎，礼貌款待。

这种习俗风尚，有利于促进苗家世代实行远缘结亲的良好风尚，所以打手毽活动长期以来一直深受苗族人的重视和称赞。在壮族也流行着打手毽活动，主要盛行于隆林、西林、田东十天、三江、龙胜、宁明等县。每年春节期间，男女青少年都参加这项活动。毽子是用彩色花布包上铜线或金属片做底托，再插上雄鸡毛，有的还配上些野鸡毛，色彩艳丽，非常美观。手毽比踢的毽子底托大，但重量轻。手毽只用手拍打，不能用脚踢，可以两人对打，也可以几个人一块打。打手毽既是体育活动，也是青年男女交流感情的社交活动，节日时尤为盛行。

三、姑娘追、赛跳跑、蒙古族赛马

（一）姑娘追

姑娘追是哈萨克族姑娘和小伙子最喜爱的活动，它是借助表演马术，男女青年互相结识，进而传递爱情的有趣活动。姑娘追在哈萨克语中称为“克孜库瓦尔”，是哈萨克族人一项具有悠久历史的民俗体育活动。男青年借助于骑马的追逐，显示他们朝气蓬勃、争强好胜、热情奔放的精神风貌，并抒发和传递男女之间的爱慕之情，这是一项充满情趣的马上运动。

相传很久以前丝绸古道上来了40个姑娘，行至帕米尔高原时，慕士塔格雪峰洪水突发，河水暴涨，无法通过，姑娘们身处险境。40名骑士闻讯赶来，要拯救姑娘脱险，但国王却不允许骑士与姑娘会面。女仆阿娜尔法同情姑娘的遭遇，急中生智，建议国王让姑娘与骑士赛马，姑娘们如赢了，就救她们脱险，如输了则拘为女仆。因为姑娘们过河才能比赛，愚蠢的国王自以为得计，欣然同意。当40名骑士冲过洪水，刚刚救出姑娘上岸，泥石流就吞没了她们站立的地方。国王把40匹瘦马交给姑娘们乘骑，谁知在途中骑士与她们互换了马匹，姑娘们获胜。国王大怒，下令处死她们，在人们的帮助下，骑士与姑娘逃离虎口，进入密林，结为夫妇，生儿育女，自称“柯尔克孜”，“柯尔”是40，“克孜”是姑娘，“柯尔克孜”就是40个姑娘的意思。后来，哈萨克族人为了怀念他们的祖先便开展了这项姑娘追活动。

姑娘追活动大多在节日中举行。比赛一般在1000米长的跑马场上进行，比赛前姑娘在小伙子前面的20～25米处，发令开始，双方同时骑马急驰，由小伙子追姑娘，可向姑娘说俏皮话或倾吐爱情，有的小伙子骑术好、马又快，就拦着姑娘在草原上兜圈子，不让姑娘跑到终点。姑娘则只有施展马上技术，设法摆脱驰向终点。到了终点返程时则由姑娘追赶小伙子，如若被姑娘追上，姑娘有权用鞭子抽打他，特别是那些说俏皮话过头惹怒了姑娘的小伙子，免不了要承受姑娘的狠狠几鞭，观众里有的人为姑娘叫好，也有的人为小伙子呐喊加油。人们不仅为姑娘挥鞭追赶的飒爽英姿鼓掌，也为小伙子落荒逃跑而发出阵阵善意的哄笑。这种热烈、豪放、妙趣横生的体育运动，常常会在男女青年中留下美好的回忆，通过这样的活动，增进了青年男女的友谊，有的由此而成为终身伴侣。

(二)赛跳跑

塔塔尔族的文化教育事业比较发达，受教育程度普遍较高。普遍喜爱文体活动，常开展的体育活动有赛马、摔跤、拔河、攀竿、赛跑、拔河等，“赛跳跑”是塔塔尔族民间独具特色的传统体育娱乐活动。

“赛跳跑”比赛时，每个参加者将一个鸡蛋放在匙中或衔于口内，然后在规定的距离内边跳边跑，必须保证鸡蛋不能落地，最先跑到者胜。这项活动虽然简单；但却不受场地和器材的限制，所以多在家庭，或朋友聚会时进行，活动的性质娱乐性大于竞技性。

(三)蒙古族赛马

赛马是蒙古族传统体育娱乐活动之一。赛程通常为25～35千米，马匹事先多经挑选、调养和训练。比赛时，无论男女老少均不备鞍辔，不穿靴袜，身着彩衣，头束红绿绸飘带。一般以红旗或口哨为令。比赛开始，在众人的欢呼声中扬鞭策马，竞相追赶，观看者欢呼鼓掌、跺脚助威，先到达终点者为优胜。除速度比赛外，骑手们还进行马背倒立、双刀劈刺、马上射击、镫里藏身、跳马、俯身拾物等各种马术表演和比赛。

蒙古马和阿拉伯马曾是世界两大名马，蒙古马就是蒙古族长期精心培育的优良马种。蒙古族爱马，赛马也是男女老幼最喜爱的活动。

每当春末夏初，许多青年人来帮忙，给马打鬃、去势、印号，除干活外，赛马成了习惯。就是几人在一起放牧或路上相逢也要跑几千米比比谁的骑术高，看看谁的马儿快。每当草原举行那达慕大会，近者方圆五十公里。远者上百公里以外的牧民，纷纷驱车乘马赶来聚会，参加披红扎彩的长距离赛马。蒙古族赛马是蒙古族传统体育娱乐活动之一。旧称赛马、射箭、摔跤为男子三项竞技。蒙古赛马比赛今多在那达慕大会时举行。赛马场上，彩旗飘飘，鼓角长鸣，热闹非凡。

蒙古族赛马不分男女老少均可参加。少则几十人，多则上百人，一起上阵，直线赛跑，其距离为40里、60里、80里不等。为了减少马的负荷量，不论老少，大都不备马鞍，不穿靴袜，只着华丽彩衣，配上长长彩带，显得格外英武。

比赛一般以红旗或口哨为令。赛马结束时，一般要举行授奖仪式，获奖的马匹和骑手要并排列队于主席台前，先由专人在台上唱颂赞马词，接着往名列榜首的骏马身上洒奶酒或鲜牛奶等。

四、风筝

风筝为中国人发明，相传墨翟以木头制成木鸟，研制三年而成，是人类最早的风筝起源，后来鲁班用竹子，改进墨翟的风筝材质，更而演进成为今日的多线风筝。

当今，我国各民族都广泛开展放风筝活动，在对外文化交流、加强与世界各国人民友谊、发展经济和旅游事业中发挥着重要作用。

风筝，古时称为"鹞"，北方谓"鸢"。大多数的人认为风筝起源于中国，而后广传于全世界，是一种传统的民间工艺品。中国最早出现的风筝是用木材作的，风筝源于春秋时代，至今已两千余年。相传"墨子为木鸢，三年而成，飞一日而败"。墨子制造的这只木鸢是最早的风筝，也是世界上最早的风筝(约公元前 300 年)，距今已有二千四百年。

到南北朝，风筝开始成为传递信息的工具。从隋唐开始，由于造纸业的发达，民间开始用纸来裱糊风筝。到了宋代，放风筝成为人们喜爱的户外活动。宋人周密的《武林旧事》写道："清明时节，人们到郊外放风鸢，日暮方归，"鸢就指风筝。北宋张择端的《清明上河图》，宋苏汉臣的《百子图》里都有放风筝的生动景象。

直至东汉期间，蔡伦发明造纸术后，坊间才开始以纸做风筝，称为"纸鸢"。因此可以推断，中国风筝已有两千年以上历史了。墨子把制风筝的事业传给了他的学生公输班(也称鲁班)，《墨子·鲁问篇》中说，鲁班根据墨翟的理想和设计，用竹子做风筝。鲁班把竹子劈开削光滑，用火烤弯曲，做成了喜鹊的样子，称为"木鹊"，在空中飞翔达三天之久。

古代风筝，曾被用于军事上之侦察工具外，更进行测距、越险、载人。南北朝风筝曾是被作为通信求救的工具。梁武帝时，侯景围台城，简文尝作纸鸢，飞空告急于外，结果被射落而败，台城沦陷，梁武帝饿死，留下这一风筝求救的故事。

1980 年，风筝开始广受喜爱，除原来双线外，并演变成三线、四线的技术风筝或特技风筝。

风筝的形状主要是模仿大自然的生物，如雀鸟、昆虫、动物及几何立体等，而图案方面，主要由个人喜好而设计，有宣传标志、动物、蝶、飞鸟等，琳琅种种。风筝的建造材料除了丝绢、纸张外，还有塑胶材料造的，骨杆有竹篾、木材及胶棒制作，近来有人设计一种无骨风筝，它的结构是引入空气于绢造的风筝之内，令风筝形成一个轻轻飘走的气枕，然后乘风于上。中国、马来西亚、菲律宾及日本等，亦有一种大型的风筝，每到风筝节就将它放到蔚蓝的天空中，该等风筝之尺码为 10～12 尺不等，由百多人来放。

第四节　民族传统体育运动养生体疗性项目

一、五禽图

五禽戏是汉末著名医学家和养生学家华佗依据古导引术而创编的一套健身方法。华佗五禽戏是在古导引术基础上创制的，其主要特点：一是在继承古导引术基础上，模仿动物动作来进行动作编排；二是将以往较为散乱的导引术式按人的生理结构和规律，整合成为一套结构紧凑、编排合理、运动量适度、易学易练的套路形式。正因为具有以上特点，因而五禽戏成为中国古代导引术最著名、最具代表性并流传千古的功法之一。

（一）五禽图的源流

久练五禽图功法不仅能祛病延年，且能承受重击，易学易行。五禽图，相传为东汉末年名医华佗所创。史书所载，华佗所创乃为五禽戏，而非五禽图。之所以称为五禽图，是因为其代代相承，在其流传过程中通过习者在实践中的发展和提高，形成了在风格、内容、功法等方面迥然不同的流派。五禽图即是其流派之一。

（二）五禽图的呼吸

五禽图的呼吸对于用于健身祛病者适宜以顺呼吸为主，即呼吸时，鼻进鼻出，气沉丹田。吸气时，小腹微微膨胀；呼气时，小腹微微收缩。如以增强功力为主的身壮体健者习练，则当以逆呼吸为主，即呼吸时，吸气小腹微微收缩，呼气小腹微微膨胀。不过无论用哪种呼吸方法，都必须在呼吸时叩齿，舌抵上颚，要求呼吸轻匀细缓。

根据各家功法来看，绝大多数都是采用逆式呼吸的，而有些功法是分阶段采用不同的呼吸方法。通常初学者采取顺式呼吸，待功夫达到一定水平层次后，就采用逆式呼吸。此外，如果在练功中以意引气，采用逆式呼吸则容易使气沉后又沿会阴，过尾闾，溯夹脊、玉枕而上达百会穴，然后又循额前、舌尖而下注丹田。相反，如果采用顺式呼吸，要以意引气就比较困难了。采用顺式呼吸，只能是气的升降法，即吸下呼上地缓慢进行。呼吸不论顺、逆式均可以练，应因人而异不可强求。

五禽图练习者在有了一定的基础后，就应该以意引气。但务必循序渐进，切忌急于求成。因为若功夫不到，过早以意引气可能出偏。练功的进程提倡水到渠成、顺其自然的行气方法，能获得较佳的练习效果，而且不易出现偏差。

五禽图练习的步骤如下：

第一步，就是求意念的静定与气的顺达。

进行功法练习时，意念的静定指能专心致志，心无杂念，呼吸时能做到轻、匀、缓，气沉丹田。所谓轻，即呼吸时无声息，连自己也听不到自己的鼻息；所谓匀，就是吸气、呼气都一样快慢、深长；所谓缓，就是呼吸缓慢、绵绵不断。

第二步，要求呼吸时，做到深、长、稳，意守丹田。所谓深，就是气到达的部位比第一步要深；所谓长，就是呼吸的时间比第一步要长，如果以一分钟来计算呼吸次数，就是要逐渐减少；所谓稳，就是在匀的基础上，更进一步要求平稳。可以这样说，轻、匀、缓与深、长、稳是呼吸修炼的两个阶段，只有熟练地掌握了轻、匀、缓，才能进入深、长、稳。

第三步，要求练功时以意引气，练不同功法时运用不同的意念导引练习：

1. 练猿功时，在气（即呼吸）已顺畅的情况下，缓缓吸气，气沉丹田时，不急于把气呼出，这时可以让肾气上提，即用意识让外肾动，肾气上行至小腹与鼻进入的自然之“气”在小腹交融、蒸腾片刻，然后徐徐从“肚脐呼出”。练一定时间后，呼吸方法已较为纯熟，以意引气已能做到松柔徐缓之后，就可以进一步让小腹蒸融之气下行至会阴，又过尾闾，至命门穴(与脐前后相对处)。穿过身体内部，从“肚脐呼出”。这样练功，很容易感到小腹内翻腾，也就是所谓内动的感觉。

2. 练鹿功时，在猿功呼吸练习的基础上，让气从命门进一步引至中枢穴(与中脘穴对称的地方)，用意念让气穿过体内，从中脘“呼”出。

3. 练虎、熊功时，在猿、鹿功呼吸练习的基础上，又用把气从中枢引至大椎穴。至此，气分两支，一支经玉枕上至百会，沿前额、经舌尖而下；一支从大椎沿肩并经手臂外侧，至中指尖，然后气又从手的内侧，在胸前与另一支气汇合而入丹田。

4. 练鹤功、顶功、底盘功时，在上述各功呼吸练习的基础上，气入丹田后，又下至会阴，循两腿外侧下达涌泉而呼出，复由涌泉上行，沿两腿内侧至会阴、尾闾而上至百会，如是循环往复。再说一点，即气沉丹田的问题。所谓丹田，是指肚脐以下的地方，即小腹部位。只要吸气时小腹有起伏，气就已经达到丹田了。习者不要拘泥于气一定要到丹田。所谓气沉，也不过是“意引”。意守丹田，无非是要求习者心注一念，便于入静。

(三)五禽图的练功姿势

五禽图姿势除按其功法规定要求练习外，各部功对人体的作用都是有侧重的。

猿功能增强肾气。腰为肾之府，所以猿功的修炼侧重点在腰。特别是猿功的第四个姿势，对健腰固肾的作用很大。习者一定要臀部先俯坐，然后身子往前倾，放开胸腹，脚趾紧抓地，一心调息导引。

鹿功能增强胃气。所以鹿功姿势的侧重点，前在胃脘，后在脊柱。停滞不动连续呼吸五口气，一定要放松脘腹部，挺直脊柱。

虎功能增强肺气。姿势要求在连续呼吸五口气时，一定要一手上托，一手下压。上托便于扩张肺部，增强肺活量；下压便于气沉丹田。连续呼吸九口气时，一手一定要前撑，一手后拉。前撑意在扩张，后拉便于下沉。侧重点在于继续练腰，着力练膝、练脚跟。

熊功能舒理肝脾之气。锻炼肢体的侧重点在臂膀和背部的两侧。一手上伸成柳叶掌，掌往内扭；一手成掌置于体侧腰际，掌心朝前，指尖朝下，其目的在于锻炼上述部位。两脚掌提起，在于练习脚踝。

鹤功能强壮心脏及调理大脑、神经等。这些都是人体至关重要的器官和系统，所以其侧重点在于头、双腿。呼吸时一定要引气达于头顶。顶功侧重点在头顶心。底盘功的侧重点在双足尖。梢节功无固定功法，贯穿于其他各部功的功法之中。所以，无论练何部功，手指一定要伸直，手成平掌时，指尖一定要上翘；手成竖掌时，指尖一定要后扣。双脚脚趾一定要抓紧地面。

对练习姿势要求是在准确的基础上，从严从难，便于以姿势去导引真气在体内畅行。因而对姿势的要求和对呼吸、感触的要求是一样的，要突出一个“柔”字。练功时，一定要先让神情放松，然后放松四肢，放松全身所有的关节，而且四肢的曲伸应为蛇行盘旋。总之，肢体要柔，柔中有刚。所谓刚就是气，一定要有内气的运行。

姿势要求松柔，神情放松，关节、肌肉放松，气息、神意要柔。姿势运行时，必须内贯劲力，即所谓意、气行于内，只有这样才是真正的松柔。

（四）五禽图的拍击

众多同名的功法中，唯有此功有拍击功。拍击又名拍气，是五禽图内功重要的组成部分。通过拍击可以加大功效，更好地舒筋活血，增强内脏和肌肉、皮肤及骨骼的抗打功能。

练习时须注意，拍击只是为了导气、引气，所以拍击是外因、条件，呼吸才是内因、基础。所以习者在被拍击时如不进行呼吸，就只能是一种较强刺激的按摩，而达不到导气、引气的目的。

检测评价习者承受拍击的功力标准是第一是看形，观察自己腹肌的厚薄，韧性的大小。第二听音，拍击时发出"卜、卜、卜"的败絮之声，则功力最浅；功力较深则是"咚、咚、咚"如敲皮鼓；功力最深当是"当、当、当"的钢音。第三，承受抗打力量的大小。

拍击的力量总的要求是"宁轻勿重，留有余地"，要遵循循序渐进、量力而行的原则进行功法演练。拍击以习者自身感觉舒适、恰到好处为佳，过量则有害无益。

二、五禽图内功练习方法与要求

华佗所创五禽之戏，一曰虎，二曰鹿，三曰熊，四曰猿，五曰鹤，亦以除疾、利足以当导引。五禽图内功法包括虎、鹿、熊、猿、鹤功五部功法，并且每部功法都有拍击法，循序渐进地习练方可有所收获，下面就逐一进行介绍其具体功法。

（一）猿功

1. 猿功功法

猿功功法为五禽图内功之第一部功法，共呼吸十五口气，一呼一吸为一口气。运动过程中强调动作随心意而行，意守丹田，注重呼吸并辅以拍打，形、意、气三元合一的理想练功状态，并注重配合呼吸的深浅与规律，从而获得最佳练习功效。

预备开始式：身体直立，双脚并拢，目神、心意均在丹田（脐下一寸三分）处，调匀呼吸，精神集中，肢体松柔，此为行功前之预备式，约静默一分钟，然后开始呼吸运动（图 1）。

运动时，以两手中指尖相接触，手心向上，置于小腹之下，行呼吸一次，而目神、心意均在丹田处，此为第一口气。两手上移置于脐处，但手不挨脐，行呼吸一次，神意守丹田，此为第二口气（图 2）。

两手下移至小腹下（图 3），两手立即前举向上，便成侧面之半圆线（图 4）。两目随指尖接触处而上视，两肘伸直，手心向下，均可吸气。两手直向面门放下，至小腹下为度。目光亦随之而下，注视丹田。两手复上移至脐处，两手分置左右肋际，指尖向前，掌根向后，两中指尖与肚脐成直线，肘部正直向后，不偏不倚，均为呼气，是为第三口气（图 5）。此时保持姿势不变，行呼吸三次，是为第四至第六口气（图 13-2）。

图1 图2 图3 图4 图5 图6

图 13-2

接上动作，两脚分开呈“人”字形，脚尖微向内，脚跟微向外，两膝伸直。两手左右伸直，似大字形，手背向上(图 6)。两手平行向前相交而复，神意注视于手。其余仍注视丹田，此为吸气时间。吸气毕，两手背反转向下，气即随之而呼出，手握成拳(图 7)，但不可用力，速即缩回，分置两肋际，手不触肋，拳达肋际，气即呼毕，此为第七口气(图 8)。姿势不变，连续行呼吸七次，是为第八至第十四口气。

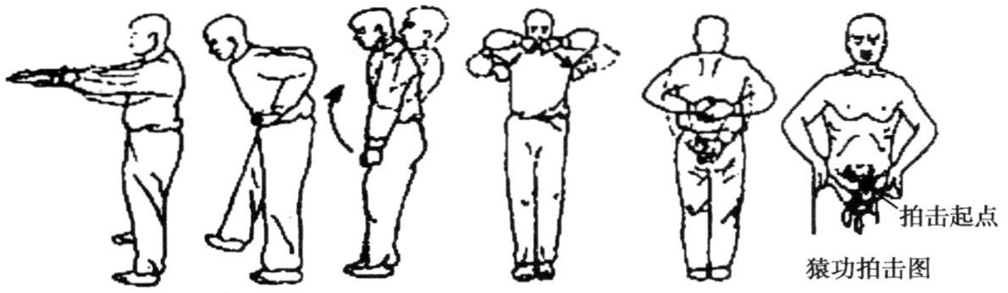

图7 图8 图9 图10 图11 图12

图 13-3

最后两脚收回，同时又行吸气，身体立正，两掌同时收至胸前，与两肘成平线，吸气毕(图 9、图 10)。两拳顺乳斜行而循肋部绕到背后，指尖向下(图 11)。两手复分两旁而气亦呼尽，此为第十五口气。照上述功法动做反复练习，一般每次行功不得少于十余遍。

2. 猿功拍击法

第一部功每日练习一至两次，常人在半月以后，可觉丹田部位微又膨胀，而谷道下气、胸膈逆气时，则须拍击，以使内气流通。其拍法为，由练功者或他人向其丹田部位拍击。自中部向左右移动成半月形，最后以中部一拍为止(图 12)。开始用手指拍，次用掌拍，再次则用拳拍，拍击次数以四十下为度。拍击者举手，被拍者(即练功者)即吸气，手达皮肤则呼气。注意拍击时用力之轻重视练者之功力而定。如拍击时皮肤感觉痛，尚无碍；如内部感觉痛，则要停拍，待多行功后，功力深厚再行拍击。

注意事项：健身者拍击时要求拍击要轻而适度，并循序渐进地增加到合适的强度。练习武功者，行拍击时，当功力达到一定程度后，可逐渐增大拍击强度，依次用棍之一端砸击，最后易为铁棒排打，可将腹部练得硬如铜浇铁铸一般。要知道，此五禽图本就属于一种武术内功，不但具有保健、治病功能，而且还能使学者练出全身各部位抗击打的硬功。

(二)鹿功

1. 鹿功功法

鹿功为五禽图内功之第二部功法，鹿功功法的结构由五式动作所组成，共呼吸十九口气，一呼一吸为一口气。运动过程中同样强调动作随心意而行，意守丹田，注重呼吸并辅以拍击法，构成形、意、气三元合一的理想练功状态，并注重配合呼吸的深浅与规律，从而获得最佳练习功效。

预备开始式：具体方法为身体中正直立，双脚左右分开，与肩同宽，脚尖微向内，脊背伸直，小腹略挺，头微前倾，目神、心意均注视丹田，两手中指尖相接触，手心向上，置于脐处，然不挨脐，行呼吸一次，是为第一口气。

两手上移至乳际，然不挨两乳，目神、心意仍注视丹田，行呼吸一次，是为第二口气。在乳际之两手变成合掌，同时吸气。合掌上伸高过头顶，两肘伸直而神意随掌而上，头向后仰。在顶上之合掌正直向下至胸部，同时呼气，神意亦随之而下，注视丹田，两掌由胸部分开，各置于肩胛之际，掌心向前，指尖朝上，同时呼气毕，此乃第三口气。保持姿势不变，连续行呼吸五次，是为第四至第八口气(图 13-4 五禽戏鹿功图 A：图 13～图 16)。

图 13　　图 14　　图 15　　图 16

图 13-4

两手由两肩左右伸出，呈一直线，掌心向下，如大字形状。两手平移至前方相交而覆，均为吸气。此时神意专注视手，其余仍注视丹田，吸气毕，两手变掌为拳，两脚收拢并立。随即两拳向后平分，同时呼气。两拳继续分向后方腰眼中间，左拳在上，右拳在下，拳背紧贴背脊，呼气乃尽，是为第九口气。保持姿势不变，再行呼吸九次，是为第十至第十八口气(图 13-5 五禽戏鹿功图 B：图 17～图 19)。

第十八口气呼尽，两拳徐徐上提至腋窝，同时吸气(图 20)。提至两肘与肩平，两拳在胸前会合，上移至鼻尖时吸气毕。两手又斜移至两肋，随即变拳为掌(图 21)。两手移动即同时呼气。两掌从腋窝移回背心，重叠交叉，直插尾闾，呼气乃尽，是为第十九口气(图 22)。

图 17　　图 18　　图 19　　图 20　　图 21　　图 22　　图 23

图 13-5

2. 鹿功拍击法

从鹿功以后各部最后一口气之动作，即收功姿势均与猿功结束动作相同。鹿功不能只做一遍练习，应重复做猿功六七遍，然后行猿功拍击法，拍击后又做猿功一遍，再开始做鹿功两遍，鹿功拍击法后，再做鹿功一遍，然后又做猿功五六遍，再行猿功拍击法，再做猿功一两遍，即收功。

鹿功练习半月后，须行拍击法，其拍击部位在脐上三指一带。自中点向左右拍击，最后一击到中点为止，仍以手掌或沙包拍击四十下为度(图 13-5 五禽戏鹿功图 B：图 20～图 23)。

(三)虎功

1. 虎功功法

虎功为五禽图内功之第三部功法，虎功功法的动作结构特点刚猛，共呼吸二十口气，姿势较猿功、鹿功繁难，运动过程中强调动作随形似猛虎，注重呼吸并辅以翻长砂袋法和虎功拍击法，并注重配合呼吸的深浅与规律，从而获得最佳练习功效。

虎功练习的具体方法：身体直立，左脚跟抵右脚弓，呈“丁”字形，双膝挺直，双手十指相交叉，手心向上，相叉的双手从右边髋骨处缓缓绕脐而至左髋骨处。注意，双手不能触及髋骨。动作开始即吸气，吸气毕马上呼气，是为第一口气。

两手交叉不变上移至乳部，行呼吸一次，是为第二口气(图 25)。行以上两口气动作时，其神意注视两手。

两手一面上移，一面翻手，手背向外翻上，手心向下，同时吸气，两手举至头顶，目光随手动而移动。两手在头顶从左向右移，吸气毕(图 26)。微停，两手又再又头顶从右向左移(图 27)。移动即呼气，移至左边时两手仍以交叉状自头上方向下落至膝际，手心向下，身体同时下坐，左足跟抬起，仍为“丁”字形，两膝弯曲，以右脚支撑全身重量，两手不停，叉绕至右膝边而停，呼气乃毕，是为第三口气(图 13-6 五禽戏虎功图 A：图 24～图 30)。

图 24　图 25　图 26　图 27　图 28　图 29　图 30

图 13-6

两手从右回绕至左膝，上体随着手绕而转向左侧，移动即行吸气(图 31)。随即两手分开，左手伸直向后方画半圆线，继续伸向前方，臂与耳接触，掌心向前，指尖向上，成托天掌形。右手曲肘置于肋际，掌心向下，指尖向前，为呼气时间。目神、心意以前随手转移，至此则注视丹田，是为第四口气(图 32)。姿势不变，行呼吸五次，是为第五至第九口气。

右肘直想前方，手指尖下平掌与肩齐，再尽力向后方平移(图 33)，身体亦随之扭转，此为吸气时间(图 13-7 五禽戏虎功图 B：图 31～图 36)。

图 13-7

两手易掌为拳，右手拳心向上，左手拳心向下平引返前，拳的高度同肩齐，臂靠耳际，右拳置于右肋际，同时呼气。神意以前随手转移，至此则注视丹田，是为第十口气。保持此动作不变，呼吸九次，是为第十一至第十九口气。

最后左拳下按，立即缩回与右拳相接触，身体直立，即将两拳移至胸前与两肘成平线，同时吸气。两拳顺乳斜行从肋部绕至背后，同时呼气，手指渐渐分开。向下直插，与猿功结束动作相同(图 13-8 五禽戏虎功图 C：图 37～图 38)，是为第二十口气。又从右面行功一遍，仍为二十口气。每次练功，左右均须锻炼，不可偏废。

凡习虎功者，应先做猿功六七遍后，再行猿功拍击法，再继续开始做虎功左右各两遍。行虎功拍击法后，又左右各练一遍虎功，仍继续练猿功一遍，再收功。练虎功可停练鹿功。

2. 翻长砂袋法

习五禽图功至虎功时，因气已上行达于肋部，而肋缝空虚，须行翻长砂袋法以令肋部筋肉紧密，可免拍击时震伤肺部。

虎功具体方法：用铁砂约五公斤，用五尺长的布袋盛之。初学者平卧在床或平板上，两手平伸。翻袋时，先将袋子置于小腹部，以两手握布袋之两端，拳心向后，徐徐向上举，移向头上，两肘伸直，同时吸气；又落回小腹止，同时呼气。稍息片刻，如前再举，呼吸同上，目神、心意均注视丹田。其所举遍数，以力不能胜时即止。长砂袋之重量可逐渐增加。上举之遍数，宜循序渐进，逐渐增加，切忌急躁冒进。

注意事项：年轻体壮者可习石担法，准备三十公斤重之石担，身体直立，距石担一脚间距，双手抓握石担，并要弯腰曲膝。徐徐上举至头上方，双肘伸直，同时吸气；再回落至原位，同时呼气。反复抓举，初习者每次六遍即止。可逐渐加重石担之重量到五十公斤或更重。关于所负石担重量，应依练功者适宜的负荷为准，这里的范例供大家参考。

3. 虎功拍击法

虎功拍击法与猿功、鹿功拍击法不同。自第四口气至第九口气止为拍击时间，拍击部位为自腋下起，沿膀及肩击之，呼吸如故。即学者不管呼吸如何，均有节奏地进行拍击，以四十下为度。又自第十一至第十九口气间进行拍击，则自后肩沿膀至腋与前所击呈半环形，仍不问呼吸缓急，而有节奏地进行急拍，以四十至六十次为度。拍击用的砂袋较拍腹部的重量要轻，约一公斤左右(图 13-8 五禽戏虎功图 C：图 39～图 40)。

图 37　图 38　图 39　图 40

图 13-8

(四)熊功

1. 熊功功法

熊功功法为五禽图内功之第四部功法，熊功功法的动作结构特点刚猛，运动过程中强调动作随形似熊动，注重呼吸并辅以熊功拍击法，同样注重配合呼吸的深浅与规律以获得最佳练习功效。熊功共呼吸十九口气，姿势与虎功相同，第一、二、三口气吸时仍以相叉之两手心反转向下做拱手状上伸(图 13-9 五禽戏熊功图 A：图 41～图 44)。

气吸尽时马上呼气，双手放下，斜绕胸部，平移右肩之右掌与肩平，两手合掌，左手在上，右手在下，右肩右腰亦向后扭，目神、心意以前均注视在手，至此则注视丹田，同时气亦呼尽，是为第三口气。保持姿势不变，连续呼吸五次，是为第四至第八口气。

两手合掌下移至小腹部，同时呼气，两手分开同时呼气，左手上伸，肘部伸直，掌心向内，力向后拗，右手曲肘置于肋际，掌心向前，手指伸直朝下，同时气亦呼尽，是为第九口气。保持姿势不变，连续呼吸九次，是为第十至第十八口气(图 13-9 五禽戏熊功图 A：图 44～图 46)。

图 41　图 42　图 43　图 44　图 45　图 46

图 13-9

两手握拳，同时吸气；两拳移至胸部与两肘呈平线，同时呼气。以下动作与猿功结束动作相同(图 13-10 五禽戏熊功图 B：图 47～图 49)，是为第十九口气。

练习熊功时，亦左右并练，不可偏废。其遍数与虎功相同，亦如练虎功前一样，须先练猿功。练熊功后可停练鹿功、虎功。

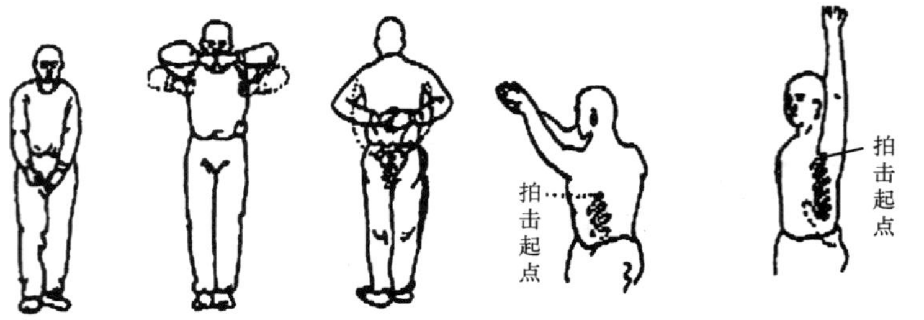

图 47　图 48　图 49　熊功拍击图一 图 50　熊功拍击图二 图 51

图 13-10

2. 熊功拍击法

拍法略与虎功相同。第四至第八口气时，拍击腰眼。第十至第十八口气时，则拍击肋边，仍以四十至六十次为度，左右运动时均一样(图 13-10 五禽戏熊功图 B：图 50～图 51)。

(五)鹤功

1. 鹤功功法

鹤功功法为五禽图内功之第五部功法，鹤功功法共呼吸二十五口气，一呼一吸为一口气。运动过程中同样强调动作随心意而行，意守丹田，注重呼吸并辅以拍击法。

具体方法：两脚分开成骑马式，两膝弯曲，臀部朝上，背脊挺直，略如鹤形。两手十指交叉，手心向上，置于脐处，目神、心意注视丹田，呼吸一次，是为第一口气。两手上移至乳际，呼吸一次，是为第二口气。

两手相叉不变。向外翻转、向上伸直，伸时即吸气，伸完即呼气，神意在手，是为第三口气(图 53、图 54)。保持姿势不变，连续呼吸五次，是为第四至第八口气。

两手分开，同时吸气，两手握拳收回时呼气，拳靠两肋，手指与肩平，神意注视丹田，是为第九口气。姿势不变，连续呼吸九次，是为第十至第十八口气(图 13-11 五禽戏鹤功图 A：图 52～图 56)。

图 52　图 53　图 54　图 55　图 56

图 13-11

两膝伸直，身体直立，两手各向左右伸平，易拳为掌，手心向上，人如“大”字形，行呼吸一次，是为第十九口气(图 56、图 57)。保持姿势不变，连续呼吸五次，是为第二十至第二十四口气手脚同时收回，手握成拳，置于胸际。以下姿势与猿功结束动作相同，是为第二十五口气(图 13-12 五禽戏鹤功图 B：图 58～图 61)。

图 57　图 58　图 59　图 60　图 61

图 13-12

习鹤功时，先做猿功一遍，后做鹤功一遍，遍数不限，循环间作，俟将收功。鹤功先拍，猿功后拍，拍后仍各做一至两遍才收功。总之，从猿功开始，以猿功收功。其余鹿、虎、熊三部功可停而不练。

2. 鹤功拍击法

鹤功拍击法由第四至第八口气开始拍击，自尾闾拍起，沿背上行，至颈部而止，所谓二十四气也。而第十至第十八口气则拍击胸部、即所谓口斗处。第十九至第二十四口气则拍击将台，即所谓血盆处。此次拍击不以次数为限，是以学者呼吸起止为度(图 13-13 五禽戏鹤功图 C：图 62～图 64)。

图 62　**图 63**　**图 64**　**图 65**　**图 66**　**图 67**　**图 68**

图 13-13

3. 顶功、底盘功、梢节功、练气

(1)顶功

顶功是练鹤功时进行头部锻炼的一种功夫，具有健脑强心的功能。亦能练得头断木棍、头顶碎砖之铁头功夫。

练习顶功时，应停止鹤功部位的拍击。练此功时，选择一个适宜练习的墙壁，面壁而立，与墙距离以两手握拳时手臂伸直抵达墙壁为宜。然后习练鹤功，至鹤功第五口气呼吸毕，便曲膝，使头与上身前扑，用头顶轻碰墙壁(图 13-13 五禽戏鹤功图 C：图 65～图 66)。初练时，不可大力，随功力加深而增加碰击力度。练鹤功三遍后，可以自行拍击头、颈部。拍时先用拳平拍、轻拍，以后逐渐加重，待头部对拳头拍击已无感觉时，即改用铁砂袋拍击。练习顶功必须循序渐进，切忌贪功冒进，发生受伤事故。

(2)底盘功

底盘功是继顶功的又一个功夫，有固精益肾的功能。其方法是鹤功做到第九口气时，头身朝前俯，头不挨墙壁，两脚之大趾、次趾用力触及地面，使力量贯注到下部。到夜间睡觉时，则曲膝侧卧，以一手兜睾丸，一手用手指轻捻睾丸，是其运转，通过长时间练习，即可达到固精益肾的目的。练底盘功拍打部位是阴囊两旁及会阴部位，先用手指拍，次用掌拍，不必用拳拍。

(3)梢节功

梢节功是锻炼四肢末梢(即手掌、手指、脚趾)的一种功夫，必须在底盘功练习熟练后，才能习练此功。其练法与底盘功相同，但拍击部位是手臂、手肘、手掌、手背、手指与两腿髋骨、腿肚、脚背、脚趾及两膝，除手心、脚板外，四肢全部均须拍击(图 67～图 68)。

(4)练气

练气时，腰带宜松弛，将丹田露出，以免妨碍气之出入。摒除一切杂念，凝神静气，闭唇扣齿。练功时，如口生津液则吞之，生痰则吐之。练习后，散步数分钟。禁烟，忌生冷。

三、八段锦

八段锦也是一类导引功法的总称，是由多种功法套路组成的一个导引术体系。八段锦的特点是由八节动作组成一个完整的导引套路，并以歌诀的形式记述传播。八段锦分为立势八段锦与坐势八段锦两大类。

(一)立八段

“立八段”指最早再现于北宋时期的一套八节导引功法。最早载录这套功法是北宋时期曾慥的《道枢》，另一部养生学专著《灵剑子引导子午诀》将其改为口诀，称其为《引导诀》。后在晚清时名之为“八段锦”，动作也有一定改动。

引导诀：

仰托一度理三焦，左肝右肺如射雕，东肝单托西通肾，五劳回顾七伤调，

游鱼摆尾通心脏，手攀双足理于腰，次鸣天鼓三十六，两手掩耳后头敲。

引导诀由八节动作组成，简明实用，加之以口诀形式出现，易记易学，因而很快流传普及开来。至明清时期，其动作有一定变化，但也趋于稳定成熟。据考证，现存文献中最早以“八段锦”命名，习惯上人们称这一功法为立势八段锦。

立势八段锦：

两手托天理三焦，左右开弓似射雕，调理脾胃须单举，五劳七伤向后瞧，

摇头摆尾去心火，背后七颠百病消，攒拳怒目增气力，两手攀足固肾腰。

(二)坐八段

坐势八段锦虽明代风行于天下，其雏形却始见于南宋曾慥所撰《道枢》，原名“七气之诀”。后经由明初朱权加以改造修订，载于《活人心法》一书，命名为“八段锦导引法”，始得以广为传播。因其全用坐式，为了与立式八段锦有别，故称坐式八段锦，简称“坐八段”。

1. 坐式八段锦(七气之诀)

会稽千岁沙门曰，吾有七气之诀：

一曰叩：叩齿七过，以集七神。心中作意念想象，每一叩齿而念一星。星者，魁、勉、嬉、魁、姥、嬉、魁。

二曰托：托者，先举左手如托千斤，右手亦然，各上下十八过。

三曰张：张者，先引左手如挽弓。挽弓已，则以足张努。右手及足亦然。各十八过。

四曰摩：摩者，摩左右手热，以摩其耳，谓之发水；次摩其目各三十六过，谓之发火；次摩其面以及身中。

五曰摇：摇者，以左右手叉腰，盘足而坐，左摇右肩背脾，右亦然，各十八过。

六曰揩：揩者，以左右手相揩热，以揩二肾堂使热。

七曰漱：漱者，漱之津液满口方咽之，三过。然后以左右手相揩热，以摩丹田为收式。

七气导引诀虽题为“千岁沙门”所传，但却是一套地地道道的道教导引术。这是一个较完整的导引套式，包含了叩齿集神、向上托举、挽弓踏驽、按摩面部、摇动身体、按摩肾堂、漱液咽津等七个动作术式。

明代的坐式八段锦是从宋代的七气导引诀改编演变而来，该功法由八种术式组成，包括：叩齿集神、摇天柱、舌搅漱咽、摩肾堂、单关辘轩、双关辘铲、托天按顶、钩攀。明清多种养生书载录了此法，现录明代高镰《遵生八笺》中坐式八段锦的歌诀及附录文字如下。

2. 八段锦导引诀：

闭目清心坐　握固静思神　叩齿三十六　两手抱昆仑　左右鸣天鼓
二十四度闻
微摆撼天柱　赤龙搅水浑　漱津二十六　神水满口匀　一口分三咽
龙行虎自奔
闭气搓手热　背摩后精门　尽此一口气　想火烧脐轮　左右辘转转
两脚放舒伸
叉手双虚托　低头攀足频　以候逆水上　再漱再吞津　如此三度毕
神水九次吞
咽下泊泪响　百脉自调匀　河车搬运迄　发火遍烧身　邪魔不敢近
梦寐不能昏
寒暑不能入　灾病不能迭　子前午后作　造化合乾坤　循环次第转
八卦是良因

其法后附有口诀，对这套功法的呼吸方法做了专门的说明，法于甲子日，夜半子时起首，行时口中不得出气，唯鼻中微放清气。每日子后午前，各行一次，或昼夜各行三次。久而自知祛除疾病，渐觉身轻，能勤苦不怠，则健体强身，益寿延年。

3. 八段锦功法要点口诀

叩齿集神法：叩齿集神三十六，两手抱昆仑，双手击天鼓二十四。练习时先须闭目口心，盘坐握固，静思定神。然后叩齿，次叉两手向项后，数九息，勿令耳闻。乃移手掩两耳，以第二指压中指，弹击脑后，各二十四次。

摇天柱法：左右手摇天柱，各二十四。然后先须握固，乃摇头左右顾，肩膊随动二十四。

舌搅漱咽法：左右舌搅上脖三十六，嗽三十六，分作三口，如硬物咽之。然后方得行火。其后，以舌搅口齿并左右顾，待津液生，方漱之，至满口方咽之。

摩肾堂法：两手摩肾堂三十六，以数多更妙。其后闭气搓手令热，摩后肾堂如数，毕，收手握固，再闭气，思用心火下烧丹田，觉极热即止。

单关辘护法：左右单关辘护各三十六。其后，须俯首，摆撼左肩三十六次，右肩亦三十六次。

双关辘铲法：双关辘铲三十六。其后，两肩并摆撼至三十六数，想自丹田透双关，入脑户。鼻引清气，后伸两脚。

托天按顶法：两手相搓，重复五次，然后叉手，托天按顶各九次。其后叉手相交向上，托空三次或九次。

钩攀法：以两手向前如钩，攀双脚心十二，再收足前端坐。其后以两手向前，攀脚心。十二次，乃收足端坐，候口中津液生，再漱再吞，一如前数。摆肩并身二十四，及再转辘护二十四次。想丹田火自下而上，遍烧身体。想时口鼻须闭气少倾。

(三)导引祛病八则

除了八段锦以外，中国民族体育项目还有很多类似八段锦的功法套式。这些功法套式未冠以八段锦之名，但在结构和功能上与八段锦类同，都是由数种导引术式组合成一个较为完整的功法套式，可划入一种类型。下面的“导引祛病八则”就属于这类套式。“导引祛病八则”出自明代冷谦所撰《修龄要旨》。该法共八节，其练功姿势包括坐式、立式、卧式等，是一套较有特色的导引套式，但第八节有一定道教法术色彩。

导引祛病八则内容如下：

平坐，以一手握脚趾，以一手擦足赤肉，不计数目，以热为度，即将脚趾略略转动。左右两足心更手握擦，倦则少歇。或令人擦之，终不若自擦为佳。此名涌泉穴，能除湿气，固真元。

临卧时，坐于床，垂足解衣，闭息，舌柱上颚，目视顶门，提缩谷道，两手摩擦肾俞，各一百二十次，多多益善，能生精固阳，治腰痛。两肩后小穴中，为上元六合之府，常以手捏雷诀，以大指骨曲按三九遍。又搓手技摩两目，顾上及耳根，逆乘发际各三九。能令耳目聪明、夜可细书。

并足壁立向暗处，以左手从项后紧拳右眼，连头用力反顾亮处九遍。右手亦从项后紧拳左眼，扭顾照前，可治双目赤涩火痛，单病则单行。

静坐闭气，纳气猛送下，两手作挽弓状，左右数次。气极满，缓缓呵出五七，通快即止，可治四肢烦闷，背急停滞。

仰卧去枕，壁立两足，以鼻纳气，复以鼻出之。若气出之极，令微气再入鼻中，勿今耳知，可除身中热及背痛之疾。

端坐伸腰，举左手仰掌，以右手承左肋，以鼻纳气，自极七息。能除淤血结气。端坐伸腰，举右手仰掌，以左手承左肋，以鼻纳气，自极七息，能除胃寒食不消。

凡经危险之路，心有疑忌，以舌柱上颚，咽津一二遍，左手第二第三指按捏两鼻孔中间所隔之际，仍叩齿七遍。

(四)导引诀八法

导引诀八法由八节术式组成，该法出自清代汪晸所撰《寿人经》，其功法是根据五脏五行练功，有坐有立、有静有动、结构完整。功法有文字说明，称该导引法不拘时，不拘数，行动时以自然为主，不伤气、伤力，能随意行之为最佳。练功应做到意到气到，气随血行，保持不间断持久练习，其功效明显，能获得祛病延年之效果。这套功法虽未冠以八段锦之名，但与八段锦功法十分相似。

导引诀八法口诀：

理肺金诀：先以左右单手向内转，伏于足前者三次；以左右双手向外转，伏于足前者三次。以左右双手向内转，次以左右双手向外转，优于足前如之。

理肝木诀：以左右两手次第下搽，思令气达掌心，行至指尖为度，不拘数。再以两手如鸟舒翼状，左右各三。再以两手当胸，自上而下，复自下而上者三。再以两手身左向右各三，上下如当胸。

理肾水诀：握两拳，紧抵左右腰际，身向两边摇摆，使气达内肾，不拘数。再以两手垂幸丸之前，身向两边摇摆，使气达外肾，亦不拘数。

理心火诀：先合两手，由胸前分排至脊后者三次；以左右两臂各贴心窝者三次；以两手全伸如扯硬物状，由胸前掷于背后者三次；以两手向地面，若持重物状。举过胸前，左持右掷，右持左掷各三。

理脾土诀：两足立定，以两手左右摇摆，手左目右，意到足根，脾土自能疏通。且五脏皆系于背，骨节灵通，元气获禆益。

坐功诀：两足曲盘，气由尾闾上达泥丸，下注丹田者九；气由左右两臂达于手指者七；由左右两股达于足趾者七。所谓河车搬运也。

长揖诀：叉两手，托天当面，揖优于地者九；叉两手，左右揖伏于地者各五。

导引诀：择极高洁之地，取至清至和之气，由鼻息入者，冲于丹田；由口入者，冲于肠腹。或三或五或七皆可。最忌地之不洁，气之不清，慎之慎之。

四、易筋经

易筋经相传为天竺和尚达摩传经，只身东来一路扬经颂法，后落迹于少林寺。达摩内功深厚，在少林寺面壁禅坐九年，留下《易筋经》为外修之书，留于少林，然而现代考古资料证明，《易筋经》实为明末天台紫凝道人所创，原系道家导引之术，与佛教实无干系。

易筋经是导引术功法向武术内功发展的代表，自明代以来，形成了一个独特的民族体育项目系统与流派。其特点是一反民族体育项目“务于祥和，俯仰安徐，曲伸有节”的原则，从武术特点和要求出发，着眼于壮力强体，内劲发力，在动作上形成发力刚猛的特点，以达到“气盈力健，骨劲膜坚”的目的。易筋经共计十二式，其预备式为：两腿开立，头端平，目前视，口微闭，调呼吸。含胸，直腰，蓄腹，松肩，全身自然放松。

(一)第一式(起式)：韦驮献杵式

两臂曲肘，徐徐平举至胸前成抱球式，屈腕立掌，指头向上，掌心相对(10 厘米左右距离)。此动作要求肩、肘、腕在同一平面上，合呼吸酌情做 8～20 次。

口诀：立身期正直，环拱手当胸，气定神皆敛，心澄貌亦恭。

动作姿势：预备式为两脚平行站立，与肩等宽，双膝微屈，两臂自然下垂于身体两侧，五指自然并拢微屈，两眼平视前方，继而放松，轻轻闭合，眼若垂帘。心平气和，神能安详，洗心涤虑，心澄貌恭。全身自上而下头颈、肩、臂、平、胸、腹、臀、大腿、小腿、脚依次放松，躯体各关节及内脏放松，做到身无紧处，心无杂念，神意内收。

继而再做内观放松，神意内收，导引气血内观泥丸，自觉头脑清新，清莹如晨露。引气下行，内观咽喉，自觉颈项放松。内观小丹田，自觉心胸开阔，神清气爽。内观脾骨，自觉中焦温润，胃脘舒适。内观下丹田，自觉命门相火温煦，元气充沛，腹内暖意融之。内观会阴，自觉会阴放松。引气沿两腿内侧下行，内观涌泉，自觉无限生机自足下涌出。

拱手当胸：两臂徐徐前手举，掌心相对，与肩等宽，两臂平直，再曲肘，肘节自然向下提坠，两手慢慢内收，距胸约一拳后，两手指尖相叠，拇指轻触，掌心向内。此时要求沉肩坠时，含胸拔背，气沉丹田，舌抵上颚，面带微笑。

(二)第二式：横担降魔杵式

两足分开，与肩同宽，足掌踏实，两膝微松；两手自胸前徐徐外展，至两侧平举；立掌，掌心向外；两目前视；吸气时胸部扩张，臂向后挺；呼气时，指尖内翘，掌向外撑，反复进行 8～20 次。

口诀：足指挂地，两手平开，心平气静，目瞪口呆。

动作姿势：接上势，翻转掌心向下，指尖相对，在体前缓缓下接至小腹前，同时引气下导。两掌左右分开，翻转掌心朝上，缓慢上抬呈侧平举意念在无限远处。两手微高于肩，两眼平视前方，极目远眺，舌尖放下平铺，松腰松胯，两足趾抓地，似要生根之状，全身放松，心平气和，排除杂念，摒弃诸缘。

(三)第三式：掌托天门式

口诀：掌托天门目上观，足尖着地立身端，力周腿胁浑如植，咬紧牙关不放宽；舌可生津将颚抵，鼻能调息觉心安，两拳缓缓收回处，用力还将挟重看。

动作姿势：接上式，两臂上举，掌心相对，翻转掌心向上，十指相对，舌抵上颚，仰面观天，眼看九天之外，脚跟提起，足尖着地。

俯掌贯气：两掌心翻转朝下，肘微屈，头正，眼平视前方，舌尖放下，两身在身前缓缓下按至小腹前，神意自九天之外收回，自头顶白会穴透入，径咽喉，脊髓至尾闾，沿两腿直达涌泉。下导时，足跟随之着地。两脚开立，足尖着地，足跟提起；双手上举高过头顶，掌心向上，两中指相距 3 厘米；沉肩曲肘，仰头，目观掌背。舌柱上颚，鼻息调匀。吸气时，两手用暗劲尽力上托，两腿同时用力下蹬；呼气时，全身放松，两掌向前下翻。收式时，两掌变拳，拳背向前，上肢用力将两拳缓缓收至腰部，拳心向上，脚跟着地。反复 8～20 次。

(四)第四式：摘星换斗式

右脚稍向右前方移步，与左脚形成斜八字，随势向左微侧；曲膝，提右脚跟，身向下沉，右虚步。右手高举伸直，掌心向下，头微右斜，双目仰视右手心；左臂曲肘，自然置于背后。吸气时，头往上顶，双肩后挺；呼气时，全身放松，再左右两侧交换姿势锻炼。连续 5～10 次。

口诀：只手擎天掌覆头，更从掌内注双眸。鼻端吸气频调息，用力回收左右眸。口诀：双手擎天掌覆头，再从掌内注双眸，鼻端吸气频调息，用力收回左右眸。

动作姿势：双手擎天掌覆头：右手径身体右侧缓缓向上举起，掌心朝天，五指朝左弓，松肩直臂左手臂外劳宫紧贴命门。舌抵上颚，仰面上观手背，透过手背看九天之上，身体自命门起上下双向伸展。

俯首贯气：右掌翻转向下，生曲肘，头正，舌尖自上颚自然放下，眼平视前方或轻闭，同时“神返身中”。久练后与双手擎天连续练习时有“人在气中，气在人内”，内外一气的感觉。松腰，则左掌劳宫穴发气，与上式“俯掌贯气”同，可参阅。左手动作与右手动作相同，唯左右相反。

(五)第五式：倒拽九牛尾式

右脚前跨一步，曲膝成右弓步。右手握拳，举至前上方，双目观拳；左手握拳；左臂曲肘，斜垂于背后。吸气时，两拳紧握内收，右拳收至右肩，左拳垂至背后；呼气时，两拳两臂放松还原为本式预备动作。再身体后转，成左弓步，左右手交替进行。随呼吸反复5～10 次。

口诀：两腿后伸前曲，小腹运气放松；用力在于两膀，观原须注双瞳。

动作姿势：左脚向左侧迈出一步成左弓步。同时，左手握拳上举，拳稍过头顶，拳心向内，曲肘。前臂与上臂所成角度略大于直角。肘不过膝，膝不过足，成半圆形，两腿观左拳。右手握拳，直肘向后伸展，拳心向后，前后两拳成绞绳状，称为螺旋颈。松肩，两肩要平而顺达。背直，塌腰收臀，胸略内含，藏气于小腹，鼻息调匀，舌尖轻抵上颚。

导气下达两拳放松成半握拳状。舌尖自上颚放下，肩、腰放松，左手劳宫穴发气，闭目。气自天目穴遂入，依次贯穿脑髓，脊髓、两腿骨髓，直达两脚涌泉穴。转身向右，与前式相同，唯左右相反。

(六)第六式：出爪亮翅式

两脚开立，两臂前平举，立掌，掌心向前，十指用力分开，虎口相对，两眼怒目平视前方，随势脚跟提起，以两脚尖支持体重。再两掌缓缓分开，上肢成一字样平举，立掌，掌心向外，随势脚跟着地。吸气时，两掌用暗劲伸探，手指向后翘；呼气时，臂掌放松。连续 8～12 次。

口诀：挺身兼怒目，推手向当前；用力收回处，功须七次全。

动作姿势：握拳护腰由第一式预备桩功，上身前俯，两臂在身前松垂，两手握拳，由身前缓缓提起，置于腰间，拳心朝上。同时配合顺气，身直胸展，舌尖轻抵上颚，青少年，年轻力壮或以增强力量为目的者，提起握紧拳。

两拳变掌，缓缓向前推出，至终点时掌心朝前，坐腕屈指，高与肩平，两眼平视指端，延展及远。

松腕，虚掌，十指微屈，曲肘，两手缓缓向胸胁收回，式落海水还潮，两眼轻闭，舌尖轻抵上颚，配以缓缓吸气。

(七)第七式：九鬼拔马刀式

脚尖相衔，足跟分离成八字形；两臂向前成叉掌立于胸前。左手曲肘经下往后，成勾手置于身后，指尖向上；右手由肩上曲肘后伸，拉住左手指，使右手成抱颈状。足趾抓地，身体前倾，如拔刀一样。吸气时，双手用力拉紧，呼气时放松。左右交换。反复5～10次。

口诀：侧首弯肱，抱顶及颈；自头收回，弗嫌力猛；左右相轮，身直气静。

动作姿势：右手后背，掌心朝外，置于腰部。左手上举过头，曲肘贴枕部抱头，手指压拉右耳，左腋张开。同时头颈腰背拧转向左后方，眼看右足跟。舌尖轻抵上颚，稍停片刻。

拧身复正，侧头上观。两眼延展及远。舌尖轻抵上颚，身直气静。两手沿体前缓慢下落，恢复预备桩功。动作3、4与1、2同，唯左右相反。

(八)第八式：三盘落地式

左脚向左横跨一步，曲膝下蹲成马步。上体挺直，两手叉腰，再曲肘翻掌向上，小臂平举如托重物状；稍停片刻，两手翻掌向下，小臂伸直放松，如放下重物状。动作随呼吸进行，吸气时，如托物状；呼气时，如放物状，反复5～10次。收功时，两脚徐徐伸直，左脚收回，两足并拢，成直立状。

口诀：上颚坚撑舌，张眸意注牙；足开蹲似踞，手按猛如拿；两掌翻齐起，千斤重有加；瞪目兼闭口，起立足无斜。

动作姿势：同第一式预备柱功，屈腰下蹲，同时两掌分向身侧胯旁，指尖朝向左右侧方(微微偏前)，虎口撑圆，眼看前方，延展及远。上虚下实，空胸实腹，松腰敛臀，气蓄小腹。要做到顶平、肩平、心平气静。练虚静功者可闭目敛神，铜钟气功即脱胎于此式，故亦可做单独桩法练之。

两腿伸直，翻掌托起，如托千斤。同时及气，舌抵上颚，眼向前平视，全身放松。俯掌曲膝下按(恢复马步蹲按)，配以呼吸，如此反复蹲起3次。年轻体装者则宜全蹲，站起进宜缓，同时握拳上提。

(九)第九式：青龙探爪式

两脚开立，两手成仰拳护腰。右手向左前方伸探，五指捏成勾手，上体左转。腰部自左至右转动，右手亦随之自左至右水平划圈，手划至前上方时，上体前倾，同时呼气。划至身体左侧时，上体伸直，同时吸气。左右交换，动作相反。连续5～10次。

口诀：青龙探爪，左从右出；修士效之，掌气平实；力周肩背，围收过膝；两目平视，息调心谧。

动作姿势：上身微俯，两手握拳，缓缓自身前提起，置于腰间，拳心朝上，同时配合吸气。舌尖轻抵上颚。右拳以拳面抵于章门穴，左拳变掌上举过头，腰身缓缓屈向左侧，使左腰充分收缩，右腰极度伸展。掌心朝下，舌尖轻抵上颚，自然呼吸，眼看左掌。

曲膝下蹲，左手翻转掌心朝上，手背离地面少许，沿地面自左方，径前方划弧至左脚外侧；右拳变掌落下，同时身体亦随之转正，两握拳。直立，左掌同时提置左章门穴。右手动作与左手动作同，唯左右相反。

(十)第十式：卧虎扑食式

右脚向右跨一大步，屈右膝下蹲，成右弓左仆腿式；上体前倾，双手撑地，头微抬起，目注前下方。吸气时，同时两臂伸直，上体抬高并尽量前探，重心前移；呼气时，同时曲肘，胸部下落，上体后收，重心后移，蓄势待发。如此反复，随呼吸而两臂曲伸，上体起伏，前探后收，如猛虎扑食。动作连续5～10次后，换左弓右仆脚式进行，动作如前。

口诀：两足分蹲身似倾，曲伸左腿相更，昂头胸作探前势，偃背腰还似砥平，息息调远均出入，指尖着地赖支撑，降龙伏虎神仙事，学得直形也卫生。

动作姿势：上身微俯，两手握拳，缓缓自身前提起，径腰间肘掌心朝上，身直胸展。不停，两拳顺着胸部向上伸至口手，拳心转向里，同时曲膝、屈胯、微蹲蓄势，配以深长吸气。

左脚踏前一步，顺势成左弓步，同时臂内旋变掌向前下扑伸，掌高与胸齐，眼视两手。在扑伸的同时发“哈”声吐气。不停，身体前倾，腰部平直，将胸中余气呼尽，顺势两手分按至左脚两侧。头向上略抬，两眼平视及远。极目远眺。

前两个动作要协调一致。两脚不动，起身后坐同时两手握拳，沿左腿上提。其他动作与前述之动作同。如此共扑伸3次，左脚收回，右弓步动作与左弓步同，唯左右相反。

(十一)第十一式：打躬式

两脚开立，脚尖内扣。双手仰掌缓缓向左右而上，用力合抱头后部，手指弹敲小脑后片刻。配合呼吸做曲体动作；吸气时，身体挺直，目向前视，头如顶物；呼气时，直膝俯身弯腰，两手用力使头探于膝间作打躬状，勿使脚跟离地。根据体力反复8～20次。

口诀：两手齐持脑，垂腰至膝间；头惟探胯下，口更齿牙关；掩耳聪教塞，调元气自闲；舌尖还抵颚，力在肘双弯。

动作姿势：两臂展直，自身侧高举过头，仰面观天，头颈正直，曲肘两手抱后脑，掌心掩耳，两肘张开，与肩平行。

上身前俯成打躬状，头部低垂，大约至两膝前方。两膝勿屈，微微呼吸，掌心掩耳。两手以指(食、中、无名指)交替轻弹后脑(风池穴附近)各36次。

缓缓伸腰站直，先左侧拧腰侧转，再向右侧拧腰侧转，往返7次，两脚勿移，腰直目松，膝直不僵，舌尖自然放下，面带微笑。

在身体转至正中后，抬起脚跟，同时两手自脑后高举过头，仰掌呈擎天状，躯体充分舒展，并配合吸气。

(十二)第十二式：工尾式

两腿开立，双手仰掌由胸前徐徐上举至头顶，目视掌而移，身立正直，勿挺胸凸腹；十指交叉，旋腕反掌上托，掌以向上，仰身，腰向后弯，目上视；然后上体前曲，双臂下垂，推掌至地，昂首瞪目。呼气时，曲体下弯，脚跟稍微离地；吸气时，上身立起，脚跟着地；如此反复 21 次。收功：直立，两臂左右侧举，曲伸 7 次。

口诀：膝直膀伸，推手自地。瞪目昂头，凝神意志，起而顿足，21 次，左右伸脑，以七为志，更坐做功，盘膝重眦，口注于心，息调于鼻，定静乃起，厥功准备。

动作姿势：两手分别自身侧高举过头。两掌相合，提顶、伸腰、展臂、提起脚跟极力高举。脚跟落地，两脚踏实，同时两掌落至胸前。十指交叉翻转，掌心朝外，两臂也随之前伸，展直。翻掌朝下，在身前徐徐下降至裆的部位后，弯腰前俯，继续下按至地。膝不可屈，如有未达，不可勉强。下按至终点时，昂头，舌抵上颚。如此俯仰躬身重复举按 3～5 次。天长日久，掌可逐渐靠近地面，则腰身柔若童子。

转腰向左方，两脚不移，仅左脚步变虚，右腿变实，右膝微屈。同时两手保持交叉状态，沿地面划弧移至左脚外侧。两臂保持伸展，自左方高举转头，掌心朝上，仰面观天，拧腰 180 度转向右方，徐徐弯腰右方俯身，下按至右脚步外侧，如未达到，不可勉强，可继续俯仰 3～5 次，以后逐渐靠近地面。

最后一次下按右脚外侧时，伸舒腰身两臂随之高举过头。继之拧腰转身至正前方。两掌相合，徐徐降至胸前。两掌缓缓分开，十指相对，下按，两手分开，自然下垂于两胯旁，恢复成预备桩功式。两脚跟起落顿地 3～21 次。

五、易筋经功法习练要领

(一)精神放松，形意合一

习练本功法要求精神放松，意识平静，不做任何附加的意念引导。通常不意守身体某个点或部位，而是要求意随形体动作的运动而变化。即在习练中，以调身为主，通过动作变化导引气的运行，做到意随形走，意气相随，起到健体养生的作用。同时，在某些动作中，需要适当地配合意识活动。如“韦驮献杵式”中双手上托时，要求用意念灌注两掌；“摘星换斗式”中要求目视上掌，意存腰间命门处；“青龙探爪式”时，要求意存掌心。而另一些动作虽然不要求配合意存，但却要求配合形象的意识思维活动。如“三盘落地式”中下按、上托时，两掌有如拿重物；“出爪亮翅式”中伸肩、撑掌时，两掌有排山之感；“倒拽九牛尾式”中拽拉时，两膀如拽牛尾；“打躬式”中脊椎曲伸时，应体会上体如“勾”一样的卷曲伸展运动。这些都要求意随形走，用意要轻，似有似无，切忌刻意、执著于意识。

(二)呼吸自然，贯穿始终

习练功法时要求呼吸自然、柔和、流畅，不喘不滞，以利于身心放松、心平气和及身体的协调运动。相反，若不采用自然呼吸，而执著于呼吸的深长绵绵、细柔缓缓，则会在与导引动作的匹配过程中产生“风”“喘”“气”三相，即呼吸中有声(风相)，无声而鼻中涩滞(喘相)，不声不滞而鼻翼扇动(气相)。这样，习练者不但不受益，反而会导致心烦意乱，动作难以松缓协调，影响健身效果。因此，习练本功法时，要以自然呼吸为主，动作与呼吸始终保持柔和协调的关系。此外，在功法的某些环节中也要主动配合动作进行自然呼或自然吸。如“韦驮献杵式”中双掌上托时自然吸气；“倒拽九牛尾式”中收臂拽拉时自然呼气；“九鬼拔马刀式”中展臂扩胸时自然吸气，松肩收臂时自然呼气，含胸合臂时自然呼气，起身开臂时自然吸气；“出爪亮翅式”中两掌前推时自然呼气等。因为人体胸廓会随着这些动作的变化而扩张或缩小，吸气时胸廓会扩张，呼气时胸廓会缩小。因此，习练本功法时，应配合动作，随胸廓的扩张或缩小而自然吸气或呼气。

(三)刚柔相济，虚实相兼

易筋经功法动作有刚有柔，刚与柔是在不断相互转化的；有张有弛，有沉有轻，是阴阳对立统一的辩证关系。如“倒拽九牛尾式”中，双臂内收旋转逐渐拽拉至止点是刚，为实；随后身体以腰转动带动两臂伸展至下次收臂拽拉前是柔，为虚。又如“出爪亮翅式”中，双掌立于胸前呈扩胸展肩时，肌肉收缩的张力增大为刚，是实；当松肩伸臂时，两臂肌肉等张收缩，上肢是放松的，为柔；两臂伸至顶端，外撑有重如排山之感时，肌肉张力再次增大为刚，是实。这些动作均要求习练者在用力之后适当放松，松柔之后尚需适当有刚。这样，动作就不会出现机械、僵硬或疲软无力的松弛状况。因此，习练本功法时，应力求虚实适宜，刚柔相济。要有刚和柔、虚与实之分，但习练动作不能绝对地刚或柔，应做到刚与柔、虚与实的协调配合，即刚中含柔、柔中寓刚。否则，用力过“刚”，则会出现拙力、僵力，以致影响呼吸，破坏宁静的心境；动作过“柔”，则会出现疲软、松懈，起不到良好的健身作用。

(四)循序渐进

个别动作配合发音习练本功法时，不同年龄、不同体质、不同健康状况、不同身体条件的练习者，可以根据自己的实际情况灵活地选择各式动作的活动幅度或姿势，如“三盘落地式”中曲膝下蹲的幅度，“卧虎扑食式”中十指是否着地姿势的选择等。习练时还应遵循由易到难、由浅到深、循序渐进的原则。另外，本功法在练习某些特定动作的过程中要求呼气时发音(但不需出声)。如“三盘落地式”中的身体下蹲、两掌下按时，要求配合动作口吐“嗨”音，目的是为了下蹲时气能下沉至丹田，而不因下蹲造成下肢紧张，引起气上逆至头部；同时口吐“嗨”音，气沉丹田，可以起到强肾、壮丹田的作用。因此，在该势动作中要求配合吐音、呼气，并注意口型，吐“嗨”音口微张，音从喉发出，上唇着力压于龈交穴，下唇松，不着力于承浆穴。这是本法中“调息”的特别之处。

《易筋经》是一套完整的套路式锻炼功法，练习中也可以根据自身的健康状况和身体素质，进行全套完整练习，或有选择性地进行单个动作的练习。练习《易筋经》要求：初练者一日三次为宜，即早、中、晚三次。晨练空气好，情绪相对稳定，是练习的黄金时段。晚练，在完成了一天的事务后，自由支配的时间宽裕，练习后可以更好地促进睡眠。如果每天早上或晚上练一遍，只要坚持也是可行的。其次，每次练两遍是因为《易筋经》

属意、气、形高度协调的练习方法。从运动生理学的角度看，易筋经属于小强度运动项目，每次只练一遍对内脏器官有一定的锻炼价值，而每次练两遍则能获得更好的锻炼效果。

《易筋经》习练音乐古朴、大气、悠扬、空灵，配乐练习有助于更好地入静，提高练功效果。但在配乐练习中应做到有音乐而不唯音乐。既要顺着音乐的旋律又不能受音乐节奏所限制。易筋经的特点之一就是自然流畅并无明显的节拍。由于每个人的体能、情绪、精神、健康状况的不同，会有不同的练习体验和习练行进速度。《易筋经》原文说“人各成其人也，而人勿为阴阳所制”。

第十四章

日常健身与健美

第一节 健美操概述

一、国际健美操运动的起源与发展

(一)国际健美操运动的起源

健美操的起源应追溯到两千多年前，古希腊人认为，在世界万物之中，只有人体的健美才是最匀称、最和谐、最庄重、最有生气和最完善的。古希腊人喜爱采用跑跳、投掷、柔软体操和健美舞蹈等各种体育项目来进行人体美的塑造。他们提出了“体操锻炼身体，音乐陶冶精神”的主张。

古代人对健身健美的追求，以及提倡体操与音乐相结合的主张是现代健美操运动形成与发展的基础。进入欧洲文艺复兴时期，古希腊、古罗马等古典文化重新被振兴，许多教育家认为古希腊体操是人体健美最完整的体育系统，提倡开展体操运动。17 世纪意大利医生库里·奥斯在 1569 年出版的六卷《体操艺术》等著作中，详细论述了各种形式的体操动作。18 世纪德国著名体育活动家艾泽伦开设了培训体育师资的课程，创造了哑铃、吊环等运动。这些形式的锻炼，既是现代体操的雏形，也是现代健美操的起源。

现代健美操实际上是从 20 世纪 70 年代开始兴起的体育运动项目，最早是美国太空总署为太空宇航员所设计的体能训练阿洛别克项目，是医学博士库伯尔设计的一种在音乐伴奏下，进行的一系列身体动作练习，这一独特的练习方式很快便风靡世界。

(二)国际健美操运动的发展

1. 健身性健美操运动的发展

健美操作为一项独立的体育运动项目兴起的时间是 20 世纪 70 年代末，其明显标志就是“简方达健美操”的出现。作为现代健美操运动的发起人之一，简方达根据自己的体会和实践编写了“简方达健美操”一书及录像带。自 1981 年首次在美国出版以来一直畅销不衰，并被译成 20 多种文字在世界 30 多个国家出售，对健美操运动在世界范围内的流行与发展起到了巨大的推动作用，这也使简方达成为 20 世纪 80 年代健美操运动的杰出代表人物。

同时，世界性健身协会的成立与活动也进一步推动了健身性健美操在世界范围内的普及与推广。如国际健身协会(IDEA)、国际健美操与健身协会(FISAF)、亚洲健身协会(Asiafit)等。这些国际性健身协会致力于为世界各地的健身专家提供最新健身信息和培训教育，健身指导员资格认证，出版与健身、健康相关的资料刊物，组织健美操比赛和健身大会等，以此来推动健美操运动。

2. 竞技性健美操运动的发展

健美操作为一项群众性体育活动，只有通过“比赛”才能使其成为一个真正的体育运动项目，而竞技性健美操国际组织的成立，为竞技性健美操比赛提供了展示平台。如国际体操联合会健美操联合会(FIG)、国际健美操冠军联合会(ANAC)、国际健美操联合会(IAF)，上述这些国际健美操组织均致力于竞技性健美操运动的发展及在全世界的普及，为扩大健美操在世界范围的影响，提高运动技术水平做出重要贡献。

目前，各个健美操国际组织除单独组织的世界锦标赛、冠军赛、世界杯赛外，还通过联合的形式进行世界健美操巡回赛和大奖赛，每年各种国际比赛的参赛人数呈逐年增多的趋势。

健美操不仅在美、英、法等国家迅速发展，而且在一些发展中的国家和地区也得到不同程度的开展。苏联很早就把健美操列入大、中、小学的体育教学大纲。在亚洲地区，日本、菲律宾、新加坡等国家也建有许多健美操活动中心及健身俱乐部，人们都开始将健美操作为自己的主要健身方式，由此形成了世界范围内的“健美操热”。

二、我国健美操的兴起与发展

世界性的健美操热传到我国，是在 20 世纪 80 年代初。那时，随着我国教育改革的不断深入，“美育”教育逐渐在学校教育中占有一席之地。因此，健美操的引进与兴起为我国美育教育提供了一个重要手段。

1981 年至 1983 年，在健美操传入我国的初期，不少高校教师陆续在报纸杂志上刊登了一些介绍健美操和探讨美育教育的文章，并编排了一些健美操成套动作，如“女青年健美操”“哑铃健美操”“形体健美操”等，从此，追求人体健与美的“健美操”一词迅速被广大体育工作者所采用。

1984 年，北京体育学院成立了健美操研究组，由其编排并推出的“青年韵律操”传遍全国各大专院校，无数青年学生投入了学习“青年韵律操”的热潮，使健美操迅速在我国各大专院校得到普及。此后，许多高校将健美操内容列入教学大纲，成为一项重要的体育教学内容，各种健美操教材也陆续出版，促进了健美操的理论研究。

为了推动全国大学生健身健美操的开展，中国大学生体协健美操艺术体操分会决定从1993年开始，每年在大学生中推广一套由协会审定的健身健美操。

与此同时，表演性健美操和竞技性健美操也开始在学校中出现，而高校良好的师资和场馆条件又为竞技健美操的普及奠定了基础。每年不少高校都组织队伍参加各种形式的全国健美操比赛。如今，高等院校已成为我国竞技健美操发展的重要基地。

1987年我国第一家健美操健身中心“利生健康城”面向社会开放，首次把健美操这项新的体育运动介绍给广大人民群众，其新颖的锻炼方式、良好的健身效果很快被人们所接受，吸引了大批的健身爱好者。随后，越来越多的以健美操为主要形式的健身中心在社会上相继开业。

尤其是在北京、广州、上海等大中型城市，人们的思想观念更加新潮，追求健康、追求美成为时尚，并且随着生活水平的不断提高，为健康投资逐渐深入人心，因此千千万万的人热衷于健身，热衷于健美操。通过锻炼，不仅增强了体质，而且娱乐了身心，同时使健美操成为健身市场的一个重要组成部分。另外，电视等有关媒体的健美操节目的大量出现也对社会健美操热的持续发展起到了推波助澜的作用。

我国社会健美操的发展受“简方达健美操”的影响较大，并随着时间的持续形成了各种流派。这些不同流派的健美操各有特色，但和国际健身健美操的发展还有一定的距离，如在练习的内容上普遍存在着重视“操”的练习，轻视力量练习，以及以过多的跳跃动作来增加运动负荷等问题。相信今后随着人们对健美操运动的认识的不断深入和国际交流的加强，以及中国健美操协会关于社会健美操指导员制度和健美操等级动作的推出，这些问题将逐步得到解决，今后健身健美操练习方法和市场管理也必将向着国际化、科学化、规范化的方向发展。

1992年，中国健美操协会成立。中国健美操协会是中国奥委会承认的全国性运动协会，协会的成立，使我国健美操运动进入一个有组织、有计划发展的新时期。长期以来，中国健美操协会克服了人员少、资金不足等困难，为健美操运动的普及做了大量的工作。如每年举办健美操教练员裁判员培训班、全国健美操锦标赛等。

随着我国经济与体育制度改革的不断深入，1997年年初中国健美操协会由社会体育中心并入国家体育总局体操运动管理中心。这一改革理顺了我国与国际上的关系和我国内部管理体制，并先后制定了《健美操活动管理办法》《全国健美操指导员专业技术等级实施办法(试行)》《全国健美操大众锻炼标准实施办法》，这些举措对我国健美操运动的普及与提高具有重大意义，必将推动我国健美操运动的快速发展。

在我国健美操运动发展的初期，曾于1987年由康华健美研究所、北京体育学院、中央电视台等单位联合举办了全国首届“长城杯”健美操比赛，随后又分别组织过儿童、青年、中老年健美操比赛。这些比赛的内容主要是健身健美操。如90年代初期，随着中国健美操协会的逐渐成长和壮大，我国健美操比赛逐步走向正规化。我国每年举行的正式健美操全国比赛有全国健美操锦标赛、冠军赛以及行业系统的比赛如全国大学生健美操比赛和全国职工健美操比赛。从1997年开始，又把全国锦标赛改为全国锦标赛暨运动会，增加了中老年组健身健美操的比赛，并把青年组按比赛成绩分为甲、乙组，这样增加了健美操比赛的多样性，可吸引更多的人参与到健美操比赛中来。

1987 年，北京体院健美操队访问日本，这是我国健美操运动首次走出国门。

1995 年年底，我国首次派队参加了由 FIG 在法国举行的第一届世界健美操锦标赛。1997 年，随着健美操协会并入体操中心，更重视健美操与国际的交往，分别派队参加了 4 月在日本举行的 LAF 世界杯赛、5 月在意大利举行的第 4 届世界锦标赛和 7 月在美国举行的 ANAC 世界锦标赛。虽然在这些比赛中我们的成绩不够理想，但毕竟是我国竞技健美操走向世界的一个良好开端。1997 年和 1998 年，我国还先后派出 8 人参加了 FIG 组织的国际裁判员培训班和国际教练员培训班。这些国际的交流与学习，使我们了解到国际健美操发展的动向和技术发展趋势，加深了我们对国际规则和健美操技术的理解，相信今后随着我们国际交流的逐步正规化，必将极大地促进我国健美操运动的发展和技术水平的提高。

第二节 健美操的概念及基本技术

一、健美操基本动作概念及作用

(一)健美操基本动作的概念

健美操基本动作是健美操运动的基础，是最小的动作元素。组合动作均是在在基本动作的基础上变化和发展起来的。将健美操基本动作按一定的需要进行不同的组合和编排，会产生具有不同难度、不同强度、不同风格的效果的动作。

(二)健美操基本动作的作用

1. 通过健美操基本动作练习，可使健美操练习者掌握正确的动作规格，形成正确的动作技术概念。

2. 练习好健美操基本动作，能够建立良好的身体基本姿态，培养美的意识和表现力。

3. 练习好健美操基本动作，有利于对初学者的韵律及节奏感的训练，使之掌握整个动作与成套动作的韵律过程，提高练习的兴趣。

二、健美操基本动作内容

(一)基本步伐体系

健美操基本步法根据人体运动时对地面的冲击力大小分为低冲击力动作、高冲击力动作、无冲击力动作三类。根据动作完成的形式不同，又可将基本步伐分为五类——交替类、迈步类、点地类、抬起类、双腿类。

表 14-1　有氧健身操常用基本动作体系

类别	原始动作形式	低冲击力形式	高冲击力形式	无冲击力形式
交替类	踏步 March	踏步 March 走步 Walk 一字步 Easy step V 字步 V step 漫波步 Mambo	跑步 Jog	
迈步类	侧并步 Step touch	并步 Step touch 迈步点地 Step tap 迈步吸腿 Step knee 迈步后曲腿 Step curl 侧交叉步 Grapevine	并步跳 小马跳 迈步吸腿跳 迈步后曲腿跳 侧交叉步跳	
点地类	点地 Touch step	脚尖点地 Touch tap 脚跟点地 Hell		
抬起类	抬腿 Lift step	吸腿 Knee lift(up) 摆腿 Leg lift 踢腿 Kick	吸腿跳 摆腿跳 踢腿跳 弹踢腿跳 后曲腿跳	
双腿类			并腿跳 Jump 分腿跳 Squat jump 开合跳 Jumping jack	半蹲 Squat 弓步 Lunge 提踵 Calf raise

(二)基本动作说明

在此只说明最主要的动作，对同一动作的高冲击力形式不再重复解释。按照动作的分类以动作名称、一般描述、技术要点和动作变化四部分进行说明。

动作的变化分为两种形式：

1. 不同动作组合在一起使之成为一个动作。

2. 在一个原始动作的基础上加入各种变化因素，如方向变化。

(三)基本动作

1. 两脚交替类

(1)踏步

一般描述：两腿原地依次抬起，依次落地(图 14-1)。

技术要点：下落时，踝、膝、髋关节依次有弹性地缓冲。

动作变化：踏步分腿并腿，两脚依次向两侧迈步，成分腿半蹲，再依次还原成并腿。

图 14-1

(2)走步

一般描述：迈步向前走四步或向后退四步，注意脚跟与脚掌的过渡。

技术要点：落地时，膝、踝关节有弹性地缓冲。

动作变化：三步点地；三步吸腿(图 14-2)。

图 14-2

(3)一字步

一般描述：一脚向前一步，另一脚并于前脚，再依次还原(图 14-3)。

技术要点：前后腿均有并腿过程，每一拍动作中膝关节始终有弹性地缓冲。

动作变化：V 字步；方步。

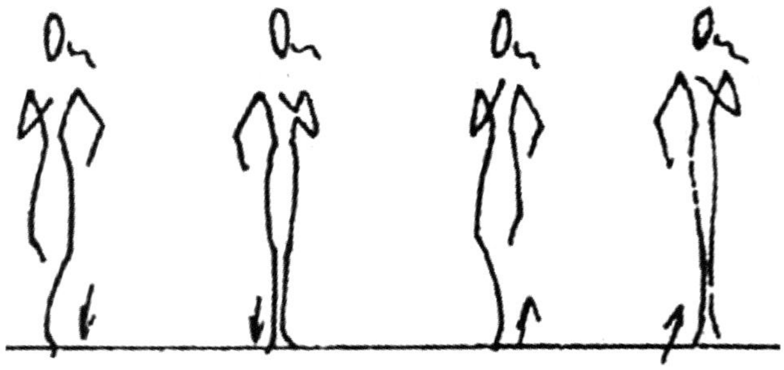

图 14-3

(4)V 字步

一般描述：一脚向前侧方迈出一步，另一脚向另一方迈一步，成两脚开立曲膝，再依次还原(图 14-4)。

技术要点：两腿膝、踝关节始终保持弹动状态，分开后成分腿半蹲，重心在两脚之间。

动作变化：X 形步(前 V 字＋后 V 字)。

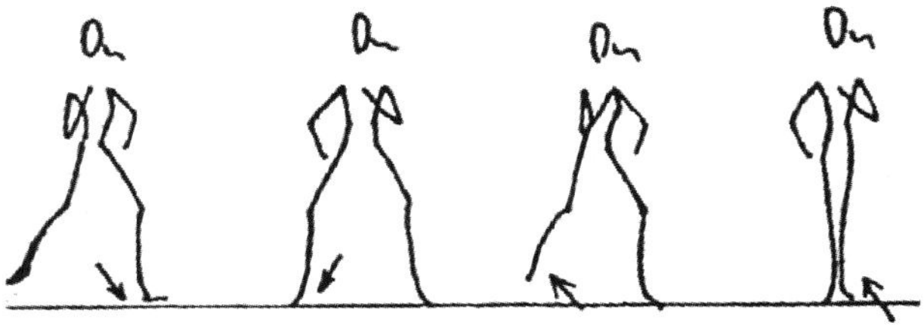

图 14-4

(5)漫波步

一般描述：一脚向前迈出，曲膝，重心随之前移，另一脚稍抬起，再原地落下。

技术要点：两脚始终保持交替落地，身体重心随动作前后移动，但始终在两脚之间。

动作变化：漫波步转体 360°(图 14-5)。

图 14-5

(6)跑步

一般描述：两腿经过腾空，仿效落地，两臂曲肘摆臂(图 14-6)。

技术要点：落地曲膝缓冲，脚跟尽量落地。

动作变化：后踢腿跑；双跳跑。

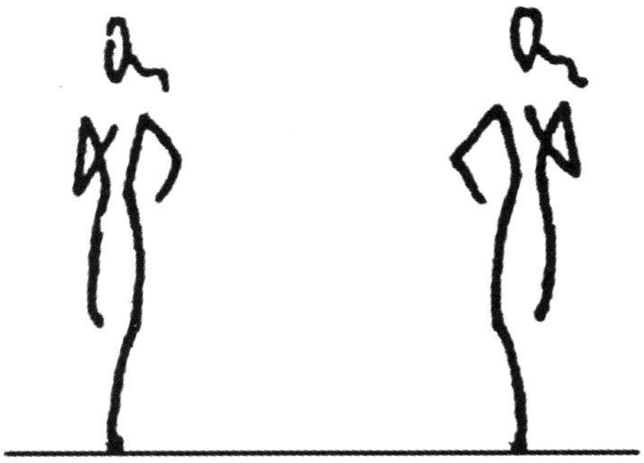

图 14-6

2. 迈步类

(1)并步

一般描述：一脚迈出，另一脚随之并拢，曲膝点地，再向相反方向迈步(图 14-7)。

技术要点：两膝始终保持弹动，动作幅度和力度随风格而定。

动作变化：两次并步；侧交叉步。

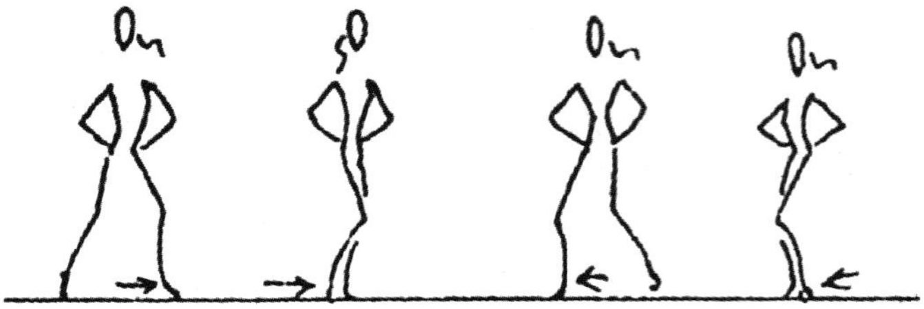

图 14-7

(2)迈步点地

一般描述：一脚向侧迈一步，两腿经曲膝转移重心，另一腿再向前、侧或后，用脚尖或脚跟点地(图 14-8)。

技术要点：两膝同时有弹性地曲伸，重心轨迹成弧形，上体不扭转。

图 14-8

(3)迈步吸腿

一般描述：一脚迈出一步，另一腿曲膝抬起，再向反方向迈步(图 14-9)。

技术要点：曲膝半蹲，抬膝时支撑腿稍曲膝。

动作变化：重复吸腿。

图 14-9

(4)迈步后曲腿

一般描述：一脚迈出一步，另一腿后曲，然后向反方向迈步(图 14-10)。

技术要点：经过曲膝半蹲，支撑腿稍曲膝，后曲腿的脚后跟靠近臀部。

图 14-10

(5)侧交叉步

一般描述：一脚向侧面迈一步，另一只脚在前脚后交叉，前脚再向侧面一步，后脚并于前脚侧(图 14-11)。

技术要点：支撑腿始终保持曲膝站立，并且随动作有弹性地曲伸。

图 14-11

3. 抬腿类

(1)吸腿

一般描述：一腿曲膝抬起，落下还原(图 14-12)。

技术要点：支撑腿保持曲膝弹动，大腿上抬超过水平线，上体保持正直。

图 14-12

(2)摆腿(图 14-13)

图 14-13

(3)踢腿

一般描述：一腿稍曲膝站立，另一腿抬起，然后还原(图 14-14)。

技术要点：抬起腿不需很高，但要有所控制，保持上体正直。

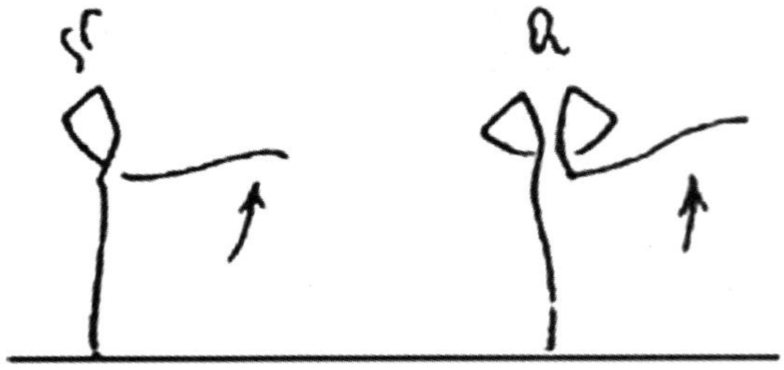

图 14-14

(4)弹踢腿

一般描述：一腿站立(跳起)，另一条腿先向后弯曲，再向前弹踢后交替另一条腿。

技术要点：腿弹出时要有控制，保持上体正直(图 14-15)。

图 14-15

(5)后曲腿(跳)

一般描述：一腿站立(跳起)，另一条腿向后曲膝，放下腿还原。通常以大冲击力的形式出现(图 14-16)。

技术要点：支撑腿保持弹性，两膝并拢，脚跟靠近臀部。

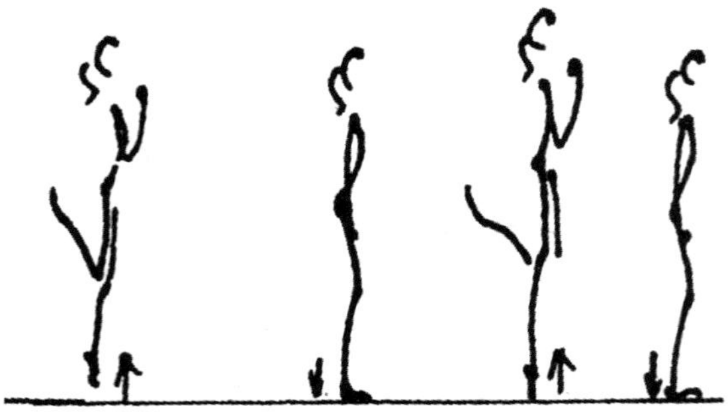

图 14-16

4. 双腿类

(1)并腿跳

一般描述：两腿并拢跳起(图 14-17)。

技术要点：落地缓冲有控制。

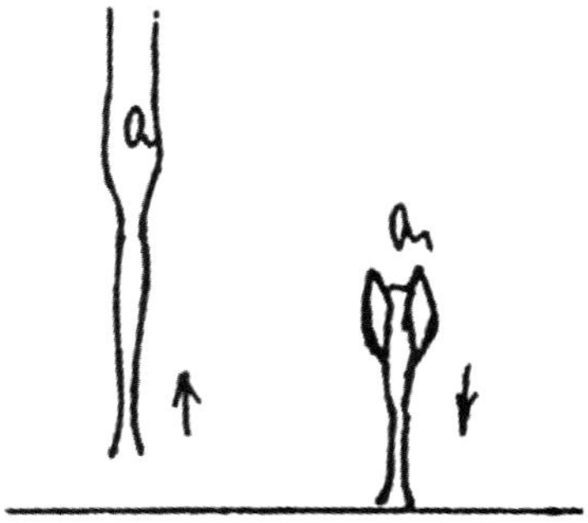

图 14-17

(2)分腿跳

一般描述：分腿站立，曲膝半蹲，向上跳起，分腿落地曲膝缓冲(图 14-18)。

技术要点：曲膝半蹲时，大小腿夹角不小于 90°，在空中注意对身体的控制。

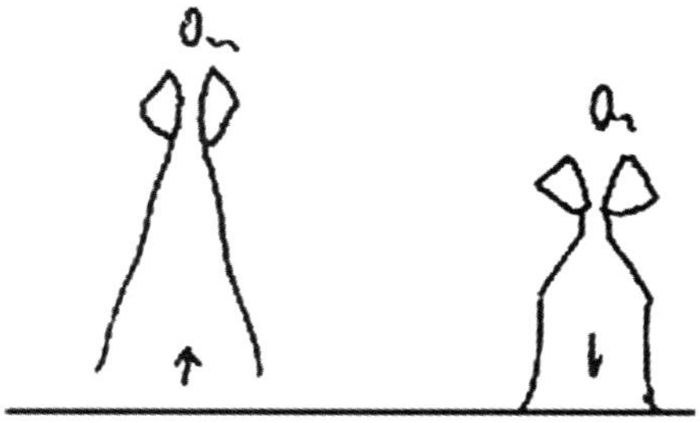

图 14-18

(3)开合跳

一般描述：由并腿跳起，分腿落地，再由分腿跳起，并腿落地(图 14-19)。

技术要点：分腿曲膝蹲时，两脚自然外开，膝关节沿脚尖方向弯曲，膝关节夹角不小于 90°，脚跟落地。

图 14-19

(4)半蹲

一般描述：两腿有控制地曲和伸，可分为并腿半蹲和分腿半蹲(图 14-20)。

技术要点：分腿半蹲时，两腿左右分开稍大于肩(或与肩同宽)。脚尖稍外分，曲膝角度不得小于 90°，膝关节对准脚尖方向，臀部向后弯曲 45°，上体保持正直。

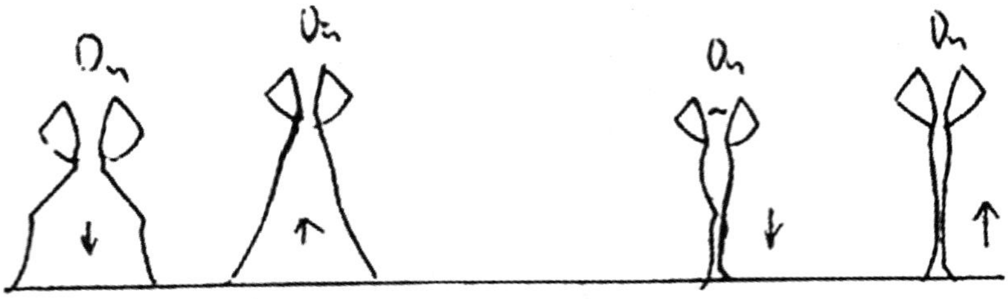

图 14-20

(5)弓步

一般描述：两腿前后分开，两脚平行站立，蹲下，起来(图 14-21)。

技术要点：半蹲时，后腿膝关节向下，大腿垂直于地面，重心在两腿之间。

(6)提踵

一般描述：两腿脚跟抬起，落下脚跟，稍曲膝(图 14-22)。

技术要点：两腿夹紧，重心上提，收紧腹部，落下时曲膝缓冲。

图 14-21

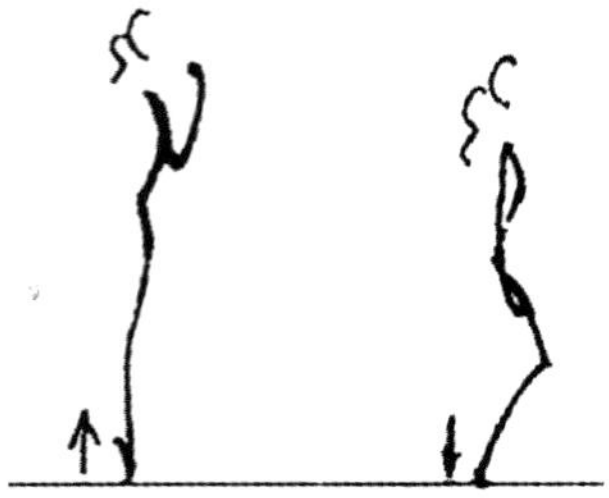

图 14-22

三、基本动作练习时应注意的问题

(一)动作的规范性

动作的规范性建立在动作的准确性上。因此，练习时肢体的位置、方向及运动的路线一定要准确。同时也要注意动作的速度、肌肉的力度和动作的幅度，使肌肉充分拉长与收缩，只有这样才能达到动作的整体效果。

(二)动作的弹性

动作富有弹性是健美操的特点之一。动作的弹性所涉及的身体部位有踝关节、膝关节、髋关节、肘关节、肩关节及脊柱。在练习时，应注意肌肉的收缩与放松要有控制，使动作富有弹性、节奏均匀，免动作过分僵硬和关节的过度伸展。

（三）动作的节奏感

掌握好动作的节奏对于健美操运动来说非常重要。练习者要想表现出较好的节奏感，必须具有一定的肌肉控制能力、音乐的节奏感。因此，在开始练习时，要重视开发、训练动作的节奏感，使动作富有韵律。

第三节　全国健美操大众锻炼标准

《全国健美操大众锻炼标准》是在为积极贯彻落实《全民健身计划纲要》，推动健美操运动在全国的进一步推广和普及，充分发挥健美操在全民健身运动中的作用，以适应广大群众健身的需求，为大众提供更多更好的科学健身方法的前提下，由国家体育总局于1998年颁布并在全国范围内实施的。

为适应我国大众健身发展的需要，中国健美操协会对《全国大众锻炼标准》一至六级动作自1998年起进行了三次创编。从2009年8月起，在全国执行的是《全国大众锻炼标准》第三套动作，我们给同学们介绍的是这套动作的二级和三级动作。

一、全国健美操大众锻炼标准第三套二级动作

二级动作为健美操大众锻炼标准的初级套路动作。二级动作的练习目的是进行中低强度的有氧练习、简单的腰腹和身体核心部位的稳固性练习。每个组合均由4～5个基本步伐组成，并出现了45°～90°的方向变化，路线以简单的前后和左右为主。大部分的手臂动作是对称的，个别动作出现了依次的手臂动作。

【组合一】

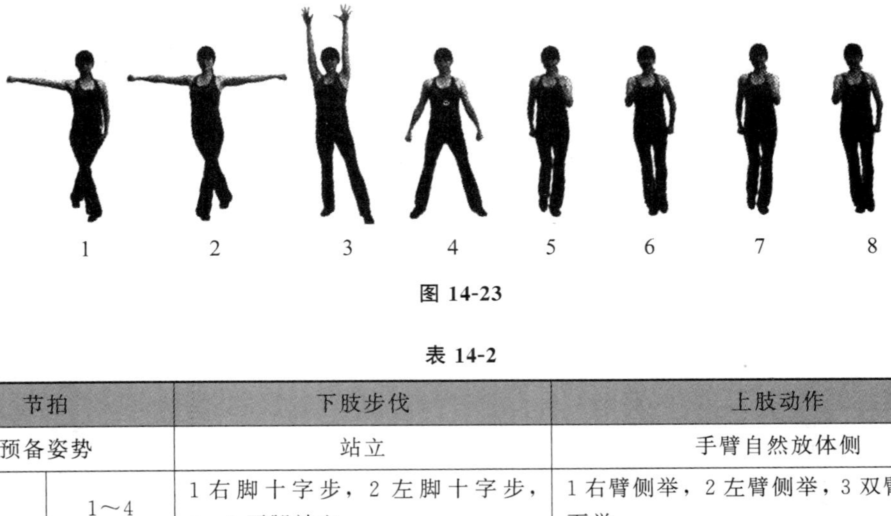

图 14-23

表 14-2

节拍		下肢步伐	上肢动作
预备姿势		站立	手臂自然放体侧
一	1～4	1右脚十字步，2左脚十字步，3～4开腿站立	1右臂侧举，2左臂侧举，3双臂上举，4下举
	5～8	向后走4步	曲臂自然摆动
二	1～8	动作同第一个八拍，但向前走4步	

1～2　3　4～5　6　7～8

图 14-24

表 14-3

节拍		下肢步伐	上肢动作
三	1～6	右脚开始 6 拍漫步	1～2 右手前举，3 双手叉腰，4～5 左手前举，6 双手胸前交叉
	7～8	右脚向后 1/2 后漫步	双臂侧后下举

1　2　3　4　5～6　7～8

图 14-25

表 14-4

节拍		下肢步伐	上肢动作
四	1～2	右脚向右并步跳	曲左臂自然摆动
	3～8	左脚向右前方做前、侧、后 6 拍漫步	3～4 前平举，弹动 2 次，7～8 后斜下举
第五～八拍：动作相同，但方向相反			

【组合二】

1～2　3～4　5　6　7　8

图 14-26

表 14-5

节拍		下肢步伐	上肢动作
一	1～2	右脚向右侧滑步	右臂侧上举，左臂侧平举
	3～4	1/2 后漫步	双臂曲臂后摆
	5～6	左脚向左前方做并步	击掌 3 次
	7～8	右脚向右后方做并步	双手叉腰

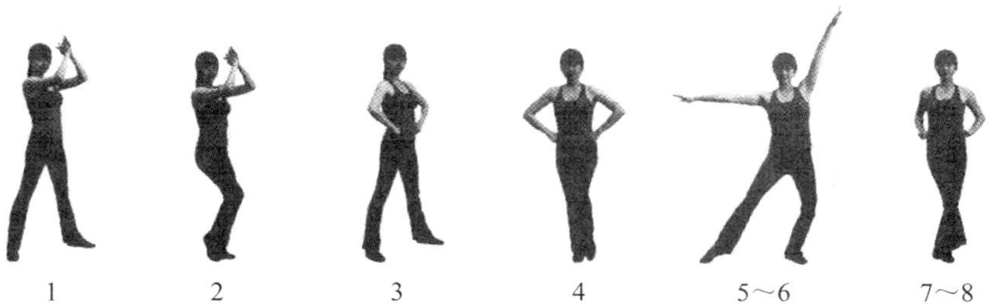

图 14-27

表 14-6

节拍		下肢步伐	上肢动作
二	1～2	左脚向左后方做并步	击掌 3 次
	3～4	右脚向右前方做并步	双手叉腰
	5～6	左脚向左侧滑步	左臂侧上举，右臂侧平举
	7～8	1/2 后漫步	双臂曲臂后摆

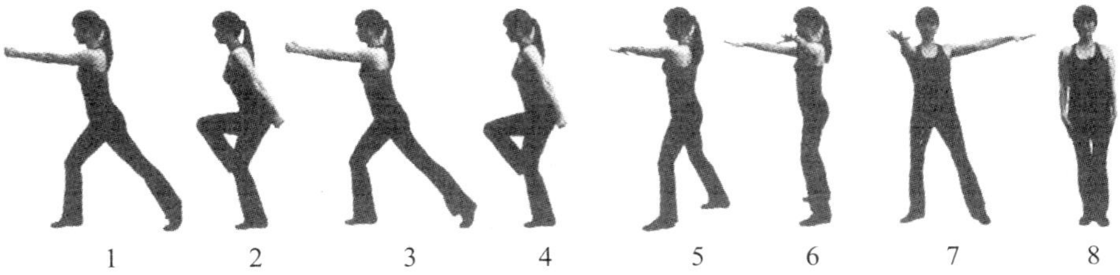

图 14-28

表 14-7

节拍		下肢步伐	上肢动作
三	1～4	右转 90°，右脚上步吸腿 2 次	双臂向前冲拳、向后下冲拳 2 次
	5～8	左脚 V 字步左转 90°	双臂向右、向左水平摆动

图 14-29

表 14-8

<table>
<tr><th colspan="2">节拍</th><th>下肢步伐</th><th>上肢动作</th></tr>
<tr><td rowspan="2">四</td><td>1～2</td><td>左腿吸腿(侧点地)2 次</td><td>1 双臂胸前平曲，2 左臂上举，3 同 1 动作，4 还原</td></tr>
<tr><td>3～8</td><td>同 1～4 拍，但方向相反</td><td></td></tr>
<tr><td colspan="4">第五～八拍：动作相同，但方向相反</td></tr>
</table>

【组合三】

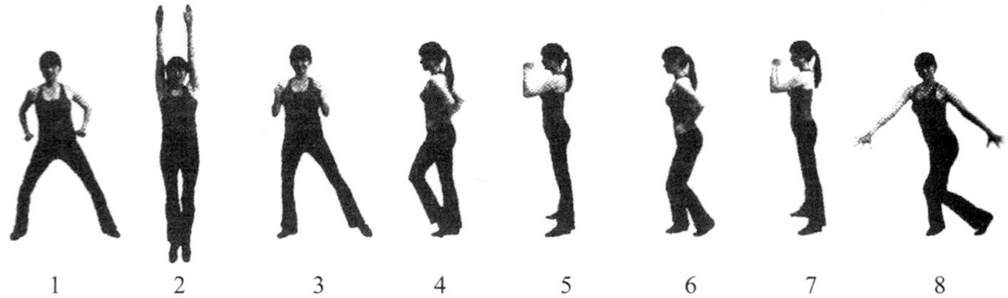

图 14-30

表 14-9

<table>
<tr><th colspan="2">节拍</th><th>下肢步伐</th><th>上肢动作</th></tr>
<tr><td rowspan="2">一</td><td>1～4</td><td>右脚侧并步跳，4 拍时右转 90°</td><td>双臂上举、下拉</td></tr>
<tr><td>5～8</td><td>左脚侧交叉步</td><td>双臂曲臂前后摆动，8 拍时，上体向左扭转 90°，朝正前方，双臂侧下举</td></tr>
</table>

图 14-31

表 14-10

节拍		下肢步伐	上肢动作
二	1～4	（同上图 1～4 拍动作，方向相反）向右侧并步跳，4 拍时左转 90°	双臂上举、下拉
	5～8	左脚开始侧并步 2 次	5～6 右臂前下举，7～8 左臂前下举

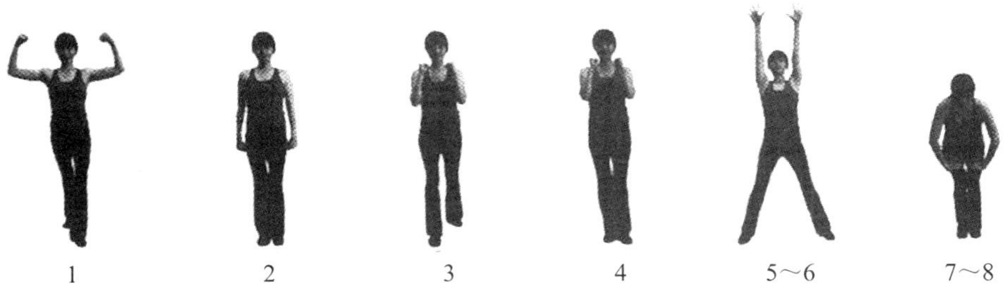

图 14-32

表 14-11

节拍		下肢步伐	上肢动作
三	1～4	左脚向前一字步	1 双臂肩上曲，2 双臂下举，3～4 双臂肩前曲
	5～8	左、右依次分并腿	5～6 双臂上举掌心朝前，7～8 双手放膝上

图 14-33

表 14-12

节拍		下肢步伐	上肢动作
四	1～4	左脚向后一字步	1～2 手侧下举，3～4 胸前交叉
	5～8	左、右依次分并腿 2 次	双臂经胸前交叉，侧上举 1 次，侧下举 1 次

【组合四】

1　　2　　3～4　　5～8同1～4

图 14-34

表 14-13

节拍		下肢步伐	上肢动作
一	1～8	拍右脚开始小马跳 4 次，向侧、向前成梯形	1～2 右臂体侧向内绕环，3～4 换左臂，5～8 动作同 1～4

1　　2　　3　　4　　5～6　　7　　8

图 14-35

表 14-14

节拍		下肢步伐	上肢动作
二	1～4	右脚开始弧形跑 4 步，右转 270°	曲臂自然摆动
	5～8	开合跳 1 次	5～6 双手放腿上，7 击掌，8 放于体侧

1　　2　　3　　4　　5　　6　　7　　8

图 14-36

表 14-15

节拍		下肢步伐	上肢动作
三	1～4	右脚向右前上迈步后曲腿	1 双臂胸前交叉，2 右臂侧举、左臂上举，3 同 1 动作
	5～8	右转 90°，左脚向前上迈步后曲腿	5 双臂胸前平曲，6 前推，7 同 5 动作，8 还原

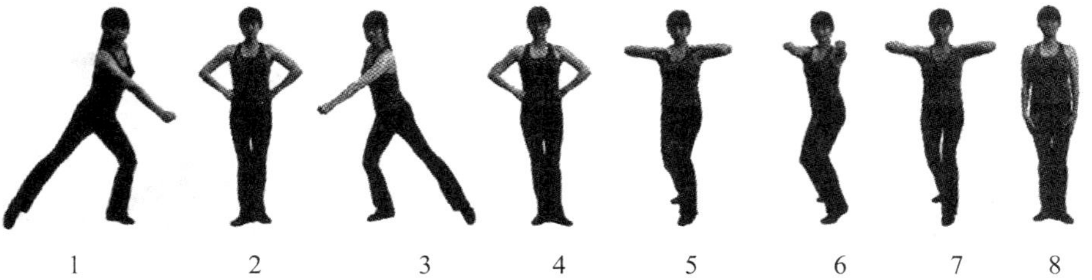

图 14-37

表 14-16

节拍		下肢步伐	上肢动作
四	1～4	右、左侧点地各一次	1 右手左前下举，2 双手叉腰，3～4 动作相同，但方向相反
	5～8	右脚上步向前转脚跟，还原	5 双臂胸前平曲，6 前推，7 同 5 动作，8 还原

【组合五】

图 14-38

表 14-17

节拍			动作描述
开始动作	4 拍	1～2	右脚向右迈步，左臂前平举
		3～4	左脚向后交叉步，左臂胸前交

续表

节拍			动作描述
过渡动作	一	1～2	右脚向侧迈步，同时曲膝内扣，再打开分成腿半蹲，同时 1 右手左下冲拳，2 右手侧下冲拳
		3～4	身体右转 90°成弓步，双手撑地
		5～8	成俯撑

图 14-39

表 14-18

节拍			动作描述
核心力量练习	二	1～8	1～2 左、右脚依次点地，3～8 保持俯撑
	三	1～8	1～2 左、右脚依次曲膝着地，3～8 保持跪撑
	四	1～8	1～2 曲肘依次撑地，3～8 保持肘撑
	五	1～8	1～2 左、右脚依次伸直，3～8 保持肘撑

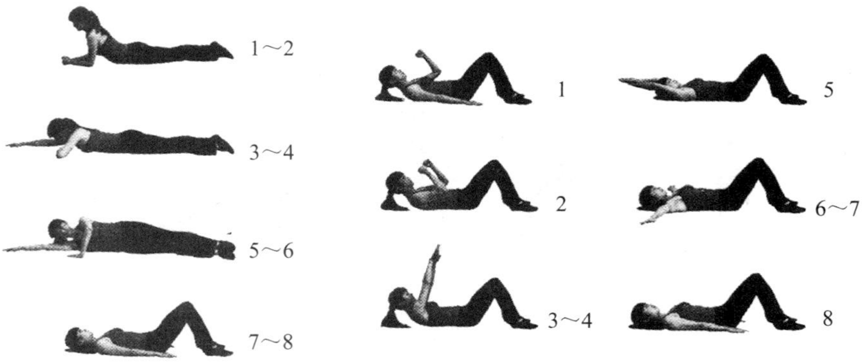

图 14-40

表 14-19

节拍			动作描述
过渡动作	六	1～8	向左转体 180°成仰卧，分腿曲膝，双臂放于体侧
腹肌练习	七～十	1～4	收腹抬上体，1 曲左臂，2 曲右臂，3～4 双臂伸直，手重叠
		5～8	还原，双臂经上举至体侧

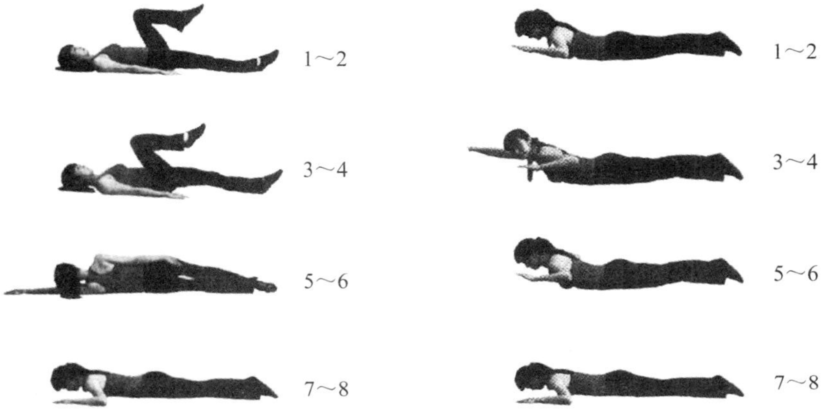

图 14-41

表 14-20

节拍			动作描述
过渡动作	十一	1～8	依次吸左、右腿，向左转体 180°成俯卧，双臂弯曲放于肩侧
背肌练习	十二	1～8	1～2 抬起上体和手臂，3～4 伸直右臂，转头向左看，5～8 还原
	十三	1～8	动作同上，但方向相反
	十四～十五	1～8	同第十二～十三个八拍

图 14-42

表 14-21

节拍			动作描述
过渡动作	十六	1～4	撑起成俯卧撑
		5～8	左转 90°，左脚放到右脚后，右手支撑，左手上举，保持身体平衡

图 14-43

表 14-22

节拍			动作描述
过渡动作	十七	1～2	双手撑地，左腿曲膝
		3～8	向右转体 270°，左脚向前迈步站起
结束动作	1 拍	1	右脚向侧迈步，左腿曲膝侧点地，同时右臂侧上举，左臂扶右髋

二、全国健美操大众锻炼标准第三套三级

三级为健美操大众锻炼标准的初级套路动作，练习目的是进行中等强度的有氧练习和低难度的腰腹及上肢力量练习。每一个组合均由 4～5 个基本步法组成，所有的动作和变化都是有氧练习中的常见动作和典型动作，配合以对称性为主的上肢动作，并增加了 90°～180°的方向变化和简单的图形变化。

【组合一】

图 14-44

表 14-23

节拍		下肢步伐	上肢动作
预备姿势		站立	双手自然放于体侧
一	1～4	右脚开始向侧迈步后曲腿 2 次，2 右转 90°	1～2 右臂摆至侧上举，左臂摆至胸前平曲，3～4 同 1～2，但方向相反
	5～8	向右迈步后曲腿 2 次，6 右转 180°	双手叉腰

1　2　3～4　5　6～7　8

图 14-45

表 14-24

节拍		下肢步伐	上肢动作
二	1～4	1/2V 字步	1 右臂侧上举，2 左臂侧上举
	5～8	6 拍漫步，8 右转 90°	随脚的动作自然前后摆臂

1　2　3　4　5　6　7　8

图 14-46

表 14-25

节拍		下肢步伐	上肢动作
三	1～8	右脚开始交叉步 2 次，左转 90°呈 L 形	1 双臂前平举，2 胸曲臂前平举，3 同 1，4 击掌，5～8 同 1～4

1　2　3～4　5～6　7～8

图 14-47

表 14-26

节拍		下肢步伐	上肢动作
四	1～4	右脚侧并步跳，1/2 后漫步	1～2 双臂侧上举，3～4 右臂摆至体后，左臂摆至体前
	5～8	左转 90°左脚开始小马跳 2 次	5～6 右臂上举，7～8 左臂上举
第五～八拍：动作相同，但方向相反			

【组合二】

图 14-48

表 14-27

节拍		下肢步伐	上肢动作
一	1～4	右脚向右前上步吸腿 2 次	双臂自然摆动
	5～6	左脚向后交换步	双臂随下肢动作自然摆动
	7～8	右脚上步吸腿	双臂自然摆动

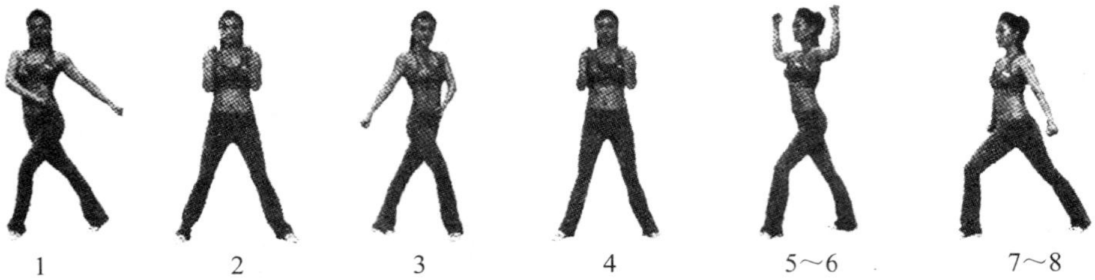

图 14-49

表 14-28

节拍		下肢步伐	上肢动作
二	1～4	左脚开始向右侧交叉步	双臂随步伐向反方向臂曲伸
	5～8	右转 45°，左脚做漫步	5～6 双臂肩侧曲外展，7～8 经体前交叉摆至侧下举

1　2　3　4　5　6　7　8

图 14-50

表 14-29

节拍		下肢步伐	上肢动作
三	1～4	左脚开始十字步，同时左转 90°	双臂自然摆动
	5～8	左脚开始向侧并步跳 2 次	双臂自然摆动

1　2　3　4　5　6　7　8

图 14-51

表 14-30

节拍		下肢步伐	上肢动作
四	1～8	左脚漫步 2 次，右转 90°	双手自然摆动
第五～八拍：动作相同，但方向相反			

【组合三】

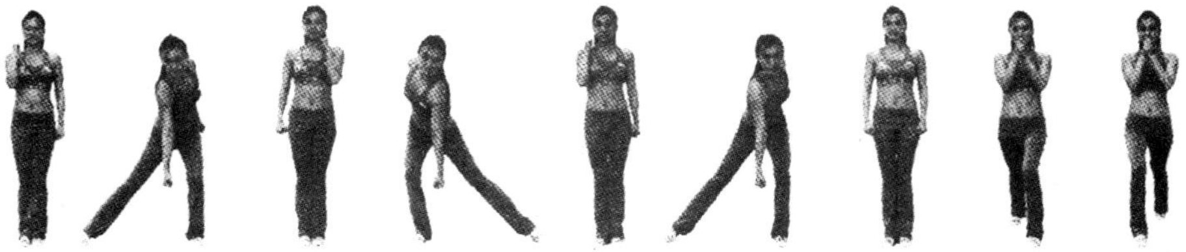

1　2　3　4　5　6　7　8

图 14-52

表 14-31

节拍		下肢步伐	上肢动作
一	1～6	右脚开始做侧点地 3 次	1～2 右臂向下臂曲伸，3～4 左臂向下臂曲伸，5～6 同 1～2
	7～8	左脚开始向侧并步跳 2 次	击掌 2 次

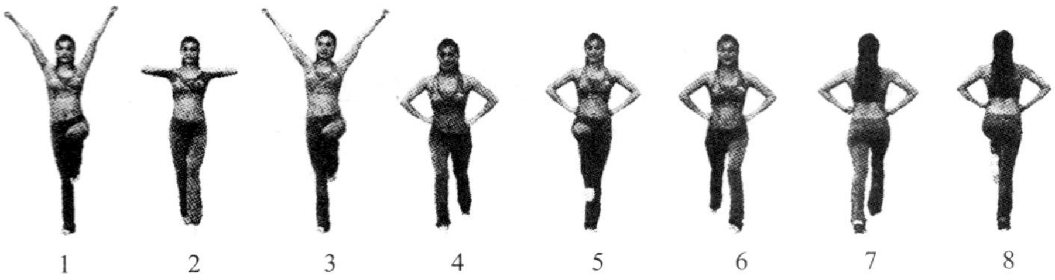

图 14-53

表 14-32

节拍		下肢步伐	上肢动作
二	1～4	左脚开始吸腿跳 2 次	1 侧上举，2 双臂胸前平曲，3 同 1，4 叉腰
	5～8	吸右腿跳，向落地，转体 180°，吸右腿	双手叉腰

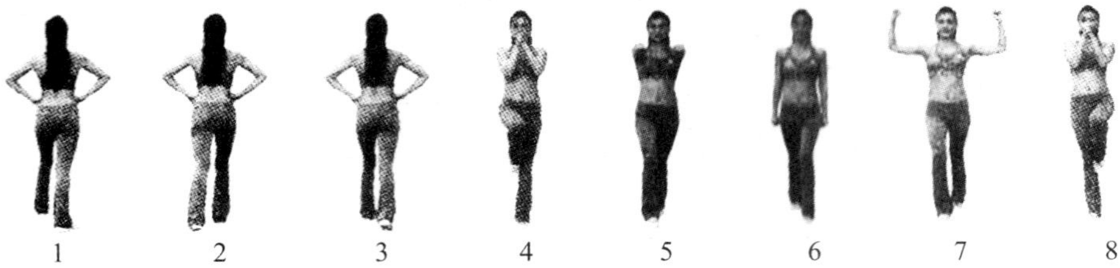

图 14-54

表 14-33

节拍		下肢步伐	上肢动作
三	1～4	左脚开始向前走 3 步吸腿跳，同时左转体 180°	1～3 叉腰，4 击掌
	5～8	右脚开始向前走 3 步吸腿	5～6 手臂同时经前向下摆，7～8 经肩侧曲外展至体前击掌

1 2 3 4 5 6 7 8

图 14-55

表 14-34

节拍		下肢步伐	上肢动作
四	1～8	左脚开始侧并步 4 次，成 L 形	双臂做曲臂提拉 4 次
第五至八个八拍，动作相同，但方向相反			

【组合四】

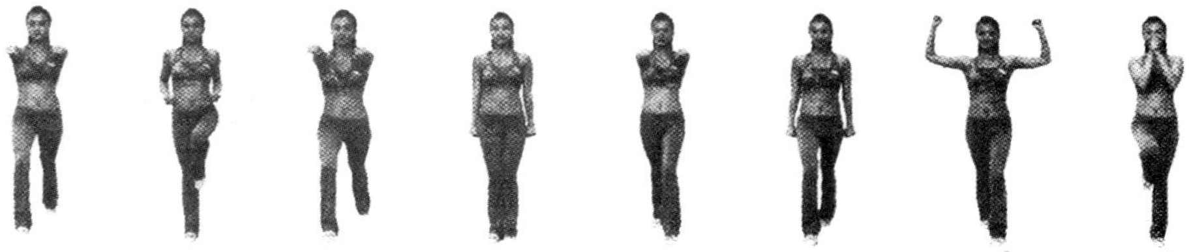

1 2 3 4 5 6 7 8

图 14-56

表 14-35

节拍		下肢步伐	上肢动作
一	1～4	右腿上步吸腿	双臂做向前冲拳、后拉 2 次
	5～8	左脚向前走 3 步吸腿	手臂同时经前向下摆，8 击掌

1 2～3 4 5～6 7～8

图 14-57

表 14-36

节拍		下肢步伐	上肢动作
二	1～4	1 右脚向侧迈步，2～3 向右前 1/2 前漫步，4 左脚向侧迈步	1 侧上举，2～3 随脚的动作自然摆动，4 同 1 动作
	5～8	右脚向左前方做漫步	双臂自然摆动

1 2 3 4 5 6 7 8

图 14-58

表 14-37

节拍		下肢步伐	上肢动作
三	1～6	右脚开始上步吸腿 3 次	1 肩侧曲外展，2 击掌，3～6 同 1～2 动作
	7～8	左脚前 1/2 漫步	双臂自然摆动

1 2 3 4 5 6 7 8

图 14-59

表 14-38

节拍		下肢步伐	上肢动作
四	1～8	左转 90°向左做侧交叉步转体 180°接侧交叉步	1～4 双臂做外展、内收、外展、击掌动作，5～8 动作同 1～4
第五至八个八拍，动作相同，但方向相反			

【组合五：力量练习部分】

图 14-60

表 14-39

节拍			动作描述
开始动作	4 拍	1～2	右腿向右一步成开立，右臂侧下举，左臂侧下举，掌心向前
		3～4	击掌 2 次
过渡动作	—	1～2	向右转体 90°，右脚后伸成大弓步，右手撑地，左臂侧举向上
		3～8	3～4 左转 180°成曲膝坐姿，5～6 双手前上举，后倒仰卧，7～8 双臂经体侧至头后

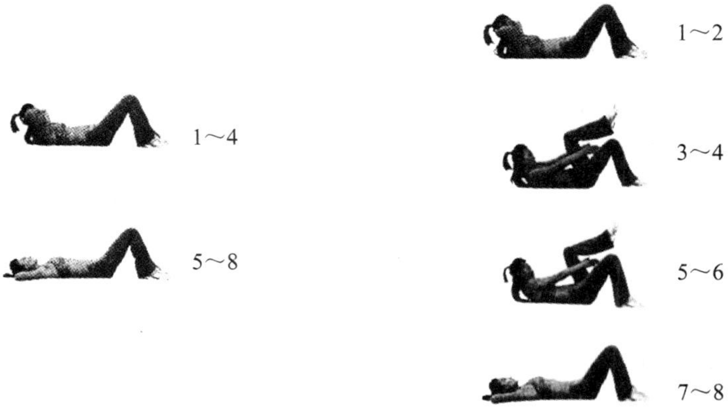

图 14-61

表 14-40

节拍			动作描述
腹肌练习	二	1～8	1～4 收腹抬起上体，5～8 还原
	三	1～8	1～2 抬起上体，3～4 双手右腿后击掌，5～6 双手左腿后击掌，7～8 还原
	四～五	1～8	动作同第二至第三个八拍

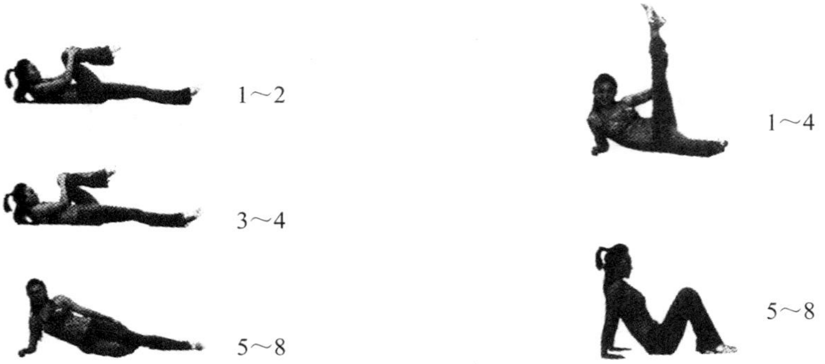

图 14-62

表 14-41

节拍			动作描述
过渡动作	六	1～2	抬起上体，双手抱右腿膝
		3～4	同 1～2 动作，抱左膝
	七	5～8	右转 90°成侧卧，右腿后曲，左小臂撑地
		1～8	1～4 扳左侧腿，5～8 左转 90°成曲腿坐，双手体后撑地，指尖向前

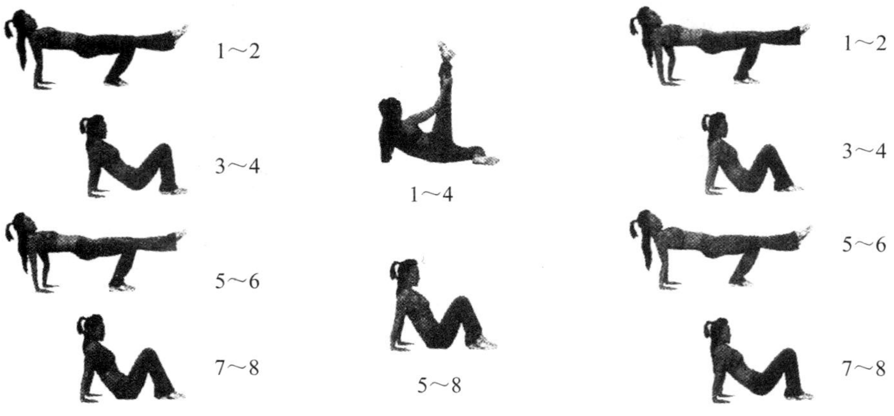

图 14-63

表 14-42

节拍			动作描述
腹肌练习	八	1～8	1～2 抬起髋部，右腿水平伸直，3～4 还原，5～8 换另一腿
过渡动作	九	1～8	1～4 左转 90°成左腿后曲侧卧，小臂撑地，搬右侧腿，5～8 还原成曲腿坐
腹肌练习	十	1～8	动作同八，但方向相反

图 14-64

表 14-43

节拍			动作描述
过渡动作	十一	1～8	1～2 双腿伸直，3～4 右转 180°成俯撑，双手体侧撑地，5～6 曲腿，7～8 双手伸直撑起，跪撑
俯卧撑练习	十一～十五	1～8	1～4 曲臂，身体保持稳定，5～8 还原，4 与 3 相反，5～8 还原

图 14-65

表 14-44

节拍			动作描述
过渡动作	十六	1～8	左转 180°，左脚向前迈步左手撑膝站起
	十七	1～8	右脚向侧迈步成开立，1～2 左臂经肩侧屈至侧平举，3～4 右肩经肩侧平举，5～6 双臂上举，双手互握，7～8 双手握拳至胸前
结束动作	一拍	1	右脚向左前方迈步，曲膝，上体右转，双臂侧下举

第四节 健美操比赛规则简介

健美操大众锻炼标准三级套路的图解和说明如下：

健美操的评分规则是健美操训练和比赛的导向，也是对健美操进行评判和欣赏的准则。健美操的评分规则每四年修订一次，每一次规则的修改都会对竞技健美操的发展提出新的要求。我们了解健美操的基本规则，便于更好地理解和欣赏该项运动。健美操的竞赛活动分为健身性健美操的比赛和竞技性健美操的比赛。两种比赛都有各自的评分规则和评分方法。

健身性健美操比赛以“锻炼身体，推动群众性运动及增强社会参与性”为目的，因此，不需要特定的竞赛规则。技术要求较低，比赛操作简单，一般省、市和基层单位均可组织比赛。国家体育总局和中国大学生体协都分别制定过健身健美操的规则。在比赛中，健身健美操的满分通常是 20 分，其中艺术编排分 10 分，动作完成分 10 分，有 8 名裁判分别对艺术编排和动作完成情况进行评判。

竞技性健美操比赛以“夺标和提高技术水平”为目的，因此，比赛要求参赛者必须具备一定的身体素质和专项技术水平，参赛人数和年龄受到一定的限制，并严格执行竞赛规则。竞技性健美操比赛主要的形式有锦标赛、冠军赛、邀请赛、运动员等级赛等。

根据《国际体操联合会 2012—2014 年健美操竞赛规则》的精神，结合我国近年来竞技比赛的实际。现对竞技健美操比赛的规则做以下的简单介绍。

一、比赛项目与比赛时间

（一）比赛项目

风采赛：男子单人操、女子单人操（参赛人员资格不限）。

组合赛：混双操（1 男 1 女）或 3 人操（性别不限）。

集体赛：徒手操、轻器械操（5～9 人性别不限）。

比赛组别：由具体赛事的竞赛规程决定。

更换运动员：如有特殊情况需更换运动员时，需持有效证明，经组委会批准方可。

（二）比赛时间

计时由第一个可听到的声音开始（不包括提示音），到最后一个可听到的声音结束。

风采赛的成套动作时间为 1 分 20 秒～1 分 40 秒。

组合赛的成套动作时间为 1 分 40 秒～1 分 50 秒。

集体赛的成套动作时间为 1 分 40 秒～1 分 50 秒。

二、比赛场地

组合赛和集体赛 10 米×10 米，风采赛 7 米×7 米的健美操比赛地板或地毯，标记带为 5 厘米宽的红色或黑色带，标记带为场地的一部分。

三、比赛着装

参赛运动员必须着纯白色健美操鞋和袜子。女运动员着一件套带有肉色袜的比赛服，不允许穿两件套服装，头发必须固定在头上，可以化淡妆。男装不允许着有长袖的服装。服装上禁止使用松散或附加的饰物，禁止佩戴首饰。

四、裁判组成

高级裁判组由健美操委员会指定 3 名成员组成。正规系列赛的裁判组由 14 人组成，其中艺术裁判 4 人、完成裁判 4 人、难度裁判 2 人、视线裁判 2 人、计时裁判 1 人、裁判长 1 人。

五、评分

艺术分最高分为 10 分，由艺术裁判根据操化动作，难度动作，过渡、连接和托举动作的成套创编；音乐的使用；操化动作组合；比赛场地的使用；表现力与同伴配合五个标准进行评价。10 分的艺术分按照以上 5 项均分，每项 2 分，以 0.1 分递增。

完成分是从 10 分起评，由完成裁判根据技术技巧及合拍与一致性给予评判，对每个错误给予减分。

难度分由难度裁判使用 FIG 官方速记符号记录全部成套动作的难度动作，数出难度动作的数量，按照加分的方法评分，从 0 分起评。

最后得分为从总分(艺术分、完成分与难度分相加为总分)中减难度裁判、视线裁判与裁判长的减分。

第十五章

常见运动伤害与急救

第一节 现场急救概述

现场急救是指在事发现场对受伤的人员进行紧急处理，属于损伤救治过程中一个非常重要的环节。急救处理的正确与否直接关系到伤员的生存率与致残率。因而，无论何种急性损伤，做好现场急救都是十分重要的。急救人员必须准确地把运动员从场地抢救出来，分秒必争地采取紧急措施，并安全地将伤员送到有关医疗单位。

一、急救的目的

急救是指对意外或突然发生的伤病事故，进行紧急的临时性处理。其目的是保护伤员的生命安全，避免再度损伤，防止伤口感染，减轻痛苦，预防并发症，并为伤员的转运和进一步治疗创造条件。

二、急救工作的内容

（一）急救的组织工作

1．设置急救点

在固定场地训练或比赛时，应就近设置急救点。有些训练路线是不固定的，如马拉松拉练和长距离自行车训练，医生和保健员有时无法照顾，可设流动的急救点，把急救箱放在随行的机动车上以便应急。急救点的工作可由医务工作者和保健员共同负责。

2．急救物质的准备

根据运动项目的特点、损伤发生情况，准备必要的急救物品，如冷敷用品和大的压迫棉垫、蒙古胶和缝合包、绷带和三角巾、止血带及常用的急救药物等。一些易发生严重损伤的比赛项目，如摩托车、公路自行车比赛，应预先查看比赛路线，在易受伤的地点设置急救站，并配备急救车辆，组织人力，以求运动员受伤后能得到及时抢救。此外，还要确定后方医院，以便及时联系做好伤员的转运工作。

(二)现场的具体急救工作

1. 初步诊断

(1) 收集病史：首先扼要了解伤情，迅速加以分析，确定损伤性质、部位和范围，以便进一步重点检查。询问的内容包括：受伤经过、受伤时间、受伤原因、受伤动作、伤员的自我感觉等。

(2) 就地检查：包括全身状况观察和局部检查。检查要点如下：

①有无呼吸道阻塞、呼吸困难、紫癫、异常呼吸等现象。

②有无休克，检查时若发现呼吸急促，脉搏细弱，血压下降，面色苍白，四肢发凉出汗，提示有休克发生，应先抢救。

③有无伤口、外出血及内出血。

④有无颅脑损伤，凡神志不清的伤员，出现瞳孔改变、耳鼻道出血、眼结膜淤血以及神经系统症状者，应疑有颅脑损伤。

⑤有无胸腹部损伤。

⑥有无脊髓周围神经损伤及肢体瘫痪等。

⑦有无肢体肿胀、疼痛、畸形及功能丧失等，以确定骨与关节损伤。

2. 初步急救处理

根据以上检查结果做出诊断后，应迅速按不同情况进行初步急救处理。

第二节　软组织挫伤

软组织挫伤是钝性暴力直接作用于人体某处而引起的局部或深层软组织的急性闭合性损伤，是体育运动中最常见的损伤。

一、损伤机制

运动员在运动中互相冲撞、被踢打或身体某部位碰撞在器械上，都可发生局部或深层软组织的挫伤。

二、症状及诊断

1. 单纯性挫伤

单纯性挫伤指皮肤和软组织(包括皮下脂肪、肌肉、关节囊和韧带)的挫伤。在体育运动中，最常见的挫伤部位是大腿与小腿的前部，尤以股直肌、股外侧肌为多见，故以股四头肌挫伤为例。

(1) 有明显直接暴力顶撞大腿前侧的受伤史。

(2) 疼痛：多为初轻后重。初为广泛性钝痛，仍可活动，经数小时以后，出现剧烈疼痛，伴有功能障碍。

(3) 肿胀：伤后即出现皮下组织的局限性血肿，逐渐出现大面积皮下淤斑，且肿胀扩散。

(4) 压痛：伤处压痛明显，皮内或皮下组织中有硬结。个别患者的深部挫伤可继发深部脓肿，也可出现骨化性肌炎。

2. 混合性挫伤

混合性挫伤指在皮肤和软组织受到挫伤的同时，还合并有其他组织、器官的损伤。例如，头部挫伤合并脑震荡或颅内出血，胸部挫伤合并肋骨骨折，腹部挫伤合并肝、脾破裂等，此外，还有男性睾丸挫伤。伤员除有明显的局部症状外，常发生休克、昏迷等严重后果。

三、处理

单纯性挫伤的处理可分为三个时期。

1. 限制活动期

伤后立即制动，这是急救处理的关键。然后局部冷敷、加压包扎、抬高伤肢。有条件的可在加压包扎的同时外敷新伤药或活血消肿的草药，内服白药、七厘散或止痛药。另外，应注意严密观察，若伤部肿胀不断发展或皮温较高的，应尽快将伤员送往医院进行治疗。

2. 恢复活动期

受伤 24～48 小时后，可拆除包扎进行按摩、热敷和理疗。在伤情允许的条件下，应有计划地进行主动的功能锻炼，其目的是恢复肌肉功能。当膝关节能屈 90°，走路不扶拐时，此期即可结束。

3. 功能恢复期

逐渐增加抗阻练习和非对抗性的活动，如做蹲起活动、打乒乓球、羽毛球等，并配合按摩和理疗，以恢复股四头肌力量和膝关节功能。然后逐步过渡到参加体育活动，但活动时应使用保护支持带，以避免再伤。

混合性挫伤并出现休克的伤员，在进行现场急救的同时，应尽快请医生来处理或送往医院。

四、预防

在体育活动中应加强和提高保护与自我保护的能力，使用必要的保护器具。加强职业道德修养，遵守竞赛规则，严格执法，防止粗野动作。

第三节 肌肉拉伤

肌肉由于主动的猛烈收缩或被动的过度牵伸，超过了本身所能承受的限度，而引起的肌肉组织损伤，称为肌肉拉伤。体育运动中常见的拉伤部位是大腿后群肌、大腿内收肌、腰背肌和小腿三头肌等。

一、损伤机制

急性的肌肉拉伤可分为主动用力拉伤和被动拉伤。

1. 主动用力拉伤

主动用力拉伤是肌肉主动地猛烈收缩，其收缩力超过了本身的承受能力，而发生在肌纤维缩短时的原动肌、协同肌损伤。例如，疾跑时用力后蹬，使大腿后群肌拉伤；弯腰抓举杠铃时，骶棘肌猛烈收缩而拉伤。

2. 被动拉伤

被动拉伤是指肌肉受力牵伸，超过了肌肉本身的伸展限度，而发生在肌纤维被拉长时的对抗肌损伤。例如，跨栏运动中摆动腿过栏时，常发生大腿后群肌的拉伤；压腿、劈叉时，用力过猛也会使大腿后群肌拉伤。特别是准备活动不充分、大腿后群肌伸展性较差时做上述动作很容易发生损伤。

肌肉拉伤的部位可发生在肌腹或肌腹与肌腱交界处，或肌腱的起止点。根据损伤的程度，可分为微细损伤、肌纤维部分撕裂或完全断裂，极少数会并发撕脱骨折。

慢性的肌肉拉伤多为过度负荷造成微细损伤的积累所致。例如，肌腱起止点的末端病、肌腱腱围炎及肌腹部的劳损等。

二、症状及诊断

有典型的受伤动作，且大多在损伤时有撕裂或可听到撕裂声。

疼痛。轻者伤处疼痛，可行走，在运动时，特别是重复受伤动作时加剧；重者行走疼痛，并出现跛行。

肿胀。肌腹拉伤时肿胀明显，且不久出现皮下淤斑。

压痛。伤处压痛明显，肌张力增高，并可触及痉挛的肌肉。

肌肉抗阻力收缩试验。在患者做受伤肌肉的抗阻力收缩时，其损伤部位将出现疼痛。例如，大腿后群肌拉伤时，患者俯卧，膝关节微屈，检查者一手握住患者小腿，在患者用力曲膝时给以一定的阻力，在伤处出现疼痛的即为阳性（图 15-1）。如损伤后疼痛、肿胀明显，运动功能严重障碍，肌肉出现收缩畸形，伤处可摸到凹陷或一端异常隆起时，则为肌纤维部分撕裂或完全断裂。

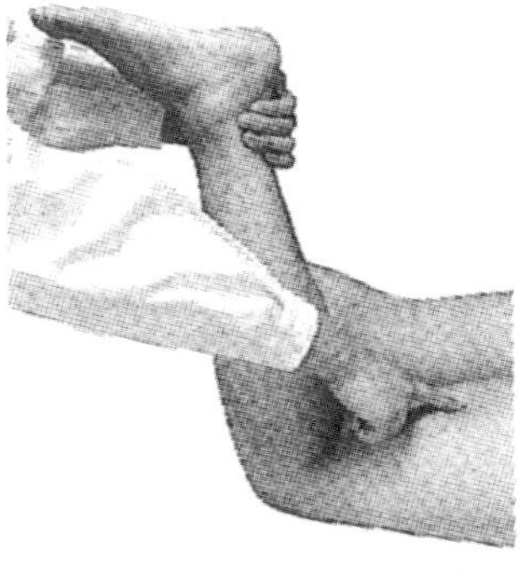

图 15-1

三、处理

肌肉微细损伤或少量肌纤维撕裂时，立即冷敷、加压包扎或外敷新伤药，然后在能使肌肉松弛的位置固定休息，24 小时后可进行按摩、痛点药物注射和理疗等。

疑有肌纤维大部分撕裂或肌肉完全断裂时，经加压包扎、固定伤肢等急救处理后，迅速将伤员送至医院，及早进行手术缝合。

四、预防

在剧烈运动前，要做好充分的准备活动；平时要结合运动项目的特点，加强易伤部位的肌肉力量和柔韧性练习；锻炼时要注意观察肌肉反应，若出现肌肉僵硬或疲劳时，可进行按摩并减少运动强度；改正技术动作的缺点，正确掌握跑、跳、投的技术要领；注意锻炼环境的温度、湿度和运动场地情况。

第四节 关节韧带损伤

韧带附着在邻近骨端上，用以连接两骨。韧带多数呈条索状或片状，由胶原纤维与弹性纤维混合组成，具有较强的抗拉能力，它保护关节在正常范围内活动，防止关节活动超过正常范围。韧带还可加强关节强度，防止关节分离，保护其他组织，如关节囊、肌肉肌腱等。运动中常见的关节韧带扭伤部位有踝关节外侧韧带、膝内侧副韧带、肘尺侧副韧带、指间关节韧带等。

一、损伤机制

当关节由外力所致出现超越正常范围的异常活动，致使韧带不能承受过高张力而损伤。异常活动首先使韧带极度紧张，如外力继续作用则韧带部分或全部拉断，可造成关节半脱位或脱位。

韧带扭伤后一般均有小血管破裂而出血，形成血肿、局部水肿和肿胀。

二、症状及诊断

扭伤后局部疼痛，继而出现局部肿胀或有组织内出血、血肿、关节肿胀、活动障碍、疼痛和压痛。体检时发现牵拉韧带明显疼痛，如果完全断裂则关节稳定性下降。

三、处理

韧带扭伤后应立即进行局部冷敷处理，加压包扎止血、制动、抬高肢体。1～2 天后可拆除包扎，进行局部按摩、理疗，用活血化淤、消肿的中药。完全断裂者应进行外科缝合手术。

第五节 腱鞘炎

腱鞘是位于肌腱经过关节和骨隆起处的，由两层纤维膜构成的长形管道。其内层覆盖于肌腱的表面，外层附着于肌腱周围的韧带和骨面上，两层之间有滑液。由此形成的“骨—纤维隧道”，可以减少肌腱活动时的摩擦和防止肌腱被拉紧时向侧方的滑移。

在体育运动中，腱鞘的慢性损伤非常多见，是由于局部使用过度所致。由于肌肉长时间的反复收缩，使肌腱与腱鞘发生过度摩擦，而引起腱鞘出现水肿、增生等损伤性炎症病变。其发病部位与运动项目密切相关，以桡骨茎突部、肱二头肌腱等部位损伤为常见。

一、桡骨茎突部腱鞘炎

1. 损伤机制

此处是拇短伸肌和拇长展肌总腱鞘。在桡骨茎突外侧有一窄浅不平的腱沟，覆以腕骨韧带。小口径步枪射击时的托枪动作和举重时的举杠铃锁腕动作等，都使手腕背伸并向桡侧倾斜，使拇短伸肌和拇长展肌肌腿在桡骨茎突部约弯曲105°，并在狭窄的沟内反复来回滑动，不断地相互摩擦而引起腱鞘炎(图 15-2)。在日常生活、工作和锻炼中，如果拇指与腕部活动过多，都可引起此种损伤。

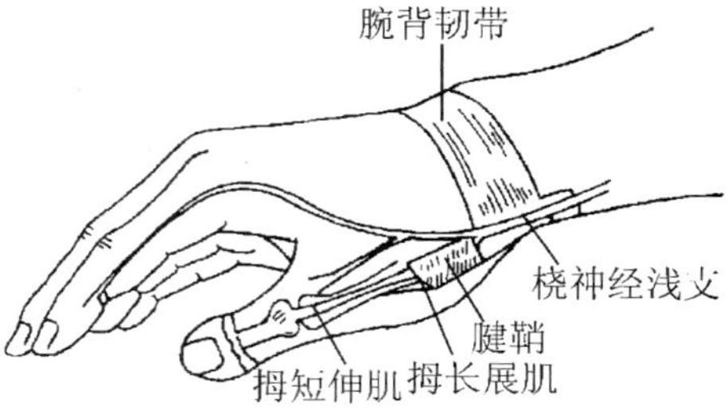

图 15-2

2. 症状及诊断

桡骨茎突处疼痛并呈进行性加重。轻者在拇指活动时出现局部疼痛，严重者还出现向前臂和肩部的放射痛。局部有轻度肿胀，压痛敏锐，皮下可触及腱鞘肥厚发硬的肿块。严重者在拇指伸开和外展时可出现摩擦音或弹响。拇指和腕部运动受限。屈拇指握拳后做尺侧倾斜活动则出现剧痛，即屈拇指握拳尺侧偏试验阳性(图 15-3)。

图 15-3

3. 处理

局部制动、休息。同时采用局部热敷或中药外敷、熏洗、理疗、针灸和按摩等方法。用醋酸泼尼松与普鲁卡因混合液做腱内注射，疗效显著。若病程较长，活动受限，且非手术治疗无效时，可考虑手术切开或部分切除狭窄的腱鞘。

4. 预防

合理安排训练，改善训练方法，防止局部负荷过多。同时，运动前做好充分的准备活动；运动中或运动后，对负荷较大的或易伤的部位进行局部按摩或热敷，以及局部的放松活动，都有利于创伤的预防。

二、肱二头肌长头肌腱腱鞘炎

此伤是指肱二头肌长头肌腱与腱鞘的创伤性炎症，在体操、投掷、举重、排球和乒乓球等运动中较为多见。

1. 损伤机制

主要是因肩关节超常范围的转肩活动或上臂上举时突然过度背伸，使该肌腱在肱骨结节间沟中不断地纵行抽动或横行滑动，引起过度牵扯或反复摩擦所致。

2. 症状及诊断

急性损伤或慢性病例再伤时，受伤当时即有局部不适感，随即肩前疼痛加剧，并可向三角肌下放射。肩关节活动明显受限，上臂上举后伸或提物时疼痛。结节间沟内的肱二头肌长头肌腱有明显压痛，肱二头肌抗阻力收缩试验和反弓试验呈阳性。

急性损伤时应与肌腱完全断裂相鉴别。后者在受伤瞬间可听到断裂声，能触及裂隙，两臂肌肉外形不对称，患侧较膨隆或肌肉收缩呈球状畸形。

3. 处理

急性期用三角巾挂患肢，起固定、悬挂和制动作用。普鲁卡因或与泼尼松的混合液做局部注射，有良好效果。中药外敷、理疗、按摩均可采用。如肌腱完全断裂应送医院进行外科处理。

第六节 疲劳性骨膜炎

疲劳性骨膜炎是骨对运动负荷过大的一种反应性炎症，多发于初参加运动训练的青少年。其好发部位为胫骨、腓骨、跖骨、桡骨和尺骨。

一、损伤机制

根据研究结果，虽然都公认本病是因局部骨组织过度负荷所致，但对引起骨组织过度负荷的外力来源及其作用方式解释不一，主要有以下两种学说。

1. 肌肉牵扯学说

多数学者认为，在肌肉的反复收缩过程中，使肌肉附着部的骨膜受到牵扯、扭伤或张力增高，导致骨膜与骨质之间的正常联系改变，最终出现肌肉附着部的骨膜松弛、淤血、水肿及骨膜下出血。若出血未能吸收，则出血机化形成纤维组织，继而形成新生骨。如过多的踏跳和后蹬跑，使屈拇屈趾肌群和胫骨后肌等反复收缩，引起附着部骨膜的一系列病理性改变。

2. 应力学说

也有学者认为，在跑跳练习和支撑动作中，特别是在较硬的场地上练习，身体重心与地面或支撑面的反作用力对骨的凸面产生较大的影响，而导致骨膜松弛或分离、淤血、水肿等病理改变，甚至可能发生局部骨质脱钙或断裂。例如，跑跳练习时，身体重力和地面反作用力对胫骨的影响，主要集中在胫骨的前面（图 15-4），使该部骨组织产生应力性损伤。

无论何种因素导致的骨膜炎，若在早期能及时调整局部负荷，减少跑跳和支撑练习，并配合适当治疗，在炎症消退和组织修复过程中，同样会产生适应性变化，而使骨组织的负荷能力提高。

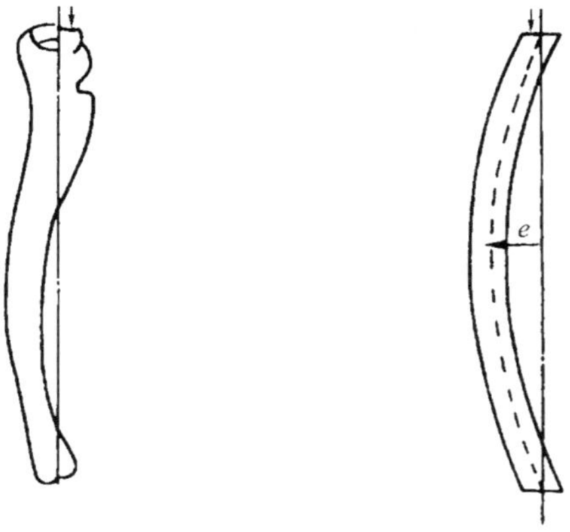

图 15-4

二、症状及体征

典型的运动史、发病史和反复疼痛史。

疼痛：初期多在运动后局部出现疼痛，休息后常可消失。若继续进行较大负荷的运动，疼痛逐渐加重。疼痛多为隐痛或牵扯痛，严重时出现刺痛或烧灼感，个别有夜间痛。

肿胀：急性期大多出现局部的凹陷性水肿。

压痛：在局部骨面上可摸到散在压痛点，并可触及单个或串珠样结节，触之锐痛。

后蹬痛、支撑痛：当患者足尖向后用力蹬地时出现疼痛，而抗阻屈踝、屈趾时则无疼痛，此为胫、腓骨疲劳性骨膜炎的重要体征。而尺、桡骨疲劳性骨膜炎则出现支撑痛。

X 射线检查：早期 X 射线检查无阳性征象，反复发作的患者逐渐出现骨膜增生、骨皮质边缘粗糙等现象。若后期出现骨质疏松、骨小梁排列紊乱，应注意预防疲劳性骨折的发生。

三、处理

发病早期，应减少局部负荷，局部进行热敷、按摩，休息时抬高患肢，运动时用弹力绷带裹扎局部，一般都可随局部适应能力的逐渐改善而痊愈。经常疼痛或症状严重的患者，应用弹力绷带包扎，抬高患肢休息，并配合中药外敷、按摩、针灸和理疗等。经以上处理后，局部症状无改善，甚至加剧者，应做 X 射线拍片检查以排除疲劳性骨折。

四、预防

严格遵守循序渐进的训练原则，合理安排运动负荷，避免突然、连续加大局部的负荷，尤其是初参加训练的青少年，更不能过于集中地进行跑、跳和支撑练习；掌握正确的技术动作；合理地选择和使用场地，尽量避免在水泥地等硬场地做跑、跳和支撑练习；做好充分的准备活动；运动后可采用热敷或按摩等方法及时消除局部疲劳。

第七节 脑震荡

脑震荡是脑损伤中最轻而又最多见的一种，可发生于体操、足球、垒球和棒球等运动中，也是日常工作、生活中的常见损伤。

一、病因及损伤机制

脑震荡是头部受到足球、棒球的打击或体操练习中从高处跌下时头部撞地等，神经细胞和神经纤维受到普遍震荡所引起的一时性意识和功能障碍，不久即可恢复，多无明显解剖病理改变。

二、症状及体征

头部受到外力撞击后，立即出现意识障碍，出现一时性意识丧失(昏迷)或神志恍惚。意识障碍的时间长短不一，短则几秒钟，长则几分钟乃至20～30分钟不等。意识丧失时，伤员呼吸表浅、脉率缓慢、肌肉松弛、瞳孔稍放大但左右对称，神经反射减弱或消失。

意识清醒后出现逆行性健忘，即伤员不能回忆受伤经过和情况，但能清楚回忆受伤前的或更早以前的事情。伤员有头痛、头晕、情绪紧张或变换体位时症状加重，以后会逐渐消失，可有轻微的恶心、呕吐感，几天后即可消失。此外，还有情绪不稳、易激动、注意力不易集中和耳鸣、心悸、多汗及失眠等自主神经功能紊乱的症状。

诊断脑震荡的依据是：头部有明确的外伤史；伤后即刻确有短时间的意识障碍；意识清醒后出现逆行性健忘；神经系统检查和血压、脉率、呼吸、脑脊液压力及其细胞数均为正常。

脑震荡有时可合并轻微脑挫伤或颅骨骨折。若伤员昏迷时间超过5分钟以上，或两侧瞳孔大小不对称，或耳、鼻有出血、流清水及咽后壁、眼球出现青紫，或神志清醒后剧烈头痛、呕吐，或出现再度昏迷，都说明伤情较重，必须立即送医院。

外伤性颅内出血的早期表现和脑震荡非常相似，应引起注意。

三、处理

急救时，立即将伤员平卧，安静休息，不可让伤员坐起或站起。注意身体保暖，头部可用冷水毛巾做冷敷。若伤员昏迷，可用手指掐点人中、内关等穴，以促使伤员苏醒；呼吸停止者，应立即施行人工呼吸。同时，要尽快请医生来处理或把伤员送至医院。在转运时，伤员要平卧、保暖；头颈两侧要用枕头或衣服垫妥固定，防止颠簸震动或晃动；意识不清者，要注意保持呼吸道通畅，伤员可侧卧或把头转向一侧，避免呕吐物吸入气管或舌坠而发生窒息，并严密观察病情变化。

无严重征象、短时间意识障碍后很快恢复的伤员，经医生诊治后也可平卧送至室内休息，直至头痛、头晕等症状消失为止。在休养期间，要注意休息，保持安静的环境和充足的睡眠，不宜过早地参加紧张的体育活动或脑力劳动。一般认为，症状完全消失后，可用“闭目举臂单腿站立平衡试验”来初步判定可否恢复体育锻炼，并在恢复运动的最初阶段，注意观察其动作的协调能力，以了解患者是否已完全康复。

第八节　常见意外伤害急救

一、休克的急救

休克是人体遭受体内外各种强烈刺激后所发生的严重的全身性综合征，临床上以急性周围循环衰竭为特征，有效循环血量锐减是复杂综合征中的主要矛盾。由于有效循环血量绝对或相对减少，使组织器官缺氧，发生一系列的代谢紊乱，造成恶性循环，如不及时纠正，就会导致死亡。各种严重致病因素，如创伤、感染、低血容量、中毒和过敏等均可引起有效的血容量不足，从而导致休克。

运动损伤造成的休克，一般以失血性休克和创伤性休克较为多见。

(一)休克的原因和机制

凡能引起有效循环血量不足或心输出量减少的各种因素，都能引起休克。在运动损伤中并发休克的原因主要是剧烈疼痛和大量出血，这些致病因素刺激交感神经—肾上腺髓质系统的活动增强，使儿茶酚胺大量释放，导致微血管痉挛，毛细血管网内的血流量减少，组织血液灌流量不足，导致休克。骨折、脱位、严重软组织损伤、睾丸挫伤等，由于剧烈疼痛可引起周围血管扩张，使有效循环血量相对减少，或大血管破裂出血、腹部挫伤合并肝脾破裂等，以及心脏病、严重感染、中毒和药物反应等，均可引起休克。此外，疲劳、饥饿、寒冷和酷暑等也能诱发休克的发生，或加重休克的程度。

(二)休克的发展过程及临床表现

1. 休克的早期

休克的早期，又称缺血缺氧期。由于受休克因素的刺激，使大量的体液因子释放，导致末梢小动脉、微动脉、毛细血管前括约肌及微静脉持续痉挛，毛细血管前阻力增加，大量真毛细血管关闭，使微循环的灌流量急剧减少。此时病人会出现精神紧张、烦躁不安、多汗、呼吸急促、心率加快等症状，体温和血压正常或稍高，此期易被忽略。

2. 休克期

休克期又称失代偿期。此期由于组织显著缺氧，致使毛细血管前括约肌开放，大量血液进入毛细血管网，造成循环淤血，血管通透性增加，大量血浆外渗。白细胞在微血管壁黏附，形成血栓，使血压下降(收缩压在90毫米汞柱以下，脉压小于20毫米汞柱)。患者出现表情淡漠，反应迟钝，面色苍白，口唇、肢端发绀，四肢厥冷，全身冷汗，脉搏细速，尿量减少和血压下降等症状，严重时昏迷甚至死亡。因此，血压下降是判断休克严重程度的重要标志。

3. 休克晚期

休克晚期又称弥散性血管内凝血期。此期是指在毛细血管淤血的基础上细胞缺氧更严重，导致血管内皮损伤，血小板聚集，促发内凝血及外凝血系统在微血管形成广泛的微血栓；细胞因持久缺氧，胞膜损伤，溶酶体释放，细胞坏死自溶；并因凝血因子的消耗而产生弥散性出血。其临床表现主要为广泛性出血，低血压休克，溶血及血栓栓塞所致多种器官的功能障碍等。

(三)休克的急救

1. 安静休息

迅速使伤员平卧使之安静，并予以安慰与鼓励，消除伤员的顾虑。最好不要采取头低脚高位，因这种位置将使颅内压增高，静脉血回流受阻，并使膈肌上升影响呼吸，不利于休克的矫治(尤其是呼吸困难者)。

2. 保暖和防暑

换去潮湿的运动服，以防散热过快，尽量使伤员在温暖安静的环境下休息。若为炎热的夏季，要注意防暑降温，以防中暑。

3. 饮水

神志清醒又无消化道损伤的伤员，可给以适量的盐水(每升含盐 3 克，碳酸氢钠 1.5 克)或热茶等饮料。

4. 保持呼吸道通畅

昏迷伤员，常因分泌物或舌后缩等原因，引起呼吸道的堵塞。因此要及时清除分泌物及血块，松解衣领，必要时把舌牵出口外。对心脏停搏、呼吸停止的伤员应立即进行心肺复苏。

5. 镇静与止痛

骨折、脱位和严重的软组织损伤后，可根据情况口服苯巴比妥 0.9 克，或肌肉注射苯巴比妥钠 0.1 克，其主要作用在于可解除中枢神经系统的应激性，加强大脑皮质的保护性抑制，起镇静作用。有剧烈疼痛者，可口服阿片 20 毫克或吗啡片 10 毫克，或皮下注射吗啡 5～10 毫克或哌替旋 50 毫克以镇痛，防止休克加重。凡有颅脑损伤、颈髓损伤、胸腹部损伤或缺氧的伤员，都禁用吗啡或哌替览。

6. 包扎和固定

开放性损伤，要用无菌敷料或清洁的毛巾等将创口敷盖包扎，骨折或脱位的伤员，应进行必要的急救固定。

7. 止血

外出血的伤员应在急救的早期，采用绷带加压包扎法、指压法或止血带等方法及时止血。内出血的伤员，应尽早送医院处理。

8. 针刺疗法

昏迷的伤员可针刺或手指掐点人中、百会、内关、涌泉和合谷等穴位。在进行上述现场急救的同时，应与医院联系，或将伤员迅速送到医院，进一步处理，如输血、输液、吸氧等。

二、出血的急救

健康成人全身血液总量在 4 000～5 000 毫升，平均血液分配约为 75 毫升每千克。若急性大量出血达全身血液总量20%左右，人会出现乏力、头晕、口渴、面色苍白、心跳加快等全身贫血症状。若出血量达全身血量的30%，即可出现休克，甚至危及生命。因此，对有出血的伤员，尤其是大动脉出血，必须立刻急救，及时止血。

(一)出血的分类

血液从损伤的血管外流称为出血。出血分为外出血和内出血两种。外出血指血液从皮肤创口处向体外流出，是运动损伤中较为常见的一种。外出血按受伤血管不同，可分为动脉出血、静脉出血和毛细血管出血三类，但一般所见的出血多为混合型出血。内出血指血液从损伤的血管内流出后向皮下组织、肌肉、体腔(包括颅腔、胸腔、腹腔和关节腔)及胃肠和呼吸器官内注入。内出血也分为三种，组织内出血、体腔出血和管腔出血。组织内出血如皮下组织、肌肉等，体腔出血如胸腔、颅内，管腔出血主要是指胃肠道出血。内出血较外出血性质严重，因其初期不易被察觉而容易被忽视。

1. 动脉出血

血色鲜红，血液自伤口的近心端呈间歇性、喷射状流出，出血速度快，出血量多，危险性大，常因失血过多而出现急性贫血，以致血压下降，呼吸、心跳中枢麻痹，从而引起心跳、呼吸停止。

2. 静脉出血

血色暗红，血液自伤口的远心端呈持续性、缓慢地向外流出，危险性小于动脉出血。

3. 毛细血管出血

血色介于动脉血和静脉血之间，血液在创面上呈点状渗出并逐渐融合成片，最后渗满整个伤口，常常能自行凝固，一般没有危险性。

(二)止血的方法

现场急救常用的止血方法有多种，使用时可根据具体情况选用一种，也可以把几种止血法结合一起应用，以达到最快、最有效、最安全的止血目的。下面介绍几种外出血常用的止血方法。

1. 冷敷法

冷敷可使血管收缩，减少局部充血，降低组织温度，抑制神经的感觉，因而有止血、止痛、防肿的作用，常用于急性闭合性软组织损伤。冷敷一般用冷水或冰袋敷于损伤局部，常与加压包扎和抬高伤肢法同时使用。

2. 抬高伤肢法

将受伤肢体抬至高于心脏，使出血部位压力降低，此法适用于四肢小静脉或毛细血管出血的止血。常在绷带加压包扎后使用，在其他情况下仅为一种辅助方法。

3. 加压包扎止血法

有创口的可先用无菌纱布覆盖压迫伤口，再用三角巾或绷带用力包扎，包扎范围应比伤口稍大，在没有无菌纱布时，可使用消毒卫生巾、餐巾等代用。这是目前最常用的一种止血方法，此法适用于小静脉和毛细血管出血的止血。

4. 加垫屈肢止血法

前臂、手和小腿、足出血时，如果没有骨折和关节损伤，可将棉垫或绷带卷放在肘或膝关节窝上，屈曲小腿或前臂，再用绷带做“8”字形缠好（图 15-5）。

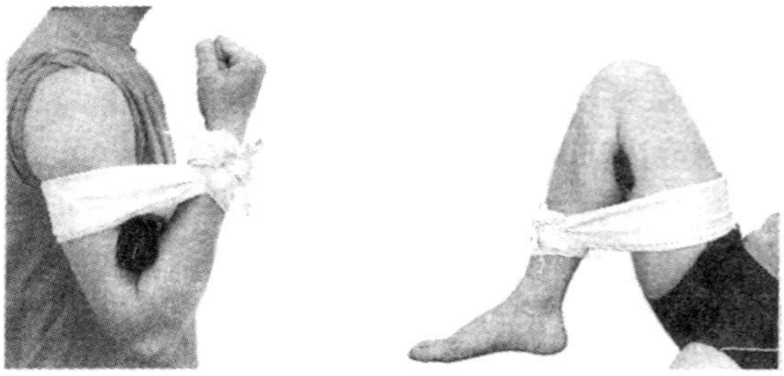

图 15-5

5. 直接指压止血法

用手指指腹直接压迫出血动脉的近心端。为了避免感染，宜用消毒敷料、清洁的手帕或清洁纸巾盖在伤口处，再进行指压止血。

6. 间接指压止血法

此法又称止血点止血法，是止血方法中最重要、最有效且极简单的一种方法。压迫时用手指把身体浅部的动脉压在相应的骨面上，阻断血液的来源，可暂时止住该动脉供血部位的出血，适用于动脉出血，但只能临时止血。重要的止血点有 6 个，颞浅动脉止血点，颌外动脉止血点，锁骨下动脉止血点，股动脉止血点，腔前、腔后动脉止血点。

(1)头部出血。头部前额、颞部出血，要压迫颞浅动脉。其压迫点在耳屏前方，用手指摸到搏动后，将该动脉压在额骨上（图 15-6）。

(2)面部出血。面部出血应压迫颌外动脉，其压迫点在下颌角前面约 1.5 厘米处，用手摸到搏动后将该血管压迫在下颌骨上（图 15-7）。

图 15-6

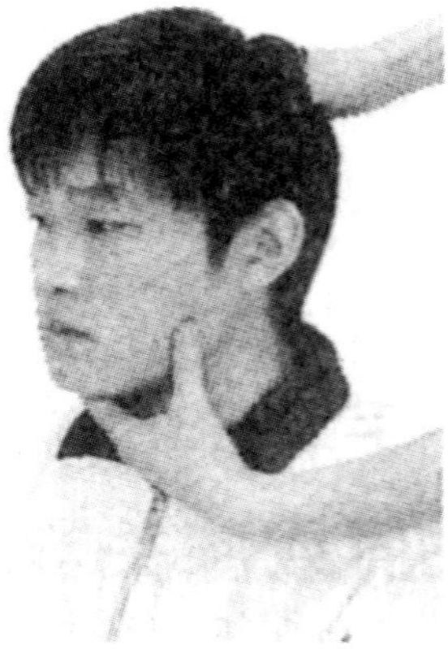

图 15-7

(3)上肢出血。肩部和上臂出血可压迫锁骨下动脉，在锁骨上窝、胸锁乳突肌外缘，用手指将该动脉向后内正对第一肋骨压迫(图 15-8)；前臂出血可压迫肱动脉，让患肢外展，用拇指压迫上臂内侧(图 15-9)；手指出血可压迫指动脉，压迫点在第一指节近端两侧，用拇、食两指相对夹住(图 15-10)。

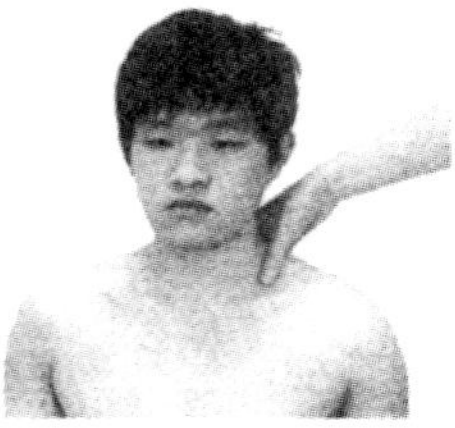

图 15-8

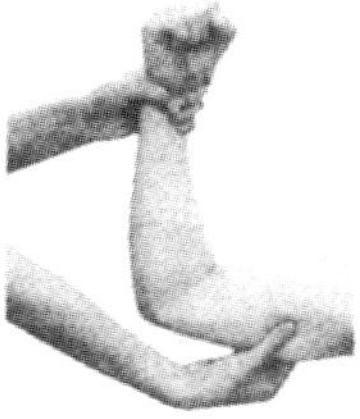

图 15-9

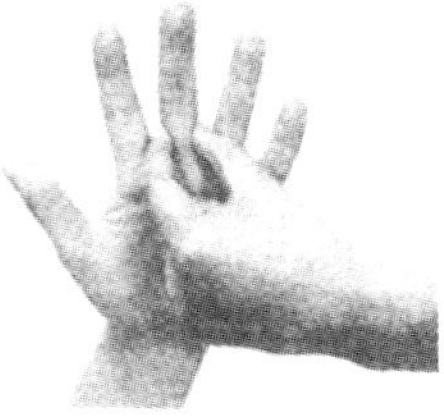

图 15-10

(4)下肢出血。大腿、小腿部出血，可压迫股动脉，压迫点在腹股沟中点处摸到动脉搏动，用手掌或拳向下方的股骨面压迫(图 15-11)；足部出血可压迫胫前动脉和胫后动脉，用两手的拇指分别按压于内踝与跟骨之间和足背横纹中点处(图 15-12)。

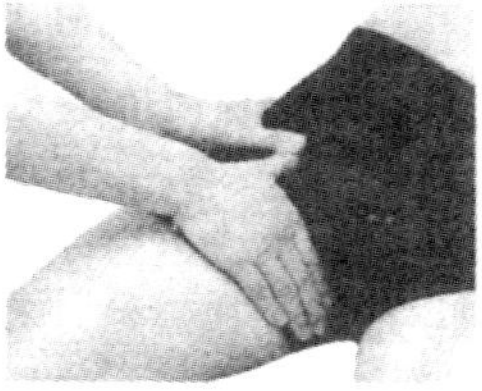

图 15-11

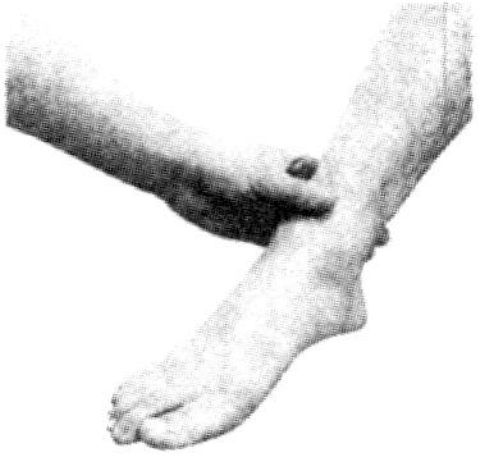

图 15-12

7. 止血带法

止血带止血适用四肢动脉出血，当其他止血法不能止血时才使用此方法。止血带有橡皮止血带、气性止血带(如血压计袖带)和布制止血带。不同的止血带，其操作方法各不相同。

(1)橡皮止血带。橡皮止血带是用特制的胶皮管，操作时左手在离带端约 10 厘米处由拇指、食指和中指紧握，使手背向下放在止血带的部位，右手持带中段绕伤肢一圈半，然后把带塞入左手的食指与中指之间，左手的食指与中指紧夹一段止血带向下牵拉，使之成为一个活结，外观呈 A 字形。

(2)气性止血带。常用血压计袖带，操作方法比较简单，只要把袖带绕在扎止血带的部位，然后打气至伤口停止出血。

(3)布制止血带。将三角巾折成带状或将其他布带绕伤肢一圈，打一个蝴蝶结，取一根小棒穿在布带圈内，提起小棒拉紧，将小棒依顺时针方向绞紧，再将绞棒一端插入蝴蝶结内，最后拉紧活结并与另一头打结固定。

(4)使用止血带的注意事项：

①部位：先将患肢抬高然后再上止血带，止血带应缚在出血部的近心端。上臂外伤大出血应扎在上臂上 1/3 处，前臂或手部大出血应扎在上臂下 1/3 处，下肢外伤大出血应扎在股骨中下 1/3 交界处。

②衬垫：使用止血带的部位应有衬垫，否则会损伤皮肤。止血带可扎在衣服外面，把衣服当衬垫。

③松紧度：应以出血停止、远端摸不到脉搏为合适。过松达不到止血目的，过紧又会损伤组织。

④时间：缚上止血带后上肢应每半小时、下肢应每1小时放松一次，放松时间1～2分钟，以免引起肢体缺血坏死。

⑤标记：使用止血带者应有明显标记贴在前额或胸前易发现部位，写明时间。若立即送往医院，可不写标记，但必须当面向值班人员说明缚扎止血带的时间和部位。

三、骨折的急救

骨折是指骨与骨小梁的连续性发生断裂。骨折急救的目的，在于用简单而有效的方法抢救生命，保护患肢，使伤者能安全而迅速地运送至医院。

(一)骨折的原因

引起外伤性骨折的暴力，按其作用的性质和方式可分为直接、传达、牵拉和积累性暴力4种。

1. 直接暴力

骨折发生于暴力直接作用的部位，如跌倒时膝盖直接撞击地面引起髌骨骨折。

2. 传达暴力

在接触暴力较远的部位发生骨折，如跌倒时用手掌撑地，由跌倒时的冲力所引起的地面反作用力沿上肢向上传导，可引起舟骨或桡骨远端、尺骨与桡骨干、肱骨骨折等。这是最常见的骨折机制。

3. 牵拉暴力

肌肉猛烈收缩或韧带突然紧张而引起附着部的撕脱骨折，如股四头肌猛烈收缩引起髌骨或胫骨粗隆的撕脱骨折。

4. 积累性暴力

多次或长期积累性暴力作用引起骨折，亦称疲劳性骨折。如反复跑跳或长途行军引起第二趾骨折等。

(二)骨折的症状与体征

1. 疼痛

发生骨折时，初始疼痛较轻，随后疼痛较重，活动时受伤肢体则更加疼痛，持续剧痛可引发休克。

2. 肿胀和皮下淤血

骨折时骨及周围软组织的血管破裂，发生局部出血和肿胀。若软组织较薄，骨折的部位表浅，血肿渗入皮下，形成青紫的皮下痕斑，亦可因血液沿肌间隙向下流注，在远离骨折处出现淤斑。

3. 功能障碍

因疼痛、肌肉痉挛、骨杠杆作用破坏和周围软组织损伤等，肢体不能站立、行走或活动。

4. 畸形

完全骨折时，常因暴力作用和肌肉痉挛，使骨折断端移位，出现伤肢缩短、侧突成角或旋转畸形。

5. 异常活动或骨摩擦音

四肢长骨完全骨折时，骨折处出现类似关节的异常活动，移动肢体时因断端互相摩擦而出现摩擦音，这是完全骨折的特有征象。检查时应小心谨慎，以免加重损伤和造成伤员的痛苦。

6. 压痛和震痛

骨折处有敏锐的压痛，有时轻轻叩击远离骨折的部位，在骨折处出现疼痛。

7. X 射线摄片

骨折裂痕、断裂或粉碎，X 射线摄片是最具有权威性的确诊方法。

(三)骨折的急救原则

1. 防治休克

严重骨折、多发性骨折或同时合并其他损伤的伤员，可能会发生休克，急救时应注意预防休克。若有休克必须先抗休克，再处理骨折。预防休克的方法在于早期就地实施制动固定术，并在骨折部位注射 1%～2% 的普鲁卡因止痛。针刺人中、十宣或 50%葡萄糖液静脉注射，吸氧，平卧保暖是升压和预防休克发展和治疗的简要措施。

2. 就地固定

骨折后及时固定可避免断端移动，防止加重损伤。固定时必须先牵引再上夹板，使伤肢处于较为稳定的位置，可减少疼痛，便于伤员转运。未经固定，不可随意移动伤员，尤其是大腿、小腿和脊柱骨折的伤员。

3. 先止血再包扎伤口

伤口有出血时先止血，可根据情况选择适宜的止血方法。有穿破骨折的病人应先清洗伤口，再用消毒巾包扎，以免感染。争取在 6～12 小时以内送达医院施行手术，并注射破伤风血清 1 500IU 以预防破伤风。暴露在伤口外的骨折端，未经处理一定不要复回，应敷上清洁纱布，包扎固定后急送医院处理。

(四)骨折急救的注意事项

夹板的长短、宽窄要适宜，使骨折处上下两个关节都固定。若无夹板时，可用树枝、竹片等代用品。夹板要用绷带或软布包垫，夹板的两端、骨突部和空隙处要用棉花或软布填妥，防止引起压迫性损伤。肢体明显畸形而影响固定时，可将伤肢沿纵轴稍加牵引后再固定。缚扎夹板的绷带或布条应缚在骨折处的上下段。固定要牢靠，松紧度适中，过松则失去固定的作用，过紧又会压迫神经和血管。因此，固定时应露出指(趾)端，若发现指（趾)端出现苍白、发麻、发凉、疼痛或变紫时，须立即松解重新固定。上肢骨折固定后，用悬臂带把患臂挂于胸前；下肢骨折固定后；可把患腿与健腿捆缚在一起。经固定后尽快将伤员送到医院，争取及早整复治疗。

(五)骨折急救的固定法

现介绍几种常见骨折的固定法。

1. 锁骨骨折

采用“双环包扎法”固定。先取3条三角巾并折叠成宽带，在双肩腋下填上软布团或棉花，然后用2条宽带分别绕过伤员两肩在背后打结，形成两个肩环，再用第三条宽带在背后穿过两个肩环，拉紧打结，最后将两前臂缚扎固定或将伤侧肢体挂在胸前(图15-13)。

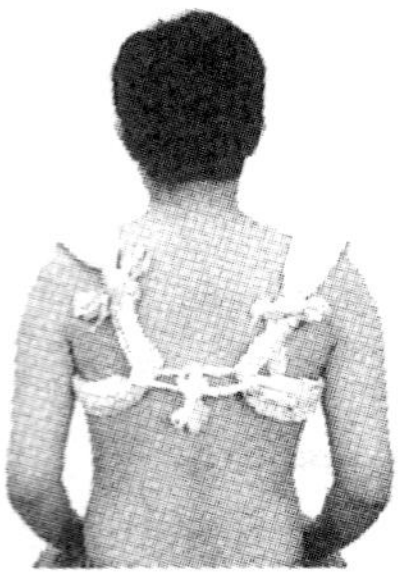

图 15-13

图 15-14

2. 肱骨干骨折

曲肘成直角，用2块长短宽窄适宜的有垫夹板，分别放在伤臂的内、外侧，用2～4条宽带将骨折处上下部缚好，再用小悬臂带把前臂挂在胸前，最后用宽带或三角巾将伤臂固定于体侧(图15-14)。

3. 前臂骨折

用2块有垫夹板分别放在前臂的掌侧和背侧，板长从肘到掌，前臂处于中立位，曲肘90°，拇指朝上，用3～4条宽带缚扎夹板，再用小悬臂带把前臂挂在胸前(图15-15)。

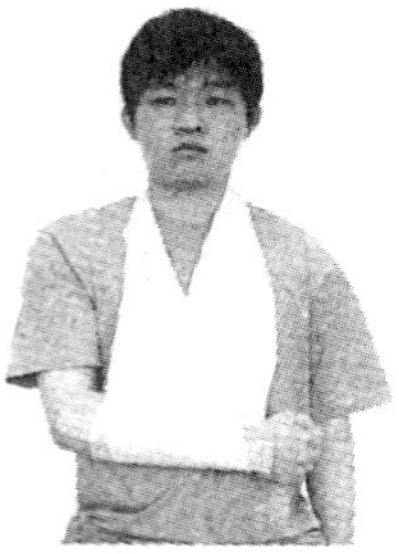

图 15-15

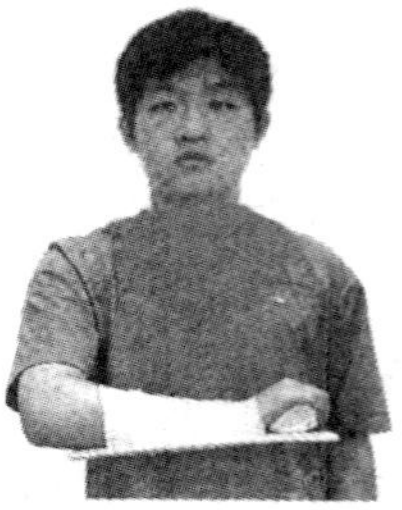

图 15-16

4. 手腕部骨折

用一块有垫夹板放在前臂和手的掌侧，患手握绷带卷，再用绷带缠绕固定，然后用大悬臂带把伤臂挂于胸前(图15-16)。

5. 股骨骨折

采用旁侧夹板固定。先用两手(一手握脚背，一手托脚跟)轻轻将脚向下拉，直到与健腿等长。如疼痛可注射吗啡。再将2块长夹板分别放在伤肢的内、外侧，内侧夹板上至大腿根部，下达足跟；外侧夹板自腋下达足部。然后用5～8条宽带固定夹板，在外侧打结(图 15-17)。

图 15-17

6. 小腿骨折

用 2 块有垫夹板放在小腿的内、外侧，2 块夹板上至大腿中部，下至足部。用 4～5 条宽带分别在膝上、膝下及踝部缚扎固定(图 15-18)。

7. 踝足部骨折

采用直角夹板固定。脱鞋，取一块直角夹板置于小腿后侧，用棉花或软布在踝部和小腿下部垫妥后，再用 3 条宽带分别在膝下、踝上和足跖部缚扎固定（图 15-19)。

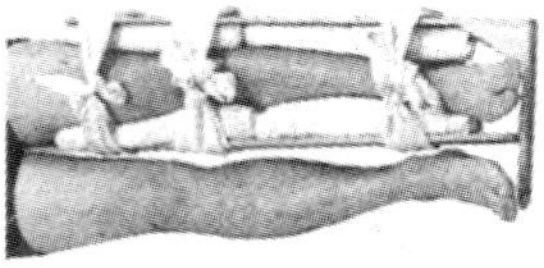

图 15-18

图 15-19

8. 胸腰椎骨折

疑有胸腰椎骨折时，应尽量避免骨折处移动，以免脊髓受压迫而损伤。将硬板或门板置于病人体侧，一人稳住头，再由两人将伤员轻轻推滚至木板上，取仰卧位，用数条宽带将伤员缚扎于木板上。若为软质担架，令伤员采取俯卧位，使脊柱伸直，禁止屈曲，送至医院(图 15-20)。

图 15-20

9. 颈椎骨折

颈椎骨折时，务必使伤员头部固定于伤后位置，不屈、不伸、不旋转，数人合作将伤员抬至木板上，头部两侧用沙袋或卷起的衣服垫好固定，用数条宽带把伤员缚扎在木板上(图 15-21)。颈椎损伤的伤员，如搬运不当，有引起骨髓压迫的危险，造成四肢和躯干的高位截瘫，甚至影响呼吸造成死亡。

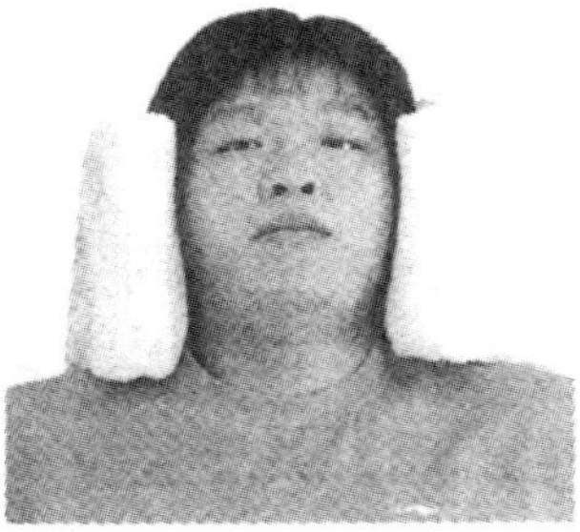

图 15-21

四、关节脱位的急救

相连两骨之间失去正常的连接关系，称为关节脱位。

关节脱位时，由于暴力作用往往伴有关节囊及关节周围软组织的损伤，严重者还可伤及神经、血管或伴有骨折。

关节复位的原则是使脱位的关节端，按原来脱位的途径退回原处。严禁动作粗暴和反复复位，以免加重损伤，造成骨折或血管、神经的损伤。实施复位的时间越早，复位越容易，效果也越好。复位成功的标志是关节被动活动恢复正常，骨性标志复X线检查显示已复位。复位后将关节固定在稳定的位置上，固定期间要加强功能锻炼。没有整复条件时应立即用夹板和绷带在脱位所形成的姿势下固定伤肢，保持病员安静，尽快送医院处理。

体育运动中最常见的关节脱位是肩关节前脱位和肘关节后脱位。

(一)肩关节前脱位

1. 损伤机制

在运动过程中，只要在跌倒时，肩关节处于上臂外展位，或肘部着地，都有可能发生肩关节前脱位。这种姿势使肱骨头移向肩胛盂的前下方，一旦外力过大，肱骨头就自肩胛盂脱出。此外，上臂在外展位突然过度背伸或过度外旋时都可能发生肩关节前脱位。

2. 症状与诊断

(1) 一般有跌倒时手或肘部着地的受伤史。

(2) 肩关节疼痛及运动障碍。

(3) 肩关节周围明显压痛。

(4) 上臂固定于外展25°～30°。

(5) 由于关节周围软组织损伤后，组织内血管撕裂出血和反应性炎症出现，关节脱位后不久即出现明显的肿胀。

(6) 肩部变平，呈角肩，又称方肩畸形。

(7) 杜格征呈阳性，即患侧手不能触到健侧的肩部，肘关节内侧不能靠于胸前壁。

(8) 触诊时可发现肩峰下有凹陷，锁骨下或喙突下可摸到肱骨头。

(9) X射线检查，可进一步了解受伤关节局部的变化，如脱位的方向、程度及是否合并骨折等。

3. 急救固定的方法

取三角巾两条，分别折成宽带，一条悬挂前臂，另一条绕过伤肢上臂，在健侧腋下打结。

4. 整复方法

采用Kocher法或牵引整复法，整复后用绷带将前臂固定于胸壁，直至关节囊及周围软组织愈合后，再开始活动。固定时间依肩关节损伤的情况及年龄而不同，一般为3周。由于这种损伤常继发肩关节习惯性脱位，因此，运动员受伤后应立即进行手术，将撕裂组织修补。

(二)肘关节后脱位

1. 损伤机制

任何外力只要使肘关节过伸或外展，致使肘关节内侧副韧带断裂，都能引起肘关节后脱位。如跌倒时肘关节过伸，尺骨鹰嘴又猛烈冲击肢骨鹰嘴窝，使肱骨下端前移，尺骨鹰嘴后移，引起典型的肘关节后脱位。

2. 症状与诊断

肘关节后脱位时，肘关节保持在半屈曲位，曲伸限制，上肢缩短，肘前三角部膨出，肘前后径加大，局部肿胀。触诊可发现肘后三角的关系发生改变，鹰嘴远移至肘后上方。

3. 急救固定方法

用铁丝夹板弯成合适的角度，置于肘后，用绷带缠稳，再用小悬臂带挂起前臂。如无铁丝夹板，可直接用大悬臂带包扎固定。

4. 整复方法

采用单人或双人手法复位，一般称为“牵引曲肘法”。

五、心肺复苏

心肺复苏是针对呼吸、心跳停止所采用的抢救措施，即以人工呼吸代替伤员的自主呼吸，以心脏按压形成暂时的人工循环，并诱发心脏的自主搏动。因此，临床上将人工呼吸和心脏按压合称为心肺复苏术。体育运动中一些严重意外事故，如溺水、外伤性休克等可能会出现呼吸或心搏骤停的情况，如未能在现场得到及时正确的抢救，伤员将因全身严重缺氧而很快死亡。人工呼吸和胸外心脏按压是心脏复苏初期最主要的急救措施。

在常温情况下，心脏停搏3秒时伤员就感到头晕；10秒即出现晕厥；30～40秒后瞳孔散大；60秒后呼吸停止、大小便失禁；4～6分钟后大脑发生不可逆的损伤。因此，对心脏停搏、呼吸骤停伤员的抢救应当在4分钟内进行心肺复苏，开始复苏时间越早，成活率越高。

(一)人工呼吸

人工呼吸是借助人工方法来维持机体的气体交换，以改善伤员缺氧状态，并排出二氧化碳，为恢复伤员自主呼吸创造条件。人工呼吸的方法很多，现介绍最常用的口对口人工呼吸法，此方法简便有效。

方法步骤：

1. 呼叫：立即呼叫伤员姓名，以能否应答，确定是否存在意识。

2. 呼救：高声呼唤周围的人们“快来救人”，以求援救。

3. 判断伤员是否有呼吸、心脏是否已停止跳动。

4. 心前区捶击

适用于室性心动过速或室颤早期，呼吸心搏骤停1分钟内和完全性房室传导阻滞。①伤员仰卧硬板床或平地上。②急救者用握拳的尺侧(小指侧)距伤员胸壁20～30厘米处，迅速捶击胸骨中部1～2次，如无效应立刻放弃。

5. 将伤员置于仰卧位，头后仰，颌抬起。将伤员口鼻的异物掏出。

6. 口对口呼吸方法

口对口人工呼吸法的要领是：首先使伤员仰卧，头部后仰，先吸出口腔的咽喉部分分泌物，以保持呼吸道通畅。急救者蹲于伤员一侧，一手托起伤员下颌，另一手捏住伤员鼻孔，将伤员口腔张开，并敷盖纱布，急救者先深吸一口气，对准伤员口腔用力吹入，然后迅速抬头，并同时松开双手，听有无回声，如有则表示气道通畅。如此反复进行，每分钟16～20次，直到自动呼吸恢复(图15-22)。

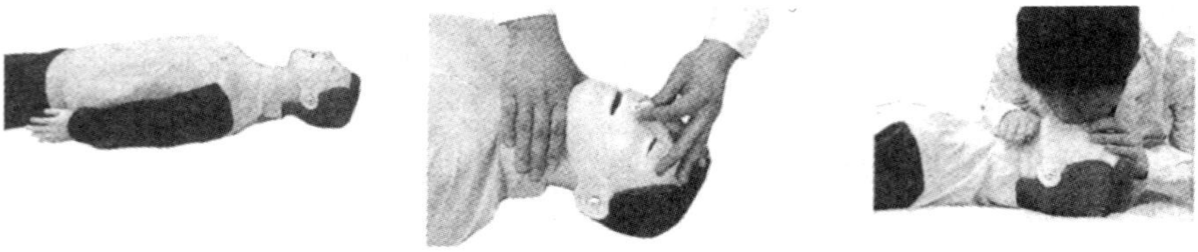

图 15-22

(二)胸外心脏按压

此法是通过按压胸骨下端而间接地压迫左右心室腔，使血流流入主动脉和肺动脉，从而建立有效的大小循环，为心脏自主节律的恢复创造条件。胸外心脏按压时，收缩压可达13.3千帕(100毫米汞柱)，平均动脉压35.3千帕(40毫米汞柱)。颈动脉血流仅为正常的1/4～1/3，这是支持大脑活动的最小循环血量。因此，进行胸外心脏按压时，伤员应平卧，背部垫木板，以增加脑的血流供应。

操作方法：使伤员仰卧于硬板床或地上，急救者以一手掌根部置于伤员胸骨的中、下1/3交界处，另一手交叉重叠于其手背上，肘关节伸直，充分利用上半身的重量和肩、臂部肌肉的力量，有节奏地带有冲击性地垂直按压胸骨，使之下陷3～4厘米(儿童相对要轻些)。每次按压后随即迅速抬手，使胸部复位，以利于心脏舒张。速率为60～80次/分，儿童稍快。

操作中，如能摸到颈动脉或股动脉搏动，上肢血压收缩压达60毫米汞柱以上，口唇、牙床颜色较前红润或者呼吸逐渐恢复，瞳孔缩小，则为按压有效，应操作至自主心跳出现为止。

对呼吸、心跳均停止的伤员，应同时进行上述两种急救措施。单人心肺复苏时，每按压胸部15次，吹气2次。最好由两人配合进行，一人做人工呼吸，一人做胸外心脏按压(图15-23)，双人心肺复苏时，每按压5次，吹气1次。

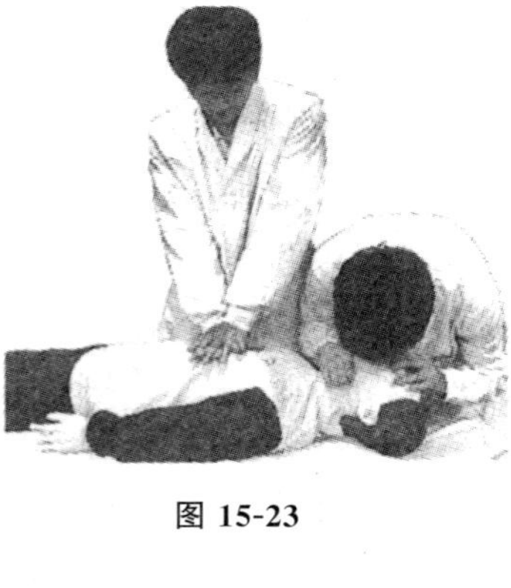

图 15-23

进行心肺复苏时，急救一经开始，就要连续进行，不能间断，直至伤员恢复自主呼吸、心跳或确诊死亡为止。在抢救的同时，应迅速派人请医生来处理。

六、急救包扎的方法

伤口包扎在急救中应用范围较广，可起到保护创面、固定敷料、支持伤肢、防止感染和止血、止痛的作用，有利于伤口早期愈合。包扎时应做到动作轻巧，不要碰撞伤口，以免增加出血量和疼痛。接触伤口面的敷料必须保持无菌，以免增加伤口感染的机会。包扎要快且牢靠，松紧度要适宜，打结避开伤口和不宜压迫的部位。包扎一般用绷带和三角巾。

(一)绷带包扎法

绷带包扎应从伤处的远心端到近心端，尽可能使四肢指(趾)端外露，以便观察末梢血液循环的情况，包扎结束时，绷带末端用黏膏固定。

1. 环形包扎法

适用于头额部、手腕和小腿下部等粗细均匀的部位。包扎时把绷带头斜放，用手压住，将绷带卷绕肢体包扎一圈后，再将带头的一个小角反折过来，然后继续绕圈包扎，后一圈压前一圈，包扎 3～4 圈即可(图 15-24)。

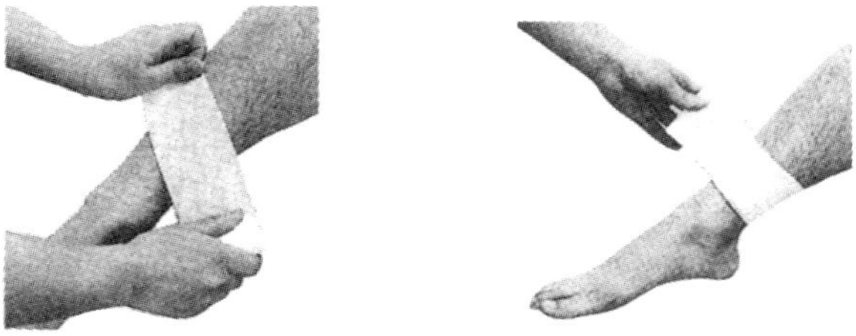

图 15-24

2. 螺旋形包扎法

用于包扎肢体粗细相差不多的部位，如上臂、大腿下段和手指等处。包扎时以环形包扎法开始，然后将绷带向上斜形缠绕，后一圈压前一圈的 1/3～1/2(图 15-25)。

3. 转折形包扎法

用于包扎前臂、大腿和小腿粗细相差较大的部位。包扎时从环形包扎法开始，然后用一个拇指压住绷带，将其上缘反折，后一圈压住前一圈的 1/3～1/2，每圈的转折线应互相平行(图 15-26)。

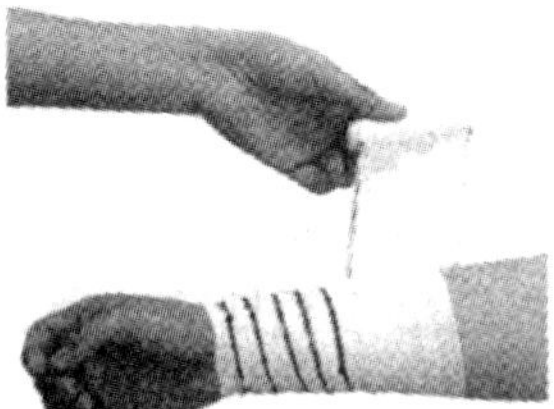

图 15-25

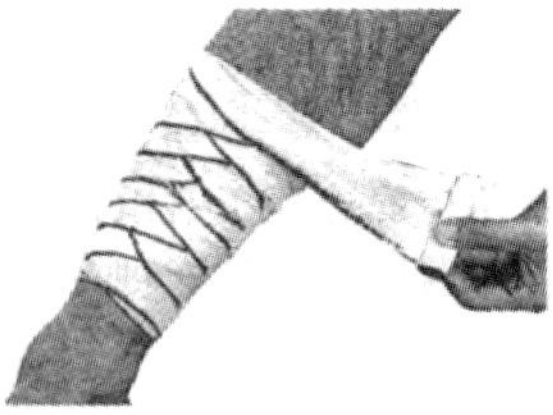

图 15-26

4.“8”字形包扎法

多用于包扎肘、膝、踝等关节处，包扎方法有两种。

(1)从关节开始，先做环形包扎法，后将绷带斜形缠绕，一圈绕关节的上方，一圈绕下方，两圈在关节凹面交叉，反复进行，逐渐远离关节，每圈压住前一圈的 1/3～1/2(图 15-27)。

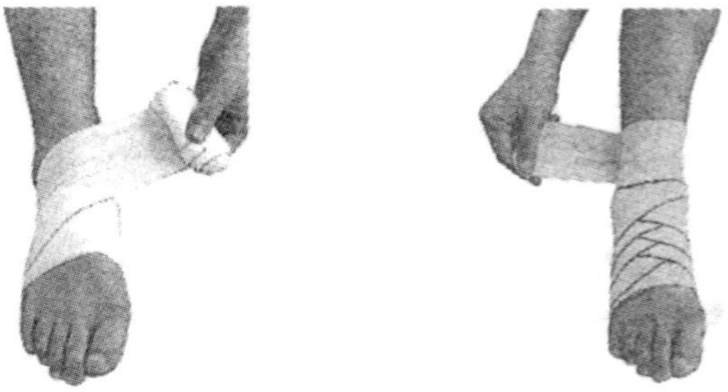

图 15-27

(2)从关节下方开始，先做环形包扎，后由下而上、由上而下地来回做“8”字形缠绕，逐渐靠拢关节，最后以环形包扎法结束(图 15-27)。

(二)三角巾包扎法

三角巾有大小两种，大的为 1 平方米的白布对角剪开即成，小三角巾是大三角巾的一半，三角巾的顶角为 90°。三角巾的包扎方法很多，现只介绍前臂悬挂法，它可分为大悬臂带和小悬臂带两种。

1. 大悬臂带

大悬臂带用于除锁骨和肢骨骨折以外的上肢损伤。将大三角巾顶角放在伤肢后，一底角放在健侧肩上，肘关节屈曲 90°，放在三角巾中央，下底角上折，包住前臂并在颈后与上方底角打结。最后把肘后的顶角折在前面，用别针固定(图 15-28)。

2. 小悬臂带

小悬臂带用于锁骨和肱骨骨折。将大三角巾叠成四横指宽的宽带，中央放在伤侧前臂的下 1/3 处，两端在颈后打结(图 15-29)。

图 15-28

图 15-29

七、伤员搬运的方法

伤员在现场进行初步急救处理后和随后送往医院的过程中，必须经过搬运这一重要环节。搬运伤员的方法很多，根据不同条件、不同情况大致有以下几种方法。

(一)徒手搬运法

是指在搬运伤员过程中凭人力和技巧，不使用任何器具的一种搬运方法。该方法适于伤势轻和搬运距离较短的伤员。它又可分为单人、双人和多人搬运法。

1. 扶持法

急救者位于伤员的体侧，一手搂住伤员腰部。伤员的手绕过急救者颈后至肩上与急救者的另一手相握。两人协调缓行(图 15-30)。适用于伤势轻、神志清醒而又能自己站立步行的伤员。

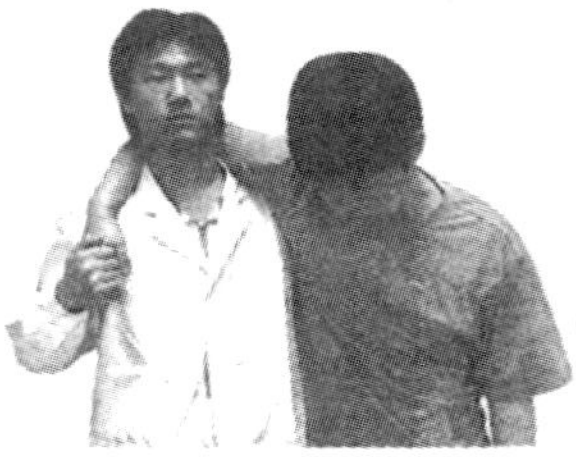

图 15-30

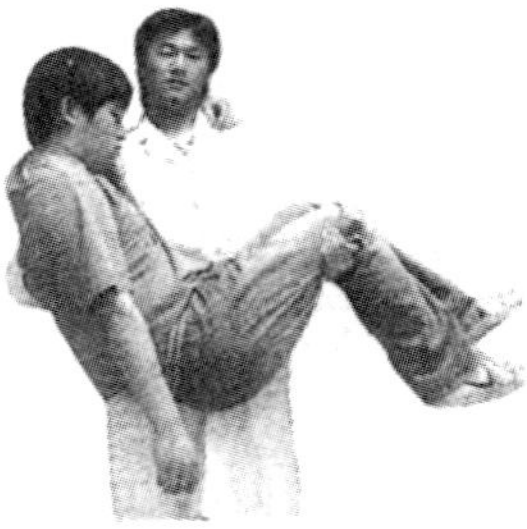

图 15-31

2. 抱持法

急救者一手抱住伤员的背部，另一手托住伤员的大腿及国窝，将伤员抱起，伤员的一侧臂挂在急救者的肩上(图 15-31)。此法适用于伤势较轻、神志清醒但较软弱的伤员。

3. 托椅式搬运法

两名急救者站立于伤员两侧，各以一手伸入伤员大腿下方而相互十字交叉紧握，另一手彼此交替支持伤员背部。伤员坐在急救者互握的手上，背部支持于急救者的另一臂上，伤员的两手分别搭于两名急救者的肩上(图 15-32)。此法适用于神志清醒、足部损伤而行走困难的伤员。

4. 卧式三人搬运法

三名救护者同站于伤员的一侧。第一个人以外侧的肘关节支持伤员的头颈部，另一肘置于伤员的肩脚下部，第二个人用双手自腰至臀托抱伤员，第三个人托抱伤员的大腿下部及小腿上部。三人行走要协调一致(图 15-33)。

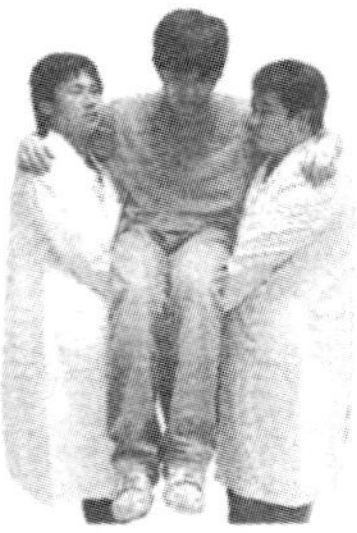

图 15-32

图 15-33

(二)器械和车辆搬运法

在伤员不能徒手搬运时应采用担架或车辆搬运。

1. 担架搬运法

特制的担架可用棉被或毛毡垫好，将伤员放入担架，并盖好保暖。若伤员神志不清，需用宽带将其固定于担架上。如有脊柱骨折，不宜使用特制担架时，可采用床板、门板等临时担架。

2. 车辆搬运法

当伤员伤势严重、运送路程较远时，应用车辆，最好用救护车，车宜慢行，避免震动。

第九节　常见疾病急救

一、运动性中暑

运动性中暑是近年来提出的运动性疾病之一，属于一种急性的物理病因疾病，是由于外界环境中的物理因素(高温)影响人体器官和系统的机能活动而引起的急性疾病。多见于年轻的体育锻炼者、铁人三项运动员、马拉松运动员以及在炎热季节进行长时间训练和比赛者。

(一)病因

健康人的体温经常保持在37℃左右，受体温调节中枢控制。人体的热源来自内源和外源：内源是机体代谢生热，肌肉活动多，生热也多；外源来自环境，人体与外界环境间通过传导、辐射、对流和蒸发几种方式不断地进行热交换，即吸热和散热。周围环境的温度越高，人体通过辐射散热的作用越少，当气温达到35℃或以上时，人体即不可能利用辐射和对流散热，蒸发出汗是唯一的散热途径。蒸发的快慢又与空气的湿度及流动的速度有直接关系，在温度相对高的条件下，仅有的蒸发散热方式也大受影响，这时如果运动量很大，体内产热较多，热量积累的结果使体温明显升高，有时可升至41℃、42℃，从而影响人体生理活动。体温调节功能失调、汗腺功能衰竭致汗闭，发生热射病。高温环境下运动时日光直接照射头部，阳光中的射线长时间作用于头部，可穿透颅骨引起脑膜充血、水肿而发生日射病。剧烈运动时，出汗过多，水盐代谢紊乱，血中氯化钠浓度降低，引起肌肉兴奋性增高，导致肌肉痉挛。在这种情况下，如果未及时补充水盐饮料，继续出汗，可导致脱水、血液浓缩，血液黏稠度增高，血容量不足，引起周围循环衰竭而发生中暑。

(二)症状与体征

中暑的临床表现可分为下列各综合征。

1. 中暑痉挛(热痉挛)

四肢肌肉、腹肌等发生痉挛，血及尿中的氯化物减少。

2. 中暑衰竭

明显脱水表现，皮肤苍白，出冷汗，软弱无力，呼吸表浅急促，血压下降，意识模糊或昏迷，常同时伴发热痉挛。

3. 热射病(中暑性高热)

轻症有疲乏、头昏、头痛、口渴和多汗等，伴体温升高、脉搏和呼吸增快。重症时，上述症状恶化，或发病很急，皮肤灼热而无汗，体温可高达 40℃～42℃。意识模糊，以致完全昏迷，周围循环衰竭，血压下降，瞳孔缩小，对光反射迟钝。晚期瞳孔散大，对光反射消失。若不及时抢救，则有死亡危险。

4. 日射病

轻症者头痛、头昏、恶心和呕吐等，重症者，也可出现昏迷；体温不高，或仅有轻度升高。

(三)诊断与鉴别诊断

运动性中暑较容易诊断。在炎热天气下剧烈或长时间运动，原健康者骤然出现虚脱，首先应想到运动性中暑。约 20%的患者可能持续几分钟或几小时的先兆症状：头昏、无力、恶心、头痛、头沉和定向力障碍等，基本上可诊断为运动性中暑，当然要鉴别于癫痫、脑炎、脑血管意外、脑膜炎和药物中毒等。

(四)处理

各种类型的中暑患者，按临床表现轻重可分为轻症和重症。轻症患者，经过休息和一般对症处理即可好转。重症患者应立即离开中暑的环境进行积极抢救，场地急救要保持呼吸道通畅、测量脉搏、血压和直肠温度。各种综合征的处治分述如下。

1. 中暑痉挛与中暑衰竭者

纠正水盐代谢紊乱，静脉注射生理盐水或 5%葡萄糖盐液。神志清醒者可口服含氯化钠饮料，神志昏迷者可针刺(指针)人中、涌泉等穴，肌肉痉挛者可牵伸痉挛的肌肉使之缓解，在四肢做向心重推摩，可能时送医院。

2. 热射病者

采用迅速有效地全身降温。积极使用物理降温和药物降温方法。物理降温可用冷水(冰水)浴(温度保持在 10℃左右)、冰帽、酒精擦浴(50%酒精溶液，擦洗全身较大动脉行走部位、面部、胸部、腹部和外生殖器不宜擦浴)等。药物降温可选用复方氨基比林。严重者可转送医院，采用盐酸氯丙嗪 25 毫克与生理盐水 300 毫升配用静脉滴注等。对呼吸困难者应给氧，昏迷者可针刺(指针)人中、涌泉等穴。

3. 日射病者

患者取头高足低位，头侧向一边。头部用冰袋或冷水湿敷。

经上述处理后，较轻的中暑痉挛、中暑衰竭和日射病的预后良好。严重的热射病患者若抢救不及时，有死亡的危险。体温超过 42℃或昏迷的患者，死亡率亦高。

(五)预防

1. 作息时间

高温季节应合理安排训练和比赛的时间，特别是耐力性运动宜安排在上午 9：00 以前和下午 4：00 以后。

2. 运动服装

高温季节，运动服装和保护装置穿着过多，会妨碍散热。在比赛规则允许范围内以及训练时，应穿有利于排汗散热的浅色、薄型、透气的丝、棉织品，有些运动项目可以戴通风遮阳帽。

3. 防暑降温饮料

高温季节，运动场馆内放置防暑降温饮料(低渗含糖盐饮料)。有的运动项目，如马拉松跑、公路自行车等，可在训练或比赛中每隔20分钟左右供给100～200毫升的低渗含糖盐饮料。运动中大量出汗者，运动结束后也应注意补充适量的糖盐水。

4. 热适应性训练

适应性是指机体对内、外环境变化产生适当的反应，克服这种变化造成的危害的特性以保持自身的生存。热适应能改善人体的内循环和排汗功能，增强散热能力，防止体温过高。在高温条件下，进行4～8天循序渐进性的练习，能产生对热的适应。热适应训练一般在正式训练或比赛前一周左右进行。热适应训练时应着短裤、背心，开始运动时强度不大，练习时间约1小时。以后，运动量逐日增加，练习时间逐日延长(逐日延长10～20分钟)。训练时，每运动20分钟，应休息5～10分钟。

5. 普及中暑知识

让运动员了解中暑的早期(先兆)症状如口渴、大量出汗或皮肤干燥、汗毛竖起、头部血管跳动明显、注意力不集中、四肢乏力、步态不稳和头昏眼花等，使其能够酌情终止运动。

6. 医务监督

高温季节应加强医务监督，身体欠佳、饥饿、疲劳和肥胖者，不宜在高热环境中进行剧烈运动。

二、运动性低血糖症

血糖是葡萄糖在体内的运输形式，亦是细胞，尤其是脑细胞能量的主要来源。正常生理情况下的空腹血糖浓度是相对恒定的。一般维持在80～120毫克/分升。若血糖浓度低于55毫克/分升，便会出现一系列症状，就称为低血糖症。当血糖低于10毫克%时会出现深度昏迷，称之为低血糖性休克。运动中低血糖症的发生，多见于长跑、超长跑、长距离滑雪及自行车运动等项目运动比赛过程中或结束后。

(一)病因与发病机理

长时间的剧烈运动消耗了体内的大量血糖，运动强度是影响运动中糖利用的主要因素之一。随着运动强度的加大，机体所需要的能量增加，进入肌细胞的葡萄糖量亦增加，因而提高了糖氧化速度。当运动强度达到最大吸氧量时，运动中所需能量完全由糖供给。自行车、马拉松和超长距离跑等运动项目不在途中增加糖的摄入，可使体内糖储备耗竭。

运动前食物摄入不足，体内糖原储存不足，运动中又没有及时补充糖的消耗。

训练或比赛前补充了大量糖。随着大量的葡萄糖在短时间内进入血液，使血糖浓度迅速提高，刺激了胰岛素分泌量的增加，很快便引起了血糖浓度的下降，出现“回跃性低血糖症”。

精神过于紧张，强烈的情绪波动以及患病、饥饿等情况，干扰了中枢神经系统糖代谢调节机制，使迷走神经易于兴奋，刺激胰岛素的分泌量增加，导致低血糖发生。

(二)症状与体征

低血糖症是一个综合征，虽病因不同，但有共同的临床症状。当发生低血糖时，首先出现交感神经过度兴奋或脑功能障碍的症状。这是由于中枢神经系统的糖原储备极少，并呈现结合状态，不利于进行氧化利用，脑细胞需直接从血糖不断取得营养，获得能量，因此大脑对低血糖极为敏感。症状轻者，有明显的饥饿感及头晕、眼花、面色苍白、出冷汗、心慌和乏力等症状。严重者神志模糊，思维、语言迟钝，步态不稳，视物不清，甚至出现精神错乱、狂躁易怒、肌肉颤动以致昏迷。检查时可见脉搏细速、呼吸短促、瞳孔扩大、四肢湿冷，血糖浓度下降至40～50毫克/分升以下。

(三)处理

本症确诊后，轻者平卧休息，口服温热糖水或少量含糖流质饮食，症状短时间便可消除。症状较重或出现昏迷者，应迅速静脉注射40～100毫升50%葡萄糖，一般即可纠正低血糖及消除症状。若病情仍不缓解，可继续予以5%～10%葡萄糖液静脉点滴，同时点掐人中、涌泉和合谷等穴。配合双下肢按摩，并迅速请医生前来处理。

(四)预防

平时训练水平低、缺乏锻炼、身体机能差或空腹饥饿者，不可参加长时间的剧烈运动，如马拉松、自行车和长距离跑等项目。运动或比赛前要进食一定量的高糖饮食，在长时间运动过程中还需适量补充含糖饮料。少年儿童运动员由于体内肌糖原、肝糖原储备较少，加之代谢旺盛，运动前和运动中尤应加强补充血糖，以防止低血糖症的发生。

三、运动中腹痛

腹痛是运动员运动中常见的症状，可由多种原因引起，并时常在运动过程中或运动结束时发生。这种直接由运动引起的腹部疼痛称为运动中腹痛。主要见于中长跑、竞走、马拉松、自行车和篮球等运动项目，以右上腹痛为多见。

(一)病因与发病机理

运动中腹痛的发生和运动员的身体机能状况、训练水平和运动前准备活动情况等因素有关。这些因素往往是运动中腹痛的潜在原因。

有关发病机理主要有以下几个方面。

1. 肝脾淤血

肝脾淤血的发生原因主要是运动员准备活动不够，心机能水平低下以及运动中呼吸动作的协调性较差等。如果运动前的准备活动不够，影响了全身各系统器官的机能活动，使之无法承担运动时的较大负荷，尤其循环系统功能的低下，心肌收缩力较弱，使静脉回心血量减少，腔静脉压增高，从而造成肝脾淤血肿胀，结果增加了肝脾被膜张力，使被膜上的神经受到牵扯而产生上腹部疼痛。运动中呼吸动作的不协调，呼吸急促而表浅，可使胸膜腔内压上升，影响腔静脉回流，同样可造成肝脾淤血。

2. 胃肠道痉挛或胃肠功能紊乱

运动时胃肠道痉挛，可能是剧烈运动使血液重新分布，大量血液从腹腔内转移到了骨骼肌，导致胃肠道缺血、缺氧，加上代谢产物的刺激，更容易引起胃肠道的痉挛和功能紊乱，如饭后过早参加运动，运动前吃得过饱，喝得过多，空腹运动以及运动前吃了易产生气或难消化的食物，都可能因机械刺激胃肠道引起腹痛。

3. 呼吸肌痉挛

运动过程中若未能注意调整好呼吸节奏，呼吸急促、表浅，可使得肋间肌、膈肌等呼吸肌收缩活动紊乱，严重者出现痉挛性收缩，进而引起腹痛。此外，准备活动不充分或不做准备活动，也会影响呼吸肌的活动机能状态，造成呼吸肌缺氧，从而使腹痛加剧。由此产生的腹痛，当呼吸加深时，疼痛明显。

4. 腹腔脏器病变

腹腔脏器病变，如常见的病毒性肝炎、胆道疾病、消化道溃疡、炎症及腹部病变等是运动中腹痛的潜在因素，运动可使病变器官受牵扯、震动等刺激而诱发腹痛。

(二)症状与体征

运动中腹痛的发生和运动有直接关系，疼痛程度和运动量大小、运动强度密切相关。在小运动量和低强度运动时，腹痛往往不明显，而当运动量和运动强度增加时，腹痛则随之而加剧。

腹痛的部位，视病变脏器所在之处而不同。肝脏淤血肿胀、胆道疾病为右上腹痛，脾脏淤血肿大为左上腹痛，胃痉挛、急慢性胃炎、胃十二指肠溃疡多为中上腹痛，阑尾炎、髂腰肌痉挛、宿便刺激引起肠痉挛为右下腹痛，呼吸肌痉挛则季肋部痛。

腹痛的性质因腹痛原因的不同而异。直接由运动引起的，多数为钝痛、胀痛。腹腔脏器有病变者，则多锐痛、牵扯痛、钻顶样痛及阵发性绞痛等。

(三)处理

运动中出现腹痛，可适当减慢速度，及时调整呼吸节奏，加深呼吸，协调好呼吸运动，同时用手按压疼痛的部位或弯腰跑一段，做几次深呼吸，疼痛可得到缓解。如上述处理效果不理想，则应停止运动，口服解痉药(阿托品)、点掐穴位(内关、足三里)或请医生处理。

(四)预防

加强全面训练，以提高人体生理机能。遵守训练的科学原则，循序渐进地增加运动量。合理安排膳食，运动前不宜饱餐或过多饮水。运动前做好充分的准备活动，运动中注意呼吸节奏，注意呼吸和动作的协调性。中长跑时合理分配速度。对各种疾病引起的腹痛，应积极治疗原发病，同时在医生的指导下进行体育活动。

四、肌肉痉挛

肌肉痉挛是肌肉不自主地强制性收缩，俗称抽筋。运动过程中肌肉痉挛最易发生在小腿腓肠肌，其次为足底部的屈肌、屈趾肌。

(一)病因与发病机理

1. 低温刺激

在未做准备活动或准备活动不充分的情况下于低温环境中运动、训练，肌肉可因低温寒冷的刺激而兴奋性增高，以致引起肌肉强直性收缩，发生痉挛。多见于游泳时受到冷水刺激，以及冬季户外活动时受到冷空气的刺激。

2. 电解质过多丢失

维持肌肉的应激性是电解质的主要生理功能之一。体内电解质的平衡维持了正常的肌肉兴奋性。当在运动中大量出汗，如高温环境中运动或长时间剧烈运动时或运动员急性减体重，使体内的电解质(Ca^{2+}、Na^{+}、Cl^{-})随汗液大量流失，造成体内电解质平衡失调，肌肉兴奋性增高而发生肌肉痉挛。

3. 肌肉的收缩频率过快

紧张激烈的运动，肌肉呈连续过快地收缩而放松不够(放松时间过短)，因此可破坏肌肉收缩、舒张的协调性，使肌肉发生强直收缩引起痉挛，在短跑、自行车运动中常可出现这种情况。

4. 肌肉损伤

运动所致肌肉损伤的结果，是 Ca^{2+} 进入细胞，使细胞内 Ca^{2+} 增多，从而造成肌纤维收缩失控，引起了局部肌肉痉挛，同时，损伤性疼痛亦会反射性地引起肌肉痉挛。

(二)症状与体征

痉挛的肌肉疼痛难忍，触之僵硬，邻近关节因疼痛会出现暂时性功能障碍。

(三)处理

牵引痉挛的肌肉是常用的缓解办法，例如：小腿腓肠肌痉挛时，可取坐位或仰卧位，伸直膝关节，缓慢用力地将足部背伸；屈肌、屈趾肌痉挛时，则将足和足趾用力背伸。牵引过程中注意用力宜缓，切忌暴力，以防肌肉拉伤。同时，可配合局部按摩(如按压、揉、捏)、点穴(如承山、委中)等措施，有助于痉挛的迅速缓解。

在游泳时若发生了肌肉痉挛，首先不要惊慌，可先深吸一口气后仰浮于水面，然后采用同样方法对痉挛的肌肉进行牵引。例如：腓肠肌、足趾痉挛时，用同侧手压在痉挛侧髌骨上，另一侧手握住痉挛侧足趾，在促使膝关节伸直的同时，缓慢用力向身体方向拉，可连续重复；大腿肌肉痉挛时，可先弯曲痉挛侧膝关节，然后双手抱住小腿用力使之向大腿靠近，再用力向前伸直。上肢肌肉痉挛，可做反复用力曲伸肘关节及用力握拳、张开等动作。待肌肉的痉挛得以缓解后，不要再继续游泳，应上岸休息，并注意保暖、对症治疗。如果未能掌握自救方法，应立即呼救。

(四)预防

平时要加强身体锻炼，提高机体抵抗力和对低温环境的适应能力。冬季运动注意防寒、保暖，夏季运动注意及时补充水、盐、维生素 B_1。运动前做好准备活动，游泳时若水温较低，时间不要过长。对容易发生痉挛的肌肉，可在运动前适当按摩。

五、晕厥

晕厥是由于脑血流暂时降低或血中化学物质变化所致的意识短暂紊乱和意识丧失，也是过度紧张的一种表现形式。晕厥的主要危害在于晕厥发生刹那间摔倒后的骨折和外伤。运动的特殊环境如空中、水下和高原，以及运动时速度、力量和方位的迅速变化，突发的意识丧失会导致严重的后果如头颅外伤、溺水和窒息等，这些后果远远超过晕厥本身的危害。

(一)原因和发病机制

人脑重占体重的2%，脑血液供应占心输出量的1/6，脑耗氧量占全身耗氧量的20%，维持意识所需的脑血流的临界值为30毫升每百克，当脑血流骤减至临界值以下就可能发生晕厥。由于血压急剧下降和心输出量突然减少，脑血流量骤减引起晕厥，因此凡能引起血压急剧下降和心输出量突然减少的因素均可能引起晕厥。

1. 精神和心理状态不佳

如运动员过分紧张和激动，见到别人受伤、出血而受惊、恐怖等。这是由于神经反射使血管紧张性降低，引起急性外周组织血管扩张，血压下降，回心血量减少，心输出量较少，导致脑部缺血、缺氧引起晕厥。

2. 重力性休克

疾跑后突然停止而引起的晕厥称为重力性休克。多见于竞赛运动员，尤以短跑、中跑为多见，有时自行车和竞走运动员也可见到。运动员在进行运动时，外周组织内的血管大量扩张，血流量比安静时增加多倍，这时依靠肌肉有节奏地收缩和舒张以及胸腔负压的吸引作用，血液得以返回心脏，当运动者突然停止运动时，肌肉的收缩作用骤然停止，使大量血液聚集在下肢，造成循环血量明显减少，血压下降、心跳加快而心搏出量减少，脑供血急剧减少而造成晕厥。

3. 胸内和肺内压增加

举重者做大重量挺举时，由于胸腔及肺内压突然剧增，造成回心血量减少，致使心脏输出量急剧减少，造成短暂的脑供血不足，可见到持续20～30秒的晕厥状态。

4. 直立性血压过低

长时间站立不动或久蹲后突然起立，长期卧床后突然站立等体位时都可引起晕厥。这是由于体位的突然变化，自主神经功能失调，体内血液重新分布的反应能力下降，致使回心血量骤减和动脉血压下降，引起脑部供血不足而产生晕厥。可发生在完成游泳比赛的站立位。

5. 血液中化学成分的改变

低碳酸血症或低血糖也可以引起意识丧失。疾病发作或其他原因引起的持续深快呼吸，发生过度通气，二氧化碳过多排出，可引起低碳酸血症。不论何种原因引起的血糖水平下降都可出现由于自主神经系统兴奋性增加和肾上腺素释放增加的症状。当血糖降至低水平时，脑组织对葡萄糖摄取减少，对氧的利用能力下降。长时间剧烈运动后，体内血糖消耗产生的低血糖反应也可能导致晕厥，如参加长跑、马拉松、长距离游泳、滑雪和公路自行车等运动项目。有低血糖病史的人进行运动时易诱发低血糖。

6. 心源性晕厥

心源性晕厥可发生在足球、篮球、自行车、网球、冰球、马拉松和慢跑等运动项目中。青年和中老年均有发生，以中老年为多见。激烈运动时心肌需氧量增加，原已狭窄的冠状动脉不能满足心肌供血需要。运动可刺激儿茶酚胺分泌增加或动脉壁的敏感性增加，引起冠状动脉痉挛产生心肌供血不足，尤其在剧烈运动后，心肌处于特殊易损期，心肌血流灌注不稳定，此时立刻洗澡会因心肌缺血、心输出量减少和脑供血不足而发生晕厥。运动可激发没有器质性心脏病的人发生心律失常，如阵发性心动过速期间发生短暂的晕厥。

7. 运动员中暑晕厥

在炎热的夏天进行长时间训练和比赛易发生晕厥，尤其在夏天无风或湿度较高的情况下，运动时体内产生的热量通过蒸发、对流、传导和辐射等方式不能有效地散发，使体温明显升高；此外由于大量出汗，循环血量减少，引起脑组织供血减少和意识丧失。中暑晕厥多发生在长跑、马拉松、越野跑、自行车和足球比赛时。运动员训练水平低、过度疲劳易发生中暑晕厥。

(二)征象(症状)和诊断

运动过程中或运动后发生晕厥是由不同原因引起的急性神经症状。晕厥时病人失去知觉，突然昏倒。昏倒前，病人感到全身软弱无力，头昏，耳鸣，眼前发黑；昏倒后，面色苍白，手足发凉，脉搏细而弱，血压降低，呼吸缓慢；轻度晕厥，一般在昏倒后不久由于脑部缺血缓解，能很快恢复知觉。醒后仍有头昏、全身无力等症状。

晕厥的病因诊断主要依据发作时的病史和体征，尤其是发作起始、经过和恢复全过程，包括发作诱因，场合，体位，有无前驱症状和后遗症状。发作时的体征对诊断晕厥原因非常重要，如面色、血压、脉搏、呼吸、心率和心音的改变等，有条件时可做心电图、脑电图或血糖检查。

(三)处理

1. 一般处理

发生晕厥后应让患者平卧，足部略抬高，头部稍底，松开衣领，这可增加脑血流量。注意保暖，防止受凉。针刺或点掐人中、百会、合谷和涌泉等穴位，一般能很快恢复知觉。如有呕吐时应将患者头偏向一侧。患者清醒后可服用热糖水和维生素 C 及维生素 B_1 等，并注意休息。

2. 病因治疗

对低血糖性晕厥者静脉注射 50%的葡萄糖 60 毫升；对低碳酸血症引起的晕厥者减慢呼吸频率和深度可缓解；心源性晕厥应立即吸氧，心电图示房室传导阻滞时皮下注射阿托品，如为室性心动过速静脉注射利多卡因 50～100 毫克，1～2 分钟注射完，经现场急救后再安全转运；对中暑晕厥者，首先将其转移到阴凉通风处使其迅速降温，用冷水或酒精擦浴使皮肤发红，头部及大血管分布区放置冰袋，有条件者静脉点滴 5%的葡萄糖生理盐水。

(四)预防

运动员应进行定期体格检查，尤其在重大比赛和大强度训练前。对发生过晕厥的运动员应做全面检查，避免再发生晕厥。

坚持科学训练的原则，避免发生过度疲劳、过度紧张等运动性疾病，平时要加强体育锻炼，增强体质，提高健康水平；疾病恢复期或年龄较大者参加运动时必须按照运动处方进行。

疾跑后不要立即站立不动，而应继续慢跑并调整呼吸，然后再停下来。有的人疾跑后感到很虚弱，应让别人扶着走一段路，以免昏倒。久蹲后避免骤然起立，应慢慢起立，如感到头晕有前驱征象时，应立即俯身低头或仰卧，以免摔伤。避免在高温、高湿度或无风条件下进行长时间训练和比赛；进行长距离运动时要及时补充糖、盐和水分；不宜在闭气下做长距离游泳，水下游泳运动应有安全监督措施。

体育教师、运动员和教练员应有预防和简单处理运动中发生晕厥的技能。

参考文献

[1] 侯文达. 高等学校乒乓球教材与训练. 北京：北京大学出版社，1994.
[2] 蔡狄秋. 野外求生急救手册. 台南：文国书局. 2000.
[3] 岑淮光等. 怎样打好乒乓球. 北京：人民体育出版社，2001.
[4] 中国羽毛球协会. 羽毛球俱乐部. 北京：中国铁道出版社，2002.
[5] 张惠红. 野外生存生活训练指导手册. 北京：人民教育出版社，2002.
[6] 程嘉炎. 乒乓球竞赛法研究. 北京：人民体育出版社，2003.
[7] 张晓威. 定向越野. 北京：星球地图出版社，2003.
[8] 斯力格. 足球竞赛裁判手册. 北京：人民体育出版社，2004.
[9] 何志林等. 现代足球. 北京：人民体育出版社，2005.
[10] 张瑞林. 羽毛球运动. 北京：高等教育出版社，2005.
[11] 郭贤成. 高校体育与健康. 北京：北京体育大学出版社，2005.
[12] 丁绍虎. 野外生存手册. 石家庄：河北科学技术出版社，2005.
[13] 王贺立等. 篮球实用教程. 武汉：湖北人民出版社，2006.
[14] 田麦久. 运动训练学. 北京：人民教育出版社，2007.
[15] 许琦. 现代游泳训练方法. 北京：北京体育大学出版社，2007.
[16] 陈武山. 游泳运动教程. 北京：人民体育出版社，2007.
[17] 陶志翔. 网球运动教程. 北京：北京体育大学出版社，2007.
[18] 何晓知，汤万辉. 定向运动. 长沙：湖南大学出版社，2008.
[19] 贾文红，赵俊瑞. 瑜伽90′初级教程. 兰州：兰州大学出版社，2008.
[20] 雷子，张家林. 图解瑜伽大全. 北京：中医古籍出版社，2008.
[21] 北京体育大学游泳教研室. 跟专家练——游泳. 北京：北京体育大学出版社，2008.
[22] Susi Hately Aldous. 解剖与瑜伽体式——预防瑜伽损伤. 北京：人民卫生出版社，2009.

[23] 李鸿江. 田径. 北京：高等教育出版社，2006.
[24] 孙庆杰. 田径. 北京：高等教育出版社，2002.
[25] 全国体育院校教材委员会. 田径运动教程. 北京：人民体育出版社，2003.
[26] 刘建国等. 田径运动. 北京：高等教育出版社，2002.
[27] 周兵. 田径健身教程. 北京：高等教育出版社，2001.
[28] 文超等. 田径运动高级教程. 北京：人民体育出版社，2003.
[29] 熊西北，马明彩. 田径运动技术教学理论与方法. 北京：北京体育大学出版社，1999.
[30] 李相如，王港. 田径裁判新视角. 北京：人民体育出版社，2004.
[31] 中国田径协会. 田径竞赛规则(2008). 北京：人民体育出版社，2008.
[32] 王琳，牟绍华. 竞走运动及竞走运动员训练. 北京：民族出版社，2005.
[33] 姜建华. 田径. 北京：高等教育出版社，1988.
[34] 张英波. 现代田径训练方法. 北京：北京体育大学出版社，2006.
[35] 李鸿江. 学校体能训练. 北京：北京体育大学出版社，2003.
[36] 宗华敬. 田径词典. 上海：上海辞书出版社，1991.
[37] 中国田径协会. 中国田径竞赛裁判工作指南. 重庆：西南师范大学出版社，1995.
[38]孟刚等. 身体素质教学理论与实践. 贵阳：贵州人民出版社，2003.
[39]罗建新. 田径运动技术教学理论与实践. 贵阳：贵州人民出版社，2005.
[40] 杨静宜，徐峻华. 运动处方. 北京：高等教育出版社，2005.
[41] 董晓虹，郭海英. 实用运动处方. 杭州：浙江大学出版社，2008.
[42] 王文刚. 运动处方. 广州：广东人民出版社，2005.
[43] 周雷，黄滨. 学生体质评价及运动处方. 北京：北京体育大学出版社，2009.
[44] 沈勋章. 全民健身处方大全. 上海：上海科学技术文献出版社，2002.
[45] 黄玉山. 运动处方理论与应用. 桂林：广西师范大学出版社，2005.
[46] 季成叶. 体质自我评价和健康运动处方. 北京：北京体育大学出版社，2001.
[47] 朱宝义，李玉晨. 运动处方. 沈阳：辽宁科学技术出版社，1988.
[48] 刘国柱. 实用运动处方. 北京：北京科学技术出版社，2000.
[49] 刘纪清等. 实用运动处方. 哈尔滨：黑龙江科学技术出版社，1996.
[50] 曲绵域等 . 实用运动医学. 北京：北京大学医学出版社，2005.
[51] 王步标等. 运动生理学. 北京：高等教育出版社，1993.
[52] 谭思洁，刘洵. 体适能评价与运动处方. 北京：人民体育出版社，2006.
[53] 那兰. 老少皆宜的运动处方. 长春：吉林科学技术出版社，2003.
[54] 纪向虹. 孕产妇保健全书. 青岛：青岛出版社，2008.
[55] 田麦久. 运动训练学. 北京：人民体育出版社，2000.
[56] 崔东霞. 核心力量体能训练法. 北京：化学工业出版社，2013.
[57] 孙文新. 现代体能训练：核心力量训练方法. 北京：北京体育大学出版社，2010.
[57] 周伟良. 民族传统体育概论高级教程[M]. 北京：高等教育出版社，2003.

[59] 张选惠. 民族传统体育概论[M]. 北京：人民出版社，2006.
[60] 彝文典籍编写组. 彝文典籍丛书[M]. 成都：四川民族出版社，2010.
[61] 郭颂，朱国权，刘云. 少数民族传统体育[M]. 北京：北京师范大学出版社，2009.
[62] 王伯英，曲宗湖. 体育教学论[M]. 成都：四川教育出版社，1988.
[63] 毛振明. 体育教学论[M]. 北京：高等教育出版社，2005.
[64] 黄义仁. 布依族史[M]. 贵阳：贵州人民出版社，1999.
[65] 刘文侠，石国义. 水族文化研究[M]. 贵阳：贵州人民出版社，1999.
[66] 李华. 黔南布依族、苗族自治州民族志[M]. 贵阳：贵州人民出版社，1993.
[67] 季浏. 体育课程与教学论[M]. 杭州：浙江教育出版社，2003.
[68] 贵州省民族研究所毕节地区彝文翻译组. 西南彝志选[M]. 贵阳：贵州人民出版社，1982.
[69] 夸美纽斯. 大教学论[M]. 付任敢，译. 北京：教育科学出版社，1999.
[70] 巴班斯基. 论教学过程最优化[M]. 北京：教育科学出版社，1982.
[71] 体育学院通用教材编写组. 学校体育学[M]. 北京：人民体育出版社，1991.
[72] 张春兴. 教育心理学[M]. 杭州：浙江教育出版社，1998.
[73] 罗建新. 田径运动技术教学理论与实践[M]. 贵阳：贵州人民出版社，2005.
[74] 王亚琼. 运动竞赛学[M]. 北京：北京师范大学出版社，2010.
[75] 王亚琼. 中学体育课程教学理论与实践[M]. 北京：北京师范大学出版社，2011.
[76] 体育学院通用教材编写组. 学校体育学[M]. 北京：人民体育出版社，1991.
[77] 李康林，王亚琼. 大学体育[M]. 上海：华东师大出版社，2010.
[78] 罗建新. 彝族传统体育文化的起源与传承[J]. 体育学刊，2008(7).
[79] 王亚琼. 中华民族传统体育发展与思考[J]. 贵州民族研究，2002(3).
[80] 王亚琼. 对民族传统节日与民族传统体育互动发展的研究[J]. 贵州民族研究，2008(6).
[81] 王岗. 中国古代竞技体育的文化审视与民族传统体育的重塑[J]. 北京体育大学学报，2002(3).
[82] 王亚琼. 对贵州原生态传统体育文化的调查研究[J]. 黔南民族师范学院学报，2006(6).
[83] 罗建新. 对我国西部民族地区中、小学校利用民族传统体育文化实施体育课程教学的研究[D]. 第九届全国少数民族传统体育运动会体育科研论文集，2011(9).
[84] 胡红艳. 民族传统体育在高校体育课程资源开发中的实践价值研究[J]. 现代教育技术，2009(21).
[85] 李安平，杨林. 略论民族传统体育与高校体育课程资源的可持续开发[J]. 鸡西大学学报，2009(6).
[86] 次旦晋美，扎西卓玛. 西藏民族传统体育资源的开发与利用研究[J]. 西藏研究，2007(2).
[87] 孟峰年. 中华民族传统体育与学校体育互动发展研究[J]. 西北师范大学学报(自然科学版)，2008(3).

[88] 温佐惠，陈振勇．西部民族传统体育发展的地域体育文化理论探微[J]．成都体育学院学报，2008(2)．
[89] 刘素梅．论民族传统体育文化的特征与功能[J]．武术科学，2008(1)．
[90] 罗雪琳．我国少数民族传统体育文化资源特征研究[J]．中央农业管理干部学院学报，2010(2)．
[91] 汪凌．我国少数民族传统体育的文化特征、功能与发展研究[J]．成都体育学院学报，2009(10)．
[92] 谢光辉．西部民族传统体育校本课程的建设和发展思考[J]．成都体育学院学报，2008(12)．
[93] 杨霞，杨雪芹，秦庆峰，吴敏．少数民族体育项目欣赏研究——以射弩为例[J]．体育文化导刊，2008(10)．
[94] 万德权．四川民族地区体育校本课程开发的理论思考[J]．时代教育(教育教学版)．2009(7)．
[95] 宋积萍．论藏族传统体育文化的历史地位与发展趋势[J]．青海师范大学学报(自然科学版)，2007(2)．
[96] 赵发田．民族传统体育与传统节日互动发展的思考[J]．山东师范大学学报(自然科学版)，2010(1)．
[97] 宋彩珍，万义．白晋湘我国少数民族传统体育项目分类研究[J]．体育文化导刊，2010(10)．
[98] 赵苏喆．民族传统体育项目的分类与发展[J]．体育学刊，2007(5)．
[99] 郭颂．贵州少数民族传统体育的分类[J]．贵州民族学院学报(哲学社会科学版)，2004(6)．
[100] 孙德朝．少数民族传统体育文化圈的结构层次及功能价值[J]．西南民族大学学报(人文社科版)，2009(6)．
[101] 李志清．少数民族传统体育起源与变异探析[J]．体育科学，2004(1)．
[102] 邹巍．论体育全球化与体育民族化的辩证关系[J]．西南农业大学学报(社会科学版)，2006(4)．
[103] 汪海涛．民族体育的保持与更新[J]．体育文史，2001(4)．
[104] 刘凤虎．从文化学的视角谈民族传统体育的传承与发展[J]．体育与科学，2010(5)．
[105] 张国选．少数民族传统体育的社会历史背景及现代社会价值探析[J]．体育科技文献通报，2010(2)．
[106] 董伟．中国武术国际化发展的问题研究[J]．南京体育学院学报(自然科学版)，2010(2)．
[107] 商汝松．广西少数民族地区民间体育课程资源开发与研究[J]．管理学家，2010(10)．
[108] 白晋湘．民族传统体育的现代化与现代化中的民族传统体育[J]．体育科学，2004(2)．

[109] 赵妤，雷世平．民俗体育融入学校体育的理性思考[J]．广州体育学院学报，2010(5).

[110] 刘卫华．舞龙运动发展现状及其对民族传统体育发展的思考[J]．武术科学，2010(10).

[111] 宋亨国．中国传统体育文化现代性思考[J]．体育文化导刊，2010(6).

[112] 赵妤，雷世平．民俗体育融入学校体育的理性思考[J]．广州体育学院学报，2010(5).

[113] 李志清．少数民族传统体育起源与变异探析[J]．体育科学，2004(1).

[114] 谢柯，罗延娟．我国民族传统体育发展现状及对策分析[J]．体育博览(研究版)，2011(2).

[115] 张国选．少数民族传统体育的社会历史背景及现代社会价值探析[J]．体育科技文献通报，2010(2).

[116] 熊胜尧．从奥运发展角度看我国少数民族传统体育的发展过程与未来趋势[J]．邵阳学院学报(自然科学版)，2010(1).

[117] 郭讲用．中国传统体育文化的一体多元特性[J]．上海体育学院学报，2010(1).

[118] 袁华亭．文化结构与现代转型：略论我国少数民族传统体育文化的发展[J]．理论月刊，2010(6).

[119] 梁文敏，赵苏喆．中华民族传统体育的发展方向[J]．体育学刊，2003(5).

[120] 姜明，文格西．论传统文化与民族传统体育[J]．西南民族大学学报(人文社科版)，2007(6).

[121] 宋桂红，李军．我国民族传统体育的现代变迁与发展模式研究[J]．体育科技文献通报，2009(12).

[122] 郝牡清．民族传统体育项目教材化[J]．体育科技文献通报，2011(1).

[123] 刘少英．科学发展观指导下的民族传统体育学科体系构建[J]．吉首大学学报(自然科学版)，2009(3).

[124] 王岗，邱丕相．中国武术：尴尬的境遇与发展的新策略[J]．体育与科学，2006(4).

[125] 赵苏吉，段国新．民族传统体育的研究现状及展望[J]．体育与科学，2002(2).

[126] 王林，赵彩红，黄继珍．传统武术传承的社会人类学解析[J]．武汉体育学院学报，2010(12).

[127] 麻江利．对我国民族传统体育文化传播和发展的审视[J]．搏击·武术科学，2010(1).

[128] 王建中．对彝族民间、民俗体育资源的保护和利用探讨[J]．楚雄师范学院学报，2010(9).

[129] 王纯．西南民族传统体育文化遗产的保护与传承探析[J]．四川体育科学，2007(4).